GEORGES CLEMENCEAU

L'INIQUITE

PARIS

P.-V. STOCK, ÉDITEUR

(Ancienne Librairie TRESSE & STOCK)

8, 9, 10, 11, GALERIE DU THÉATRE-FRANÇAIS

.Palais-Royal

—

1899

Il a été tiré à part sur papier de Hollande,
25 exemplaires numérotés à la presse.

PRÉFACE

La France, en ce moment, a l'angoisse de vivre un drame inouï d'humanité. Sans doute, l'erreur judiciaire remonte à l'âge du premier homme qui jugea. Mais vit-on jamais tout un peuple entrer, comme les Français de l'heure présente, dans l'action tragique de la justice contre l'iniquité?

Un homme injustement condamné, combien souvent cela s'est-il vu? Combien souvent cela se verra-t-il encore? Les lois violées par ceux-là même, qui en ont la garde, spectacle de tous les jours! Toute la cruauté sociale faisant rage contre la victime, ordinaire effet de la lâcheté anonyme des intérêts au pouvoir! Mais quand, avec le condamné, avec les *condamneurs*, tout un ordre établi se trouve en cause, quand, derrière eux, les grandes forces sociales sont aux prises, quand le droit n'a pour lui que d'être le droit, quand toute l'administration de justice menace ruine en la succession de ses différents organes, quand la conscience individuelle voit se dresser devant elle l'appareil formidable de l'État soutenu par l'inconscience des foules, alors tout s'agrandit, tout prend des proportions démesurées, et le combat se hausse jusqu'à la légendaire épopée où toute l'humanité comparaît.

La victime, en ce cas, quelque pitié qu'elle inspire, se fond en un vivant symbole de toutes nos défaillances d'esprit et de cœur. Ce représentant passager d'une justice humaine injuste apparait soudain comme le synthéthique témoin de toutes les iniquités du passé contre toutes les forces de domination sociale qu'une injustice réparée menace d'autres réparations plus redoutables. Il faut que l'injustice représentative demeure, pour que la ligue des puissances maîtresses ne soit pas entamée. La religion de charité brandit le fer, et dit : « Malheur au Juif ». L'esprit de caste militaire n'admet pas que la force soit sujette de la raison. Contre la liberté cherchant sa voie, se dresse l'autorité du dogme et du fer, implacable parce qu'infaillible. L'iniquité *est* : force immense, au regard de la justice qui veut être. L'arbitraire s'installe sur la loi, le mensonge sur la vérité, la force écrase la pensée.

Et, dans cet effroyable combat de toutes les tyrannies de la terre contre la créature désemparée, quel recours pour la débilité d'un seul aux prises avec l'énormité des puissances souveraines? Rien que des idées, des abstractions, qui sont néant quand l'homme capable de les concevoir est inapte à les objectiver, à les faire passer de son esprit dans la réalité vivante. Des idées, des mots, mais des mots magiques tout de même, comme ces formules des contes d'orient par la vertu desquelles soudainement toute réalité s'abîme dans un éclair de foudre, pour faire place à l'enchantement des féeries.

Justice, un bien petit mot! Le plus grand de
tous, en deçà de la bonté. Prenez le temps où le
genre humain courbé sous le plus dur talon, accepte,
oublieux de tout, le destin des bêtes passives, choi-
sissez le moment où, désespérant de lui-même, il
abdique sans regret la dignité de son corps et de son
âme pour se ruer aux dégradations des servitudes
volontaires, et puis, dans l'effroyable crise d'avilis-
sement qui fait aimer ses chaînes à l'esclave, passez
parmi ces hommes stupides de malheur, et faites
retentir le grand cri : Justice! Justice! C'est assez.
Tous ont frémi. Tous sont debout, debout pour la
promesse sacrée, tombée miraculeusement des hauteurs, debout pour l'espérance, debout pour la volonté, pour l'effort. Le plus déchu vient de comprendre qu'une heure libératrice sonnait. Le maître
a douté de lui-même, et, reconnaissant qu'il n'est
rien qu'un homme, prend peur. Un grand frisson
d'humanité passe dans l'air. Les cœurs battent. Les
mains se cherchent. Une irrésistible impulsion précipite en avant toutes les énergies. Les résistances
sont brisées. Une victoire du droit humain s'inscrit
en nos annales, jusqu'aux chutes, hélas! en des
formes nouvelles, que suivront, aux heures fatales,
les victoires de l'avenir.

Un beau mot, le mot qui fait ces miracles! Un mot que
l'homme ne peut entendre sans se trouver plus grand,
sans se sentir meilleur. Point de sommeil qu'un
tel mot ne rompe, point de mort qui ne soit par lui réveillée. Mot d'ordre des invisibles Dieux qui, par

l'éternel appât de justice, entraînent l'homme en leur
sillage. Mot plus fort que la force, par l'espérance.

Avec ce mot pour toute arme, nous avons engagé
la bataille. Par ce mot, toutes les résistances d'oppression, une à une sont tombées. Par ce mot, demain.
le vaincu d'hier tiendra sa légitime revanche.

Le présent livre est la notation quotidienne de
l'évolution d'un esprit de l'injustice à la réparation.

Je n'ai point le mérite d'avoir, dès le premier
jour, pressenti l'iniquité. J'ai cru à la culpabilité de
Dreyfus, et je l'ai dit en termes cruels. Il me paraissait impossible qu'une pareille sentence eût été
prononcée légèrement par des officiers contre un de
leurs pairs. Pourtant l'idée de la trahison brutale
me répugnait. Je supposais quelque grave imprudence. Je trouvais le châtiment terrible, mais je
l'excusais sur le culte de la patrie.

Lorsque Vaughan fonda L'Aurore, il me parla de la
collaboration de Bernard Lazare. J'insistai auprès
de lui pour qu'il fut stipulé que notre distingué confrère ne continuerait pas parmi nous sa vaillante campagne pour la réhabilitation de Dreyfus. D'ailleurs,
je m'en expliquai, nettement avec Bernard-Lazare
lui-même, et pas une fois il n'affirma l'innocence
du condamné sans qu'une protestation d'incrédulité jaillit de mes lèvres.

Le premier numéro de L'Aurore parut le 19 octobre 1897. A quelques jours de là, devant la porte de
l'imprimerie Dupont, je rencontrai Ranc qui venait
de porter son article au Radical. Nous causâmes du

nouveau journal et des rédacteurs. Il prononça le nom de Bernard Lazare.

— Ah, celui-là, m'écriai-je, tous nous aimons son talent, mais nous avons exigé de lui qu'il nous laissât tranquilles avec son affaire Dreyfus.

— Quoi! me dit Ranc, vous ne savez donc pas que Dreyfus est innocent?

— Qu'est-ce que vous me dites là?

— La vérité. Scheurer-Kestner a des preuves. Allez le voir, il vous les montrera.

— S'il en est ainsi, m'écriai-je, c'est le plus grand crime du siècle.

— Tout simplement, conclut Ranc. Allez voir Scheurer.

Deux jours plus tard, je voyais Scheurer qui me faisait comparer le facsimilé du bordereau avec l'écriture d'Esterhazy. Je lui rendis successivement plusieurs visites, et finalement, me trouvant moi-même convaincu, non de l'innocence du condamné (c'est le procès Zola qui devait définitivement m'ouvrir les yeux là-dessus) mais de l'irrégularité du jugement, j'engageai vivement mon ami à faire campagne pour la revision du procès. Il n'avait pas besoin de mes conseils. Sa résolution était prise. Pour lui, c'était un devoir de conscience.

— Je me briserai les reins s'il le faut, me dit-il un jour. A mon âge, c'est terrible. Mais je ne reculerai pas.

L'histoire dira qu'il n'a pas reculé.

Je dois l'avouer franchement, je ne partageais pas

ses craintes. Je prévoyais bien, comme lui, les résistances de l'Etat-major, soutenu des haines de l'Eglise. Mais il me semblait qu'une fois la vérité connue, un mouvement irrésistible d'opinion imposerait d'emblée la justice à tout le monde. L'événement m'a montré combien j'étais loin de compte.

De ce moment, toutefois, mes impressions, traduites en articles au jour le jour, font passer le lecteur par toutes les phases d'un esprit évoluant de l'injustice à la justice, et poursuivant, en toute indépendance, la manifestation de la vérité. C'est l'histoire d'un esprit en action : la répercussion quotidienne du drame sur un spectateur qui veut que sa pensée éclaire d'autres pensées, les échauffe, les enflamme au combat pour l'homme meilleur.

Sous ce titre : *L'iniquité*, un premier volume conduira le lecteur jusqu'au second procès de Zola.

Dans quelques jours, un autre volume doit suivre : *Vers la réparation.*

Tout l'intérêt de ces notes étant dans la sincérité de l'heure, j'ai pensé que rien n'y devait être changé : pas même un jugement hâtif, une appréciation erronée, pas même une négligence de style. Je n'ai donc rien relu, rien corrigé. Mes amis E. Winter et Henry Leyret ont bien voulu se charger de revoir les épreuves. Qu'ils en soient ici affectueusement remerciés.

Je voudrais que le lecteur pût suivre, au courant de ces pages, le développement parallèle de l'action et de la pensée, à chaque progrès des personnages vers le terme de justice inévitable.

Au moment où paraît ce volume, nous vivons, dans l'attente des dernières péripéties d'une tragédie sociale supérieure en intensité d'émotion à tout ce que l'invention du théâtre a jamais pu donner Depuis le jour où Zola déchaîna la Némésis, elle va : nous lui faisons cortège. Le drame individuel et le drame social se déroulent, inextricablement mêlés dans le heurt des passions privées et publiques. Tout semble en suspens, des garanties primordiales du citoyen pour sa vie, sa sécurité, son honneur. La religion, l'armée, le gouvernement, s'engagent dans la lutte, acharnés aux solutions qui ne peuvent rien résoudre, prolongeant, aggravant la crise, qui ne comporte qu'une issue : par toute la vérité connue, la justice égale pour tous. Et derrière des acteurs qui s'appellent, Dreyfus, Picquart, Henry, Esterhazy, Schwarzkoppen, Boisdeffre, Hanotaux, Billot, Méline et Félix Faure, avec leur cortège de choryphées, tout un peuple attend le dénouement qui doit décider de sa destinée.

La France a commis de grandes fautes. Elle demeure une nation d'idéalisme, entre toutes les nations. Dans ce long et douloureux effort de redressement, les peuples se sont montrés prompts à la blâmer. Combien d'entre eux, cependant, auraient pu nous montrer un tel concours de volontés généreuses triomphant de tous les pouvoirs et leur imposant la réparation de justice malgré la fureur

des passions politiques et religieuses ? Qu'importe !
Ce n'est l'heure ni de nous glorifier, ni de nous
amoindrir. La victoire des hommes de cœur a pu
nous paraître longue à venir. Elle vient, elle
est venue, et cela seul aujourd'hui, doit compter.

Qui de nos sévères critiques veut suivre l'exemple? Les défaillances de tout ce qui s'attribue une
autorité sur l'homme sont sans nombre. L'égoïsme
féroce habite en nous. L'iniquité sociale déborde
de toute puissance établie dans le monde. Qui cherche une injustice à réparer n'a qu'à tendre la main
au hasard. Combien, tout aussitôt, trouvera-t-il de
mains suppliantes? Combien de voix crieront secours? Pourquoi donc tant de labeur pour aboutir à
des axiomes de bonté, à des formules d'amour? Les
paroles ne sont rien, trop souvent, que des feintes
de zèle. A l'action, vous tous qui sentez le mal,
qui voulez le bien, et qui avez en vous quelque possibilité de faire. Profitez de l'enseignement que
vous offre le spectacle de nos présentes misères. Il
faut vouloir. Il faut agir. Demain nous presse.
Des forces contradictoires sont en conflit dans
l'homme. Au lieu de nous répandre en préceptes
stériles, mettons toute chance à profit pour marquer la surprise de notre courte existence par l'acte
de pitié qui nous prolonge au delà de nous-mêmes.

15 janvier 1899.

L'INIQUITÉ !

Le Traître.

A l'unanimité, le Conseil de guerre a déclaré le capitaine Alfred Dreyfus coupable de trahison. Le crime est si épouvantable qu'on a voulu douter jusqu'au dernier moment. Un homme élevé dans la religion du drapeau, un soldat honoré de la garde des secrets de la défense nationale, trahir — mot effroyable ! — livrer à l'étranger tout ce qui peut l'aider dans les préparatifs d'une invasion nouvelle, cela paraissait impossible.

Comment se trouve-t-il un homme pour un tel acte ?

Comment un être humain peut-il se faire si déshonoré qu'il ne puisse attendre qu'un crachat de dégoût de ceux-là mêmes qu'il a servis ? Il n'a donc pas de parents, pas de femme, pas d'enfant, pas d'amour de quelque chose, pas de lien d'humanité, ou d'animalité même — car la bête en troupeau, d'instinct, défend les siens — rien qu'une âme immonde, un cœur abject. On ne voulait pas croire, et on saisissait toutes les occasions de douter. Les uns disaient : « Le ministre s'est emballé. On peut être excusable d'agir vite en pareille matière. Mais quel crime épouvantable si l'on frappait un innocent ! » Alors on a ergoté, on a supputé toutes les chances d'erreur, on a bâti des romans sur les quelques parcelles d'informations qui sont arrivées au public. On aurait voulu la complète lumière, on protestait d'avance contre le huis clos.

1

Dans de tels procès, il faut le reconnaître, la publicité avec les commentaires qu'elle entraîne court risque, le plus souvent, d'aggraver le mal causé par la trahison. La liberté de tout dire, sans être arrêté par aucune considération d'ordre public, peut même profiter à la défense.

Aussi, ceux qui avaient le plus vivement réclamé la publicité des débats acceptèrent sans protestation cette parole du président du Conseil de guerre : « Il y a des intérêts supérieurs à tous les intérêts de personnes. »

Le procès a duré quatre jours. L'accusé était défendu par un des premiers avocats du barreau de Paris. A l'unanimité de ses juges, Alfred Dreyfus a été condamné au maximum de la peine. Un tel arrêt ne se prononce pas sans une poignante interrogation de la conscience, et, si quelque doute avait pu subsister au profit de l'accusé, nous en aurions immanquablement trouvé trace dans la sentence. Mais le juge a dit : la mort. Sans l'article 5 de la Constitution de 1848 qui abolit la peine de mort en matière politique, Dreyfus serait fusillé demain.

Ici, une question redoutable se pose.

Le crime de Dreyfus peut-il être assimilé à un crime politique? Je réponds hardiment : non. Que des hommes, comprenant de façon différente les intérêts de la commune patrie, combattent de tout leur effort pour la monarchie ou la république, le despotisme ou la liberté, qu'ils luttent légalement les uns contre les autres, qu'ils conspirent ou qu'ils s'entre-tuent, on n'a pas le droit de confondre dans leur rang l'ennemi public qui livre précisément ce que chacun d'eux prétend défendre. Comment les jurisconsultes sont-ils arrivés à pouvoir établir une pareille confusion entre deux actes qui sont la contradiction l'un de l'autre? Je l'ignore, et je ne les félicite pas de leur trouvaille.

Sans doute, je suis aussi résolument que jamais l'ennemi de la peine de mort. Mais on ne fera jamais comprendre au public qu'on ait fusillé, il y a quelques semaines, un malheureux enfant de vingt ans coupable d'avoir jeté un bouton de sa tunique à la tête du président du Conseil de guerre, tandis que le traître Dreyfus, bientôt, partira pour l'île Nou, où l'attend le jardin de Candide. Hier, à Bordeaux, le soldat Brevert, du corps des disciplinaires du château d'Oloron, comparaissait devant le Conseil de guerre de la Gironde pour bris d'objets de casernement. A l'audience, il lance son képi sur le commissaire du gouvernement. La mort. Et pour l'homme qui facilite à l'ennemi l'envahissement de la patrie, qui appelle les Bavarois de Bazeilles à de nouveaux massacres, qui ouvre le chemin aux incendiaires, aux fusilleurs, aux voleurs de territoire, aux bourreaux de la patrie, une vie paisible, toute aux joies de la culture du cocotier. Il n'y a rien de si révoltant.

Je souhaite assurément que la peine de mort disparaisse de nos codes. Mais qui ne comprend que le Code militaire en sera de toute nécessité le dernier asile ? De fait, aussi longtemps qu'il subsistera des armées, il sera probablement difficile de les régir autrement que par une loi de violence. Mais si, dans l'échelle des châtiments, la peine de mort est l'ultime degré, il me semble qu'elle doit être réservée pour le plus grand crime, qui est, à n'en pas douter, la trahison. Tuer un malheureux affolé qui insulte ses juges, c'est démence, quand on fait une vie tranquille au traître.

J'estime, quant à moi, la réclusion perpétuelle une peine plus sévère que la mort. Et le bagne ? qui donc protesterait si le traître allait traîner la chaîne des forçats ?

Puisque le malheur veut qu'il y ait des êtres capables de trahison, il faut que ce crime apparaisse aux yeux de tous comme le plus exécrable forfait qui se puisse commettre, et le plus impitoyablement frappé. Malheureusement, dans l'état d'esprit où nous sommes, le sinistre incident qui a si vivement ému l'opinion n'est, pour beaucoup, qu'un prétexte à déclamation. Il est si commode d'emboucher la trompette et de prendre de belles attitudes de patriote échevelé, tout en ayant des trésors d'indulgence pour les malheureux qui ont eu les pires faiblesses, aux sombres jours de l'invasion allemande, ou pour les généraux qui tiennent ouvertement le langage antipatriotique qu'a rapporté *le Figaro*.

Nous n'avons même pas été capables de fusiller Bazaine. Un maréchal de France qui avait les plus hauts devoirs envers l'armée, dont il était le chef suprême, a gracié le traître et lui a fait remise de la peine de la dégradation. Après quoi, on l'a fait évader. Quelle excuse avait-il, ce chef d'armée qui avait livré son armée à l'ennemi? Etrange patriotisme qui a permis ce scandale! Non moins étrange la tolérance qui a récemment couvert l'abominable langage d'un autre chef d'armée à deux reporters.

Alfred Dreyfus est un traître et je ne fais à aucun soldat l'injure de le mettre en parallèle avec ce misérable. Mais que de faiblesse à l'égard des grands chefs, et que de sévérité pour une insolence au Conseil de guerre! Frappez le traître, mais faites la discipline égale pour tous. Tolérer le désordre en haut aboutirait au même résultat que la trahison. Le privilège des uns fait la révolte des autres. Pour que l'armée soit une et forte, une seule loi pour tous. Ce fut autrefois une des promesses de la République. Nous en attendons l'effet.

25 décembre 1894.

II

L'affaire Dreyfus.

Est-il donc impossible d'en finir une bonne fois avec

cette histoire? Dreyfus a été jugé par ses pairs, et
déclaré coupable. Nous devons tenir le jugement pour
bon jusqu'à nouvel ordre. Ce qui fait évidemment
l'hésitation de quelques consciences, c'est que certaines pièces du procès ont été soustraites au regard
de tous, dans l'intérêt supérieur de la France, nous
a-t-on dit. C'est aussi que l'expertise en écriture sur
laquelle se fonde la condamnation a parfois été reconnue de certitude douteuse devant les tribunaux. C'est
qu'enfin Dreyfus est juif, et qu'une campagne antisé-
mitique prolongée a créé dans une partie de l'opinion
française un préjugé violent contre le peuple de qui
nous vint Jésus. La bonne foi des juges ne saurait
être mise en question. Mais les hommes sont faillibles, ainsi que l'attestent de récentes erreurs judiciaires dans des procès conduits en pleine lumière.

Des brochures ont été publiées pour critiquer le
jugement. Elles n'ont point paru avoir d'écho dans le
sentiment public. Mais voici qu'on nous annonce que
M. Scheurer-Kestner, vice-président du Sénat, possède « des preuves irrécusables de l'innocence de
Dreyfus ». J'avoue que cela me paraît difficile. Mais
M. Scheurer-Kestner n'est point homme à s'engager
légèrement. S'il a quelque chose à dire, qu'il parle,
et sans plus de délai, car il ne fait qu'énerver par
l'attente l'opinion dont il a besoin pour gagner la
cause de son client. Il doit s'en apercevoir aux attaques violentes dont il est l'objet. Alfred Capus annonce
plaisamment qu'on se prépare à le juger à huis clos.
Je n'en serais pas plus surpris que je ne le suis de
voir accuser de germanisme le bon Français qui a
l'honneur de représenter dans nos assemblées la dernière manifestation électorale de l'Alsace-Lorraine
française. Ce *seul* titre devrait, à mon avis, lui assurer
le crédit qu'il réclame.

Il a vu hier le ministre de la Guerre. Nous devrions
déjà savoir si le ministre a été touché ou non de ses
arguments, s'il a accepté d'examiner le principe d'une
revision, ou s'il s'y oppose, et, dans ce cas, sous

quelle forme. M. Scheurer-Kestner a l'intention d'en
appeler au public. On n'a pas le droit de laisser ainsi
l'opinion en suspens. Pour Dreyfus, s'il y a quelque
présomption en sa faveur, pour nous, s'il est coupable,
comme nous devons le croire, il faut parler très haut
et très vite. S'il y a quelque chose à dire, quoi que
ce soit, sachons-le. Sinon, que l'histoire se referme
sur le crime.

A Venise, la place où devrait figurer le portrait de
Marino Faliero ne montre rien qu'une tache noire.
Même vide à la plaque de marbre, sans inscription,
qui atteste à West-Point la trahison d'Arnold. Des
hommes se sont rencontrés pour oser gracier Bazaine,
traître authentique apparemment, traître devant l'ennemi. Je demande qu'on en finisse avec Dreyfus. Si
de tout ce tapage il ne doit rien sortir, qu'on laisse
retomber sur le traître la méprisante pitié du silence.

1ᵉʳ novembre 1897.

III

Encore l'affaire Dreyfus.

J'ai pu joindre mon ami Scheurer-Kestner que je
n'avais pas vu depuis plusieurs mois, et qui jamais ne
m'avait parlé de Dreyfus. Il ne m'a rien dit des pièces
sur lesquelles il fonde sa conviction de l'innocence
du condamné, pas plus qu'il ne m'a fait connaître son
plan d'action. Mais j'ai trouvé son attitude si nette, sa

parole si résolue, et sa confiance si profonde dans les moyens qu'il a de faire éclater la vérité, que je n'ai pu me défendre d'en subir l'impression. .

Je connais Scheurer-Kestner depuis plus de trente ans. Ses ennemis, s'il en a, ne lui refuseront ni l'intelligence ni la loyauté. Pour qu'un tel homme, dont la vie se partage entre les travaux de science et la politique, se soit obstiné, toute une longue année, à poursuivre l'enquête la plus ingrate dans le seul intérêt de la vérité, car il ne connaît pas même un membre de la famille Dreyfus, il lui a fallu de très fortes raisons de croire et d'agir. Le hasard le mit sur la piste qu'il a suivie. Un doute surgit dans son esprit, et, pour l'éclaircir, il chercha ce qui pouvait confirmer ou détruire ses premiers soupçons. Sur des indices nouveaux, une lumière plus grande se fit. Il résolut alors d'aller jusqu'au bout de ses recherches, et s'appliqua méthodiquement à débrouiller l'écheveau. Aujourd'hui il déclare sans réticences qu'il sait la vérité, toute la vérité, et qu'il la dira. Dreyfus est, selon lui, victime d'une effroyable erreur judiciaire. Si le fait est prouvé, on ne peut s'empêcher de frémir à la pensée des tortures sans nom infligées à ce malheureux. Mais il faut prouver.

A peine avais-je dit cette parole que Scheurer-Kestner me répondit simplement :

— Je prouverai. J'en prends l'engagement.

— Mais quand?

— Ah! oui, répondit-il. Il y a des gens qui m'accusent d'avoir procédé avec trop de lenteur. Que diraient-ils si j'avais parlé trop tôt, avant que ma conviction fût entière? J'ai attendu, comme c'était mon devoir, que tout fût clair, absolument clair à mes yeux. Je comprends aujourd'hui que le public ait hâte de voir les faits portés devant lui. Je ne suis pas moins pressé d'en finir. Mais, pour faire parler certaines personnes, pour obtenir des renseignements, des confidences, j'ai dû prendre des engagements que je saurai tenir. Je ne suis pas libre de tout dire, avant

que certaines conditions soient remplies. Bientôt, je
l'espère, rien ne me retiendra plus. On devrait comprendre que mon plus vif désir est d'être soulagé de
ce poids. D'ailleurs, je ne reste pas inactif. Avant de
porter le débat devant le public, j'entends me conformer à ce qu'exige la loi de tous ceux qui
croient pouvoir faire la démonstration d'une erreur
judiciaire. Encore un peu de patience. On n'attendra pas bien longtemps. Je me suis engagé, par
sentiment du devoir, dans une rude voie. Je dédai-
gne les insultes, et je vais droit mon chemin. On
me jugera quand on saura ce que j'ai à dire.

Telles sont, brièvement résumées, les paroles que
j'ai recueillies et qu'il m'a paru intéressant de faire
connaître à mes lecteurs. Pour ma part, je ne demande
pas même à Scheurer-Kestner la preuve éclatante qu'il
nous annonce. Je dis simplement que, s'il y a des
présomptions notables d'erreur, le procès doit être
revisé.

2 novembre 1897.

IV

La pleine lumière.

Quels que soient les scrupules — très honorables,
j'en suis sûr — qui ont retenu jusqu'ici M. Scheurer-
Kestner, le vice-président du Sénat doit comprendre
qu'il lui est impossible de laisser plus longtemps le
public dans l'incertitude sur la question de savoir si

Dreyfus est ou non victime d'une erreur judiciaire. Tous les journaux discutent à vide là-dessus, faute d'avoir quelque chose où se prendre. M. Scheurer-Kestner annonce des révélations, mais ne les fait point. Cela devient, pour l'opinion publique, intolérable.

Pour certaines gens qu'il faut plaindre, on est bien près d'être complice de Dreyfus, dès qu'on n'admet pas, sans rien savoir, l'infaillibilité des juges. Certains ne réclament, pour toute preuve, qu'une attestation de judaïsme qui équivaut à l'aveu de tous les crimes. Un autre poursuit les protestants, cherche un second Louis XIV pour révoquer à nouveau l'édit de Nantes. Ce sont là des symptômes de dispositions mentales fort étrangères à la saine virilité d'un peuple confiant en lui-même. S'il y a des traîtres parmi nous, qu'on les cloue au poteau d'infamie, mais il n'est peut-être pas excessif de demander qu'on mette leur culpabilité d'abord en évidence.

Dreyfus, jusqu'à nouvel ordre, doit être tenu pour coupable, puisqu'il a été « régulièrement » condamné. Si un doute est demeuré dans certains esprits, c'est que cette « régularité » s'est produite en dehors des règles ordinaires. L'un des juges, interrogé par un rédacteur du *Gaulois*, aurait dit que sa conviction s'était faite en chambre du conseil, sur la production d'une pièce soumise au tribunal en dehors de l'accusé et de son avocat. Si le fait est exact, qu'on me dise quel innocent pourrait échapper à de tels procédés de condamnation. Robespierre lui-même se trouve dépassé, car l'infâme loi de prairial supprima la défense, mais, au moins, laissa connaître à l'accusé le témoignage d'accusation.

M. Scheurer-Kestner déclare qu'il tient en mains les preuves de l'innocence du condamné. M. Scheurer-Kestner, aussi, est faillible. Il peut être dupe d'une illusion généreuse, il peut avoir été trompé. Nous voudrions pouvoir émettre une opinion sur les faits nouveaux qu'il allègue. Mais il s'obstine à nous laisser dans l'obscurité. De là, dans le public, une irritation naturelle. L'attente ne peut pas durer plus longtemps. Il faut que nous sachions si nous sommes en face de Norton ou de Calas.

M. Scheurer-Kestner a commis la faute de s'adresser aux ministres qui, ayant promis une réponse péremptoire, restent muets. Qu'il se hâte de soumettre ses documents au public sous la forme qu'il lui plaira.

Si ses preuves sont, comme il le croit, convaincantes, l'opinion saura exiger la justice. Sinon, nous serons enfin débarrassés du cauchemar des tortures sans nom infligées à un innocent, et, la vérité reconnue, nous laisserons en toute paix de conscience le traître à sa trahison. La lumière, la pleine lumière !

8 novembre 1897.

V

Justice.

Encore et toujours Dreyfus ! Je n'ai pas revu Scheurer-Kestner, et je ne sais point ce qu'il prépare. Je trouve, comme tout le monde, qu'il est bien lent à agir. Mais je suppose qu'il ne demanderait pas mieux que d'en finir — car il n'est pas agréable de s'entendre dire qu'on est complice d'un traître. C'est pourquoi j'imagine qu'il doit y avoir à ses lenteurs des explications que nous ne tarderons pas à connaître.

En tout cas, un peu de lumière se fait sur le dossier

rassemblé par le vice-président du Sénat. *Le Figaro*
nous annonce que les pièces qui seront produites mettront en cause un autre officier de l'armée, « titré,
marié et très apparenté ». Une telle assertion est
trop grave pour qu'il soit possible d'admettre qu'elle
a été émise à la légère. Ce ne serait plus là
l' « homme de paille » dont il a été question dans
les journaux antijuifs ou partisans de l'infaillibilité des
conseils de guerre. C'est d'un officier qu'il s'agit,
d'un homme qui, loin d'accepter la responsabilité de
la trahison, devra défendre son honneur et sa vie
dans la pleine lumière. Ainsi nous aurons chance que
tous les doutes soient levés, et que la vérité soit connue
    On nous dit qu'il ne faut pas moins de quinze jours
pour la rédaction de la requête que M. Scheurer-
Kestner va remettre à M. le garde des sceaux. Il me
paraît difficile qu'avant ce terme de nouvelles indiscrétions ne nous apportent pas quelques informations
supplémentaires. En ce qui me concerne, le nom de
l'accusé — qu'il soit innocent ou coupable — est ce
que je suis le moins pressé de savoir. Il va passer par
de terribles angoisses à son tour. Il faudra que les
présomptions contre lui soient bien graves pour que
les autorités mêmes qui n'ont cessé jusqu'ici de croire
à la culpabilité de Dreyfus se décident à la revision
du procès. Mais il y a quelque chose de supérieur à
l'esprit de corps, c'est la vérité, c'est la justice.
    Maintenant la discussion, au lieu de se concentrer
sur la question de savoir si Dreyfus fût bien ou mal
jugé, aboutit tout entière aux charges nouvelles contre
le nouvel accusé. *Le Figaro* nous en donne un aperçu.
Un des experts qui a conclu contre Dreyfus aurait
reconnu l'identité des écritures dans le bordereau
accusateur et dans une lettre émanant de celui à qui la
trahison serait imputable. Des phrases de ce document, qui ne s'appliqueraient pas à Dreyfus, trouveraient aujourd'hui leur explication dans le grade et la
situation de l'officier visé. D'autres preuves seraient
produites. Enfin, l'argument décisif que réservait

M. le général Billot contre Scheurer-Kestner serait
fondé sur un faux document fabriqué par ceux-là
mêmes qui avaient intérêt à nous tromper sur la culpabilité de Dreyfus. Il n'y a qu'un examen approfondi
qui puisse faire la lumière sur ces choses. Cette
lumière, le gouvernement ne peut pas refuser de la
rendre éclatante aux yeux de tous. Il faut que les innocents soient protégés. Il faut que les traîtres soient
punis.

15 novembre 1897.

VI

La pleine lumière.

Au point où en étaient les choses, un éclat était inévitable. Avant que M. Scheurer-Kestner eût pu rédi-
ger sa requête, M. Mathieu Dreyfus adressait à M. le
général Billot une lettre indiquant M. le commandant
Esterhazy comme l'auteur du crime de trahison pour
lequel l'ex-capitaine a été condamné. A la tribune de
la Chambre, le ministre de la Guerre a déclaré qu'il
allait « mettre l'auteur de la dénonciation en demeure
de produire ses justifications », et qu'il serait ensuite
« statué conformément à la loi ».

A la question de M. le comte d'Alsace, il n'y avait
pas d'autre réponse à faire. Un homme, un officier de
l'armée française, est publiquement accusé de trahison.
Il faut que l'accusateur produise ses preuves. Il faut
que l'accusé soit mis en situation de se justifier. Le

devoir du ministre est très simple : c'est de faire la
pleine lumière.

Avec de la bonne volonté, ce ne doit pas être
impossible. Les experts graphologues auront sans
doute encore leur mot à dire. Mais, quels que soient
les détails de l'affaire, il est impossible que de nouveaux faits ne soient pas révélés par M. Mathieu
Dreyfus ou par M. Esterhazy. Déjà ce dernier annonce
qu'il est en possession d'une pièce qui mettrait au-
dessus de toute discussion la culpabilité du prisonnier
de l'île du Diable. Quoi qu'il soit dit, l'opinion ne
peut que se féliciter du supplément d'informations
qui lui est promis.

Une aussi redoutable question, en effet, ne se peut
résoudre par des injures. Dans un sens ou dans l'autre,
il faut prouver. Le reste ne signifie rien. Les Français
de tous les partis n'ont, dans ce débat, qu'un même
intérêt : la vérité, pour la justice. Pourquoi donc y
mêler d'autres querelles?

S'il y a vraiment une machination ténébreuse pour
faire croire à l'innocence d'un traître, qu'on la révèle,
qu'on la prouve, et qu'on fasse justice.

Si des juges, faillibles puisqu'ils sont hommes, ont
erré, il s'agit, non de récriminer contre eux, mais de
réparer l'erreur.

Si un innocent a été condamné, si un coupable a
échappé au châtiment, que chacun soit remis en sa
place.

Le gouvernement ne saurait avoir d'autre souci que
la vérité, ni d'autre intérêt que la justice impartiale
pour tous, dans la pleine lumière.

Le général Billot a promis de faire son devoir. Nous
n'avons pas le droit de douter de sa parole. C'est la
patrie elle-même qui commande. Il doit obéir.

17 novembre 1897.

VII

Toute la Vérité.

On doit commencer maintenant à s'apercevoir que l'esprit public de notre temps ne peut plus accepter les jugements dans l'ombre. Si Dreyfus avait été jugé comme tout le monde, rien de ce qui arrive aujourd'hui n'aurait pu se produire. Pour ne pas avoir à s'expliquer sur l'origine de certains papiers dont la disparition ne peut être apparemment ignorée de ceux qui en étaient détenteurs, notre gouvernement de Gribouilles a trouvé tout simple de faire une justice obscure. C'est-à-dire qu'on a rendu dans des formes juridiques un jugement qui — par raison d'Etat — semble avoir manqué des garanties nécessaires.

La raison d'Etat — que le progrès des temps prétend éliminer des gouvernements modernes — est déjà fort inquiétante dans les actes de l'autorité souveraine. Mais prétendre la mêler aux décisions de justice, c'est supprimer du coup toutes les garanties des citoyens.

On l'a bien vu dans cette affaire Dreyfus où l'opinion publique était aussi peu disposée que possible à manifester la moindre sympathie en faveur du condamné, tandis qu'une notable partie de la presse s'acharnait contre lui, en sa qualité de juif, avec une ardeur sans pareille.

Me Demange a publiquement déclaré que nulle autre pièce n'avait été produite aux débats que le bordereau bien connu, tandis que M. Paul de Cassagnac et d'autres ont dit tenir « de source sûre » que Dreyfus avait été condamné sur un document produit en chambre du Conseil, hors la présence de l'accusé et de son défenseur. S'il en est ainsi, et aucun démenti ne s'est encore produit, où sont les garanties de justice en France? Qui de nous serait assuré demain d'échapper à une condamnation prononcée sur des pièces dont il ignorerait même l'existence?

Je sais qu'il y a contre Dreyfus la preuve graphologique. Mais le moins qu'on puisse dire là-dessus, c'est que les graphologues, dans le cas dont il s'agit, sont en complet désaccord. Un expert du *Figaro* découvrait hier dans la signature de Nicolas II qu'il était empereur de Russie, et dans celle de Félix Faure qu'il était président de la République Française. Cela n'est pas mal. Mais nous restons dans le doute sur l'auteur véritable du bordereau. D'autant que le redoutable Bertillon, qui s'est prononcé pour la culpabilité de Dreyfus, nous apprend aujourd'hui qu'il n'est pas graphologue, et que sa conviction repose simplement sur des *raisonnements* « d'une certitude mathématique ». Cela fait frissonner vraiment, car c'est avec des « raisonnements » de ce genre qu'on a, pendant des siècles, torturé, étranglé, brûlé tant d'innocents.

Enfin notre devoir, à tous, est bien clair à cette heure. Il ne s'agit que d'aider dans la mesure de nos forces à la production de la vérité. C'est pourquoi je sens ma curiosité s'éveiller aux romanesques dessous qu'on nous annonce. Il se peut qu'il y ait là plus d'un fil conducteur. J'imagine qu'il suffira, pour trouver la vérité, toute la vérité, de la chercher avec le ferme dessein de la dégager de sa gangue. Le voudrait-on vraiment? Jusqu'à nouvel ordre, nous devons le croire.

18 novembre 1897.

VIII

Vers le grand jour.

Il faut convenir que, pour son début, l'affaire
Esterhazy-Dreyfus semble plutôt compliquée. M. Mathieu Dreyfus, par sa lettre de dénonciation, a mis en
mouvement tout à coup une étrange fourmilière. On
voit dans les récits du commandant une femme voilée
qui promène une photographie des documents les plus
secrets du ministère de la guerre, des inspecteurs de
police se jetant dans la Seine pour porter à l'objectif de M. Bertillon une pièce qui va reprendre sa
place dans son dossier sans que l'eau du fleuve ait
laissé de traces pour dénoncer l'escapade. Tout cela
n'est pas ordinaire. Mais comme tout arrive, même
le roman, il suffira de la moindre enquête pour tirer
ces aventures au clair. Je vois déjà par *le Figaro* que
M. Esterhazy sait le nom de l'inconnue. La voilette
soulevée, c'est un joli coin du mystère qui va tout à
coup s'éclaircir.

Il est sans doute fâcheux pour M. Esterhazy qu'il
soit en aussi bons termes avec M. de Schwarzkoppen,
l'attaché militaire allemand qui vient justement de
nous quitter, et que sa propre écriture ressemble,
comme il le dit lui-même, d'une manière *effrayante* à
l'écriture incriminée. M. Bertillon ayant édifié ses fameux raisonnements mathématiques sur une écriture
qui se trouve aujourd'hui n'être plus qu'un décalque
de celle de M. Esterhazy, d'après M. Esterhazy lui-

même, tout l'échafaudage de l'expert reçoit ainsi de
M. Esterhazy en personne une assez belle bousculade.
Quant aux explications de M. Esterhazy elles peuvent
être excellentes. Il suffira que l'officier chargé de
l'enquête se mette en mesure de les vérifier. S'il veut
bien en même temps se donner la peine d'examiner
de très près les accusations produites, contre les
personnes qu'on suppose avoir fourni des renseignements à M. Scheurer-Kestner, je crois qu'il fera, dans
un sens ou dans l'autre, un grand pas vers la vérité.

Voici le lieutenant-colonel Picquart, par exemple,
qui se voit accuser par M. Esterhazy d'avoir reçu de
l'argent (tout comme M. Scheurer-Kestner, d'ailleurs)
pour innocenter un traître, et mettre à la charge d'un
innocent le crime de trahison. S'il a fait cela, il faut
qu'il soit puni, avec tous ses complices, de la façon
la plus sévère. Il ne reste plus qu'à le prouver. M. Esterhazy, je suppose, n'a point parlé sans raisons.
Qu'il se hâte d'établir ses allégations devant le magistrat enquêteur.

Le ministre, qui est, nous dit-on, au courant de
ces choses — et il me paraît vraiment difficile qu'il
ne le soit pas — faisait depuis quinze mois une enquête sur M. Esterhazy. Celui-ci nous annonce en
effet qu'il existe au ministère de la Guerre un document qui l'accuse. Il argue la pièce de faux, bien entendu. Mais quel ami, oublieux de tous ses devoirs,
lui en a révélé le contenu en dehors de toute action
judiciaire ?

Est-ce donc ainsi qu'on procède en de telles
affaires ? Par qui donc sommes-nous gardés ? Si on a
cru M. Esterhazy innocent, pourquoi cette surveillance, et, si on l'a supposé coupable, pourquoi
l'exil du colonel Picquart qu'on nous donne comme
son accusateur ? On nous dit que cette dernière
mesure a été prise pour éviter le scandale. En vérité,
le général Billot doit commencer à reconnaître qu'il
n'est pas de force à ce jeu-là.

19 novembre 1897.

IX

Toute l'enquête.

Il est de toute évidence que le ministère de la Guerre tient bon pour la culpabilité de Dreyfus. Le général Billot a déclaré à la tribune qu'il avait pris connaissance· des documents Scheurer-Kestner et que son opinion n'en avait pas été changée. Le chef de cabinet du général de Boisdeffre — dont les trente jours d'arrêts ne feront croire à personne qu'il ait pris l'initiative d'une démarche aujourd'hui connue — est allé dire à M. Henri Rochefort : « Nous possédons la preuve indubitable que le commandant Esterhazy est la victime d'un infâme complot; mais en ce qui concerne Dreyfus, je suis autorisé à vous dire que nous possédons des documents absolument probants, qui, tout en dégageant complètement le commandant Esterhazy, établissent péremptoirement la culpabilité du prisonnier de l'île du Diable. Ces documents, le syndicat Dreyfus en ignore même l'existence. Lorsque le moment sera venu, on les lui servira. » Telle est la version de M. Henri Rochefort lui-même parlant à un reporter de *la Patrie*.

Tout ceci· est très clair. Mais pourquoi faire des confidences à un journaliste et annoncer qu'on *servira* les pièces probantes plus tard, quand il suffirait de les produire ꞁdès à présent pour en finir avec cette triste affaire ?

Il y a huit jours, j'ignorais l'existence du commandant Esterhazy. Aujourd'hui, nous ne savons tous de lui que ce qu'il en a bien voulu dire, et chacun est d'accord pour reconnaître qu'il nous a narré des choses bien extraordinaires. Cela peut impressionner diversement. Mais si le général de Boisdeffre a la preuve que le commandant est victime d'une odieuse machination, je dis qu'il n'a pas le droit d'attendre pour nous « servir » les pièces probantes. Et quand il nous les aura « servies », quand la culpabilité de Dreyfus sera enfin, grâce à lui, publiquement démontrée, je regretterai encore — avec tout le monde, je suppose — qu'il n'ait pas commencé par là.

Seulement, comme le dit très bien *l'Eclair*, il y a deux affaires en ce moment devant le public :

1° La plainte Mathieu Dreyfus contre M. Esterhazy ;

2° La plainte Esterhazy contre le colonel Picquart, accusé d'avoir reçu de l'argent pour faire innocenter un traître et condamner un innocent.

Il est impossible d'enterrer cette seconde affaire, qui ne me paraît pas beaucoup moins grave que la première. L'honneur du colonel Picquart doit bien peser, dans les balances du général Billot, autant que l'honneur du commandant Esterhazy. Comment celui-ci pourrait-il être admis à produire contre son supérieur une accusation infamante sans que ce dernier fût appelé à se défendre ? Je lis dans un journal que le colonel est si occupé en Tunisie que le général Billot refuse de le faire venir à Paris. Il ne faut pas qu'on nous conte cette histoire. Autrement tous les soupçons seraient permis.

Ce serait trop simple, en effet, de livrer un officier en pâture à toute la presse, et de lui refuser le droit de venir présenter sa défense. Je ne sais rien du colonel Picquart, mais je ne suis certainement pas seul à penser qu'il est temps pour lui de parler, quoi qu'il ait à dire.

L'enquête à peine commencée, on nous en annonce la fin. A qui fera-t-on croire qu'elle est sérieuse, si le colonel Picquart, accusé par M. Esterhazy d'être l'âme d'un complot fomenté par un traître, ne comparaît pas en personne devant le général enquêteur ?

20 novembre 1897.

X

Les demi-vérités

Je n'ai jamais prétendu que le capitaine Dreyfus fût innocent, par la simple raison que je n'en sais rien, ni n'ai aucun moyen de le savoir. Mais je soutiens de toute mon énergie avec beaucoup d'autres — et les événements depuis quelques jours se sont étrangement chargés de nous donner raison — que la lumière n'est pas complète sur cette ténébreuse affaire, et que le Gouvernement doit à l'opinion publique la pleine vérité.

Eh bien ! la question qui se pose est précisément de savoir si, oui ou non, le ministre de la Guerre veut faire éclater la lumière dans les ténèbres où nous sommes plongés. Or, je suis bien obligé de constater que l'attitude du général Billot est fort étrange.

Il commença par nous déclarer, dans une note officieuse, qu'il n'avait reçu aucune communication de M. Scheurer-Kestner, et nous apprenions le lendemain qu'il avait eu un long entretien avec l'honorable sénateur, qui lui avait soumis tous ses documents.

Ce n'est pas tout. Le général Billot ne dit pas un mot de cette entrevue à ses collègues du Ministère, qui ne se sont pas fait faute d'en manifester leur mécontentement à leurs amis des deux Chambres. Il allègue à la tribune que l'entretien était confidentiel, mais il néglige bizarrement de dire que, loin d'être lié vis-à-vis des ministres par M. Scheurer-Kestner, c'est lui qui a demandé à celui-ci de se laisser couvrir d'injures pendant quinze jours sans répondre.

Hier, encore, il niait avoir reçu de M. Bazille une communication de la part de M. Esterhazy, et le député de la Vienne s'est vu dans l'obligation d'infliger à M. le ministre de la Guerre le démenti le plus courtois, sous le coup duquel celui-ci est resté bien tranquille jusqu'ici.

Est-il vrai, comme l'a dit un journal, que le ministre ait fait demander à M. Esterhazy, par M. Bazille, de ne pas poursuivre ses accusateurs au cas où il sortirait indemne de l'enquête? Ce serait bien étrange. Pas plus, d'ailleurs, que de voir le chef d'état-major général communiquer des renseignements secrets à la presse par l'intermédiaire de son chef de cabinet, qu'il est obligé de punir pour lui avoir obéi, afin d'épargner au ministre l'obligation fâcheuse de le punir lui-même.

On se plaint que tout ce scandale ne soit pas pour accroître le prestige de l'armée. L'armée ne peut être responsable du crime d'un traître, quel qu'il soit. La seule chose qui puisse lui nuire en cette affaire, c'est l'attitude inexplicable de certains chefs, prêtant aux interprétations malveillantes.

Y a-t-il donc quelqu'un qu'on veuille couvrir quand même, voilà ce qu'on commence à se demander tout bas. La question a d'autant plus de vraisemblance qu'on nous annonce — je veux encore en douter — que le général Billot ne permet pas qu'on fasse venir le colonel Picquart à Paris.

En vérité, ce serait là le pire scandale. M. Esterhazy a lancé contre son supérieur une accusation de crime. Il ne s'agit pas d'envoyer à Tunis une commission rogatoire pour étouffer la réponse. Il faut que ces deux hommes soient confrontés, et que nous sachions qui des deux a le droit de confondre l'autre. On ne pourra le savoir qu'en les mettant face à face. Le commandant Esterhazy doit le réclamer lui-même. Autrement il nous faudra bien croire que quelqu'un redoute cette rencontre.

On nous dit que le colonel Picquart aurait été exilé pour avoir trop parlé. Ce n'est pas lui, jusqu'à présent, qui se répand dans les feuilles publiques. Il paraît qu'on arrête à la poste les lettres qu'on soupçonne d'être siennes Je n'ai rien à dire là-dessus. Il faut éclairer la justice. Non pas en laissant la moitié de la vérité dans l'ombre.

Car, alors, tout le monde croira que si on a expédié le colonel Picquart à Sousse, si on ne veut pas qu'il revienne à Paris, ce n'est pas parce qu'il a parlé, mais parce qu'on a peur qu'il parle. Que M. le général Billot réfléchisse, avant de prendre une résolution dernière.

21 novembre 1897.

XI

Le colonel Picquart.

L'Echo de Paris, qui passe pour avoir de bonnes relations avec le ministère de la Guerre, a publié l'information suivante :

Nous croyons savoir que le général de Boisdeffre, chef d'état-major général, a demandé et obtenu la comparution du lieutenant-colonel Picquart devant un conseil d'enquête.

Cette note, qui paraît de source officieuse, est pour moi simplement incompréhensible.

Qu'est-ce que le général de Boisdeffre vient faire encore dans cette complication de personnages, après l'incident Pauffin de Saint-Morel qui a eu l'étrange terminaison que l'on sait ?

Si le chef d'état-major général avait quelque plainte à produire contre le colonel Picquart, qu'avait-il besoin de la plainte Mathieu Dreyfus contre M. Esterhazy et de la plainte Esterhazy contre le colonel Picquart pour mettre le conseil d'enquête en mouvement ?

Enfin, comment l'idée a-t-elle pu venir au ministre de faire comparaître le colonel Picquart devant un conseil d'enquête et le commandant Esterhazy devant un autre ?

Cela me paraît si parfaitement absurde que j'attends une note Havas nous informant que le général de Boisdeffre, tout bien considéré, a fini par infliger un mois d'arrêts de rigueur à mon ami Rosati, secrétaire de la rédaction de *l'Echo de Paris*, pour avoir publié une nouvelle qui a cessé d'être exacte.

Ce qui achève ma surprise, c'est que le même journal donne à la note ci-dessus une conclusion encore plus bizarre.

Le lieutenant-colonel Picquart, dit-il, ne quittera pas Tunis avant son interrogatoire par le général Leclerc.

Ça, c'est le triple fond de la bouteille à l'encre. Faire interroger le colonel Picquart par le général Leclerc, à Tunis, pour lui faire continuer sa déposition devant le général de Pellieux, à Paris, est une conception si absurde qu'il faut renoncer à comprendre.

On aura beau chercher mille moyens d'éviter la confrontation du commandant Esterhazy avec le colonel Picquart, on ne réussira pas à tromper l'opinion, qui voit dans le débat contradictoire entre ces deux hommes la meilleure source des informations attendues. Beaucoup de gens sont déjà fort surpris des étranges hésitations du ministre de la guerre. Il semble qu'il veuille protéger contre les investigations du juge quelqu'un de ses subordonnés coupable, non de trahison, mais de grave négligence. C'est ce qu'on dit déjà. Que ne coupe-t-il court à toutes ces rumeurs, en mettant le général enquêteur en situation d'accomplir intégralement son devoir?

Jamais question ne fut plus clairement posée. Le commandant Esterhazy, accusé par M. Mathieu Dreyfus, accuse d'un complot infâme le colonel Picquart. Eh bien! il faut que le colonel Picquart soit mis en demeure de répondre — M. Esterhazy présent — aux accusations portées contre lui. Il semble que tout le nœud de l'affaire soit dans la discussion entre ces deux hommes. C'est bien ce qui fait que l'attitude imprévue du général Billot, manœuvrant, dirait-on, pour empêcher cette rencontre, a déconcerté tout le monde.

Je veux croire que le ministre est déjà en train de réparer sa faute. Tous ceux qui ne cherchent que la vérité, quelle qu'elle soit, seront unanimes à s'en féliciter.

22 novembre 1897.

XII

Rue Saint-Dominique.

Tous les journaux ont reproduit une note énigmatique de l'*Agence Havas* ainsi conçue :

« L'enquête du général de Pellieux continue. Le
lieutenant-colonel Picquart sera entendu. »

Il serait vraiment trop étrange que l'enquête du général de Pellieux ne continuât pas, et que le lieutenant-
colonel Picquart ne fût pas entendu.

Les journaux au courant du style officiel nous affirment que cela veut dire en français de ministère : « Le
lieutenant-colonel Picquart sera confronté, devant le
général de Pellieux, avec le commandant Esterhazy. »
Si cette traduction est véridique, il ne nous reste plus
qu'à regretter qu'il ait fallu tant de discours pour
convaincre le général Billot.

Déjà l'on aperçoit les fâcheuses conséquences de la
conduite incompréhensible du ministre de la Guerre
M. le colonel Picquart a été entendu à Tunis par le
général Leclerc, et, bien que le colonel se soit refusé
à toute interview, nous trouvons déjà dans la presse
parisienne un aperçu plus ou moins exact de certaines
parties de sa déposition qu'il est impossible de contrôler en l'absence de l'intéressé.

L'Echo de Paris nous informe en effet que son correspondant de Tunis lui a « télégraphié et communiqué » le renseignement suivant :

M. le colonel Picquart a formellement nié avoir communiqué à personne, soit verbalement, soit par écrit, des documents ou renseignements ayant trait au procès Dreyfus.
M. Picquart aurait insisté sur cette circonstance qu'il
pourrait bien se faire que des tiers ayant connu partie des
pièces du dossier *avant leur communication officielle au ministère de la Guerre* en aient conservé des copies ou photographies ; que les indiscrétions à lui reprochées pourraient
provenir de ces tiers. Enfin le colonel Picquart ignorerait
à quel document probant a pu faire allusion M. le commandant Esterhazy.

Même s'il n'a pas passé par la rue Saint-Dominique,
ce télégramme — émanant sans doute de quelqu'un
en position de regarder par-dessus l'épaule du juge —
continue de ne nous donner que des demi-vérités. Que

sont ces tiers qui s'amusent à photographier des
pièces secrètes intéressant la défense nationale « avant
leur communication officielle au ministère de la
Guerre » ? Il doit y avoir des noms et des explications.
Cela vaudrait la peine d'être connu. Il serait également curieux de savoir pourquoi il faut le colonel Picquart pour dénoncer des actes si graves qui ne peuvent
être ignorés de ses chefs.

L'Echo de Paris ajoute :

Bien qu'elles aient été contestées, des saisies de lettres
et de télégrammes ont été opérées à Paris, Marseille, Tunis et Sousse. En ce qui concerne les télégrammes, à propos desquels une vérification rapide est facile, on posséde-
rait la certitude, assure-t-on, que les expéditeurs auraient
indiqué sur les minutes des adresses fictives, d'où la difficulté d'arriver à connaître quels sont ces expéditeurs. Pas
mal de lettres saisies ne porteraient aucune signature...
Cependant, de l'examen de toutes ces lettres et télégrammes, anonymes ou non, il ressortirait d'une façon certaine
que les pièces constitutives du dossier Dreyfus sont connues par les auteurs de ces correspondances et que l'ensemble du dossier, y compris le dossier communiqué en
chambre du Conseil de Guerre, est tombé entre les mains
du syndicat.

Ceci achève d'un trait la peinture du chaos au ministère de la Guerre.

On n'a pas voulu montrer à Dreyfus, qui devait la
connaître, apparemment, ni à Mᵉ Demange lui-même
— dont la discrétion valait bien, cependant, celle du
geôlier à qui le ministre Chautemps faisait les révélations les plus secrètes — certaine pièce mystérieuse
dont la publicité devait entraîner, nous disait-on, la
guerre. Le danger était tel qu'on n'a pas craint de
faire le huis clos, et de juger un homme sans qu'il lui
fût possible de contrôler dans son origine et dans sa
teneur la pièce qui le décrétait d'infamie. Et voilà que
tout ce redoutable mystère aboutit à ceci que la pièce
est dans les mains de tout le monde, et qu'un de ces

jours il nous en sera donné connaissance dans les
gazettes.

Même lorsque Dreyfus est à l'île du Diable, nous
sommes bien mal gardés, monsieur le ministre de la
Guerre !

23 novembre 1897.

XIII

La parole de Vérité.

Le Figaro se pose une singulière question : *Le colonel Picquart vient-il à Paris pour parler ou pour se
taire ?*

· Je ne puis concevoir la pensée qu'on ose jouer la
comédie de faire comparaître cet officier devant le
général enquêteur, en lui interdisant de dire ce qu'il
sait. Il est vrai que le ministre ne s'est pas montré très
pressé de le faire entendre, et je comprends tout ce
qu'il peut y avoir de délicat pour le colonel à mettre
en cause peut-être un de ses supérieurs.

Mais, si l'on fait une enquête, il faut apparemment
que ce soit pour connaître la vérité tout entière, et je
ne saurais croire que le général de Pellieux se contente de cette réponse : « M. le ministre m'a défendu
de parler. » Le juge, en ce cas, devrait constater que
l'autorité même qui lui ordonne d'enquêter lui enlève
tout moyen de faire l'enquête, et le général Saussier,
qui ne passe pas pour avoir une connaissance insuffi-
sante de ses droits, ne supporterait pas, j'imagine,

que le général Billot se moquât à ce point du gouverneur de Paris.

On peut alléguer, sans doute, qu'il est bien grave pour un officier qui a brillamment débuté — le lieutenant-colonel Picquart est le plus jeune de son grade — de tourner contre lui des influences capables d'entraver la plus belle carrière. Sans le connaître, je fais à M. le colonel Picquart l'honneur de penser que des considérations d'intérêt ne sauraient l'arrêter dans l'accomplissement d'un devoir de conscience.

D'ailleurs, une autre réflexion s'impose. Le colonel a été gravement outragé par un de ses inférieurs qui l'accuse de s'être vendu pour soustraire à la justice du pays un traître. S'il est vrai que le colonel Picquart se soit rendu coupable d'un tel forfait, sa place n'est plus au milieu de ses camarades. Il faut qu'il soit fait de ce criminel un exemple. Et s'il est innocent, ce n'est pas assez — l'accusation ayant été publique — qu'il soit couvert par ses chefs. Il faut qu'il réponde. Sans cela, il ne doit pas se dissimuler que d'éternels soupçons planeront sur lui. Qu'il s'interroge et qu'il décide pour l'honneur de son nom dans l'avenir.

S'il possède, comme on nous le dit, le mot terrible du secret qui tient à cette heure toute la France en suspens, personne n'est au-dessus de lui, car il est le maître de la vérité, et tous ceux qui ont besoin du mensonge trembleront devant la lumière qu'il apporte. Comment croire qu'il accepte d'échanger le plus beau rôle contre le plus misérable? Comment supposer qu'il ne comprenne pas, dans le tumulte de trahisons hautes ou basses où nous nous débattons, que le silence serait la forme la plus lâche du mensonge? Je refuse de lui faire cette injure. Il est témoin. Entre le crime et l'innocence, c'est une dignité haute. Qu'il parle, et, quoi qu'il dise, les consciences françaises soulagées s'appuieront à la parole de vérité.

25 novembre 1897.

XIV

L'instruction judiciaire.

La vérité est en marche, comme le dit fort bien Emile Zola. Sur la proposition du gouverneur de Paris, l'enquête du général de Pellieux a été transformée en instruction judiciaire. C'est un pas décisif. Il paraît impossible maintenant qu'on n'arrive pas à la pleine lumière.

Le général de Pellieux, devenu « officier de police judiciaire », a commencé ses opérations par une perquisition au domicile du colonel Picquart. Certains trouvent étrange qu'on procède contre le témoin avant de s'occuper de celui qui fut l'objet de la plainte initiale. On allègue que l'article du Code d'instruction criminelle qui prescrit que le perquisitionné soit présent, ou tout au moins représenté, n'a pas été observé.

Cela est fâcheux, sans doute, car, s'il y a des lois, il semble qu'elles doivent être pour tout le monde. Mais l'intérêt du moment ne peut être de s'attarder aux choses accessoires. Que nous importe l'étonnante procédure d'un commissaire de police, élève de Gaboriau, qui, au lieu de faire tout uniment sa besogne, va conter une histoire d'allumettes de contrebande dans la loge de la portière, et finit, pour trouver les papiers du colonel Picquart, par se perdre dans les cartons d'une modiste effarée ? Si ces choses bizarres sont nécessaires à la révélation de la vérité, il ne faut pas nous en plaindre.

2.

Je vois aussi que M. le général Billot montre une sollicitude extrême pour le colonel en voyage. Le ministre a laissé, huit jours durant, M. Esterhazy parler tout à son aise. Le colonel Picquart, en revanche, n'a pas soufflé mot. Cependant M. Billot ne peut souffrir que les journalistes assiègent le colonel dans les gares. Donc il le fait *chambrer* à Marseille et accompagner jusqu'à Paris. Le témoin est « serré de près », nous dit-on. Il n'est pas encore question des poucettes.

Ce sont là des détails en comparaison de l'intérêt qui s'attache à la manifestation de la vérité. L'instruction judiciaire est ouverte. Voilà le grand point. A ceux-là maintenant de parler, qui ont des choses à dire. On nous a annoncé qu'il y avait des preuves. Il faudra les produire. Au point où en sont les choses, les révélations résultant d'une déposition sans réticences seront un moindre mal que l'universel soupçon qui plane aujourd'hui sur toutes choses.

Si le colonel Picquart a commis quelque faute, nous le saurons, et la cause nous en sera dévoilée. Si le commandant Esterhazy a quoi que ce soit à se reprocher, nous l'apprendrons de même. La vie présente et passée de chacun de ces deux hommes sera mise dans chacun des plateaux de la balance, et nous regarderons baisser l'un et monter l'autre. S'il y a eu un complot pour arracher un traître au châtiment de son crime, il sera mis à découvert. S'il y a eu parmi les hauts serviteurs de l'Etat des complaisances coupables, elle seront dénoncées. Avec l'ordre rétabli dans les services divers, la confiance renaîtra. Justice sera rendue.

26 novembre 1897.

XV

La raison d'État.

Il me sera permis de parler contre la raison d'Etat. Tout l'effort de nos révolutions a été dirigé contre elle, et je la vois reparaître obliquement dans le gouvernement démocratique au moment même où nous la croyions à jamais extirpée des institutions que nous essayons de faire évoluer par le suffrage universel vers la liberté, vers la justice.

Le gouvernement du suffrage universel est, par définition, le gouvernement de l'opinion publique dans la pleine lumière, et tous les citoyens, hommes privés où publics, ont pour suprême garantie de leur honneur, de leur vie, de leurs biens, la justice au grand jour.

Dans l'intérêt dès bonnes mœurs, on a cru devoir laisser au juge la faculté de prononcer le huis clos. Mais le huis clos lui-même comporte des conditions de publicité relative qui suffisent à protéger l'accusé contre lés abus du pouvoir judiciaire.

La question *toute nouvelle* qui est posée par cette lamentable affaire Dreyfus est de savoir si l'on a le droit d'organiser le huis clos dans le huis clos, et de condamner un homme, quel qu'il soit, pour un crime quelconque, sur des pièces dont ni lui ni son avocat n'auront pris connaissance. S'il suffit de ces trois mots fatidiques *Raison d'Etat* pour qu'on puisse priver un inculpé de toutes les garanties de justice,

c'est que nous sommes demeurés, sous notre vernis
de civilisation, en pleine mentalité de barbarie.

Dans l'affaire Dreyfus, il paraît désormais acquis —
car il suffisait d'un simple démenti du gouvernement
pour réduire à néant les allégations précises de
source autorisée, et ce mot, le gouvernement ne l'a
pas dit — que la conviction des juges s'est faite, hors
de la présence de l'inculpé et de son défenseur, sur un
document que personne n'a été mis en situation de
discuter, soit dans son texte, soit dans son origine.
Cherchez bien, vous ne trouverez pas d'autre cause du
scandale actuel.

Qui s'intéresserait à un homme « convaincu » de
trahison suivant les formes de la loi ? Mais le terrible
doute subsiste : Dreyfus a-t-il été « convaincu » suivant les formes de la loi ? Et s'il n'en est pas ainsi que
de chances d'erreur pour le juge ! Alors l'imagination
s'exalte, les soupçons naissent, les plus extravagantes
fantaisies se donnent carrière, et l'on assiste au dévergondage de roman dont nous sommes témoins depuis
quelques jours.

Ce que j'admire le plus, quant à moi, c'est le violent parti pris de gens — dont quelques-uns pourtant
ont d'assez bonnes raisons de douter du sang-froid
des conseils de guerre — qui se refusent à savoir si
la raison d'Etat alléguée de bonne foi contre Dreyfus
n'a pas pu couvrir quelque effroyable méprise. Je ne
dis pas que cela soit, je n'en sais rien, et je n'ai par
mes propres forces aucun moyen de le savoir. Non
seulement je ne prétends pas que Dreyfus soit innocent, mais j'ai écrit, dès le premier jour, que les
présomptions sont contre lui puisqu'il est condamné,
et que rien ne nous permet de soupçonner la conscience de ses juges. Mais ces juges, parce qu'ils sont
hommes, sont faillibles. Combien plus si la contradiction voulue par la loi a été écartée de la décision redoutable en voie de se former dans leur esprit !

La vérité est que dans toute cette affaire, la raison
d'Etat, comme en toutes autres choses, ne vaut rien,

tout simplement. On avait prononcé le huis clos, et ce n'est pas contre le huis clos lui-même que je proteste. J'estime que le tribunal doit être juge en pareille matière. Mais, puisqu'on tenait l'accusé et qu'on pouvait l'empêcher de parler, puisqu'on avait assez de confiance dans la discrétion des juges eux-mêmes, il suffisait alors d'avoir confiance aussi dans la discrétion professionnelle et patriotique de Me Demange pour respecter la loi des lois, qui veut qu'aucun homme ne puisse être condamné sans avoir été préalablement entendu sur le fait allégué contre lui. Cela suffisait. On ne l'a pas fait, et c'est nous, comme toujours, qui payons la faute de nos maîtres. Car nous errons dans les ténèbres, sous le regard moqueur de l'étranger, à la recherche d'une justice claire, indiscutable, que les autres nations se vantent de posséder.

Or, ce fameux secret d'Etat, a-t-on pu réussir, comme on le prétendait, à l'envelopper d'un impénétrable mystère ? Un trop grand nombre de personnes en avaient connaissance. Aujourd'hui, les journaux impriment tranquillement que le gouvernement français a fait dérober des papiers confidentiels dans les ambassades et que personne n'ose dire ni oui ni non. En vérité, mieux eût valu confier le secret à Me Demange. Bien plus, voici que M. Chautemps — car tous les ministres étaient au courant du mystère — se vante ridiculement d'avoir révélé toute la vérité au gardien chargé de veiller sur Dreyfus. Si cela est vrai, le trait achève de nous déconsidérer. Il paraît difficile, en effet, de soutenir qu'un avocat des plus considérés ne présente pas autant de garanties qu'un gardien de prison.

Maintenant le mal est fait. Je n'y vois qu'un remède : faire toute la lumière, non pas sur des secrets d'Etat s'il y en a — ce dont je ne suis pas sûr — mais sur les faits concomitants de cette ténébreuse affaire qui sont venus ou viendront à la connaissance du public. Ainsi s'établira nettement dans l'opinon la con-

viction ou qu'il est nécessaire de reviser le procès
Dreyfus, ou que les personnes qui ont pris sa défense
ont été fâcheusement mystifiées. Dans tous les cas,
ceux qui n'ont d'autre souci que de la justice et de
la vérité auront pleine satisfaction.

La question ainsi posée, je ne comprends pas du
tout pourquoi certains de nos confrères, faisant
chorus avec les journaux officieux du ministère,
montrent tant d'irritation contre ceux qui réclament
la lumière. Tous les Français, de quelque parti qu'ils
se réclament, n'ont qu'un seul intérêt : la vérité
publique, la justice impartiale pour tous. Ceux-là
mêmes qui défendent *à priori* un jugement rendu,
affirme-t-on, dans des formes irrégulières, seraient
exposés eux-mêmes demain, comme tout autre, à se
voir condamnés sans même qu'on leur eût fait connaître pourquoi. Un tel état de choses, s'il est officiellement constaté, nous livre tous au bon plaisir
des dénonciateurs anonymes — dont l'affaire Norton
nous a cependant appris les dangers — et nous
rabaisse au régime russe des transportations sans
jugement.

Quoi qu'il en soit, une enquête est ouverte, et je
m'en félicite grandement, car il faudra bien qu'il en
sorte le supplément d'informations que nous devons
être unanimes à tenir désormais pour nécessaire. Je
n'ai garde d'entrer dans le fond du débat, ni de
relever les faits à charge ou à décharge, contre ou
pour qui que ce soit. Ce n'est pas mon affaire. M. Mathieu Dreyfus, M. Scheurer-Kestner, M. Esterhazy
ont été entendus. Le général enquêteur commence
peut-être à débrouiller un peu de ce chaos. A
quelque conclusion qu'il arrive, il aura rendu un
signalé service à la conscience française.

Mais il faut que l'enquête soit complète. Or, il
paraît bizarre que le ministre n'ait pas encore mandé
à Paris, pour le faire comparaître devant le général
Pellieux, le colonel Picquart accusé par M. Esterhazy
d'avoir reçu la « forte somme » pour innocenter un

traître et noircir un innocent. Une commission rogatoire ne peut aboutir qu'à faire des parties de lumière,
à nous révéler des fractions de vérité. Il faut la
lumière totale. Il faut la vérité complète. L'honneur
et la sécurité du pays l'exigent.

Il est donc incompréhensible qu'on ait laissé vili-
pender à loisir le colonel Picquart, sans lui donner
l'occasion de se défendre *directement* face à face avec
son accusateur. S'il a commis le crime allégué par
M. Esterhazy, il faut que le châtiment soit prompt et
exemplaire. S'il est innocent, il faut que le calomnia-
teur soit confondu devant tous. L'attitude du ministère de la Guerre ferait croire qu'on redoute la pleine
liberté de langage du colonel. Si de nouveaux personnages doivent être compromis, la vérité tôt ou
tard se fera jour. Il vaut donc mieux en finir.
D'ailleurs, le colonel ne peut rester sous le coup
d'imputations déshonorantes. Que cela plaise ou non,
le moment est venu de lui desceller les lèvres. Sinon,
l'enquête ne serait qu'une honteuse comédie.

Il n'en sera pas ainsi, j'en ai la ferme assurance. Au
lieu de donner l'ordre au colonel Picquart de prendre
le premier bateau, on l'a maintenu à Tunis. Mais il
y a d'autres courriers, et les ministres suffiront, je
pense, à convaincre le général Billot de la nécessité
de réparer sa faute. Car, si le gouvernement reculait
devant la nécessité de mettre le commandant Esterhazy
et le colonel Picquart en présence, l'opinion serait
conduite à supposer qu'il y a quelqu'un, au-dessus de
ces deux hommes, qui redoute cette rencontre.
Un tel soupçon ne doit pas se répandre. Le général
Billot peut, d'un mot, le détruire.

26 novembre 1897.

XVI

La raison du plus fort.

(Lettre au directeur de la Dépêche de Toulouse).

Mon cher Directeur,

La Dépêche est un journal de liberté, où tous les
rédacteurs s'efforcent, chacun suivant ses moyens, de
concourir à l'évolution sociale de justice. C'est un
assez beau programme. Et c'est parce que je suis très
fier d'y collaborer pour ma modeste part, qu'une
divergence de principes, comme celle qui s'est manifestée entre nous, l'autre jour, à propos de l'affaire
Dreyfus-Esterhazy, ne saurait me laisser indifférent.
Nous n'avons ni l'un ni l'autre, apparemment, de prétention à l'infaillibilité. Les considérations que vous
avez invoquées sont fort loin, à mes yeux, d'être
dépourvues de valeur. Les idées dont je me suis réclamé me paraissent naturellement très fortes. Peut-
être n'ai-je pas su les exposer dans toute leur puissance? Permettez-moi de m'éclaircir moi-même en
essayant de les mieux préciser. Nos lecteurs ne se
plaindront pas je pense d'un échange amical de
pensées qui ne peut avoir d'autre but que la détermination de la vérité.

J'ai pour moi, dites-vous, la logique absolue en
refusant de reconnaître la raison d'État. Je ne me
prévaudrai point de cet avantage, car « la logique

absolue » dans les affaires humaines se trouve souvent
en défaut, soit par quelque dialectique vicieuse, soit
par la discordance des mœurs et des idées pures.
J'examine simplement la raison d'Etat en elle-même
et je prends la liberté de lui demander, devant la
démocratie, ses titres.

Là-dessus, nous sommes sûrement d'accord. La
raison d'Etat n'est, sous le voile de l'intérêt public,
qu'un autre nom du « *bon plaisir* ». L'autocrate
ancien n'avait qu'à dire : « Je veux ». Il fallait obéir
sans demander ses raisons. Plus tard, quand le
malheur des temps mit le potentat dans le cas de
donner à ses sujets des apparences d'explications, la
raison d'Etat parut bonne pour cet office. On ne
disait plus seulement : « Je veux ». On alléguait
l'*intérêt de l'Etat*. Si l'*intérêt de l'Etat* se trouvait
coïncider exactement avec l'intérêt ou la fantaisie du
monarque, ce n'était point l'affaire des gouvernés qui
n'avaient qu'à saluer à genoux ce nouveau chapeau de
Gessler, sans mot dire. Machiavel a écrit là-dessus des
choses curieuses que Joseph de Maistre a transposées
au service de l'Eglise.

C'est peut-être le moment de rappeler ici que le
poids de la raison d'Etat devint si lourd à notre
peuple que son premier geste de révolution, à l'aurore
des temps nouveaux, fut de donner d'ensemble contre
les murailles maudites où s'abritait le Moloch. Tous
les ans au 14 juillet nous dansons pour célébrer la
démolition de la grande forteresse de la raison d'Etat,
la Bastille. Si j'évoque ces souvenirs, ce n'est pas que
j'admette un moment, comme vous pensez bien, qu'il
puisse y avoir l'ombre d'une divergence entre nous
là-dessus. J'ai voulu seulement rappeler l'origine de
certaines idées de gouvernement dont nous sommes
encore, à notre insu, mal débarrassés. Car il ne suffit
pas de donner des noms nouveaux aux vieilles choses,
et d'abattre des murailles, pour changer l'esprit
humain.

Ce fut là précisément l'erreur de nos grands révo-

3

lutionnaires. Parce qu'ils avaient des intentions différentes de ceux qu'ils avaient renversés, ils crurent que
la raison d'Etat les justifierait amplement, quoi qu'ils
fissent, et, d'une conscience tranquille, ils dressèrent
l'échafaud de la place de la Révolution. La raison
d'Etat monarchique embastillait et tuait à sa guise.
La raison d'Etat révolutionnaire se mit à embastiller
et à tuer à son tour. Rien n'avait changé que le bras
qui tenait la hache. Je n'ai garde, bien entendu, de
méconnaître les causes du phénomène. Les conspira-
tions contre-révolutionnaires, les insurrections san-
glantes venant en aide aux émigrés en armes contre
la France parmi les Allemands. Le territoire français
ne fut, à certains moments, qu'un vaste champ de
bataille.

Mais tout le monde sait que le couperet de la raison d'Etat trancha bien d'autres têtes que celles des
ennemis de la Révolution. C'est que dans la rainure
glissante, il n'y a point de cran d'arrêt. La raison
d'Etat, elle, est de logique absolue. Et le régime de
la suppression pure et simple, trouvé bon par les ci-
devant, ne parut pas moins efficace à Danton contre
les Girondins, à Robespierre contre Danton, à Billaud-
Varennes contre Robespierre. Jusqu'au jour où César,
domestiquant nos conventionnels en préfets, montra
que rien n'avait été vraiment changé en eux, que le
nom du régime à servir. Depuis ce temps la raison
d'Etat, ballottée de révolutions en coups de force
autoritaires, nous apparaît de plus en plus sous son
véritable aspect et son véritable titre, *la raison du
plus fort*, qui n'a cessé d'être la meilleure.

Et maintenant voici l'heure où la question se pose
pour nous sur un fait individuel. Depuis dix ou
quinze ans, un certain nombre de Français ont été
condamnés pour espionnage au profit des puissances
étrangères. Jamais une voix ne s'est élevée en faveur
de ces misérables. L'un d'eux, un sous-officier, jugé
dans la pleine lumière, flétri de tous, jouit d'une quasi
liberté quelque part en Nouvelle-Calédonie. Cela

paraît incroyable. Triponé, un officier d'artillerie, a été gracié. C'est étrange. Je passe.

Pour Dreyfus, un doute s'est élevé. Pourquoi? C'est parce qu'il est Juif, a-t-on dit. Cela est vrai, certainement, pour quelques-uns de ses défenseurs, et je ne m'étonne pas que les Juifs souhaitent de voir prouver l'innocence de leur coreligionnaire. Mais nous ne sommes pas Juifs, nous, et nous mettons certainement la haute banque juive et la haute banque catholique dans le même panier. Pourquoi donc quelques-uns d'entre nous ont-ils réclamé la pleine lumière, lorsqu'on a cru trouver à côté de Dreyfus un coupable, qui est peut-être un complice?

C'est que Dreyfus a été jugé non seulement sous le régime du huis clos, mais, ainsi que je l'ai dit, dans le huis clos du tribunal, aggravé du huis clos de la chambre du Conseil. Le ministre de la Guerre, sans tenir compte de la similitude des écritures, proclame que Dreyfus est coupable, et jusqu'à nouvel ordre, nous devons l'en croire. Pour que le général Billot puisse parler ainsi, alors qu'on n'a jugé Dreyfus que sur le bordereau, c'est donc qu'il y a d'autres pièces. On ne le nie pas, on l'avoue même. Mais ces pièces on ne les a montrées ni à l'accusé ni à son avocat. Il n'a pu en contester ni le texte ni l'origine. Elles peuvent être vraies, elles peuvent être fausses. Nul ne le peut savoir sans la discussion de l'intéressé.

Alors la question se présente qu'il faut avoir le courage de résoudre. Est-il admissible qu'un homme, si misérable qu'on le suppose, soit jugé, en dehors des communes garanties, *contre le texte formel de la loi?* La raison d'État a-t-elle force contre la loi? Si c'est oui, alors qu'ose-t-on parler de lois dans un régime qui n'est plus que de pur arbitraire? Aujourd'hui c'est Dreyfus, demain ce sera tout autre, et au nom de l'intérêt public, la raison d'État sans raisons fera des coupes sombres, sous le regard d'une multitude hébétée de terreur, dans les rangs des oppositions. Car la raison d'État, une fois entrée dans le régime, ne s'en

peut plus déloger. Elle répond à tout, toujours,
n'admet point de nuances, ne souffre point de dis-
tinctions. Si elle est bonne contre Dreyfus, elle sera
trouvée efficace contre quiconque.

Il y a des secrets d'Etat, me dit-on. Sans doute.
C'est pour cela qu'on a fait le huis clos. S'il y a des
papiers qu'il ne faut point rendre publics, il suffisait
de mettre l'avocat de Dreyfus en état de les discuter
toutes portes fermées. La garantie de son honneur
vaut bien celle des trente-trois personnes aujourd'hui
gardiennes de ce secret, y compris le geôlier de
M. Chautemps. Ce qu'on n'a pas le droit de faire c'est
le *huis clos dans le huis clos*, c'est-à-dire de
mettre le juge en situation de prononcer sur des pièces
inconnues de la défense. Et c'est parce qu'on l'a fait
que l'opinion publique, aujourd'hui, s'inquiète.

Qu'on y prenne garde. Il est du plus haut danger à
cette heure de laisser croire à nos maîtres qu'il leur
est loisible de violer les lois au nom de la raison d'État.
S'ils peuvent tout se permettre — même de nous
enlever les primordiales garanties de sécurités indivi-
duelles — au nom de l'intérêt public invoqué selon
leur bon plaisir, je ne crains pas de dire que c'est sur
la démocratie française et sur la France elle-même la
pierre du tombeau. La Chambre a voté une loi sur
l'espionnage punissant tout homme qui aura *publié
des documents intéressant la défense nationale*. Avec
ce texte on peut se débarrasser de qui l'on voudra. Je
dis qu'un de nos bâtiments de guerre est mal armé,
que nos torpilleurs sont troués, que le *Magenta* est
instable, que nos approvisionnements de mobilisation
sont entamés. Je le dis et je le prouve. Je suis condamné, stigmatisé, pour avoir révélé les prétendus
secrets de la défense, quand j'ai seulement voulu
rendre service à mon pays. Et pendant ce temps les
faux patriotes de la guerre et de la marine préparent
tout à leur aise, dans le silence, un nouveau Sedan.
Est-ce là ce que l'on veut? L'opinion publique com-
prend-elle l'intérêt des discussions d'aujourd'hui?

Des secrets d'État au ministère de la Guerre?
N'est-ce pas là surtout l'étiquette de toutes les fautes
des grands chefs impatients de contrôle, stupides
d'infaillibilité? Ces fautes, le gouvernement veut les
couvrir à tout prix, et l'intérêt de tous ceux qui
aiment la patrie est précisément de forcer le général
Billot à faire la lumière. Loin de là, on a battu les
buissons sur les juifs et sur le « syndicat », sans
même regarder du côté des fonds secrets. Si toute
l'opposition eût donné, d'ensemble, un grand résultat
pouvait être atteint. J'espère qu'il n'est pas trop tard.

Je vous prie, mon cher directeur, de croire à mes
meilleurs sentiments.

27 novembre 1897.

XVII

Clair-obscur.

Nous ne savons rien encore, sinon que le colonel
Picquart a été entendu par le général de Pellieux et
confronté avec M. Esterhazy. La conscience du juge
doit être maintenant bien près de la lumière. Bientôt,
sans doute, nous aurons la nouvelle d'un acte décisif.

Jusqu'ici, il faut bien le reconnaître, les esprits
impartiaux qui, tout en se gardant d'alléguer l'innocence de Dreyfus, ne demandent rien que la vérité
devant tous et la justice pour chacun, se sont trouvés
plutôt déroutés par la conduite bizarre des hommes
dont le devoir est de nous assurer ces bienfaits.

En dehors de sa famille, personne, d'abord, ne s'est intéressé à Dreyfus après sa condamnation, car la pitié elle-même hésite devant le traître. Mais un doute a surgi, non pas sur la droiture d'intention des juges, mais sur le maintien des garanties de justice exigées par la loi. On nous a dit que la défense n'avait pas été libre, l'accusé n'ayant pas même eu connaissance de la charge décisive. Tous ceux qui comprennent que la violation des droits d'un seul a pour conséquence fatale la violation des droits de tous ont alors demandé un supplément d'information, et le gouvernement, qui pouvait d'un mot détruire la légende, est demeuré muet.

Alors, nous apprenons qu'un officier, faisant une enquête sur un de ses camarades soupçonné d'un méfait, aurait découvert l'auteur véritable de la pièce produite au procès Dreyfus. On pouvait croire que le gouvernement n'aurait rien de plus pressé que de faire la lumière. Pas du tout. L'officier est exilé, et l'homme soupçonné, loin d'être inquiété, fait des voyages à l'étranger. Cela est étrange.

Un sénateur prend en main cette affaire, et s'en va tout droit soumettre le cas au ministre compétent, qui lui demande quinze jours de silence, et ne lui donne plus signe de vie que pour envoyer par ses officiers des articles contre lui dans les journaux. La chose paraît de plus en plus inexplicable. Il serait curieux de savoir pourquoi M. Billot avait besoin de ces quinze jours, et quel usage il en a fait en dehors de ce travail de journaliste occasionnel.

Enfin nous nous frayons péniblement une voie vers la lumière. Le nom du colonel Picquart est rendu public, une enquête est ouverte. Contre qui ? Contre l'officier accusé ? Non pas, contre l'officier accusateur. On entend l'accusé. Il faut une campagne de presse de huit jours pour obtenir qu'on mande l'accusateur. Pendant qu'il est en mer, on fait chez lui une perquisition illégale. Des officiers, usant d'un subterfuge indigne, violent le domicile de tous les habitants

d'une maison. La loi le défend sous peine de châtiment. Mais il n'y a pas de loi pour M. le général
Billot. La loi pourtant a sa raison d'être, en exigeant
la présence du perquisitionné, car elle veut que nul
n'ait le droit de soupçonner qu'on a introduit des
papiers, ou qu'on en a pris, dans les caisses saisies.

Comment s'y prendrait-on si l'on voulait empêcher toute lumière d'évidence? Ce qu'il y a de plus
clair dans cette obscurité, c'est que le ministre de la
Guerre s'amuse à donner de sa botte dans les lois.
Vieille habitude, qui ne nous rassure pas sur le bien
jugé du procès Dreyfus.

Et, pendant ce temps, nulle perquisition chez
M. Esterhazy, accusé d'espionnage. Ce sont les
lettres du colonel Picquart qu'on saisit, à chaque
courrier, non celles de l'autre. Qu'est-ce donc qui
protège l'accusé contre les légitimes curiosités du
juge? Peut-être finirons-nous par le savoir.

28 novembre 1897.

XVIII

Qui?

Qui donc protège M. le commandant Esterhazy
contre les curiosités légitimes du juge? Telle est la
question que je posais hier et que je pose encore
aujourd'hui. Car le cas de cet officier, « mis à la
retraite pour cause d'infirmités temporaires », décidément paraît tout à fait hors du commun.

Il résulte, en effet, des documents publiés par
le Figaro, que la plus grave des infirmités de ce
monsieur est une infirmité de patriotisme qui semble
n'avoir rien de temporaire. « *Si on venait me dire ce
soir que je serais tué demain* COMME CAPITAINE DE
UHLANS EN SABRANT DES FRANÇAIS, *je serais parfaitement heureux.* » Ainsi parle un officier de l'armée
française en une pièce dont l'écriture, il en convient
lui-même, ressemble *d'une manière effrayante* à celle
du bordereau accusateur.

Un officier de l'armée française n'écrit pas cette
phrase abominable au hasard. C'est la manifestation
d'un état d'esprit qui nécessairement s'est révélé en
d'autres circonstances, par des paroles, et — cela
n'est que trop à craindre — par des actes. Ses camarades du 74e, dès qu'ils ont su qu'un officier avait
attiré sur lui des soupçons, se sont écriés d'une seule
voix : « C'est Esterhazy. » Le ministre seul et son
entourage n'ont rien vu, rien entendu. A quels sourds,
à quels aveugles a-t-on donc confié l'armée française ?
A quels chefs seraient donc livrées la vie de nos soldats, la défense de notre territoire ?

Cet homme connu de tous, excepté de ceux qui
devaient le connaître, il faut que ce soit M. Mathieu
Dreyfus qui le dénonce. Cela ne suffit pas encore. Le
ministre de la Guerre, sachant depuis dix-huit mois
que cet homme est accusé de la façon la plus grave par
un officier dont la vie est toute d'honneur, se retourne
contre cet officier, le frappe d'exil pour avoir fait son
devoir, et assure à un Walsin-Esterhazy l'impunité.

Plus tard, quand il faut sévir, toute la sévérité du
juge se déchaîne contre l'officier français sans tache.
En revanche, les journaux amis du commandant français — qui voudrait être capitaine de uhlans — nous
racontent avec ostentation que le juge a serré la main
de ce misérable. Le colonel Picquart est perquisitionné, non M. le commandant Esterhazy. Enfin, lorsqu'on apprend que des documents dont un journal a la
photographie vont être publiés, on se décide à les saisir.

Qu'est-ce que cela veut dire, et qui donc protège M. Esterhazy? Qui de nos grands chefs avait des relations avec cet homme? Auprès de qui avait-il accès? Quelles confidences ou quelles négligences pouvait-il mettre à profit? Il faut le savoir. Non que je soupçonne qui que ce soit.— est-il besoin de le dire? — d'une complicité criminelle. Mais quand on accepte les plus hauts devoirs, quand on est gardien de secrets d'Etat, l'extrême circonspection en toutes choses est de rigueur. Si des imprudences ont été commises, le pire mal aujourd'hui serait de vouloir couvrir une telle faute.

Par ses tergiversations, le général Billot a donné l'impression qu'il voulait sauver un coupable. Le public, qui réclame la pleine lumière, pense qu'il faut songer d'abord à la patrie.

29 novembre 1897.

XIX

De amiticia.

Il me semble qu'on se donne un mal extraordinaire pour compliquer ce qui est simple. Si M. le commandant Esterhazy n'a pas écrit les lettres du *Figaro*, non seulement tous ceux qui y ont cru lui devront des excuses publiques, mais encore il faudra qu'une instruction soit ouverte contre les misérables qui auront ourdi cette machination criminelle. Si l'authenticité en est établie, ceux qui plaident les circonstances atténuantes auront un rôle ingrat.

Jusqu'ici les paroles du commandant ne paraissent pas faites pour fortifier les doutes en sa faveur. J'imagine que tout Français à qui l'on montrerait de telles ignominies sous sa signature pousserait de beaux cris. Ce soldat, si bavard naguère, se borne à dire qu'on a fabriqué ces documents par un procédé qu'il indique et qui ne supporte pas l'examen. Il ajoute enfin que c'est par le même procédé qu'on a fabriqué le bordereau, et reconnaît ainsi une fois de plus que le bordereau est de son écriture. Cette obstination de sa part à expliquer le bordereau d'avance par une falsification impraticable ne me dit rien de bon.

Tout homme sans parti pris, ayant les pièces authentiques en mains, aurait vite fait, ce me semble, de se faire une conviction là-dessus. Il n'en est point ainsi du général enquêteur, qui appartient, comme son illustre devancier Fabius, à l'école des temporiseurs. Son enquête « approchait de son terme », nous dit l'étrange note Havas de M. le général Billot. Vraiment? Vous êtes bien pressé de ne pas savoir, monsieur le ministre. L'excellent homme prend la peine de nous informer que le général de Pellieux vérifie l'authenticité de ses documents. Je n'avais pas besoin de lui pour concevoir cette pensée. Je ne doutais pas davantage qu'une fois sa conviction faite, le soldat-magistrat ne prît « toutes les mesures que pourra comporter la situation ». Alors pourquoi cet avertissement solennel dont personne ne peut tirer profit, sauf notre Esterhazy, à qui je conviens qu'il peut donner à réfléchir? Vit-on jamais juge d'instruction donner de tels avis à ceux contre qui il instrumente? Qui donc ce diable de commandant gêne-t-il à ce point?

L'Éclair dit très justement qu'Esterhazy eût-il écrit toutes ces lettres, et d'autres encore, cela ne prouve pas que Dreyfus n'ait pas vendu sa patrie. Rien de plus vrai. Aussi me suis-je bien gardé de jamais soutenir que Dreyfus fût innocent, ou de réclamer d'abord la revision du procès, comme l'a fait M. Paul de Cassagnac. J'ai simplement dit qu'il y avait les doutes les plus graves sur la procédure du conseil de guerre, et j'ai demandé au gouvernement de lever ces doutes. C'est parce que le gouvernement s'y est refusé, parce qu'il a montré d'inexplicables hésitations, dans une occasion qui voulait de la franchise et de la décision, que l'opinion publique en désarroi se trouve aujourd'hui livrée à tous les soupçons.

Au point où en sont les choses, il faut bien considérer que si le bordereau et les lettres de l'officier français qui voudrait être capitaine de uhlans sont de la même écriture, ainsi que celui-ci le reconnaît lui-même, il y a là matière à investigation curieuse. Je n'ai jamais prétendu qu'Esterhazy, s'il est coupable, n'avait point de complices. Il se peut que ce complice soit justement Dreyfus. Il se peut que ce soit un autre. J'ai même fait hier un article pour demander qui. Complice, ou dupe seulement? Cela vaut bien d'être éclairci.

L'Echo de Paris observe qu'un major en résidence à Rouen ne pouvait avoir à sa disposition des documents enfermés dans les bureaux de l'Etat-Major à Paris. Cela dépend. On a vu des gens habitant Versailles cambrioler aux Champs-Elysées. Et la chose leur était rendue plus facile s'ils avaient justement des amis parmi les serviteurs de la maison. Qui étaient, au ministère de la Guerre, les amis d'Esterhazy? C'est là-dessus qu'il faudrait faire la lumière. Voilà l'éternelle question où nous sommes, par toutes les voies, ramenés.

30 novembre 1897.

XX

L'Armée au grand jour.

J'ai beau me casser la tête, il m'est impossible de comprendre comment la presse française peut se diviser en deux camps à propos de Dreyfus et d'Esterhazy.

Dreyfus a été condamné par des hommes que nul ne soupçonne. Il ne s'agit que de savoir s'il a bénéficié des garanties reconnues à tous par la loi dans l'intérêt de la vérité. Le gouvernement a eu le tort de ne pas dire la parole qui aurait apaisé tout ce bruit dès le début. Mais quel Français ne comprend la nécessité d'une même loi pour tous ?

Reste Esterhazy. J'admets qu'on ait contre Dreyfus le surcroît de pièces convaincantes qu'on nous annonce tous les jours et qu'on ne nous a pas encore montrées. Il n'en est pas moins établi qu'il y avait dans l'intimité des chefs les plus haut gradés un officier qui rêvait de voir Paris livré aux fureurs de cent mille soldats allemands ivres. Quand un homme a de pareilles idées et qu'il fréquente tous les jours ceux qui sont maîtres de nos secrets militaires, un malheur est vite arrivé. Or, il se trouve justement que l'écriture du document où le félon dit sa folie de ravager la France à la tête des uhlans ressemble miraculeusement à celle du bordereau sur lequel fut condamné Dreyfus.

Comment se fait-il que tous les Français ne soient pas unanimes à réclamer la pleine lumière sur ces ignominies ? On allègue que la famille de Dreyfus a

semé l'or à pleines mains. C'est ce qui empêcherait
beaucoup de gens, croit-on, de dire en toute sincérité ce qu'ils pensent. Le soupçon se répand vite
dans notre peuple inquiet. On n'aime pas à se voir
jeter à la tête l'accusation de s'être vendu. Jaurès a
très bien répondu que ceux qui ne recherchent que la
vérité sont au-dessus de ces craintes. La famille de
Dreyfus n'a pas assez d'argent pour faire que la vérité
soit le mensonge, et nous ne demandons rien au gouvernement que la vérité, sans nous inquiéter de savoir
si elle sera pour ou contre Dreyfus. Si la presse se
voit contrainte de faire elle-même un peu de lumière
dans toute cette obscurité, c'est que le gouvernement,
détenteur de la vérité, la refuse.

Oui, le gouvernement refuse la vérité. Les preuves
en abondent. Déjà, avant l'enquête finie, les journaux
officieux nous disaient ses résultats.

Toutes les sévérités du juge sont réservées au colonel Picquart, témoin, à qui nous devrons, quoi qu'il
arrive, de voir chasser le misérable Esterhazy de l'armée. Pour Esterhazy, le non-lieu. Puis une enquête
sommaire pour lui enlever l'uniforme.

Esterhazy non-lieu, lui, dont hier, au moment où
M. Billot nous annonçait la fin de l'enquête, on n'avait
pas encore eu l'idée de faire expertiser l'écriture pour
la comparer à celle du bordereau. Esterhazy non
arrêté. Esterhazy pas même perquisitionné, au scandale de tous les hommes impartiaux qui se demandent
quels papiers on a peur de trouver dans la perquisition. Esterhazy, dont le gouvernement ne veut pas rechercher les amis au ministère de la guerre, parce
qu'il les connaît, parce qu'il veut les couvrir. Esterhazy, dont un commissaire de police ne saisit les
lettres chez Mme de Boulancy qu'après avoir supplié
celle-ci de ne pas les lui livrer.

Enfin le général de Boisdeffre est envoyé, dit-on, à
Pétersbourg, lui qui a d'abord « *obtenu* une enquête
contre le colonel Picquart » coupable d'accuser Esterhazy, lui qui, dès le début, est intervenu dans la

presse par un acte précipité où l'on pèut voir les apparences d'une diversion en faveur d'Esterhazy, lui
dont *la Liberté* nous a raconté une grave altercation
avec le général Billot, qui n'a jamais été démentie.

Quelle explication trouver de ces faits? Et comment
ose-t-on invoquer l'intérêt de l'armée, quand chacun
comprend qu'il n'y a pas pour l'armée de pire souffrance que de voir ses chefs occupés à protéger contre
la loi française l'officier qui rève de faire fouler la
France aux chevaux des uhlans?

Ne sait-on pas que tous les soupçons sont éveillés,
et qu'il n'y a d'autre manière d'en finir que par la
vérité pleine et entière?

J'ai vu les jours affreux où le cri de déroute :
« Nous sommes trahis! » dispersait nos bataillons
devant l'envahisseur. On avait été trahi vraiment.
L'histoire déjà l'a dit, et le dira plus encore. Songeons
à l'avenir. La confiance qui seule permet de résister
aux paniques morales ne se décrète pas par des communiqués à l'*Agence Havas*. Elle se fonde sur le libre
jugement de tous dans la pleine connaissance des
hommes et des choses. L'armée, c'est tout le monde.
Il faut l'armée au grand jour.

1er décembre 1897.

XXI

Fausse enquête.

Décidément, on devient fou au ministère de la Guerre.
On y est résolu à *tout*, comme dit Zola, « pour éviter

l'énorme coup de balai ». Mais *tout*, c'est peut-être plus que la France ne consentira d'accepter. Méline, puisque Félix Faure n'est qu'une souche décorative, pourrait le dire à son Billot.

Car la dernière invention de ce ministre dépasse toutes les autres. Il est saisi directement d'une plainte alléguant qu'on a découvert l'auteur du bordereau. On en donne pour preuve l'identité des écritures. L'accusé, dès le premier mot, reconnaît lui-même une similitude *effrayante*. Le général Billot considère ces choses, et, tout bien pesé, déclare qu'il va faire une enquête, une enquête militaire. L'enquête est ordonnée, un enquêteur est nommé, des témoins sont entendus en grand appareil. Et voilà qu'au bout de quinze jours nous apprenons qu'on a justement exclu de l'enquête le fait même qui est son unique raison d'être : la similitude des écritures.

L'enquêteur enquête bravement contre le colonel Picquart, témoin, contre Mme de Boulancy, témoin, qu'il malmène 'en présence d'Esterhazy, tandis que dans une autre chambre un général, que j'aurais cru occupé à faire des plans de campagne, dit militairement son fait à la suivante. C'est un vertige de tout le monde. Le commissaire de police chargé de saisir des pièces demande à ne pas les saisir. Les officiers, dont le métier est de préparer la guerre, font des articles de journaux qu'ils vont porter en ville. Après quoi l'on nous dit triomphalement qu'on n'a pas trouvé de *fait nouveau*. Je le crois bien. Comment le seul fait nouveau, à savoir la découverte supposée de l'auteur véritable du bordereau, serait-il aperçu de l'enquêteur, quand son chef, le général Billot, sans façon s'est assis dessus ?

Le ministre n'a point mis dans le dossier la pièce qui seule peut servir de terme de comparaison pour déterminer l'écriture, et le général de Pellieux, n'ayant rien à expertiser, a pu, en quinze jours de labeur, terminer son enquête avant de l'avoir commencée. En revanche, M. Billot, pour bien montrer que c'est lui qui tire les ficelles à sa guise, communique à son subordonné le fameux document qui prouve la culpabilité de Dreyfus, secret d'Etat connu de trente-trois personnes maintenant, y compris des gardiens de prison, refusé seulement au défenseur de l'accusé et au vice-président du Sénat.

Vraiment notre ministre de la Guerre juge mal son pays s'il croit qu'il le pourra tromper par de si grossiers artifices. Cette enquête qui porte sur tout, excepté sur le point qui appelle la lumière, ira directement contre le but qu'on se propose. Le public simpliste ne verra qu'une chose : on n'a pas osé comparer les écritures. Et chacun tiendra le fait pour un aveu. Car il n'y a de cette conduite qu'une seule explication possible, la crainte d'aboutir à des complicités ou à des négligences qui, en pareille matière, sont un crime.

Puis le nombre ira croissant de ceux qui, tout prêts à admettre, comme moi-même, que Dreyfus est coupable, estiment que l'honneur et la sécurité de la France exigent que le mystère Esterhazy soit percé à jour. On voudra savoir pourquoi la loi française s'arrête impuissante devant cet aspirant-Prussien déguisé en officier français, pourquoi on n'a pas perquisitionné chez lui, pourquoi le général Billot s'abaisse, en l'honneur de cet homme, aux duperies d'une fausse enquête, pourquoi le ministre qui nous a promis la vérité en a peur. Et quand on voudra bien le savoir, on le saura.

                                    2 décembre 1897.

XXII

La question posée.

Eh bien! c'est fait! L'enquête est terminée. Finie l'investigation qui a porté sur toutes choses, sauf sur le point précis qu'elle était chargée d'éclaircir. On n'a pas voulu comparer les écritures : à qui fera-t-on croire que c'est par amour de la vérité?

Le verdict est bien tel que l'avaient annoncé, plusieurs jours d'avance, les journaux qui reçoivent les communications officieuses du ministère! M. le général de Pellieux ne garde pas bien ses secrets.

Le commandant Esterhazy est absous sans examen de la pièce alléguée contre lui. Ses amis du ministère de la Guerre sont couverts, ainsi que le voulaient certains patriotes de métier devenus remarquablement respectueux de l'officier français qui se propose pour uhlan à Guillaume. Déjà Giboyer nous annonce, en des propos de moujik ivre, que le régime du sabre va s'abattre sur nous. Et le drôle a raison. Nous y allons tout droit. Il est trop clair que ce qui se cache derrière les fureurs dont nous sommes témoins, c'est un besoin de servitude sous la botte. S'y mette qui voudra. Il y a des Français pour se tenir debout.

La question de Dreyfus mise de côté — car elle devient vraiment secondaire — il s'agit de savoir pourquoi l'on refuse d'informer contre un officier français qui se pose contre la France en champion de l'Allemagne.

Dreyfus est innocent ou coupable, cela finira bien par s'éclaircir, car on ne peut pas laisser un peuple dans le doute éternel sur sa propre justice. Pour moi, je ne puis croire qu'on l'ait uniquement condamné sur le bordereau. Il doit y avoir d'autres preuves. Je l'admettrai donc coupable, tant qu'on voudra, à la seule condition qu'il ait été procédé contre lui dans les mêmes formes que contre tout autre.

Mais, même si Dreyfus a cent fois mérité son sort, comment nous fera-t-on croire qu'il ne peut pas y avoir à côté de lui d'autres trahisons, et à côté de ces trahisons des négligences criminelles ? En vérité, s'il y a une trahison possible, probable, c'est bien celle de ce uhlan en uniforme d'officier français. Pourquoi, lorsqu'on produit une preuve contre cet homme, refuse-t-on de l'examiner ?

Sans doute on va le chasser de l'armée française. Je défierais bien qu'on osât faire autrement. Mais on n'a pas seulement chassé Dreyfus. Alors pourquoi ne veut-on pas faire la preuve contre l'autre, après ses lettres infâmes dont une seule ligne à la charge de Dreyfus ferait que toute la France le tiendrait pour justement puni ?

Cette question est la plus grave qui se puisse poser à cette heure. Car elle intéresse tous les Français, sans même en excepter les infirmes d'esprit ou de cœur qui luttent contre eux-mêmes en luttant contre la vérité. Dans tous les pays du monde, l'élan de générosité ne peut être qu'une exception. Mais quel est le Français qui aurait intérêt à voir couvrir la trahison hautement dénoncée — avec un étrange cortège de présomptions à l'appui ?

Cette pensée que ceux-là mêmes qui sont chargés de nous garder ne veulent pas savoir la vérité sur une accusation de trahison, demeure, en dépit de toutes les habiletés, la plus intolérable pour un peuple.

Esterhazy est peut-être innocent. Pourquoi n'ose-t-on pas le prouver ? Il est peut-être complice de Dreyfus. Pourquoi craint-on de le savoir ?

En dépit des fausses enquêtes de M. le ministre de la Guerre et de sa stratégie de procureur, cette question posée attend une réponse, qui viendra tôt ou tard. Ne comprendra-t-on pas que le patriotisme commande précisément d'en finir?

3 décembre 1897.

XXIII

L'instruction.

Le commandant Esterhazy demande à passer devant un conseil de guerre. Il y a un précédent: Bazaine. A l'Assemblée nationale, M. Thiers annonça que l'homme de Metz allait être mis en jugement *sur sa demande*. Sans doute, le maréchal de France, dégradé, se repentit plus tard de cette inspiration. En revanche, il n'est pas très glorieux pour la justice française d'avoir été obligée d'attendre l'initiative du traître.

Dans le cas présent, il faut retenir surtout cette phrase de l'accusé: « Ni un refus d'informer ni une ordonnance de non-lieu ne sauraient maintenant m'assurer la réparation qui m'est due. » Il n'y a rien de plus exact, et s'il est vrai que le général de Pellieux ait en mains, comme le dit M. Esterhazy, « toutes les preuves de l'infâme complot » ourdi contre un officier français, non seulement celui-ci doit subir l'épreuve du conseil de guerre, mais les conspirateurs doivent être frappés sans merci.

Seulement, qu'est-ce que va décider le ministre de la Guerre ? Quand on est sorti de la droite voie, c'est le diable d'y rentrer. Peut-on, quand le général de Pellieux conclut au non-lieu, sans avoir examiné les documents accusateurs, déférer un officier au conseil de guerre parce qu'il le demande ? Le cas de Bazaine précisément semble prouver que c'est possible. Si on alléguait une impossibilité prétendue, la lettre d'Esterhazy n'aurait plus que la portée d'une manœuvre *in extremis*. Si, au contraire, on fait droit à la requête du uhlan, que penser d'une justice qui attend de telles sommations pour agir ? Déjà ne dit-on pas qu'Esterhazy a été mis en demeure de réclamer le conseil de guerre sous peine de se le voir imposer ?

De fait, le général Billot se trouve pris dans un dilemme inextricable : ou Dreyfus a été condamné sur des pièces produites en chambre du conseil, ce qui est un cas de nullité prévu par les articles 130 et 131 du Code de justice militaire, ou il a été condamné sur le bordereau seulement, et alors il y a trop de présomptions contre Esterhazy pour qu'on puisse répondre par un refus d'instruire.

Manifestement il n'y a pas d'autre issue que le conseil de guerre — le conseil de guerre, après une instruction sérieuse. L'enquête a donné lieu à des critiques dont se sont émus tous les hommes de loi. Dans une affaire où toute la France est intéressée à ce que justice soit faite, et bien faite, il faut que la loi soit respectée d'abord. L'instruction, dégagée de toutes les fautes du passé, doit poursuivre librement la recherche de la vérité, la détermination des responsabilités appartenant aux juges.

Si le général Billot l'avait compris plus tôt, il se serait épargné quinze jours de résistance inutile. Quoi qu'il en soit, on va rentrer enfin dans l'ordre de la loi, et c'est tout ce que nous voulons retenir. L'enquête est finie. L'instruction commence.

4 décembre 1897.

XXIV

Bafouillage.

Avec tout le respect que je dois à la Chambre, il
me semble qu'elle a plutôt bafouillé dans sa séance
d'hier. Chacun s'est empressé à la défense de l'honneur de l'armée, c'est-à-dire de toute la France, qui
ne peut être atteinte par le crime d'un traître. Le
président du Conseil et le ministre de la Guerre se
sont fait applaudir en des trémolos qui ne sauraient
tenir lieu de raisons.

Il est trop facile quand on est convaincu d'avoir eu
une conduite « équivoque et louche » — le mot est de
M. le député Humbert — d'essayer de se tirer d'affaire
en faisant croire aux niais que c'est une attaque contre l'armée française de demander la mise en accusation du uhlan Esterhazy.

M. Billot a affirmé que Dreyfus était coupable.
Cela est fort possible, et, pour ma part, je n'ai pas
fait un article sans admettre qu'il en pouvait être
ainsi. Mais cela explique-t-il que, lorsqu'on a été
forcé par l'opinion publique d'ouvrir une enquête
contre l'officier français qui rêva d'envahir la France
à la tête des uhlans, on ait scandaleusement ménagé
ce misérable ?

M. le général Billot s'est bien gardé de s'expliquer
sur ce point. Qu'il nous dise, s'il le peut, pourquoi il
a fait perquisitionner chez le colonel Picquart, un
témoin, dont toute la vie est d'honneur, alors qu'au-

cune perquisition n'a été faite, même pour la forme, chez le uhlan qui déshonore l'uniforme par ses lettres infâmes.

Qu'il dise, qu'il essaye de dire pourquoi la loi, cette loi que le gouvernement est chargé de faire respecter, s'arrête frappée d'impuissance devant cet homme qui peut impunément jeter les pires outrages à ses frères d'armes — car il est encore officier français, celui-là — sans que personne se lève pour le flétrir.

Sévissez contre les témoins, condamnez ceux qui ne demandent que la justice et la vérité, hâbleurs de tout acabit et de toute éloquence ! Vous retarderez la lumière. Vous ne l'arrêterez pas.

5 décembre 1897.

XXV

La chambre noire

Mystères de la chambre noire !

M. le général Billot déclare que M. Scheurer-Kestner ne lui a rien révélé, et il est avéré aujourd'hui que M. Scheurer-Kestner est resté pendant quatre heures et demie chez le ministre de la Guerre, et lui a ouvert son dossier.

M. Méline fait la même déclaration que le général Billot, et M. Scheurer-Kestner rappellera demain, sans doute, à M. Méline, qu'il a eu avec lui plusieurs entrevues au sujet de l'affaire Dreyfus.

M. le ministre de la Guerre, sous prétexte de couvrir l'armée, qui ne peut être en jeu dans la personne de Dreyfus ou d'Esterhazy, essaye de se faire couvrir par elle. Cet homme simpliste s'imagine qu'on attaque l'armée quand on attaque le général Billot. Ce n'est pas la même chose. L'honneur de l'armée ne serait mis en péril que si son chef s'obstinait à couvrir d'une protection scandaleuse Esterhazy le uhlan.

M. de Mun, qui jadis mettait l'honneur de l'armée à massacrer des prisonniers français sans défense, et commandait le feu, au nom de son Dieu de pitié, avec une académique élégance, s'est plaint que M. de Boisdeffre, chef d'état-major général, se soit trouvé dans le cas de démentir des bruits de presse sur ses prétendues relations avec Esterhazy. Que ne s'en prenait-il à M. de Boisdeffre lui-même qui, dès l'origine, s'est jeté d'une extraordinaire ardeur dans le débat, par l'entremise, encore inexpliquée, de M. Pauffin de Saint-Morel ?

De même pour M. Billot. Qui aurait songé à le mettre en jeu sans les illégalités commises au cours de l'enquête ? Et qui l'en aurait rendu responsable sans les excursions de certains officiers de son entourage dans les bureaux des journaux amis, déployant toute leur sévérité pour le colonel Picquart, toute leur indulgence pour l'officier français dont l'uniforme cache, de son aveu, le cœur d'un uhlan ? Faut-il redire la perquisition illégale sous un prétexte mensonger ? La *bousculade* des témoins, aussi bien de Mme de Boulancy que du colonel Picquart ? Les scandaleux ménagements pour le uhlan, à qui on a donné le temps de mettre ses papiers en sûreté, et qui n'est encore, à cette heure, ni perquisitionné, ni arrêté ? La punition annoncée du colonel Picquart ? Le refus de verser le bordereau au dossier, et de faire l'expertise des écritures ? Est-ce l'honneur de l'armée qui commandait ces choses, monsieur le ministre, ou l'intérêt de quelques-uns ? L'honneur de l'armée ne commandait-il pas plutôt la conduite contraire ?

La Chambre et le gouvernement se sont gardés de traiter ces questions. C'étaient les seules qui fussent d'actualité.

Voilà pourquoi tout ce qui s'est dit tombe dans le vide, sans produire d'autre effet que de démontrer, une fois de plus, l'impuissance de notre Parlement, et la mauvaise foi de ceux qui nous gouvernent.

Le plus curieux, peut-être, c'est de voir la rage furieuse de tous ces ténors de gouvernement chevrotant leurs airs de bravoure contre ceux qui les ont obligés à poursuivre le uhlan. Ce n'est peut-être pas la meilleure garantie d'impartialité dans l'instruction qui va s'ouvrir.

M. Marcel Sembat, en sommant le gouvernement d'intenter un procès à M. Mathieu Dreyfus, qui serait coupable, dit-on, de tentatives de corruption à l'égard de M. le colonel Sandherr, a, mieux que personne, montré la véritable voie vers la pleine lumière. Il n'y a que le grand jour de la Cour d'assises pour nous permettre d'en finir.

M. Paul de Cassagnac s'exprime à ce propos de la façon suivante :

Il s'agit tout bonnement de saisir la Cour d'assises d'une plainte en diffamation, et de traîner M. Mathieu Dreyfus par les oreilles devant le jury de la Seine.

Aurait-on par hasard, *comme j'ai des raisons de le craindre*, interdit à M. Esterhazy de recourir à ce moyen lumineux ?

Et l'introduction au Conseil de guerre n'a-t-elle, ainsi qu'on pourrait le croire, qu'un but : empêcher tout débat public ?

La Cour d'assises, et sans huis clos, voilà le vrai terrain sur lequel M. Esterhazy doit donner rendez-vous à la bande de ses détracteurs. Il peut traduire tous ceux qui s'efforcent, non sans quelque succès, de le salir et de le déshonorer... Là, chacun librement apportera sa petite affaire. Là, pas de surprises, pas de pièges, pas d'escamotages.

Il faudra bien qu'on s'explique une bonne fois, et il en est temps.

Souhaitons que ces paroles de bon sens soient entendues.

6 décembre 1897.

XXVI

Les témoins.

Un grand point est acquis. Malgré la lâcheté de la Chambre muette, attendant de savoir ce qui serait fait, pour l'approuver quand même, malgré les habiletés du procureur retors, qui est aujourd'hui ministre de la Guerre, malgré les cris de paon des officieux du général Billot, malgré la boue de Giboyer retombant sur Giboyer lui-même, nous en sommes arrivés là qu'une information est ouverte contre Esterhazy, ainsi que nous l'avions demandé. Quinze jours d'efforts ont été dépensés pour empêcher l'expertise d'écritures. Elle aura lieu, maintenant.

Aux témoins de parler, s'ils ont quelque chose à dire. *Le Figaro* a annoncé qu'il avait des documents à produire. Qu'il les soumette au juge. C'est la seule voie de raison. Si l'on n'en tient pas compte, il pourra parler à son aise. Mais ce recours à la justice organisée est le premier à tenter. Comment pourrait-il se plaindre d'une instruction incomplète, s'il n'avait d'abord apporté tous les éléments d'information dont il dispose?

Pour ceux des témoins qui ont mis cette affaire en branle, ils se trouvent aujourd'hui dans l'obligation

de parler sans réticences. Personne ne leur avait
demandé de soulever la question. Il ne paraît pas,
quoi qu'on en ait dit, qu'ils y aient été poussés par une
arrière-pensée politique. Et l'argent du fameux « syndicat », si abondant qu'on le suppose, n'expliquerait
ni Scheurer-Kestner, ni le colonel Picquart. Quelle
autre explication trouver, qu'un mouvement de générosité, qu'un besoin de justice? Au risque de paraître
bizarre, on peut admettre ces sentiments chez des
Français, contrairement à ce que paraît croire une
partie de la presse qui se vante particulièrement de
faire honneur à la France.

Seulement, il faut bien le savoir, ces sentiments-là
sont un luxe dans notre société présente, un luxe que
beaucoup de braves gens se refusent par crainte d'ennuis. Quand on a accepté ces ennuis, quand on a
sacrifié son repos, quand on est un héros, pour tout
dire, on n'a pas le droit, ayant engagé la bataille, de
s'arrêter au milieu de l'action. Il ne manque point
dans la vie de routes toutes tracées, où, suivant le
commun troupeau, on rencontre la paix de l'âme avec
la protection des corps constitués pour organiser
l'écrasement du faible par le fort. Si l'on a dédaigné
cette route vulgaire, si l'on a fièrement tenté de se
faire sa voie, est-ce pour reculer aux premières épines
du chemin ?

Un témoin, semble-t-il — et le plus important de
tous — se trouve dans une situation délicate. Les
journaux qui font accueil aux communications du
général Billot nous ont annoncé qu'une punition de
soixante jours d'arrêts de forteresse allait être infligée
au colonel Picquart, et, pour appuyer l'argument,
ordre a été donné d'aménager des cellules au Mont-
Valérien.

Puis le général Saussier a signé l'ordre d'informer
contre Esterhazy. Mais on a négligé de nous faire
savoir quelle décision avait été prise au sujet du colonel Picquart.

Cela n'est pourtant pas sans importance. Les fou-

dres du ministre ne peuvent pas rester indéfiniment
suspendues sur la tête de cet officier qui est l'un des
principaux témoins à l'instruction. La liberté du
témoin doit être complète. C'est la première condition
de l'information judiciaire. Un témoin sous la menace
d'une punition qui peut avoir un grave retentissement
sur le reste de sa carrière est-il oui ou non libre de
parler?

Si le colonel Picquart a commis des indiscrétions
telles qu'on l'en doive punir, ses supérieurs ont le
devoir de le frapper dès à présent. S'il est sans reproche, pourquoi l'essai d'intimidation résultant des
communications officieuses relatives à sa punition, et
la menace des aménagements de prison au Mont-
Valérien?

7 décembre 1897.

XXVII

Au pied du mur.

La séance du Sénat a mis quelques points importants en lumière et *bouclé* définitivement M. le général
Billot sur l'expertise d'écritures.

D'abord il est acquis que MM. Méline et Billot pre-
naient des libertés trop grandes avec la vérité, quand,
en des phrases équivoques, ils donnaient à comprendre
que M. Scheurer-Kestner ne leur avait rien révélé.
Le vice-président du Sénat — nous le savons officiellement aujourd'hui — était allé rendre visite au pré-

sident du Conseil et au ministre de la Guerre. A tous deux il avait montré son dossier.

M. le ministre de la Guerre avait demandé quinze jours pour faire une enquête. Ces quinze jours furent utilisés par M. Esterhazy pour des voyages à Londres, et par M. Billot pour lancer ses amis de la presse à l'assaut du sénateur. Jamais plus ce dernier n'entendit parler de son ami le ministre. Le procédé n'est pas d'une rectitude militaire.

M. Méline, chef du gouvernement, ne se montra pas moins empressé de *se défiler*. L'excellent homme estimait que cela ne le regardait pas. On n'est pas à ce point du poireau. M. Scheurer-Kestner très raisonnablement demandait que le gouvernement, après s'être assuré de l'exactitude de ses allégations, procédât de lui-même à la revision du procès, s'il y avait lieu. Mais la peur des responsabilités est le vice capital de notre temps. Faiblesse chez les particuliers, le mal devient lâcheté chez les gouvernants dont le premier devoir est de mettre leur initiative au service de l'intérêt public.

L'intérêt public clairement commandait de suivre la marche indiquée par M. Scheurer-Kestner, ou de lui donner tout apaisement de conscience en lui montrant la fameuse preuve dont on parle toujours et qu'on n'a fait voir encore qu'à trente-trois personnes dont un geôlier. Au diable l'intérêt public ! L'initiative qu'on demandait à nos ministres dépassait de trop haut leur courage. Ils préférèrent s'en remettre au hasard des révélations de presse dont ils pouvaient se laver les mains.

Les scandales dont ils se plaignent, c'est donc eux qui les ont voulus, et leur attitude mélodramatique à la Chambre nous apparaît comme une comédie. Tout le tapage qu'ils réprouvent du haut de leur hypocrisie, n'est imputable, comme on le leur a dit en face, qu'à leur conduite « équivoque et louche ». Et quand on le leur reproche, ils répondent : « On attaque l'armée ! » On attaque tout simplement deux hommes qui n'ont pas fait leur devoir, et qui, le sachant, essayent de se couvrir de l'armée, par eux gravement desservie.

Laissant les récriminations de côté et poussant droit au vif de la question, M. Scheurer-Kestner a réclamé nettement l'expertise du bordereau. Le ministre, au pied du mur, a dû promettre. Que lui ont servi toutes ces finasseries puisqu'il faut, bon gré mal gré, en venir là? A tout ce qui a été dit de part et d'autre, il n'y a en effet qu'une réponse à faire. L'écriture du bordereau est-elle ou n'est-elle pas de la main de Dreyfus? Tout est là. Et s'il est constaté que l'auteur de la pièce incriminée est véritablement Esterhazy, quelqu'un se trouvera peut-être pour nous expliquer l'inexplicable protection que rencontre cet homme auprès de ceux ne qui devraient être que ses juges.

8 décembre 1897.

XXVIII

Pas de huis clos.

En lisant dans le *Journal officiel* le compte rendu de la séance du Sénat, je n'ai point à modifier mon impression d'hier. Il est bien avéré que M. Scheurer-Kestner est allé prier MM. Méline et Billot de faire procéder de leur propre initiative à la vérification de ses documents, et qu'il s'est heurté à une fin de non-recevoir. Cela suffit à établir la responsabilité du gouvernement dans l'agitation de presse dont il se plaint.

Je l'ai déjà dit souvent : lorsque M. le général Billot déclare à M. Scheurer-Kestner qu'il est trop prompt en affirmant l'innocence de Dreyfus, toutes les présomptions sont pour que le ministre de la Guerre se trouve avoir raison en fin de compte. Quoi que puisse savoir le vice-président du Sénat, nous devons supposer que le ministre en sait plus long que lui là-dessus. Et c'est bien ce qui fait, à mon sens, la faute capitale du gouvernement, puisqu'il dépendait de lui d'arrêter dès l'origine ce tapage.

Aujourd'hui, il s'en prend à la presse de sa propre défaillance. Qu'importe ! Ceux qui ne demandent rien que la manifestation de la vérité ont gain de cause, n'ayant cessé de réclamer l'examen des documents par les voies de la justice organisée. Nos adversaires nous répondaient jusqu'à ces derniers jours qu'il n'y avait pas de *fait nouveau*. Il faut croire qu'on en a trouvé un, puisqu'il y a un ordre d'informer.

L'instruction est ouverte contre le commandant Esterhazy. Il jouira librement de tous ses moyens de défense. On ne saurait craindre qu'il soit trop sévèrement traité par le gouvernement qui n'a pas même osé mettre la main sur ses papiers, tandis que le général Billot, sévère gardien de l'honneur de l'armée, livrait illégalement aux policiers le domicile d'un colonel qui n'avait d'autre tort que d'être un témoin.

Si ces procédés d'intimidation ont réussi, nous le saurons bientôt. *Le Figaro*, qui nous a promis des documents, voudra sans doute les verser au procès. Nous y comptons. En tout cas, la lumière va se faire sur le bordereau, et, par contre-coup, peut-être, sur ces obscurités du procès Dreyfus qui, si l'on en juge par l'étrange conduite du général Billot dans toute cette affaire, pourraient bien cacher, non des secrets d'Etat, comme on le prétend, mais simplement des fautes personnelles que l'on veut couvrir.

Il paraît difficile en effet, cette fois, qu'on ose recourir au huis clos, puisque les fameux documents secrets ne peuvent à aucun titre être mis en question dans le débat. C'est pourquoi, si ridicule que cela paraisse, j'attends la justice de la vérité.

9 décembre 1897.

XXIX

Feux croisés de procès.

M. Alphonse Humbert a eu dans cette affaire Dreyfus-Esterhazy une attitude qui est exactement le contraire de la mienne. A ses yeux, le verdict du Conseil de guerre est valable, même s'il a été rendu, contrairement à la loi, sur des pièces que ni l'accusé ni son défenseur n'ont été admis à discuter. C'est la thèse de la raison d'Etat, que je ne cesserai de combattre partout où je la rencontrerai.

Mais si nous voyons les choses d'un tout autre point de vue, il n'en est que plus précieux pour moi de me rencontrer avec cet adversaire dans des appréciations de fait, ou pour des propositions devant aboutir à nous départager sous le regard de tous.

Lorsque M. Humbert, à la Chambre, a stigmatisé la conduite du gouvernement, en lui reprochant d'être « équivoque et louche », j'ai applaudi de grand cœur.

Aujourd'hui, le député de Paris, prévoyant l'acquittement d'Esterhazy, demande très justement, à mon avis, que l'affaire n'en reste pas là, et que le gouvernement s'applique à faire toute la lumière possible sur le fameux « syndicat » qui est, suivant lui, l'organi-
צי. de tout ce tapage. Quelque opinion que l'on

ait soutenue, je crois que tous les hommes de bonne
foi ont un égal intérêt à dissiper là-dessus, s'il se
peut, toutes les ombres.

« Des emballés de bonne foi, dit M. Humbert,
certes oui, il y en a eu ; mais des aveugles volontaires,
des réhabiliteurs embrigadés, des revisionnistes à
gages faisant très consciemment leur partie dans
l'œuvre scélérate, conduite de loin par une main
inconnue, croyez-vous qu'il en manque ? » Et l'écrivain
conclut : « Le pays à coup sûr se le demandera, et
qui sait si la justice ne voudra pas s'en enquérir ? Qui
sait si le procès Esterhazy clôt la nouvelle affaire
Dreyfus, ou s'il l'ouvre ? »

Voilà qui est parler. La lumière pour tout le monde.
Il n'y a que les stipendiés et les traîtres qui puissent
la craindre. S'il existe vraiment un syndicat Dreyfus,
qu'on le traîne au grand jour. Il n'y a rien de si dési-
rable.

Pour ma part, j'ai déjà demandé qu'on élucidât la
question de la tentative de corruption alléguée contre
M. Mathieu Dreyfus à l'égard du colonel Sandherr.
S'il y a quelque fondement dans l'accusation, il faut
poursuivre. Le procès contre le syndicat international
qui s'en prend, selon M. Humbert, à notre chef d'état-
major général, ne me paraît pas moins indispensable
pour éclairer la conviction de tous. Même, j'en fais
l'aveu, cela ne me suffirait pas.

J'insiste pour que l'homme aux lettres de uhlan
poursuive ses accusateurs devant la justice française.
Il ne faut pas moins que cela pour nous satisfaire.
Car à cette condition nos informations seront complètes de part et d'autre. Je sais bien que du côté de
l'anti-syndicat il y a eu des « emballés de bonne
foi », ainsi que M. Humbert lui-même en rencontre
parmi ceux qui demandent pour tous l'égale garantie
de la loi. Mais il se pourrait aussi qu'auprès de ces
hommes désintéressés qui n'ont rien en vue qu'une
thèse politique, il se soit trouvé dans le tas un syndicat de la rue Saint-Dominique et ses fonds secrets,

dont des hasards permettraient de retrouver la trace.

Ce serait de tous les côtés la vérité mise au grand jour. Nul ne pourrait s'en plaindre, et la France en ferait son profit. Donc feux croisés de procès, pour la pleine lumière. Si nous sommes tous d'accord là-dessus, nous ne pouvons manquer de réussir.

12 décembre 1897.

XXX

Après l'attaque.

Les Machiavels des *Folies-Bergère* par qui nous avons le malheur d'être gouvernés commencent-ils à comprendre tout le mal qu'ils nous ont fait en violant la loi dans l'affaire Dreyfus, sous prétexte de raison d'Etat?

Le régime de la raison d'Etat peut, sinon se justifier, du moins se pratiquer quand c'est Louis XIV qui le représente. Il n'en va pas de même quand on ne trouve plus devant soi que Méline et Billot. Le pouvoir absolu, secoué par les orages révolutionnaires, est tombé en poussière de bourgeoisie. Que nous veulent ces autocrates ridicules qui, demain, devront des comptes au dernier conducteur de charrue, et rentreront dans la foule anonyme s'ils n'ont pas l'art de se faire agréer par ceux qu'ils prétendent régenter? Méline et Billot, gardiens de la raison d'Etat! C'est à mourir de rire. Chautemps en est réduit à chercher dans les prisons quelqu'un à qui confier les secrets d'où dépende, nous dit-il gravement, la paix ou la guerre.

Tandis que ces déplorables nigauds jouent. au Masque de fer, il arrive précisément, en un temps où tout se peut supporter hormis le mystère, que l'opinion s'émeut et demande des comptes à nos similipotentats, qui s'effarent. Le Roi-Soleil ne devait de comptes à personne. C'est ce qui facilitait sa tâche. Billot, Méline, obligés de parler, prennent des attitudes. ridicules. Cela n'arrange pas les affaires.

Alors les gazettes, qui ne peuvent pas consentir à ne rien savoir, débitent au public des histoires, et le public les croit, et, plus le gouvernement répond par des démentis, plus les gazettes ont beau jeu à jurer que le démenti même est une preuve, puisqu'il est entendu que l'aveu déchaînerait sur la France les plus épouvantables malheurs.

Ainsi nous donnons au monde le spectacle d'une nation de fous. Ceux qui réclament l'égale justice pour tous sont couramment traités de vendus et de traîtres. Des insurgés en retraite. s'agenouillent devant les conseils de guerre. Le ministre de la Guerre tient bureau de l'esprit public, et dépêche aux journaux ses officiers, fâcheusement distraits de leur Jomini. La Chambre se tait, ou, ce qui est pire, parle pour ne rien dire, les députés ne songeant, en vue des élections prochaines, qu'à ménager les préjugés de l'électeur. L'antique générosité paraît morte. Zola adjure la jeunesse de se montrer, et la jeunesse se terre, ou, quand elle se montre, va conspuer les hommes qui combattent pour la justice et pour la vérité. L'opinion semble grandir, qui proclame qu'une catégorie d'hommes doit être mise hors le droit commun, et qu'il n'y a pour eux ni légalité ni justice. Nous en sommes là cent ans après la Révolution française! L'un veut exterminer les juifs, l'autre les protestants. Je vous laisse à deviner ce qu'il adviendra es libres penseurs. Quelqu'un s'est rencontré pour

écrire que le catholicisme était la pierre de touche de
la nationalité française. Il semble qu'il n'y a plus de
place, dans la France de Montaigne, de Rabelais, de
Voltaire et de Diderot, que pour l'Eglise du pape et
de M. Brunetière.

Par bonheur, ceux qui connaissent l'histoire de
cette nation changeante ont le droit de tout attendre
de ses soudains retours. Maintenant que nous avons
traversé sains et saufs la période des injures et des
impuissantes fureurs, maintenant que l'attaque de
nerfs est passée, espérons que nous allons tranquillement revenir à la simple raison, et nous mettre d'accord
pour réclamer la même justice et la même loi pour
tout le monde, y compris l'étonnant protégé du
ministre de la Guerre, le commandant Esterhazy,
bon catholique, puisque zouave du pape, mais déplo-
rable Français, si j'en crois les apparences.

15 décembre 1897.

XXXI

L'Armée politique.

Le Figaro a subitement arrêté sa campagne en
faveur de Dreyfus. Ce n'est pas le phénomène le
moins curieux de cet étrange imbroglio. Quand je
demandais qui étaient les protecteurs d'Esterhazy au
ministère de la Guerre, *le Figaro* me répondait :
« Nous le dirons. » Quand le général Saussier signait
l'ordre d'informer contre Esterhazy le uhlan, *le*

Figaro annonçait qu'il ajournait la publication de ses documents. J'ai demandé alors que ces pièces fussent versées à l'instruction. J'ignore ce qu'il en est advenu.

En attendant les révélations ultérieures, la brochure de M. Zola, le portefeuille de M. Reinach et les allégations sensationnelles de *l'Intransigeant* sur les pièces secrètes tiennent l'esprit public en éveil. Sur la publication de M. Zola, *le Figaro*, à l'étonnement de tous, est remarquablement discret. On s'en montre d'autant plus surpris que maintes fois l'occasion s'est rencontrée de répondre au réquisitoire des ministres flétrissant, du haut de la tribune, la campagne du *Figaro* contre « l'honneur de l'armée ».

Lorsque le gouvernement, vexé de voir que ses démentis sont tout juste du même poids que ses affirmations, qui ne comptent pour rien dans l'opinion publique, se voit réduit à nous menacer d'une loi contre la presse qui, sûrement, n'aidera pas à la manifestation de la vérité, quelle tentation pour *le Figaro* de répliquer que les allégations de *l'Intransigeant* auraient certainement rencontré moins de faveur si nous n'avions appris que M. de Boisdeffre a précédemment chargé le commandant Pauffin de Saint-Morel de certaines confidences pour M. Rochefort! Quelle revanche pour *le Figaro* de montrer que, si le gouvernement n'avait pas violé les garanties que la loi reconnaît à tous les accusés, nous ne donnerions pas actuellement à l'Europe le spectacle d'un peuple en désarroi à la recherche de sa propre justice!

Tout au contraire, *le Figaro* semble se repentir. On le voit même s'appliquer par tous les moyens possibles à regagner la faveur des grands chefs militaires qu'il poursuivait jadis de ses obliques perfidies. Et, par un revirement admirable, dans son enthousiasme pour les hommes qui n'ont pas même été capables de juger un officier suivant les prescriptions du Code militaire, il va jusqu'à nous proposer en exemple le régime des pronunciamientos et de la dictature militaire. A propos des récentes manifestations dans l'armée espagnole en faveur du général Weyler, M. Denis Guibert écrit, non sans effronterie :

L'armée n'a pas cessé d'être la maîtresse des destinées politiques de l'Espagne, et, s'il faut dire à cet égard toute notre pensée, au risque de blesser les préjugés jacobins qui sont déjà démodés, même en France, *c'est cette intervention de l'armée dans les crises politiques qui a préservé le pays transpyrénéen des abaissements et du servilisme démagogique* et lui a gardé la tradition des dévouements chevaleresques et des enthousiasmes désintéressés.

Est-ce assez? Que faut-il de plus? Billot, pardonnerez-vous? Boisdeffre, ferez-vous grâce? Voyons! Les pronunciamientos pour nous préserver du « servilisme démagogique », cela vous va-t-il? *Le Figaro* d'avance promet son concours.

Au fait, c'est au pronunciamiento du 2 Décembre que nous devons Sedan. Le Canrobert du boulevard Montmartre devait trouver sa fin logique à Metz. Non moins logique fut notre Billot en dressant au maréchal *capitulé* une statue qui manque à Denfert. J'entends des gens s'écrier : Où allons-nous? Ouvrez les yeux, Français!

16 décembre 1897.

XXXII

Mea culpa.

Je constatais récemment que *le Figaro* avait arrêté tout à coup sa campagne en faveur de Dreyfus, après

avoir annoncé qu'il nommerait les grands chefs protecteurs d'Esterhazy, et nous avoir promis la révélation de documents décisifs. Et voilà que cette pru-
dente retraite se change soudainement en déroute.

M. de Rodays s'excuse fort piteusement auprès de
ses lecteurs, et s'inflige pour pensum de renoncer à la
direction du journal, afin de bien attester aux yeux
de tous que sa feuille ne quittera plus la grande
route du pharisaïsme bourgeois où elle a jusqu'ici
rencontré tant de triomphes.

J'attendais avec joie ce *meâ culpâ*, annoncé dans les
bureaux de rédaction depuis huit jours. Il était évident que l'audace désintéressée des directeurs n'irait
pas jusqu'à *tenir le coup*, quoi qu'il arrivât. Ce qui
est arrivé, c'est, sous des formes diverses, la protestation de tous les pharisiens ébahis de ne pas trouver
leur journal du côté des plus forts, et la conviction de
M. de Rodays s'en est trouvée ébranlée jusqu'à cha-
virer cul sur tête. Si le prisonnier de l'île du Diable a
maintenant besoin d'un geôlier supplémentaire, le
docteur Chautemps peut s'adresser rue Drouot et
confier son grand secret à M. de Rodays, qui ne le
trahira pas.

Méline et Billot, républicains comme la République
sous le règne de Léon XIII, meilleurs défenseurs de
l'ordre social existant, et de la raison d'État, et de la
justice arbitraire, que Villemessant et ses disciples!
Tableau.

Au lieu d'alléguer simplement, comme j'ai fait ici,
et comme a fait M. Paul de Cassagnac dans *l'Autorité*,
que Dreyfus n'a pas été jugé suivant les formes légales,
ainsi que cela paraît évident, *le Figaro* a plaidé
l'innocence du condamné, et annoncé qu'il fournirait
les preuves. Or, ces preuves, il renonce désormais à
les fournir. Les avait-il, ou a-t-il menti? S'il les a, quel
plus grand crime que de laisser au bagne, pouvant l'en
faire sortir, un homme qu'on sait innocent?

Hélas! M. de Rodays a bien autre chose en tête,
fiévreusement occupé à se frapper la poitrine à tour

de bras, et à jurer qu'on ne l'y reprendra plus. Il a
défendu *les grands principes de la défense sociale dont
l'armée est une des bases*, il a « combattu » pour
l'alliance russe. Que faut-il de plus ? « Aujourd'hui,
dit-il, bien des voiles sont déchirés qui ne l'étaient
pas, il y a un mois, *et je m'incline sans hésiter devant
la raison d'Etat, que ceux qui nous gouvernent auraient bien dû mettre en avant dès la première heure.* »
Qui l'aurait cru ? De Rodays n'avait jamais entendu
parler de la raison d'Etat, il ignorait que tous les gouvernants se couvrent de ce mot pour éviter de répondre aux questions qui les gênent. S'il l'avait su, le
cher homme ! Dreyfus aurait d'abord reçu de lui une
bastonnade supplémentaire.

Le voilà bien averti. Trop bien, oserai-je dire.
Ecoutez cette folie : « *Puisque je n'ai pas toute l'opinion publique pour moi, je dois abandonner une cause
où je risquerais de perdre pour un moment l'estime
d'amis que m'ont donnés trente ans de bon et honnête journalisme.* » Ainsi il faut renoncer à défendre
une cause, fût-elle la meilleure, *quand on n'a pas
toute l'opinion pour soi ?* O sainte candeur des aveux !
Magnard ! que n'étais-tu là pour dire à tes élèves : Ça
se fait, mais ça ne se dit pas. Et quels singuliers amis
possède M. de Rodays ! Dès qu'il n'a pas tout le monde
pour lui, ils lui retirent leur estime. Vivent nos ennemis ! comme disait Voltaire !

Enfin, le cauchemar est passé, on nous rend notre
Figaro de jadis, qui promet, à l'avenir, de ne plus
frapper que les vaincus, de ne plus servir que la victoire. Et, pour premier gage, M. Denis Guibert propose à nos chefs militaires l'armée espagnole en exemple, l'armée dans la politique, le général Boum et
Tartufe bras dessus bras dessous.

Pendant ce temps, notre voisin d'Allemagne jette
son gantelet de fer à la face du monde. Qui le ra-
masse ? Pas nous. Mais les abonnements reviennent
rue Drouot. C'est la revanche !

19 décembre 1897.

XXXIII

Le doigt de Dieu.

Dieu fait bien ce qu'il fait. Sans en chercher la preuve
En tout cet univers, et l'aller parcourant,
    Dans les citrouilles je la treuve.

La citrouille du fabuliste, où, sauf respect, se manifeste actuellement à mes yeux le doigt de la Providence, c'est *le Figaro* de M. de Rodays. Jamais je n'aperçus de façon plus claire l'intervention d'un Dieu vengeur que dans l'aventure dont les fils de Magnard et de Villemessant sont victimes.

Villemessant fut un grand homme en ce sens qu'il eut une intuition merveilleuse de son temps : « Si la vertu était un bon placement, disait ce gouailleur de Renan, les banquiers le sauraient. » Villemessant, je le dis à sa gloire, eût été capable de souffrir le martyre pour augmenter le tirage de son journal. Mais cela ne se trouva pas nécessaire, car, ayant découvert que les hommes se divisent en deux classes : ceux qui jouissent du présent et ceux qui voudraient en jouir, ce fut dans la première catégorie d'humanité qu'il choisit résolument ses lecteurs.

De chercher ce qu'il peut y avoir de justice ou d'injustice dans cet ordre providentiel, cela ne l'embarrassa guère. Dieu fait bien ce qu'il fait, comme aperçut Garo en recevant sur le nez un simple gland au lieu d'une gourde. Villemessant n'ignorait pas que si Garo se fût endormi sous un cocotier; son raisonnement aurait reçu un coup. Mais toutes ces subtilités ne peuvent troubler la foi d'un croyant, et Villemessant s'installa dans le monde avec la foi profonde qu'il n'y a point à se casser la tête pour trouver mieux que ce qui est.

Dieu a institué partout, sous des formes variables, le gouvernement des plus forts. C'est que les plus forts ont raison, voilà tout le mystère. S'il se rencontre sur le globe des carrefours d'écrasés, aménageons des morgues, pour ôter ce charnier de notre vue, et ne nous troublons pas l'esprit de telles misères. Dieu là-haut se réserve de nous donner d'autres spectacles, dont la beauté nous fera seulement regretter qu'il n'ait pas commencé par là.

L'avantage de cette philosophie, c'est qu'elle assure la clientèle des satisfaits au journal qui la met en formules courantes pour donner une conclusion de légimité à tous les coups de brutalité de la vie. Car les forts, en écrasant les faibles, demeurent bons, quoi qu'on en dise, et ne se sentiraient pas rassurés si quelqu'un ne se trouvait, prêtre ou écrivain laïque, pour leur expliquer que le mal dont ils sont les agents plus ou moins volontaires est d'ordre de la Divinité. Dès lors tout s'arrange. Il ne faut plus que fournir à chacun les maximes charitables dont la générosité des heureux se plaît à envelopper les souffrances d'autrui. Débit d'autant meilleur, pour le commerçant de papier imprimé, que la classe fortunée se tient fortement unie pour défendre ses privilèges, tandis que l'ignorance égrène et disperse la foule.

Le succès de Villemessant, de Magnard n'est pas à raconter. Par eux, tout ce qui a la maîtrise du monde fut encensé, glorifié, excusé quoi qu'il advînt, justifié, fortifié dans la domination des faibles. Ceux-ci, est-il besoin de le dire, passèrent de mauvais moments sous la plume de la troupe écrivassière, où s'enrégimentèrent profitablement des écrivains. On put s'en donner à plein cœur contre tout ce qui n'a pas la vic-

toire, et contre tout ce qui proteste au nom du droit
méconnu.

L'oligarchie régnante accourut, heureuse qu'on lui
parlât sa langue, et qu'on lui montrât l'excellence
sociale de ses joies. Bourgeoisie rêvant de titres, noblesse encanaillée, avec les parvenus du jour rachetant
d'insolence l'humilité récente, tout ce qui nous gouverne et tout ce qui nous tient, par l'argent, le pouvoir, le sabre ou les croyances, demanda chaque jour
sa pâture de logique pharisienne et l'obtint. Toute
une classe innommée, innommable, de possédants, s'en
reput, y trouva les satisfactions intellectuelles de sa
vie. Car sur ce plant vigoureux en terre bien fumée,
toute une littérature se greffa, de journal, de roman,
de religion, d'histoire, tout un mode de pensée, une
conscience, si j'ose dire.

Alors pourquoi changer? On ne sait. Faiblesses de
la postérité de Magnard! Voilà de Rodays qui part
en guerre pour qui? Je vous le donne en mille. Pour un
homme condamné comme traître. Zola dit qu'il est
innocent. Mais qu'est-ce ça peut faire au *Figaro*?

Il n'y aurait eu que demi-mal en un temps où l'on
voit un Esterhazy accablé de l'estime d'un gouvernement qui n'ose le perquisitionner, et de journaux
patriotes engoués d'un uhlan.

Pis qu'un traître, un juif, un homme de cette race
que Dieu élut — bien légèrement — comme sienne,
sans prévoir qu'elle se retournerait contre lui. *Le
Figaro*, défenseur d'un juif condamné pour trahison,
c'en était trop. Qui pouvait croire à un élan de générosité désintéressée? Il n'y eut qu'un cri : *le Figaro*
est vendu.

A peu près seul, je disais : « Vous vous trompez.
Les hommes sont toujours plus ingénus qu'on ne croit.
Le plus cuirassé d'égoïsme peut avoir son accès de
pitié. » On ne voulait pas me croire. Il apparaît aujourd'hui que j'avais raison.

Le Figaro, de son côté, protestait, disant : « Il faudrait me payer trop cher : on ne pourrait pas. » Mais

ses amis ne le reconnaissaient plus. Le voyant sans l'appui de « toute l'opinion publique », ils lui retiraient *leur estime*, comme dit de Rodays. Alors il fallut composer. De Rodays reconnut ses torts, et, comprenant que ceux dont il avait formé l'esprit s'insurgeaient justement contre lui au nom de son propre enseignement, il demanda leur pardon, et logiquement se proclama lui-même Figariste indigne.

N'avais-je pas raison de dire que le doigt de Dieu était visible en cette affaire? La Providence a ses voies fatales. Il a fallu des Figaristes pour faire *le Figaro*. Maintenant c'est *le Figaro* qui tient les Figaristes, et ne les veut plus lâcher. Grande leçon, confrères!

?0 décembre 1897.

XXXIV

Le pot au noir.

L'Echo de Paris nous donne des nouvelles de l'affaire Esterhazy. Nous en avons besoin, car M. le général Billot nous mesure la lumière dans ce pot au noir. Les bonnes relations de notre confrère avec la rue Saint-Dominique nous permettent au moins de supposer que nous saurons par lui ce que le ministre désire que l'on croie.

C'est du colonel Picquart qu'il nous est présentement parlé. Le colonel est ce témoin que le juge instructeur du Conseil de guerre requiert de parler librement sous la menace d'une punition qui brisera

sa carrière, s'il dit quelque chose qui déplaise. On ne
le frappera pas pour ce qu'il aura dit. Oh! non. Mais
pour indiscrétion. « L'honneur de l'armée », selon
M. le général Billot, s'accommode, paraît-il, de ce
jésuitisme cafard.

Le colonel Picquart aurait-il parlé? J'inclinerais à
le croire, puisque *l'Echo de Paris* annonce « qu'il
sera certainement l'objet d'une mesure disciplinaire ».
Ou bien faut-il voir seulement dans cette menace le
simple moulinet du sabre sur la tête de l'accusé?

Car, il importe de ne pas s'y tromper, le colonel
Picquart est sous le coup d'une accusation beaucoup
plus redoutable que le commandant Esterhazy.

Le commandant Esterhazy est un bon diable de
uhlan sous l'uniforme d'un officier français, chez qui
« l'honneur de l'armée » ne relève que des peccadilles.
Sans le colonel Picquart qui l'a vainement dénoncé
depuis dix-huit mois, nos braves pioupious continue-
raient de présenter les armes à ce Français de Berlin. A-t-il écrit le bordereau sur lequel fut officiellement condamné Dreyfus, on ne dit pas non. Même si
Esterhazy est l'auteur de la pièce incriminée, le jugement contre Dreyfus n'en est pas moins valable, nous
dit M. Billot, et quiconque ne peut suivre la logique
de ce raisonnement militaire attente par ce seul fait à
« l'honneur de l'armée ». La preuve, c'est qu'Esterhazy est libre comme l'oiseau et que son après-midi
du Conseil de guerre peut s'achever à l'*Olympia* ou
aux *Mauvais Bergers* sans que personne y trouve à
redire. Le ministre de la Guerre n'a même pas voulu
savoir s'il avait chez lui des papiers qui pourraient
gêner sa défense. On n'est pas plus fraternel. C'est,
comme on le pense bien, « l'honneur de l'armée »
qui commande ces ménagements d'une délicatesse si
rare.

« L'honneur de l'armée », en revanche, réserve sa
férocité pour le colonel Picquart. On se souvient comment les journaux saint-dominicains annonçaient sa
mise en surveillance à Tunis, et son arrivée en France,

accompagné. Tandis qu'il était en route, on faisait main basse sur tous ses papiers, au moyen d'un croc-en-jambe à la loi. Il fallait qu'il s'agît d'une accusation bien grave, quand on n'ose pas perquisitionner un « uhlan » traduit devant un Conseil de guerre pour espionnage.

Qu'était-ce au juste que cette accusation ? Nous arrivons à le savoir, la presse saint-dominicaine commençant à laisser filtrer un peu de vérité pour amollir le coup d'éclat inévitable. C'est le colonel Picquart qui, au service des renseignements, découvrit le premier la similitude de l'écriture d'Esterhazy avec celle du bordereau. Des lettres d'un caractère privé furent échangées, à ce propos, entre lui et son chef le général Gonse. Ce sont ces documents qu'on a illégalement cherchés sous prétexte d'allumettes de contrebande. On ne les a pas trouvés. C'est pourquoi je me permets de penser que *l'Echo de Paris* va bien vite quand il annonce que « nous ne connaîtrons jamais le texte entier des lettres du général Gonse ». Patience, confrère.

Ce qui est dès à présent établi c'est que, le ministre de la Guerre ayant, depuis dix-huit mois, connaissance de la similitude des écritures, n'a pas eu l'idée de recourir à une expertise, et qu'il a fallu l'insistance de M. Scheurer-Kestner pour lui arracher la promesse de finir par où il aurait dû commencer. Etranges, ce ministre qui ne veut pas connaître la vérité, ce commandant franco-prussien accusé d'espionnage, dont le Conseil de guerre ne veut pas connaître les papiers, et ce colonel, bon Français, frappé pour avoir découvert un « uhlan » dans les rangs de l'armée française. « Honneur de l'armée », tes voies sont pleines de ténèbres !

22 décembre 1897.

XXXV

Le voile.

Le gouvernement, pour tâter l'opinion, fait annoncer qu'il n'a pas encore pris de décision sur la question de savoir s'il y aura huis clos dans le procès Esterhazy. On est arrivé à un si beau résultat avec le huis clos de l'affaire Dreyfus que l'idée devait nécessairement venir à nos gens de recommencer.

Au moins dans le procès Dreyfus, pouvait-on invoquer ce fameux secret d'Etat si commode aux gouvernants pour cacher leurs fautes, qui sont quelquefois des crimes. Dans le cas d'Esterhazy, il paraît difficile de nous faire accepter que la paix ou la guerre puisse résulter des *s* en boucle du commandant, de ses *g* ouverts ou de ses *m* allemands.

Le « uhlan » argue, comme on sait, que le bordereau est le résultat d'un décalquage. J'admire déjà que les experts en écriture et le fameux Bertillon lui-même ne l'aient point découvert. Mais ce que le public surtout a besoin de connaître, c'est dans quelles conditions sera faite la nouvelle expertise. Si l'on doit nous ramener aux graphiques bertillonnesques, que le huis clos a si complaisamment couverts, et dont la révélation a été accueillie par un éclat de rire, il est bon que nous en soyons dès maintenant informés. Le public a de trop bonnes raisons d'être en défiance. Il ne se laissera point, cette fois, leurrer de mots.

Et puis, il faudra bien qu'on nous dise quelque chose de cette mystérieuse affaire Picquart, sur laquelle on ne nous a fait encore que des révélations erronées. Car ce n'est pas une fantaisie qui nous pousse à demander la lumière, c'est la nécessité primordiale de savoir comment nous sommes défendus, comment nous sommes gouvernés. Le Parlement n'est point curieux de ces choses. Le contrôle parlementaire est rendu vain par le trafic des faveurs gouvernementales. On fait grand bruit de Doumer, que son ministre vient de décorer pour avoir donné le bon exemple du radicalisme accessible aux douceurs de cent mille francs de rente. J'ose affirmer que ce n'est là qu'une misère dans l'ensemble.

Et puis les élections approchent. Chacun a sa petite combinaison toute prête qui l'occupe tout autrement que de savoir s'il y a une justice dans la République française. Un révolutionnaire veut ménager les antisémites, jurant qu'on aura quatre années pour *faire du sentiment,* après les élections. Un radical préfère Méline à Ribot, Barthou à Dupuy, pour des raisons qui le regardent. Un opportuniste veut garder *ce qu'il a,* bien assuré pourtant d'être toujours protégé du pouvoir.

Et les simples Français, comme nous, qui s'occupe d'eux, je vous prie? Il faut une aventure comme celle d'Esterhazy, un accident, un hasard, pour nous permettre de soulever un coin du voile derrière lequel on négocie des intérêts de tous au profit de quelques-uns. Cette occasion, nous l'avons, et je regrette bien vivement que certains hommes à la Chambre n'en aient pas su profiter pour l'avantage du bien public, en exposant aux regards les ressorts du gouvernement de notre bourgeoisie, dans la République tsarienne qui est aujourd'hui notre lot.

Les chefs manquant à leur devoir, il a bien fallu que la presse indépendante assumât le rôle, resté sans emploi, de porte-lumière. Il en est résulté quelques cris. Ce n'est pas une affaire. Au point où en sont

es choses, le huis clos n'amènerait qu'un surcroît de
scandales, et la vérité, plus lentement, mais non
moins sûrement, se ferait jour. Au gouvernement de
choisir. *Figaro avulso, non deficit alter.*

23 décembre 1897.

XXXVI

Les supports de la machine sociale.

Comme les grands acteurs vieillis ont parfois la
fantaisie de reparaître sur les planches, ainsi notre
confrère Saint-Genest, qui avait pris sa retraite, vient
de faire une apparition soudaine dans les colonnes
du *Figaro*, théâtre de ses anciens exploits. Ceux qui
aiment la rude franchise de ce troupier chevronné en
éprouveront une joie. D'autant que ce n'est point la
vanité des coups d'éclat qui ramène le politique du
Figaro au premier plan de la scène. Non. C'est un
chevalier dormant qui s'éveille au premier appel de
trompette, un guerrier au repos qui reprend le har-
nois en voyant son foyer menacé.

Les héros de l'antiquité ne se faisaient pas faute de
discourir, le fer levé, avant d'abattre à leurs pieds
l'ennemi. Tel Saint-Genest. Il va frapper, mais, plus
prompte que le coup mortel, s'élance la parole ailée :

Revoyez-vous ce beau temps, Cornély ? Revoyez-vous le
père Villemessant dans son fauteuil ? Villemessant, cet
homme qui ne lisait rien, qui se vantait même de ne rien

savoir et qui devinait tout, tant il avait, d'instinct, le génie du journalisme et la connaissance du public.

Ah! lui ne cherchait pas midi à quatorze heures, par exemple! *Quand il apercevait un prince ou un soldat, ou un prêtre, ou un magistrat, ou un gendarme, ou un sergent de ville... il prenait immédiatement leur défense, sans bien savoir de quoi il était question,* en disant : « C'est sur ces gens-là que repose la machine sociale, le rôle du *Figaro* est de les soutenir. »

Enfin voilà donc une parole nette et claire! Quelle joie pour moi d'y trouver l'éclatante confirmation de ce que j'écrivais l'autre jour. Justifier à tout prix les puissances qui sont, célébrer leur vertu, de quelque poids qu'elles pèsent sur les faibles, et se tailler une profitable part dans la force des oligarchies régnantes, n'est-ce pas tout le programme que j'avais dit? Défendre le prince, le prêtre, le magistrat, le soldat, « SANS SAVOIR DE QUOI IL EST QUESTION » ! C'est déjà beau de le faire. C'est admirable de le proclamer.

Qu'importe si le prince que vous aurez défendu mène la France à Sedan, si le magistrat a envoyé Pierre Vaux, innocent, mourir au bagne après vingt-cinq ans de tortures, si le prêtre assassine, comme l'abbé Bruneau, si le soldat a nom Bazaine. Il faut défendre tout cela, vous dis-je, car *c'est sur ces gens-là que repose la machine sociale,* sans oublier le banquier, omis par inadvertance.

Je sais bien que s'il ne s'était pas trouvé des hommes, à la fin du siècle dernier, pour penser d'une façon différente, notre Saint-Genest lui-même ne ferait pas, en ce moment, si brillante figure. Mais ce n'eût été qu'un mal relatif dans la nécessité de se porter d'abord au secours de ceux *sur qui repose la machine sociale.*

Au fait, qui est-ce qui supporte la machine sociale? Seraient-ce ces magnifiques seigneurs qu'il faut approuver *sans savoir ce qu'ils ont fait,* et dont le principal attribut paraît être de se servir eux-mêmes sous prétexte de nous servir? Ou bien ne serait-ce

pas plutôt la foule dont ils vivent, chair à canon,
chair à goupillon, chair à sentence, ou chair à divi-
dende ? Question que je pose.

Oui, mon ami, continue Saint-Genest, nous revoyez-
vous tous à cette lointaine époque ? Voyez-vous Magnard,
Ignotus, Philippe Gille, Saint-Albin, Albert Millaud..., et
dans la pièce à côté, les députés de Versailles discourant,
complotant ?

Les députés *complotant* dans la pièce à côté. O
ciel ! quelle douceur ! Qui nous rendra ce temps où *le
Figaro était carrément réactionnaire,* tandis que
maintenant...
Maintenant, savez-vous ce qui arrive ?

On apprend avec stupeur que c'est un ancien communard
qui défend l'armée (à toi, Humbert !), que c'est un franc-
maçon qui protège l'Eglise (à toi Félix Faure !), pendant
qu'un monarchiste soutient M. Jaurès, et qu'un catholique
devient partageux (à toi, de Mun !).

Tandis que, lorsque Saint-Genest défend l'antique
aristocratie....

                                    24 décembre 1897.

XXXVII

Trahisons !

Le Comité Dupleix adresse à MM. les députés une
image représentant un de nos soldats terrassé par la

fièvre sur la route de Majunga à Tananarive. Dans la crainte que le tableau ne soit pas suffisamment suggestif pour les membres du Parlement qui ont reçu le fâcheux *bouche-l'œil* des faveurs ministérielles, le Comité y a joint l'extrait d'un rapport de MM. Burot et Legrand, médecins de marine, sur l'expédition de Madagascar. Je cite :

La mortalité a dépassé dans le corps expéditionnaire toutes les prévisions. En dix mois, de mars à décembre, *SANS RENCONTRE SANGLANTE AVEC L'ENNEMI, l'armée a perdu presque autant d'hommes, toutes proportions gardées, que pendant les cinq années de la campagne du Mexique, de 1862 à 1867 !* Pourtant, nos soldats avaient eu également à lutter contre un climat terrible, contre les fièvres redoutables des terres chaudes, et, en outre, contre un ennemi implacable et bien armé.

La mortalité, pour cause de maladies, dans l'armée anglaise, durant la campagne contre les Achantis, prise comme terme de comparaison, *avait été de 1 homme sur 60; dans l'expédition française de 1885, elle avait été de 1 homme sur 20; en 1895, elle a atteint le chiffre de 1 sur 3 !*

4.189 décès sur 12.850 hommes de troupes de la guerre et de la marine, sans un engagement de guerre, sans qu'un seul de nos soldats soit tombé sous le feu de l'ennemi ! Ces chiffres sont officiels. Qui diable s'en préoccupe ? Les sapeurs du génie, qui ont travaillé à la fameuse route dont il n'existe plus de trace aujourd'hui, ont perdu les *deux tiers de leur effectif*. Le 40ᵉ bataillon de chasseurs à pied voyait tomber 632 hommes sur 1.000 dans sa marche forcée sur Tsarasotra, et *pas un* de ses soldats ne put arriver jusqu'à Tananarive. L'escadron du train des équipages perdit plus de la moitié de son effectif : les hommes employés comme porteurs de bagages faisaient office de bêtes de somme. Le 200ᵉ, sans avoir tiré un coup de fusil, ne se composait que de 163 hommes à l'entrée dans Tananarive.

Ces choses sont anciennes et connues de tout le

monde. Qui donc a eu l'idée, dans nos assemblées
parlementaires, de demander compte à quelqu'un d'un
tel désastre? Qui est responsable de ces morts, je
vous prie? On ne sait. Peut-être celui-ci, peut-être
celui-là, peut-être personne. On avait oublié la qui-
nine. Félix Faure, ministre de ·la marine, avait
affrété des bateaux anglais qui s'arrêtaient en chemin.
Le wharf de Majunga ne permettait pas le débarquement; nous perdions 60.000 francs par jour en indemnités à des transports immobilisés sur rade; four-
rages, munitions, approvisionnements de toutes sortes
gisaient abandonnés sur le rivage, à ce point qu'il
fallut quelques mois plus tard tout jeter à la mer. Et
pendant ce temps nos soldats manquaient de tout,
mouraient de la fièvre dans les marais du Betsiboka,
sans médicaments, sans provisions, sans tentes contre
le soleil, sans couvertures contre l'humidité de la
nuit.

Quand un petit soldat donne un coup de poing à son
caporal, on le fusille : c'est « l'honneur de l'armée »
qui veut ça. Mais quand les grands chefs, tout galonnés d'or, faute de remplir leurs devoirs, font mourir
un homme sur trois dans une expédition sans combat,
« l'honneur de l'armée ne permet pas qu'il leur soit
demandé des comptes ». On les surgalonne, on les
surdécore, on les surpensionne. Tout le monde est
content puisque les morts ne se plaignent jamais.

Et si quelqu'un ose élever la voix, on lui dit tout
net qu'il manque de patriotisme. Car le patriotisme de
cabotinage à la mode du jour consiste à s'extasier
pendant vingt années d'Empire devant les chefs
imbéciles ou traîtres qui mènent la France à Sedan,
ou qui, après vingt-cinq ans de République, faute
d'avoir été châtiés, nous donnent impunément, à
Madagascar, la mesure de leur stupidité criminelle.

La presse a fait son devoir en dénonçant le crime.
Le Parlement n'a rien voulu savoir, n'a rien voulu faire.
L'enquête n'a même pas été demandée. Un ministre de
la marine que je pourrais nommer en a donné pour rai-

son qu'il faudrait faire de la peine à Félix Faure.
Ce sont là de pures trahisons !

Il faudrait tout un archipel si tous ceux qui ont
plus ou moins heureusement trahi la patrie devaient
être envoyés aux îles du Diable.

25 décembre 1897.

XXXVIII

Mystères.

Le commandant Ravary est un homme bien occupé.

Chacun sait qu'il n'y a pas d'affaire Dreyfus, puisque
Méline l'a dit. Comment se fait-il donc qu'en instruisant l'affaire Esterhazy, le commandant se trouve
conduit, en dépit de lui-même, à fourrager dans
l'affaire Dreyfus ? Cela doit paraître bizarre à M. le
président du Conseil. Il faut interroger la veuve du
colonel Sandherr pour savoir si M. Mathieu Dreyfus
n'a pas tenté de corrompre cet officier. On fait passer à
l'analyse chimique la serviette de M. Joseph Reinach.
On se voit forcé de faire une enquête contre le faussaire Lemercier-Picard, successeur de Norton et four-
nisseur de sa bande. *L'Echo de Paris* nous annonce
que le commandant Ravary « se préoccupe des agisse-
ments du syndicat » et se propose « de remettre à la
justice civile un dossier très complet destiné à permettre au parquet de la Seine d'établir rapidement
toutes les responsabilités ». Tout cela est excellent.
Nul de ceux qui recherchent sincèrement la vérité ne
se plaindra que les investigations soient poussées trop
loin.

Je me borne à remarquer seulement que ces curieuses diversions ne doivent point faire oublier M. Esterhazy lui-même. Car il s'agit aussi de ce commandant de l'armée française, n'en perdons pas le souvenir. On brûlerait en place de Grève MM. Mathieu Dreyfus, Joseph Reinach et Scheurer-Kestner en personne, avec tout « le syndicat », que cela n'avancerait pas d'une ligne l'affaire du bordereau. Or, le commandant Ravary se trouve avoir tant de besogne *à côté* qu'on peut craindre qu'il n'en oublie l'objet principal de son enquête.

Sûrement, si le commandant Ravary n'avait été troublé par tant d'événements divers, l'idée lui fut venue de perquisitionner chez Esterhazy, et même peut-être de mettre la main sur le « uhlan ». Je crois bien que c'est la première fois, dans notre histoire, qu'un homme accusé d'espionnage se voit exempté de ces *formalités*. Il faut le regretter, car cet oubli, ou ce ménagement, fait naître dans les esprits d'assez graves questions sans réponse.

A-t-on pensé à s'enquérir de la nature des *infirmités temporaires* qui avaient fait éliminer Esterhazy de son emploi? Un de mes correspondants m'assure qu'il s'agit d'une *infirmité par persuasion* à laquelle les découvertes du colonel Picquart ne seraient pas étrangères. Aura-t-on la curiosité d'éclaircir cette affaire?

Fasse le ciel qu'on ne l'oublie pas, ce colonel Picquart. C'est un homme qui doit avoir des choses à dire, surtout si l'on songe à les lui demander.

Je voudrais bien qu'il nous fît connaître, par exemple, pourquoi le général Billot, avisé par lui *(il y a dix-huit mois)* de la similitude de l'écriture du commandant Esterhazy avec celle du bordereau, a attendu la plainte de M. Mathieu Dreyfus pour saisir la justice. Et si le colonel Picquart ne peut le dire, peut-être serait-on conduit à interroger le général Billot lui-même?

L'Echo de Paris nous a raconté que lorsque le colonel Picquart avait conçu des doutes sur la culpabilité de Dreyfus, c'était avant de connaître le dossier produit devant le conseil de guerre. Cela n'a pas de sens, puisque c'est le colonel Picquart qui fut chargé par le général Mercier de suivre jour par jour les séances du conseil de guerre pour lui en rendre compte. Le colonel ne put donc rien ignorer des charges ni des dépositions. Comment nier que cela ne donne à ses doutes un grand poids?

C'est pourquoi j'ose penser que, malgré tout, le commandant Ravary donnera des pensées à l'expertise d'écritures. Les journaux saint-dominicains, avec Esterhazy lui-même, reconnaissent dans le bordereau l'écriture du uhlan. C'est un point digne de remarque. On allègue un truquage. Cela doit être facile à reconnaître, et, si les premiers experts ne l'ont pas découvert, il faut vraiment qu'ils soient de prodigieux serins.

Mais il y a plus extraordinaire encore. Si Dreyfus a copié l'écriture d'Esterhazy dans le but de rejeter son crime sur celui-ci, pourquoi n'a-t-il pas même prononcé ce nom devant le conseil de guerre?

Que de mystères à éclaircir par le commandant Ravary, sans parler de beaucoup d'autres.

27 décembre 1897.

XXXIX

A tatons.

Le commandant Ravary n'est pas un homme discret. Plusieurs journaux affirment comme chose certaine qu'il prépare une ordonnance de non-lieu en faveur du commandant Esterhazy. Ce résultat de l'instruction paraît trop invraisemblable pour ne pas être vrai. Il est entendu que, dans cette aventure, tout doit se passer au rebours du bon sens.

Les experts en écritures, nous dit-on, déclarent que le bordereau n'est pas de la main d'Esterhazy. Ils ont d'autant plus de mérite qu'Esterhazy lui-même s'y trompait, et se voyait obligé de supposer un truquage, d'ailleurs inexplicable, puisque Dreyfus n'a pas prononcé le nom de l'homme dont il avait décalqué l'écriture, dans l'intention sans doute de rejeter son crime sur autrui. Tout cela, paraît-il, va être tiré au clair. Le public ne pourra que s'en féliciter. Seulement il ne faudrait pas recommencer la farce du graphique Bertillon.

Le gouvernement, du reste, paraît se rendre compte qu'il ne suffit pas du mot magique « non-lieu » pour dissiper les ténèbres où il nous a, de sa grâce, plongés. Voici, d'après *le Courrier du Soir*, ce qu'il aurait imaginé pour se tirer d'affaire :

Il est bruit d'une communication qui accompagnerait l'ordonnance de non-lieu, dans le cas où telle serait la conclusion, pour donner satisfaction à l'opinion publique en portant à sa connaissance, de façon précise, quelques-uns des faits, non encore divulgués, qui ont exercé leur influence sur le conseil de guerre.

Ces indications trouveront place sans doute dans les dispositifs de l'ordonnance, qui seraient rendus publics en même temps que l'ordonnance elle-même.

Cette divulgation répondrait également au désir exprimé par quelques membres du cabinet, qui inclinaient à la revision parce qu'ils redoutaient qu'un autre procédé laissât subsister les doutes actuels sur la culpabilité de Dreyfus, et l'agitation qui en peut persister.

Que dites-vous de cette collaboration du conseil des ministres avec un juge d'instruction ? Cela s'est vu déjà, et l'on tombe généralement d'accord qu'il n'y a

pas là une très bonne garantie de justice. Je crois
bien que jamais la confusion des pouvoirs ne s'était
publiquement étalée avec une telle ingénuité de
cynisme.

Donc le commandant Ravary, *dans son indépendance*, sera chargé de nous dire ce que le conseil des
ministres aura décidé, après délibération, de porter
à notre connaissance. Le hasard est si grand que nous
apprendrons peut-être ainsi quelque chose. On nous
édifiera, paraît-il, sur la culpabilité de Dreyfus. J'ai
déjà dit pourquoi je n'en serais pas surpris. Mais, à
trop vouloir blanchir Esterhazy, je crains fort que le
commandant Ravary, même doublé du général Billot,
de Méline et de tout son conseil, ne perde sa peine.
Au risque de paraître d'esprit étroit, j'ai comme un
préjugé invincible contre ce uhlan. Et, ce qui m'y
enfonce, c'est que je ne suis pas seul de ce sentiment.

Le colonel Picquart, aussi, ne voit pas d'un bon
œil ce faux soldat français, et j'incline à penser, bien
que Billot protège si étrangement Esterhazy, qu'il y
a plus de vérité dans les allégations du colonel, sous
la menace des arrêts de rigueur, que dans les interviews du commandant à patriotisme intermittent et
dans les communiqués de son ministre. A la vérité
je ne puis pas savoir ce que nous dira le commandant
Ravary des confidences du colonel Picquart. Mais on
ne m'ôtera pas de l'idée que, si le juge instructeur
est trop discret, quelqu'un se trouvera pour des informations supplémentaires. C'est pourquoi j'attends avec
un si vif intérêt le factum hasardeux qui doit naître
de la rencontre — non imprévue — d'un ministre et
d'un juge militaire.

D'ailleurs, l'instruction n'est pas plutôt finie qu'elle
recommence : c'est une gageure. Voici Mme de Jouf-
froy d'Abbans qui connaît la femme voilée et offre de
la faire connaître. Peut-être le commandant Ravary
ne tenait-il pas à en savoir si long. Il faut maintenant
écouter cette histoire. Pourvu qu'il n'en résulte pas
des ennuis pour le commandant franco-prussien !

Heureusement, il y a une diversion toute prête : les poursuites contre « le syndicat ». On annonce déjà la déposition des officiers d'ordonnance qui allaient porter en ville les articles recommandés. Scheurer-Kestner m'a dit autrefois avoir écrit à ce sujet deux curieuses lettres au général Billot. L'une d'elles eut même l'honneur d'une réponse. Vous en souvient-il, Excellence ?

30 décembre 1897.

XL

Questions sans réponse.

Le gouvernement a renoncé à faire prononcer le non-lieu dans l'affaire Esterhazy. Mais l'expédient auquel il s'est arrêté, si j'en crois *le Figaro,* est fait pour dérouter tout homme de bon sens.

• On va poursuivre Esterhazy, puisqu'on ne peut faire autrement, mais seulement sur des faits accessoires révélés par le colonel Picquart. *Le bordereau ne sera pas retenu.* Il n'en sera pas dit un mot, le gouvernement ayant trouvé trois experts pour déclarer que l'écriture qu'*Esterhazy reconnaissait comme sienne* n'est pas de sa main. Vraiment c'est trop de fourberie. Il suffit d'avoir jeté les yeux sur le fac-similé des documents pour voir que certains mots sont identiques : « manœuvres », par exemple. S'il y a décalquage, cela est facile à reconnaître. Mais soustraire le bordereau à la discussion équivaut à l'aveu qu'on sait à

quoi s'en tenir. Si le gouvernement croit se cacher
longtemps derrière ses trois Bertillon, il se trompe.
Du procès qu'on va nous servir, on élimine précisément ce qui devait faire la lumière. Qui se laisserait
abuser par une parade si grossière?

Le gouvernement, sans doute, ne lit des journaux
que les communications qu'il y envoie. Il n'y a de
scandale que par lui, dans toute cette affaire, et je le
vois à peu près seul à ne pas comprendre.

Si Dreyfus était la victime d'une erreur judiciaire,
on en a, dans ces derniers temps, relevé assez d'autres
pour qu'il n'y eût pas lieu de s'étonner. Le général
Billot nous dit qu'il n'en est rien, et jusqu'à nouvel
ordre nous devons l'en croire.

Dreyfus — même coupable — a-t-il été jugé conformément aux lois, et avec toutes les garanties reconnues à l'accusé, quel qu'il soit? C'est une autre question
qui, grâce aux manœuvres du ministre Billot, est
plus loin que jamais d'être résolue. Quelles raisons le
gouvernement peut-il avoir de se donner tant de mal
pour nous cacher la vérité?

Autre cas, plus inexplicable encore. Le colonel
Picquart, dans son service du bureau des renseignements, met la main sur un homme qu'il accuse d'espionnage. C'est le commandant Esterhazy. Il y a de
cela dix-huit mois. Nulle poursuite, nulle enquête.
Pourquoi?

Il faut l'intervention de M. Scheurer-Kestner et la
plainte de M. Mathieu Dreyfus pour mettre l'action
publique en mouvement. Pourquoi?

Quand on se décide à enquêter, la protection la
plus scandaleuse couvre Esterhazy. On perquisitionne
chez son accusateur, un colonel de l'armée française
dont personne n'a mis l'honneur en doute. On n'ose
pas fouiller dans les papiers d'un homme qui, sous sa
signature, insulte toute l'armée française et se proclame « uhlan » de cœur et d'âme. Pourquoi?

On fait garder le colonel Picquart à vue. On n'arrête pas l'homme inculpé d'espionnage. Pourquoi?

On commence aujourd'hui seulement des poursuites contre le plaignant, M. Mathieu Dreyfus, pour des faits qui ont été portés à la connaissance du ministre de la Guerre, il y a plus de deux ans. Pourquoi?

Un Lemercier-Picard, qui a colporté dans les bureaux de rédaction un faux relatif à l'affaire Esterhazy, n'est l'objet d'aucune recherche. Pourquoi?

Le garçon coiffeur du passage du Saumon et son patron, qui colportent partout des faits à la charge d'Esterhazy, ne sont pas confrontés avec celui-ci. Pourquoi ?

Esterhazy, en liberté, va faire d'étranges visites aux témoins à charge contre lui, aussitôt que le bon commandant Ravary lui a révélé leurs dires. Ferret-Pochon, du bureau de poste du passage de l'Opéra, décharge alors Esterhazy, mais Geiger, l'agent de police qui pourrait le charger, demeure introuvable. Pourquoi?

On me dit que le général Guerrier, qui a fait mettre Esterhazy en retraite pour *infirmités temporaires* (?), n'a pas été interrogé, mais je me refuse à le croire.

Enfin, malgré toutes ces extravagances et mille autres encore que je passe, il faut traduire Esterhazy devant un conseil de guerre.

Or, il a reconnu pour sienne l'écriture de certains mots du bordereau, alléguant un décalquage. On trouve des experts pour déclarer que ces mots que l'accusé dit être de sa main n'en sont pas.

Et là-dessus on va nous faire un bon petit procès de famille d'où le bordereau sera simplement exclu. On retiendra seulement pour le décor — quelques faits découverts, il y a dix-huit mois, à la charge d'Esterhazy par le colonel Picquart. Mais, parmi tous ces faits, il y avait le bordereau. On l'en distrait sous un fallacieux prétexte. Pourquoi ?

Il sera d'autant plus nécessaire de s'expliquer là-dessus, qu'à côté des lettres du général Gonse au colonel Picquart, écrites dans le seul but d'arrêter la

lumière, il y en a d'autres du même auteur, également
relatives à l'affaire Esterhazy, où le nom du général Billot revient à chaque page.

1er janvier 1898.

XLI

La mélasse du général.

J'ai reçu, comme on peut le penser, un très grand
nombre de lettres, anonymes ou signées, sur l'affaire
Dreyfus-Esterhazy. Quelques-unes, il est vrai, m'accusent d'être « vendu au syndicat juif », mais c'est le
petit nombre. La plupart de mes correspondants cri-
tiquent surtout la conduite du général Billot et de
ses agents d'ordres divers. Quelques-uns croient à
l'innocence de Dreyfus. Le plus grand nombre
incline, comme moi-même, à admettre qu'il a été
condamné sur des pièces qui ont entraîné la conviction
des juges, mais qui ne lui ont pas été montrées. Seulement, ils reconnaissent qu'il n'y a là, jusqu'à nouvel
ordre, qu'une hypothèse.

Quelqu'un qui signe « Un Officier supérieur en
retraite » est d'avis que le gouvernement, trouvant
difficile de condamner Dreyfus pour les actes réellement prouvés à sa charge (à cause des dangers de
guerre), a fait fabriquer le bordereau par Esterhazy,
qui rendait au ministère des services inavouables, et
a trouvé des experts et des juges pour se prêter à cette
supercherie. Cette supposition a l'avantage d'expliquer

6

le mot désormais historique de M. le général Billot
dans les couloirs du Sénat : « Nous sommes dans la
m...élasse, mais ce n'est pas mon... organisme qui
l'a.. expulsée. » Mes lecteurs voudront bien excuser
mon atténuation de la sténographie militaire. Que ce
soit le général Mercier ou le général Billot qui nous
ait mis dans la chose susdite, le résultat est, pour
notre pays, le même. Il faudrait nous en faire sortir,
et M. Billot nous y enfonce.

Maintenant, la *mélasse* signalée par mon correspondant est-elle exactement la même que celle où
s'empêtrent, à cette heure, les grandes bottes du
général Billot, je n'en sais rien. Il me paraît extravagant qu'en France on puisse juger et condamner un
homme sur une pièce fabriquée, en lui enlevant les
moyens de discuter les documents véritables qui l'accusent. Je ne puis du tout croire qu'on ait trouvé des
hommes pour se prêter à une si honteuse parodie de
la justice. Quel pays serions-nous, si nous en étions
tombés là? Et quelles garanties pour les citoyens
contre le plus fol arbitraire du gouvernement? Mieux
vaudrait la transportation sans jugement, sur un
simple froncement de sourcils du maître, comme chez
nos bons amis de Russie. Il y aurait au moins l'avantage de la franchise.

La chose paraît d'autant moins vraisemblable que,
s'il y avait vraiment danger de complications extérieures, le simple huis clos sauvait tout, l'honneur
de M. Demange étant une aussi sûre garantie que
celui de tout autre.

Et puis, si Esterhazy avait vraiment joué ce rôle,
on n'aurait pas laissé le colonel Picquart *s'emballer*
quand il découvrit la main de ce commandant dans
« une sale affaire ».

Donc, je repousse l'hypothèse de mon « Officier
supérieur en retraite ». Qu'ai-je à mettre à la place?
Rien pour le moment, je l'avoue. Il y a *mélasse*,
cela est certain. Mais quelle exactement, je ne le saurais dire. Le général Billot, tout en se bouchant le

nez, prend trop de soin de notre olfaction pour ne pas
nous donner à croire qu'il y est allé de sa contribution particulière. Ce qu'il y a de sûr, c'est qu'il a tout
fait pour donner à penser qu'Esterhazy *tient le gouvernement.* Il faut bien qu'il en soit ainsi pour qu'on n'ose
sévir contre un officier français dont l'âme déborde de
haine contre la France et l'armée française. On veut
sauver, dit-on, la France d'un grand mal. Quel plus
grand mal peut-on lui faire que de montrer son gouvernement dans cette affligeante posture ?

La simple vérité, certainement, tout en étant désagréable à quelques-uns, serait plus avantageuse au
bon renom du pays lui-même. Mais ces quelques-uns-
là sont ceux qui nous gouvernent, et leur intérêt personnel prime tout à leurs yeux. Voilà pourquoi, qu'elle
soit de Mercier ou de Billot, nous nous débattons
fâcheusement dans la *mélasse* du général.

2 janvier 1898.

XLII

Et les lettres ?

Le dossier de l'affaire Esterhazy ne comporte pas
moins de deux mille pages, dit-on. C'est beaucoup.
Il y a peut-être là quelque fatras. Peut-être aussi des
indications précieuses, et même encore — tout est
possible — des parcelles de vérité !

Quoi qu'il en soit, un seul fait est acquis : c'est
qu'aux yeux du commandant Ravary, son frère d'ar-

mes le commandant Esterhazy sort de là blanc comme neige. Pour ma part, je n'en ai point éprouvé de surprise, car dès les premiers jours de l'instruction, avant d'avoir rien examiné de l'affaire, le bon juge ne cachait point à quelles conclusions il savait d'avance, de science sûre, il serait fatalement conduit.

Le commandant Ravary ne croit point à la culpabilité des gens contre qui il a charge d'instruire. Un avocat, que je pourrais nommer, rencontrant le commandant au moment des premiers interrogatoires, crut devoir faire allusion au grave surcroît de besogne dont il venait de recevoir le fardeau.

— Surcroît de besogne ? fit le commandant. De quoi parlez-vous ?

— Mais de l'affaire Dreyfus-Esterhazy.

— Ah ! oui ! cela n'est rien. Dreyfus est coupable, et voilà tout.

Ce propos, authentique, a dû étonner M. Méline qui venait justement de nous apprendre qu'il n'y avait pas d'affaire Dreyfus. Il faut que le commandant soit d'un autre avis puisqu'il tient l'affaire Dreyfus et l'affaire Esterhazy pour une seule et même chose. Qui des deux se trompe, je l'ignore. Il m'a toujours semblé que Dreyfus pouvait être coupable sans qu'Esterhazy fût innocent. Ce n'est pas l'opinion du commandant Ravary : « Dreyfus est coupable, donc Esterhazy est sans reproches. » Logique de tambour battant.

L'avantage toutefois de ces raisonnements préconçus chez un juge, c'est qu'il est sans exemple que la procédure judiciaire n'arrive pas à les confirmer. Il n'en pouvait être autrement dans le cas qui nous occupe, et je me suis trouvé le moins surpris des hommes quand j'ai su que le commandant Ravary concluait au non-lieu.

Le général Saussier, moins complètement éclairé, va renvoyer, dit-on, Esterhazy devant un conseil de guerre qui devra chercher la vérité dans les deux mille pages du dossier, comme on ferait d'une aiguille dans une charrette de paille.

C'est ici qu'une question se prépare. S'il y a probablement dans ces deux mille pages beaucoup de
choses qui sont hors de propos, y a-t-on mis, au moins,
ce qui devrait y être?

Je fais allusion particulièrement à ces fameuses
lettres du général Gonse dont *l'Echo de Paris* annonçait hâtivement que nous ne saurions jamais rien. J'ai
lieu de croire, cependant, que ces précieuses lettres
nous apprendraient bien des choses. Elles ne doivent
pas être introuvables. Un soldat bon manœuvrier doit
être capable de les découvrir. Elles peuvent contrarier
les vues anticipées du commandant Ravary sur la blan-
cheur d'âme d'Esterhazy. Elles peuvent amener des
révélations. Cela vaudrait la peine d'ajouter vingt
pages supplémentaires aux deux mille pages du dossier. Où sont-elles, ces lettres? Il suffirait peut-être,
pour les trouver, de ne pas se mettre un bandeau sur
les yeux.

3 janvier 1898.

XLIII

Les deux points.

Il est évident que, dans le procès qui va s'ouvrir,
l'intérêt se concentrera sur deux points : l'expertise
d'écritures et les lettres du général Gonse.

Je sais bien que, en écartant le bordereau du procès,
on croit avoir fait un coup de maître pour se tirer d'un
pas difficile. Il faudra pourtant nous fournir quelque

apparence de raison, et nous sommes quelques-uns qui attendons avec une vive curiosité le rapport des trois experts.

Une chose frappe d'abord, c'est qu'on a tout fait pour éviter l'expertise d'écritures. Il y a plus de dix-huit mois que le colonel Picquart, rapprochant le bordereau des lettres d'Esterhazy — qui se trouvait d'ailleurs sous le coup d'une accusation d'espionnage étrangère à l'affaire Dreyfus — a mis ses chefs dans le cas de faire vérifier ses soupçons. Eh bien ! on n'a pas fait expertiser les écritures. On n'a pas poursuivi Esterhazy. On a renvoyé le colonel Picquart.

Aujourd'hui, à la vérité, on va faire ce procès qu'on a refusé pendant dix-huit mois d'instruire. Mais, tout en l'instruisant, voilà qu'on oubliait de faire l'expertise d'écritures, et il a fallu, pour l'obtenir, l'insistance de M. Scheurer-Kestner à la tribune du Sénat. Il est vrai que les promesses du ministre de la guerre ne gênent pas beaucoup le général Billot. Cet homme, à l'infaillibilité papale ajoute l'infaillibilité militaire. Il ne veut pas que l'écriture d'Esterhazy soit celle du bordereau, et ce n'est pas après dix-huit mois de résistance qu'il va céder devant un simple sénateur. Il a donc trouvé trois anabaptistes pour lui signer le procès-verbal dont il avait besoin. Mais ce stratège de prétoire oublie qu'il y a deux procès dans cette affaire : le procès devant le commandant Ravary et le procès devant l'opinion publique. Les deux juridictions sont heureusement fort différentes, et il faut croire que l'opinion publique est plus forte que tous les commandants Ravary puisqu'il a suffi de deux ou trois journalistes, qui ont lâché pied depuis, pour obliger le ministre de la Guerre à soumettre à l'autorité judiciaire — avec les pitoyables habiletés que l'on sait — les faits mêmes dont, dix-huit mois durant, il avait refusé de tenir compte.

Et maintenant, il faut bien aboutir, devant l'une ou l'autre juridiction, à la confrontation d'Esterhazy avec les experts qui le contredisent. Car, c'est le piquant de l'aventure, Esterhazy, dans le premier feu de la défense, est allé raconter à des journalistes — *que le commandant Ravary connaît, mais qu'il n'interroge pas* — qu'on lui avait perfidement demandé une histoire de ses ancêtres et que sur ce manuscrit on avait décalqué les mots dont se compose le bordereau. On ne pouvait pas plus ingénument avouer l'identité des écritures. Aussi doit-on trouver le clou du procès dans le dialogue des experts et de l'accusé.

L'un disant :

— Voilà bien mon écriture. Seulement elle est décalquée.

Et les trois Bertillon répondant :

— Pas du tout, cette écriture n'est pas la vôtre.

— Mais si. Je connais bien ma main, peut-être.

— Mais, non, vous n'y entendez rien.

Il manquait cette farce à la collection de celles dont nous a régalés le général Billot.

On comprend que, dans cet abîme où nous sommes plongés, nous ayons grand besoin des lettres du général Gonse pour faire un peu de lumière. On se demande comment il se fait qu'elles ne soient pas entre les mains de M. le commandant Ravary.

Il faut qu'elles soient produites : cela est nécessaire à la manifestation de la vérité. Elles montreront que le chef du service compétent au ministère de la Guerre avait ouvert une enquête sur Esterhazy et l'avait poursuivie pendant plusieurs mois au vu et su de ses chefs. Elles établiront que cette enquête avait amené cet officier à penser qu'Esterhazy était l'auteur du bordereau. Elles prouveront que le général Gonse, au mois de septembre 1896, partageait l'avis de son subordonné, et que, s'il pense différemment aujourd'hui, c'est qu'il s'est produit chez lui un revirement d'opinion dont il serait intéressant de connaître les causes.

Enfin, une autre série de lettres du même auteur, où, comme je l'ai dit, le nom du général Billot revient à chaque page, montrera les procédés employés par nos grands chefs pour empêcher la lumière.

On voit que l'intérêt ne languira pas dans le procès qui va s'ouvrir. Mais pourquoi diable le commandant Ravary n'a-t-il pas encore mis la main sur les documents précieux dont il ne peut, pour de bonnes raisons, ignorer l'existence?

4 janvier 1898.

XLIV

L'éteignoir.

Le gouvernement fait annoncer qu'Esterhazy sera jugé à huis clos, afin de bien marquer que la décision du conseil de guerre à cet égard n'est qu'une vaine formalité. Le ministre de la Guerre aurait bien tort de se gêner. C'est déjà beaucoup qu'on ne nous fasse pas connaître déjà le texte de la sentence.

Le commandant Ravary concluait au non-lieu. Mais le général Billot, pour « l'honneur de l'armée », veut un conseil de guerre. Un conseil de guerre qui fasse le plein jour... à huis clos, c'est-à-dire dans la nuit noire. O tartuferie ingénue des grands chefs que nous admirerions s'ils avaient pu obtenir le huis clos de l'histoire pour Metz et pour Sedan! Vous vous jugez vous-même, monsieur le ministre, en vous dérobant à la pleine lumière.

Les excuses qu'on nous donne pour justifier le huis clos sont d'ailleurs d'une rare extravagance. « Depuis la condamnation de Dreyfus, dit *l'Echo de*

Paris, le service des renseignements a recueilli de
nouvelles preuves probantes de la trahison de Dreyfus ;
ces preuves seront communiquées au conseil de
guerre. » Ah ça ! que nous contait donc Méline en
nous disant qu'il n'y avait pas d'affaire Dreyfus !
C'est pour condamner Dreyfus une seconde fois, hors
de sa présence, qu'on va feindre de faire le procès
d'Esterhazy. Vraiment, n'y a-t-il personne dans les
conseils du gouvernement pour mettre un terme à
cette folie ?

Quoi ! tout le mal est venu de ce que Dreyfus ne
semble pas avoir été jugé dans des conditions régulières, et l'on va délibérément aggraver l'équivoque,
accroître l'incertitude des esprits, faire le doute plus
aigu, plus angoissant pour tous ? Comment ose-t-on
jeter ainsi le trouble permanent dans l'esprit du
peuple français sur sa propre justice, sur l'équité des
juges, sur la sincérité des sentences publiques,
support fondamental de l'ordre social tout entier ? Il
y a quelque chose de supérieur à l'intérêt personnel
du général Mercier, du général Billot et des sous-
ordres qu'il leur plaît de couvrir, c'est l'intérêt de la
France elle-même que nos gouvernants, qui en ont la
garde, ont le tort d'oublier dans cette bagarre.

M. Billot trouvât-il le moyen de se rendre — pour
un temps — l'unanimité des journaux favorable, la
question n'en serait pas changée. A défaut de M. Félix
Faure, dont ce serait le rôle, le sous-secrétaire d'État
aux Postes, ou l'huissier de service peut-être, pourrait
dire aux ministres que se débarrasser d'une difficulté
présente en léguant à leurs successeurs une difficulté
plus grande est une trahison de la chose publique.

Mais le grand cri des déroutes : *Chacun pour soi*,
est devenu le mot d'ordre de notre époque. Le président tanneur joue au monarque en se donnant à lui-
même du « Nous », le pauvre fantoche de foire !
Méline rêve, pour se maintenir au pouvoir, d'em-
baucher dans la République le parti de la monarchie,
et les badauds s'écarquillent les yeux à découvrir qui

des deux sera dupe de l'autre. Le général Billot, pour
toute conception stratégique, prétendait se tailler
dans nos défaites un bâton de maréchal par la création
d'un nouveau grade militaire, prétexte à panaches
d'or. Pourquoi pas? dans un temps où l'on élève des
statues aux grands chefs militaires par l'incapacité de
qui la France fut démembrée!

Et voilà maintenant que, pour leçon suprême, on
nous enlève non seulement la justice — cela s'est
déjà vu — mais jusqu'à l'apparence d'équité, plus
précieuse au vulgaire que la réalité même.

Faites-donc, malheureux. Achevez la patrie, par
vous déjà livrée il y a un quart de siècle. Tous les
peuples ont connu la défaite sur les champs de bataille.
Cela n'est rien quand l'esprit public est capable de
réagir. Mais la défaite irréparable, c'est celle qu'on
s'inflige délibérément à soi-même par la trahison
quotidienne du devoir.

J'entends dire : « Le gouvernement se manque à
lui-même. » Et puis l'on passe à autre chose. Hélas!
la défaillance des gouvernants n'est pas, non plus, une
chose nouvelle. Il y a dans la mentalité des peuples
qui s'empressent à vivre de puissantes ressources
contre ce mal. Il faut un sentiment public soucieux
des droits, des intérêts de tous, ardent à la défense
commune, prêt à sacrifier l'avantage d'un jour aux
garanties permanentes qui sont le profit de chacun
et de tous dans ce domaine d'idéal que tend à réaliser
la patrie.

Et quand ce sentiment de haute solidarité fait
défaut, lorsque chacun ne rêve que de tromper de
basse ambition sa misère, lorsque les maîtres du
pouvoir peuvent impunément sacrifier tout à ce but,
écrasant ce qui leur fait obstacle, lorsque, par indifférence, torpeur ou lâcheté, l'esprit public laisse faire,
consolé d'avance par le mot de tous les égoïsmes :
Après nous le déluge! il peut y avoir encore une
agglomération humaine, avec un commerce, une
industrie, une puissance de labeur, un art même, une

pensée survivant à l'ancien état d'âme. Il n'y a plus, au sens noble du terme, une nation pour l'avenir.

5 janvier 1898.

XLV

L'armée-école.

A propos du conseil de guerre qui va se réunir, M. Cornély publie dans *le Figaro* les réflexions suivantes :

> Les conditions nouvelles que les peuples affolés préparent à la guerre la rendent à peu près impossible et *ferment presque l'avenir aux revanches.* Les armées n'en sont pas pour cela moins nécessaires. La nôtre est devenue une école de discipline indispensable à des générations élevées dans l'indocilité démocratique. *L'officier y est chargé* de compléter — soyons poli — l'œuvre de l'instituteur et de rendre au pays, à la place de jeunes hommes plus ou moins turbulents, *des électeurs assagis.*

Cette opinion est, je crois, celle d'un très grand nombre de nos contemporains, et il faut peut-être plus de courage pour contredire que pour faire observer qu'un juif ne doit pas être jugé en dehors des formes de la loi.

« Les conditions nouvelles de la guerre ferment presque l'avenir aux revanches. » Quand on a émis cet axiome, la première idée qui se présente, c'est de faire l'énorme économie du milliard que nous coûte

au minimum notre armée de terre et de mer. Le
budget diminué d'un tiers, c'est notable. Sans
compter que la richesse de la France s'accroîtrait
d'une somme bien supérieure, par le travail des
hommes que nous entretenons inutilement sous les
drapeaux. Les soldats seraient dans l'usine ou dans
le sillon, les officiers seraient ingénieurs, négociants,
industriels, fabricants ou marchands de quelque
chose. Tout bénéfice pour chacun.

C'est ici que M. Cornély nous arrête. L'armée est
surtout une école, dit-il, une école laïque, infiniment
plus chère que les autres, contre lesquelles elle a
charge de réagir. Le général de Galliffet, très compétent, nous avait déjà dit qu'il ne fallait point songer
à faire de notre armée un instrument contre l'étranger.
Ce militaire ambitionnait simplement pour l'armée
— qu'il avait de ses propres mains façonnée — les
fonctions de police d'une grande gendarmerie contre
les mécontents qui troublent la paix des heureux de
ce monde. Chacun met son idéal où il peut.

M. Cornély est plus ambitieux. Ce qu'il veut de
nos officiers, c'est qu'ils domptent « l'indocilité démocratique », c'est qu'ils fassent « de nos jeunes hommes
turbulents des électeurs assagis ». Eh bien, je demande comment on fera ce miracle.

L'obéissance de machine vivante, obtenue par la
crainte du conseil de guerre et de la fusillade qui est
au bout, peut faire des esclaves ou des révoltés, non
des hommes. J'ai toujours considéré l'armée, au rebours de M. Cornély, comme une nécessité de défense, non comme une utile préparation aux devoirs
de la vie civile.

L'homme n'a de valeur dans le monde que par deux
facteurs essentiels : l'initiative et la responsabilité,
que supprime d'un coup le devoir militaire. Obéir
suffit à tout, quoi qu'il soit ordonné. Il faut *passive-
ment* se soumettre. A quel prix ! Combien emportent
dans la vie libre des haines de révolte que les événements traduiront au hasard.

Avec l'armée professionnelle que les conservateurs ont si longtemps défendue, parce que c'était pour eux l'outil par excellence de domination sociale, il n'importait guère, et le poteau d'exécution répondait à tout. Aujourd'hui, avec tous les Français soldats, échappant au joug au bout de trois années pour devenir souverains — si j'ose employer ce mot ridicule — c'est une autre affaire. Pendant trois ans, pas d'initiative, pas de responsabilité. Puis, au bout de ce temps, on lâche les gens dans la rue : « Débrouillez-vous, mes amis. Ce qui était crime hier devient aujourd'hui vertu. Vous serez hommes désormais par l'initiative, par la responsabilité. Et si vous ne redressez pas du jour au lendemain ce ressort que nous avons tout fait pour fausser en vous, eh bien! vous serez des vaincus de la vie, et l'hôpital, la prison ou la morgue sont là pour abriter votre défaite. »

Je sais bien que les amis de M. Cornély, républicains ou monarchistes, s'efforcent de maintenir de l'ancienne armée tout ce qu'ils peuvent. Les cadres sont accaparés par les hautes classes, aux yeux de qui le commerce *déroge*, et les titres de noblesse sont plus utiles pour l'avancement que les examens de l'Ecole de guerre. Le général Billot, bras dessus bras dessous avec Esterhazy, nous dit qu'il y a un honneur particulier qui dépend de la couleur du pantalon, et beaucoup de gens le répètent, et quelques-uns mêmes le croient. Mais il n'en est pas moins vrai que la substance de l'armée c'est désormais le peuple français tout entier, et que « l'honneur de l'armée », loin d'être, comme autrefois, le privilège d'une corporation, est tout simplement aujourd'hui l'honneur de tout le monde. Voilà pourquoi le mot n'a plus de sens.

Voilà aussi pourquoi l'empereur allemand a peut-être tort de dire à ses sujets en uniforme : « Si je vous commande de tirer sur votre père et sur votre mère, vous devez obéir. » On n'oserait pas dire ces choses-là chez nous. Mais on les pense, car c'est le

principe même de l'obéissance dans les armées. C'est
bien pour cela que, contrairement aux nécessités de
la défense, on dépayse le soldat autant que possible,
au risque de retarder gravement la mobilisation.

Mais, malgré toutes les précautions, lorsqu'on voit
l'écart se faire toujours plus grand entre les dirigeants
qui n'ont d'autre rêve que de tout accaparer, et les
dirigés qui commencent à poser publiquement mille
questions embarrassantes, nul ne saurait prévoir quels
conflits se produiront un jour. Alors, si l'on n'a pas
eu la prudence de composer auparavant, on s'aperce-
vra peut-être que l'armée du suffrage universel, après
avoir fait les *électeurs assagis* du régime à qui nous
devons Sedan, n'aura été, par la faute des maîtres du
pouvoir, qu'une école d'universelle rébellion. Puissent
les dieux détourner de nous ce présage !

> *6 janvier 1898.*

XLVI

C'est dommage.

C'est dommage que tous les Français ne soient pas
d'accord pour réclamer la justice impartiale pour
tous.

C'est dommage qu'il se trouve des républicains
pour invoquer la raison d'Etat, et consentir sous un
gouvernement libre, le maintien des iniquités du « bon
plaisir ».

C'est dommage que des hommes qui se sont fait un

nom dans les revendications de justice sociale dépensent aujourd'hui ce qu'ils ont d'autorité à tenter de persuader à la France que les pratiques d'arbitraire, jadis condamnées par eux, sont excusables dans certains cas, et que l'on peut les tolérer contre autrui quand on ne s'en croit pas menacé.

C'est dommage que tant de gens qui pensent différemment se laissent effrayer par les injures des cyniques, et n'osent se dire ouvertement les champions de la justice et de la vérité.

C'est dommage que le gouvernement ait, par une série d'actes inexplicables, encouragé la pensée qu'il peut impunément voiler la vérité et violenter la justice pour couvrir les fautes de quelques hauts personnages.

C'est dommage qu'en agissant ainsi les ministres aient perdu tout droit à la confiance publique, et ne se présentent plus à nous, quelles que soient les nuances politiques qui nous séparent, comme les gardiens fidèles des droits primordiaux de tout citoyen dans une société civilisée.

C'est dommage qu'il leur soit permis de mettre la main sur les garanties où s'assurent la vie, l'honneur, la liberté des citoyens.

C'est dommage qu'un ministre de la guerre ose protéger contre les lois un homme accusé d'espionnage.

C'est dommage que des patriotes de profession puissent hautement couvrir de leur protection Esterhazy le uhlan, et que l'indignation publique ne fasse pas justice de ces hommes.

C'est dommage que notre patriotisme soit de paroles et non d'action.

C'est dommage que les citoyens s'abandonnent, au lieu de réagir contre les pouvoirs publics qui trahissent leur devoir.

C'est dommage que nous ayons perdu la foi — même erronée — en l'approximation humaine de justice.

C'est dommage que l'appellation de juif, de protestant, de libre penseur ou de catholique nous paraisse une justification des violences exercées contre ceux qui ne partagent pas nos croyances.

C'est dommage que la haute vertu de tolérance soit maintenant bannie de l'esprit français.

C'est dommage que, dans ce commun désarroi, nous en soyons arrivés à nous traiter réciproquement de vendus, sous les yeux de l'Europe qui nous juge, et à ne chercher que dans un intérêt d'argent les raisons d'agir de nos contemporains, en fermant systématiquement notre esprit à tout soupçon de désintéressement.

C'est dommage que l'idée ne vienne à personne — comme elle se serait présentée à tous, au siècle dernier — qu'on puisse défendre les vaincus par simple besoin de justice, ou même, si j'ose prononcer ce mot, par esprit de générosité

C'est dommage qu'il ne soit plus tenu pour noble parmi nous de s'opposer à l'injustice des forts.

C'est dommage que l'antique bravoure française, chassée de la vie publique, soit refoulée au fond des âmes.

C'est dommage que les beaux sentiments se cachent, et que les mauvais se montrent.

C'est dommage que l'esprit de chevalerie semble perdu dans tous les rangs de la nation française..

C'est dommage que la France, d'abord soldat de Dieu, plus tard soldat de l'homme, soit si brutalement réveillée de son rêve d'idéal.

C'est dommage que nos aïeux ayant été grands, nous soyons moindres.

Car ce fut un noble pays, cette universelle patrie de la justice pour tous, aimée de tout ce qui aspirait au droit, redoutée de tout ce qui abusait de la force.

Voyez ce que nous en avons fait, et dites avec moi que c'est dommage.

7 janvier 1898.

XLVII

Ça se corse

Un fait nouveau, dit *le Figaro* : « Le colonel Picquart a déposé une plainte contre les auteurs des télégrammes signés *Speranza* qui lui ont été adressés vers la fin de son séjour en Tunisie. »

Qu'est-ce que c'est que cette nouvelle histoire ? Grâce au huis clos, protecteur de certains hauts personnages, nous n'en saurons peut-être rien quant à présent. Il y a là pourtant, si j'y comprends quelque chose, la machination capitale du procès. Voilà bien pourquoi on se gardera, sans doute, d'y laisser pénétrer la lumière. Essayons de reconstruire partiellement cette partie de l'affaire en ordonnant les faits déjà connus.

On s'aperçoit au ministère de la Guerre que, malgré la condamnation de Dreyfus et son internement à l'île du Diable, *les fuites continuent*. Le colonel Picquart, chef du service des renseignements, saisit un document qui lui paraît établir à la charge du commandant Esterhazy le crime d'espionnage, et, pour son malheur, il s'aperçoit en même temps que l'écriture de l'homme incriminé ressemble, à s'y méprendre, à celle du bordereau. Emoi des chefs qui se sont engagés à fond sur le bien jugé de l'affaire Dreyfus et ne veulent reconnaître ni l'erreur de fond (alléguant qu'ils ont d'autres preuves que le bordereau), ni même les vices de forme qui éclatent aux yeux de tous. Malgré l'insistance du colonel Picquart, on n'instruit pas contre Esterhazy, et c'est l'accusateur lui-même qui se voit frappé.

Il n'y a là jusqu'à présent rien que de normal dans les pratiques de nos grands chefs. Se souvient-on de cet intendant qui avait puni l'un de ses sous-ordres coupable d'avoir dénoncé un vol ? M. Cavaignac mit l'intendant en disgrâce, et le général Billot s'empressa de le rappeler à l'activité. C'est sa manière, à notre ministre de la Guerre, de comprendre « l'honneur de l'armée ».

Donc on ne poursuivit pas Esterhazy. Ancien zouave du pape, soldat français (né, il refuse de dire où) par la grâce de la légion étrangère, on ne pouvait traiter un tel homme comme un juif. Tout ce qu'on osa faire fut de le mettre à la retraite pour « infirmités temporaires ». C'était bien le moins de faire pensionner par les contribuables français un si digne personnage.

Dix-huit mois plus tard, on découvrait les fameuses lettres du uhlan. C'était un singulier argument en faveur des accusations du colonel Picquart. De là les fureurs de certains personnages contre Mme de Boulancy qui n'en pouvait mais, et le peu d'empressement de l'huissier du ministère à s'emparer de ces pièces savoureuses.

Cependant les abominations contenues dans cette correspondance n'avaient point découragé la protection dont nos chefs militaires couvraient Esterhazy qui va passer demain en conseil de guerre, les deux mains dans ses poches et le képi sur l'oreille. Il sera acquitté, c'est entendu. Et ce sera grand hasard si le général Billot ne le rappelle pas à l'activité, comme il a fait pour l'intendant ami des *chapardeurs*.

Et le colonel Picquart, quel rôle joue-t-il là dedans ? C'est là que s'aggrave le mystère. Esterhazy et ses bons amis du ministère, dont *le Figaro* m'avait promis — combien vainement — de me dire les noms, ne sont point gens tardifs à la riposte. Ils ont donc carrément accusé le colonel Picquart, m'affirme-t-on, d'avoir *fabriqué* la pièce primitivement produite contre le uhlan, dans le but supposé d'innocenter Dreyfus. Et voilà que la Providence, qui devait bien cela à un ancien zouave du pape, leur a fourni justement deux télégrammes envoyés de Paris à Tunis tout exprès pour apporter la preuve de la complicité du colonel avec « le syndicat ».

De qui sont ces télégrammes signés *Speranza ?* On affirme que l'un est du policier Souffrain, à qui l'on n'a eu garde de demander de quels personnages il avait été l'agent en cette occurrence. Il paraît que le colonel Picquart croit connaître le rédacteur du second, puisqu'il a, d'après *le Figaro*, déposé une plainte contre *les auteurs* de ces faux. Si le débat était public, nous pourrions peut-être percer à jour cet étrange mystère. Mais on va nous conter que le huis clos est commandé par l'intérêt de la défense nationale, et il se trouvera des badauds pour le croire.

Saurons-nous jamais le nom des protecteurs d'Esterhazy? *Le Figaro* les connaît et ne veut pas les révéler au public. Le commandant Ravary aurait pu interroger *le Figaro*. Mais précisément l'idée ne lui en est pas venue. On ne saurait imaginer un juge moins curieux. Un de mes correspondants (dont je pourrais donner le nom à M. le président du conseil de guerre, s'il était plus prompt à l'interrogation que le juge instructeur) m'informe qu'un ancien coulissier, qui fut en relation avec Esterhazy, ayant écrit au commandant Ravary pour demander à être entendu, ne reçut pas même de réponse.

Justice de l'éteignoir, disais-je, l'autre jour. Mais il y a tant de feu sous la cendre, que j'attends, malgré tout, la flambée de lumière.

8 janvier 1898.

XLVIII

Et après ?

M. le sénateur Trarieux écrit au ministre de la Guerre des choses dont celui-ci, je le crois, ne fera pas son profit. C'est une raison de plus pour prendre acte de l'énergique protestation de cet ancien garde des sceaux contre le scandale d'une instruction telle qu'il ne s'en vit peut-être jamais de pareille, sauf chez les nègres de Madagascar.

Quant au procès lui-même, il devra fatalement se ressentir des savantes préparations de M. le ministre de la Guerre. Comment le conseil de guerre pourrait-il refaire en séance la fantaisiste expertise d'écritures qui va lui être présentée ? Cela n'en dit-il pas assez, qu'un commandant français, auteur des honteuses lettres à Mme de Boulancy, puisse comparaître devant ses juges, sans qu'on ait fait le moindre effort pour contrôler ses dires par l'investigation de sa correspondance ? Bien plus, l'homme qui voulait envahir Paris à la tête de ses uhlans continue de porter sur sa poitrine la croix de la Légion d'honneur. Nos factionnaires lui présentent les armes, et tous nos soldats jusqu'au grade de capitaine sont tenus de lui dire : « Mon commandant ». On n'a pas mis la main sur lui. On ne lui a pas même arraché son ruban. Et les gens qui nous donnent ce scandale sont ceux-là mêmes qui osent nous chanter des couplets sur « l'honneur de l'armée ». Farceurs !

Il est vrai que les journaux de la rue Saint-Dominique nous racontent que certaines de ces lettres ont été composées avec des mots décalqués sur l'écriture du commandant. Mais cette explication renouvelée du bordereau tombe de soi, Mme de Boulancy ayant *depuis quinze ans* communiqué les lettres d'Esterhazy à tout son entourage.

Pour tout couronner, il se trouve un journal français qui excuse les divagations de Prussien saoul dont le commandant lui-même a honte, et l'on nous dit gravement que ces peccadilles doivent être mises au compte d'un moment de mauvaise humeur. Je me demande si jamais tel défi fut lancé au patriotisme le plus vulgaire.

Mais on peut tout dire aujourd'hui, dans le désarroi de l'esprit public. Il n'y a que les partisans de l'égale justice pour tous et les amis désintéressés de la vérité qui ont peur. Un écrivain de premier rang, qui dirige une importante revue, manifeste depuis plusieurs semaines à ses amis son indignation des parodies de justice dont nous sommes témoins. Quand il a voulu prendre la plume, il a suffi pour l'arrêter d'une consultation des intérêts engagés dans l'affaire. Les capitaux juifs n'aiment pas qu'on les accuse d'être du « syndicat ».

Un homme de lettres dont le journal où il écrit tire vanité s'est vu supprimer sans façons « dans son intérêt » par son directeur une partie d'article où il exprimait ingénument son opinion sur la question du jour. Une des feuilles les plus violemment favorables au uhlan possède une majorité de rédacteurs qui s'en vont par la ville prêcher tout justement la thèse contraire, dans l'impossibilité où ils sont, ayant parlé, d'écrire.

Enfin, nous avons vu M. Arthur Meyer, dans sa désolation de perdre M. Cornély, se vanter d'avoir empêché son collaborateur de demander dans *le Gaulois* la pleine lumière. Et le plus curieux c'est que beaucoup de lecteurs ont cru découvrir une perfidie

dans ce trait à l'adresse du transfuge. Malice perdue
d'ailleurs, car hier encore, dans *le Figaro assagi*,
M. Cornély faisait ouvertement campagne contre le
huis clos. Combien d'autres — et jusque dans les plus
hauts grades de l'armée — qui pensent comme lui et se
taisent.

Je ne dis rien du Palais qui d'ensemble juge sévèrement, me dit-on, l'acte d'accusation. Mais voici la
magistrature elle-même qui se met en mouvement.
J'apprends de bonne source que M. Bertulus, chargé
d'instruire contre les frères Dreyfus, croit à l'innocence de l'ex-capitaine, et ne se gêne pas pour faire
connaître son opinion à ses supérieurs hiérarchiques.

Toutes ces consciences timorées, peut-être lentes à
se manifester, n'en sentent pas moins leur blessure, et,
au lieu de compter toujours sur leur inertie, M. le
ministre de la Guerre ferait bien de prévoir la suprême
exaspération d'une révolte inévitable. M. le général
Billot exige vraiment trop de la crédulité française.
Hier, au Sénat, il nous contait des *histoires* sur les
causes de la condamnation de Dreyfus, et voici que la
publication de l'acte d'accusation, en montrant combien peu nécessaire était le huis clos, met à néant ce
fameux secret d'Etat dont on a leurré l'opinion publique. Dans le procès Esterhazy, le même ministre va
jouer encore du secret d'Etat pour essayer de nous
dérober ses propres fautes et celles de ses amis. Il
fera acquitter son ulhan à huis clos, et à huis clos
encore, peut-être, condamner le colonel Picquart. Et
après?

Tôt ou tard, par des voies que j'ignore, à une heure
qui est le secret de l'avenir, l'infaillible Némésis nous
vengera de toute cette cafardise empanachée, et ce
sera la lumière, et ce sera la justice. Tant pis pour
qui prospérait des ténèbres et de l'iniquité !

9 janvier 1898.

XLIX

Avant le conseil de guerre.

En vérité, nous sommes bien défendus. Nous apprenons par l'acte d'accusation de Dreyfus qu'une note « qui avait un grand intérêt pour une puissance étrangère » était copiée par un caporal dans l'*antichambre* contiguë au cabinet d'un officier supérieur, et que, « pendant cinq jours, minute et copie étaient laissées dans un carton placé sur la table » à la disposition de tout venant, pendant les absences du caporal. Belle vigilance militaire.

Une information qui n'est pas moins curieuse, c'est le relevé des notes militaires d'Esterhazy : « Officier très méritant, *caractère droit* et énergique. Conduite militaire et *privée* parfaite. Esprit essentiellement militaire. Officier supérieur des plus distingués. C'est l'*homme du devoir* par excellence. » Telle est la perspicacité des chefs appelés à se prononcer sur l'homme aux lettres de uhlan. Si les notes militaires sur lesquelles se fait l'avancement dans notre armée sont de même valeur, avouons que notre organisation de défense peut légitimement nous inspirer des craintes.

Mais je veux croire qu'Esterhazy ne fait publier par ses amis que les notes favorables. Et le bon commandant Ravary n'est pas homme à lui faire de la peine en poussant trop à fond son enquête. C'est ainsi que le colonel du 74e sera appelé devant le Conseil de guerre pour confirmer de vive voix les notes dont j'ai

donné un échantillon ci-dessus. Mais le général Guerrier, sous les ordres de qui était Esterhazy au moment de sa mise à la retraite « pour infirmités temporaires », ne sera point cité à comparaître par la raison
qu'on a lieu de craindre qu'il fasse une déposition
toute contraire. Voilà ce que Méline appelle la justice,
et Billot le respect de « l'honneur de l'armée ».

Les criantes iniquités de l'instruction, loin d'intimider l'opinion publique ou de lui donner le change,
n'ont abouti, semble-t-il, qu'à la mettre en défiance,
et à exaspérer tous ceux qui, sans considérer comme
établie l'innocence de Dreyfus, n'admettent pas qu'on
supprime aux accusés, quels qu'ils soient, les garanties légales de justice. La publication de l'acte d'accusation nous a déjà prouvé que le huis clos n'était point
du tout nécessaire, sinon pour cacher au public la
pauvreté de certaines inculpations. Maintenant la
question qui subsiste est de savoir si, derrière l'accusation produite au huis clos, il y a eu, dans la chambre
du conseil, un huis clos à la deuxième puissance,
grâce auquel des pièces ont été communiquées aux
juges en dehors de l'accusé et du défenseur.

L'Echo de Paris, qui croit défendre ainsi le ministère de la Guerre, n'hésite pas à affirmer l'existence
d'un dossier B, qui n'aurait été porté à la connaissance des juges que dans la chambre du conseil, *ce
qui est interdit à peine de forfaiture des juges et de
nullité du procès par le Code pénal militaire*. Lorsque
les amis du gouvernement en sont réduits à le défendre
ainsi, avons-nous tort de dire que, innocent ou coupable, Dreyfus n'a pas été jugé suivant les formes de
la loi?

Qu'y a-t-il dans ce fameux dossier secret? On ne
peut faire là-dessus que des suppositions. La plus
vraisemblable jusqu'ici est celle qui consiste à dire
que les pièces principales consistent en des lettres de
la même écriture que le bordereau, avec la copie d'un
document attribué à un souverain étranger — l'empereur Guillaume — dit-on. Les juges, retrouvant l'écri-

ture du bordereau, que les experts (consultés par la méthode étrange qu'on a vu appliquer à M. Gobert) déclaraient être de Dreyfus, ont condamné l'inculpé en leur âme et conscience. Que reste-t-il de leur verdict si l'écriture du bordereau n'est plus celle de Dreyfus?

Tout cela me paraît d'autant plus vraisemblable que ce n'est pas très différent de ce que j'ai vu dans l'affaire Norton. Aujourd'hui tout le monde est d'accord pour reconnaître que les documents du Norton — auxquels avait travaillé pourtant un homme du Quai d'Orsay qu'on n'a pas voulu rechercher — étaient simplement grotesques. Cependant MM. Dupuy et Develle, l'un président du conseil, l'autre ministre des affaires étrangères, furent d'avis, après avoir mis leurs besicles, l'un qu'il faudrait pour moi les Plombs de Venise et l'autre que je ferais bien de me brûler la cervelle. Et puis, dès que les papiers qui avaient tant ému mes deux distingués collègues eurent été produits au grand jour, ce ne fut qu'un éclat de rire. En conseil de guerre, avec le double huis clos, mon compte était bon.

C'est cette histoire qui me met en défiance. Je n'ai jamais dit que Dreyfus fût innocent, n'ayant aucun moyen de le savoir. Je dis seulement qu'il n'a pas été jugé suivant la loi, et je demande justice.

J'ajoute que l'insistance du gouvernement à refuser la lumière, à couvrir de sa protection scandaleuse un Esterhazy, m'oblige à supposer, pour expliquer ces ignominies, qu'il y a au fond de toute cette affaire quelque énorme saloperie de gouvernement. C'est, d'ailleurs, ce qu'a dit le général Billot lui-même en des termes que la pudibonderie civile ne me permet pas de reproduire.

Pour une fois, nous voilà d'accord. Il ne reste plus qu'à attendre les conséquences.

10 janvier 1898.

L

Billot contre Picquart.

Le procès est commencé devant le conseil de guerre. Le procès de qui? d'Esterhazy? Non, du colonel Picquart.

Oui, du colonel Picquart qui ose accuser le uhlan, que ses chefs gratifiaient de si belles notes : *Conduite privée parfaite, c'est l'homme du devoir par excellence*, etc., etc.

Le rapport du commandant Ravary n'est qu'un acte d'accusation contre le colonel Picquart. D'Esterhazy il est dit quelques mots en passant, mais la tâche de l'accusateur se trouve singulièrement simplifiée par la précaution qu'on a prise d'écarter tout ce qui peut fortifier l'accusation. On n'entend pas le général Guerrier par qui Esterhazy fut mis à la retraite. On n'entend pas le lieutenant-colonel du 74° dont les journaux de la rue Saint-Dominique avaient escompté le témoignage. On n'entendra même pas un des officiers en activité du régiment d'Esterhazy. Seul, jusqu'ici, un commandant en retraite est cité à la requête du uhlan.

En revanche, le rapport s'étend avec une complaisance significative sur toutes les charges qu'on a pu recueillir contre le colonel Picquart.

Esterhazy est innocent parce qu'il n'a pas pu se procurer les pièces indiquées dans le bordereau, et la raison en est qu'il tenait garnison à Rouen, TRÈS ÉLOI-

GNÉ DE PARIS. O merveilleuse découverte de la géographie militaire !

En revanche, le colonel Picquart a commis le crime de faire faire une perquisition chez Esterhazy, *sans mandat légal*, EN SON ABSENCE. Que dire, à ce compte, du général de Pellieux, qui a oublié de perquisitionner chez le uhlan (comme aussi le commandant Ravary lui-même) et qui ne s'est pas gêné, sous prétexte d'allumettes, pour envahir le domicile du colonel Picquart *sans mandat légal*, EN SON ABSENCE ?

Tout le reste est du même acabit, et il n'y a pas lieu de s'en étonner après cette instruction de fantaisie.

Le commissaire du gouvernement s'est naturellement opposé à ce que la partie plaignante fût admise au procès, et l'avocat d'Esterhazy n'a pas eu assez de confiance dans la cause de son client pour accepter la contradiction.

Il n'y a rien là qui ne fût d'avance prévu.

Mais le scandale inacceptable du procès est dans le huis clos prononcé dès que le colonel Picquart, publiquement accusé, s'est présenté pour se défendre. Jamais le jésuitisme du général Billot, qui mène toute l'affaire, ne s'était révélé avec plus d'éclat. Cet homme a besoin du silence pour se tirer personnellement d'affaire.

Eh bien ! j'ose lui prédire que, ce silence, il ne l'obtiendra pas.

C'est trop facile, vraiment, de faire salir un officier devant la France tout entière, et de lui refuser la publicité pour répondre, quand tout l'effort de nos grands chefs s'emploie à blanchir l'homme qui se décerne à lui-même le caractère et l'emploi de uhlan !

M. Billot s'est engagé là dans une entreprise abominable. Je lui concéderai tant qu'il voudra que Dreyfus est coupable. Cela n'explique pas qu'un ministre de la Guerre empêche la main de la justice de s'abattre sur un uhlan déguisé en officier français. Cela n'explique pas que, au nom de l'honneur de l'armée, le ministre de la Guerre s'efforce de déshonorer un officier français en lui enlevant le droit de réponse.

Le huis clos pour la sécurité de la France? Qui donc en dehors de la presse de la rue Saint-Dominique acceptera cette tartuferie?

La sécurité de la France à la discrétion du uhlan? Comment ose-t-on nous donner le spectacle d'une si honteuse comédie? Non, ce n'est pas l'intérêt de la France qu'il s'agit de protéger, mais l'intérêt de ceux que le colonel Picquart est obligé d'accuser pour se défendre, l'intérêt de ceux que protégeait M. le chef d'état-major général de Boisdeffre lorsqu'il envoyait, dès l'origine de l'affaire, son officier d'ordonnance, M. Pauffin de Saint-Morel, à M. Henri Rochefort pour lui faire des révélations secrètes. Ces hommes, il faut les sauver quoi qu'il arrive, et pour cela il faut que la défense du colonel Picquart soit ignorée du public qui se révolterait au spectacle des choses qu'on veut à tout prix lui cacher.

Voilà pourquoi le commissaire du gouvernement, sur l'ordre du général Billot, a demandé le huis clos absolu, que le conseil de guerre a refusé d'abord.

Voilà pourquoi, n'ayant pu obtenir le secret total, on s'est jeté sur l'idée machiavélique d'accuser publiquement le colonel Picquart, et de lui retirer le droit, pour sa défense, d'accuser publiquement à son tour.

Et lorsque je dis que c'est M. le général Billot qui mène toute l'affaire, je n'avance rien qui ne puisse se prouver. Lisez la déposition de M. Scheurer-Kestner, *faite en présence de M. le général de Pellieux*, et vous y trouverez deux révélations qui sont des traits de lumière.

Le vice-président du Sénat raconte qu'ayant été entendu par le général de Pellieux, il manifesta son étonnement de ce que le général enquêteur n'avait pas fait faire l'expertise d'écritures. Celui-ci lui répondit que *le bordereau n'était pas au dossier, et qu'il n'osait le demander par crainte de paraître mettre en suspicion la chose jugée.* Voilà comment le ministre de la

Guerre entravait l'enquête qu'il feignait, pour la galerie, d'ordonner,

Il y a mieux. Le même Scheurer-Kestner, entendu par le même général de Pellieux, réclamait l'audition du colonel Picquart. Et savez-vous ce que répondait le général ? Ceci : « LE GÉNÉRAL SAUSSIER EST D'AVIS DE LE FAIRE VENIR, MAIS LE GÉNÉRAL BILLOT NE LE VEUT PAS. » Est-ce clair ?

Devant les réclamations de la presse, il a fallu le faire venir, ce témoin gênant. On l'a menacé, on l'a fait insulter par les journaux qui reçoivent les communications du ministère. Sans se laisser intimider, il a parlé tout de même. Alors que fait-on ? On donne la parole à ceux qu'il accuse, et, renversant les rôles, on le fait publiquement accuser par eux. Après quoi on le bâillonne.

Et l'on pense pouvoir ainsi impunément acquitter Esterhazy le uhlan et sauver ses protecteurs en se couvrant mensongèrement de l'intérêt de la patrie ? Je dis que cela ne sera pas. Le ministre Billot est bien fort — non par lui-même, le pauvre — mais par les instruments que sa fonction lui met en main. Il est le chef de l'armée française, il commande à tous les généraux, il a pour lui les ministres ses complices, et le président de la République, et des juges et des journaux, et mille choses encore qui semblent décisives contre un simple lieutenant-colonel ligoté, bâillonné. Oui, mais le lieutenant-colonel, tout dépouillé de ces magnifiques avantages, a, dans son impuissance apparente, les deux forces qui décideront de la victoire : LA JUSTICE ET LA VÉRITÉ.

11 janvier 1898.

LI

Divagations judiciaires.

Le huis clos prononcé, tout ce qui reste des similis débats n'est plus qu'une formalité vaine. En deux temps et trois mouvements il faut qu'Esterhazy soit rendu à l'estime de ses chefs, et le colonel Picquart empoigné, pour le bon exemple. Le commandant Ravary, si indulgent pour son ami le uhlan, a requis avec d'autant plus d'élégance toutes les sévérités de l'autorité militaire contre l'officier patriote, qu'il était bien sûr que le colonel publiquement accusé ne pourrait pas publiquement se défendre. Cela donne à certaines gens du courage de pouvoir impunément frapper sur un homme ligoté.

Donc le brave Ravary s'en est donné tout à son aise. Pour la réplique, le colonel Picquart peut parler, prouver que le rapport de Ravary n'est qu'un tissu d'allégations sans preuves, mettre ses accusateurs en demeure de s'expliquer, réfuter leurs dires, les convaincre de mensonges, les accuser de louches manœuvres et de délits caractérisés. Ses paroles, qui ne dépasseront pas les murs du prétoire, seront tenues pour non avenues puisque personne n'en aura connaissance. Au besoin, des journaux, comme *l'Echo de Paris*, publieront la note suivante :

On a vu le commandant Ravary affirmer que le chef du service des renseignements avait retenu des pièces du

procès; qu'il avait négocié avec Mᵉ Leblois sur les moyens
d'innocenter le traître; — qu'il avait fait perquisitionner
sans mandat chez Esterhazy; — qu'il avait communiqué
des lettres du général Gonse et chambré M. Scheurer-Kestner d'accord avec la famille Dreyfus.

Un officier qui manque ainsi à son devoir, en commettant
des abus flagrants de pouvoir, tombe-t-il, oui ou non, sous
le coup des règlements militaires?

Le sentiment de beaucoup de ceux qui ont assisté aux
débats était qu'une instruction judiciaire allait être
ouverte contre le lieutenant-colonel Picquart.

Si respectueux que nous soyons du huis clos, nous ne
pouvons pas laisser ignorer la sévérité avec laquelle le
général de Luxer a dû relever les explications embarrassées
fournies au conseil par le lieutenant-colonel Picquart.

Vous voyez le procédé. On tient pour acquises toutes
les accusations publiées sans le contrepoids des réponses, et l'on en profite pour demander une répression que le compère Billot accordera sans trop de
peine. Bien plus, le huis clos n'existe pas pour les
amis de Billot et d'Esterhazy. Si quelque incident s'est
produit désagréable à cet édifiant syndicat, on néglige
de nous le faire savoir. En revanche, on nous dit,
sans qu'il nous soit possible de rien contrôler, que le
président a été très sévère pour le colonel Picquart.
Il ne reste plus qu'à savoir si le colonel est homme à
se laisser ainsi écraser entre quatre murs sans rien
dire.

Qu'ajouter? Faut-il rappeler le mot admirable du
commissaire du gouvernement reprochant à un témoin
à charge de manquer de bienveillance pour Esterhazy
et s'attirant cette réponse : « Je ne suis pas ici pour
être bienveillant ou non, mais pour dire la vérité. »

Y a-t-il rien de si extravagant que le reproche
adressé par M. Tézenas à M. Mathieu Dreyfus de
publier et de répandre partout les brochures où il
essaye d'établir l'innocence de son frère? Où en
sommes-nous pour qu'on ose imputer un tel effort à
crime? Je ne connais pas M. Mathieu Dreyfus, mais

je ne puis qu'admirer la ténacité qu'il déploie dans une entreprise où ses sentiments familiaux ont pu l'induire en erreur, mais dont le mobile ne peut être pour lui que hautement honorable.

Par quelle aberration peut-on reprocher à un homme de dépenser toute sa fortune, s'il lui plaît, pour essayer de prouver que son frère est victime d'une erreur judiciaire? Est-il compréhensible que le président se plaigne d'avoir reçu les brochures de M. Mathieu Dreyfus? A qui donc fallait-il les envoyer? Et quelle folle prétention d'oser dire à ce frère qui consacre sa vie à défendre l'honneur de son nom : « Vous pouvez défendre votre frère devant les juges, mais non devant l'opinion. » — Je le défends partout! telle a été la brave réponse, d'ailleurs accueillie par les huées d'un auditoire savamment composé.

Huer n'est pas répondre, messeigneurs, surtout quand on a pour client un officier français qui voudrait être uhlan. Ce serait trop simple de se mettre en troupe pour hurler comme des sauvages et d'imposer par ce procédé primitif le mensonge et l'iniquité. Malgré votre étouffoir du huis clos, il y a encore des paroles à dire, et il me paraît impossible que ceux qui sont en situation de les faire entendre ne les lancent pas par-dessus les murailles.

La vérité trouvera sa voie. La justice aura son jour.

P.-S. — Esterhazy est acquitté. C'était prévu. Présentez armes, petits soldats français, à ce uhlan qui, désormais, par ordre de M. le général Billot, fait partie de l'honneur de l'armée française.

Est-ce fini? Je ne crois pas. Il faut maintenant que le gouvernement, pour rester fidèle à son uhlan, poursuive le « syndicat », le fameux syndicat coupable d'avoir des doutes sur Esterhazy. Et s'il n'a pas le courage de le faire, je veux croire que les hommes qui ont pris cette affaire en mains ne s'arrêteront pas à mi-chemin. A eux de traîner Billot et son huis clos à la barre de l'opinion publique, devant un jury de citoyens français.   *12 janvier 1898.*

LII

Des procès ! Des procès ! [1]

N'avais-je pas raison de prédire que les choses n'en resteraient pas là? Il y a vraiment trop de fantaisie dans l'idée de faire la lumière publique... à huis clos.

C'est Emile Zola qui le premier demande des comptes. Il le fait avec une telle crânerie, ses accusations sont si nettes et d'une si fière audace qu'il est impossible que le gouvernement esquive l'obligation de le poursuivre. Voilà donc, comme je l'avais demandé, le général *Huis clos* obligé de soumettre ses machinations au verdict d'un jury. Il s'en tirera peut-être moins aisément que devant un conseil de guerre. En tout cas, c'est une nouvelle chance de lumière qui nous est donnée.

C'est pourquoi j'approuve hautement Vaughan d'avoir offert à Zola l'hospitalité de *l'Aurore*. Mais si j'ai tenu à honneur de céder pour un jour ma place à l'homme courageux qui, dans l'universelle lâcheté où nous nous décomposons, osait l'acte hardi pour la justice et pour la vérité, je me dois à moi-même de dire que mon attitude demeure inchangée. Ce n'est point du tout par tactique que j'ai refusé, dès le premier jour, de me laisser entraîner à proclamer l'innocence de Dreyfus. Je ne puis pas admettre qu'on

---

[1] Le pamphlet de Zola *J'accuse* avait paru la veille dans *l'Aurore*.

ait consenti à condamner cet homme s'il n'y avait eu
rien au delà du bordereau et de l'expertise grotesque
de Bertillon. De toute évidence, le document décisif a
été communiqué, hors la présence de l'accusé, aux
juges, qui ne savaient pas qu'on leur faisait ainsi
violer la loi. Qu'est-ce que ce document, et que vaut-
il? Nous le saurons un jour. Pour le moment, sans
affirmer une innocence dont je n'ai point de preuves,
je me borne à demander la loi égale pour tous, car les
garanties de justice ne peuvent être supprimées à
l'égard d'un seul sans que le corps social tout entier
soit menacé dans son ensemble.

Plutôt que de reconnaître la faute du général
Mercier, le général Billot s'est engagé dans une série
d'actes arbitraires qui ont abouti à faire douter de la
justice française. Honneur à ceux qui, au nom du
droit violé, et sans autre passion que du juste et du
vrai, se révoltent contre les organes attitrés de la loi
trahissant la loi elle-même.

Au premier rang je vois Emile Zola, et je l'en
honore entre tous. Mais en dehors de l'acte viril dont
la spontanéité lui est une gloire, j'attendais, je l'avoue,
d'autres actes qui ne sont pas venus. Et parce qu'ils
ne sont pas venus, le général Billot, attaquant pour
n'être pas attaqué, a fait arrêter le colonel Picquart.
Je ne puis que m'en réjouir, car je vois dans cette
nouvelle affaire un surcroît de chances pour la manifestation de la vérité.

Le colonel Picquart a mis son point d'honneur à se
laisser attaquer de toutes parts sans jamais se défendre. Il a compté sur le final triomphe de la vérité. Il
n'a pas compris que la vérité elle-même est impuissante sans l'effort de ceux qui en ont le fardeau. Et le
voilà réveillé de son rêve dans une casemate du Mont-
Valérien.

Ah oui! c'est un beau rêve de croire qu'on va se
lever dans la foule, dissiper d'un mot le mensonge,
faire surgir de la nuit la lumière et de l'iniquité le
droit, aux acclamations du populaire transformé tout

à coup d'inconscience vagissante en sublime raison.
Mais ce n'est qu'un rêve, car l'ignorance des masses
gouvernées venant au secours des machinations
d'intérêts de l'oligarchie gouvernante, l'ennemi public
qui veut la justice et cherche la vérité, pris entre deux
feux, se voit assailli de tous les outrages, de toutes les
menaces, de tous les coups, et les braves gens apeurés
se terrent, et les timidités se dérobent, et les lâchetés
se déchaînent.

Le colonel Picquart apprend aujourd'hui ces choses
à ses dépens. Il n'est pas, hélas! au bout de ses
épreuves. La plus cruelle, sans doute, c'est le combat
entre le devoir militaire d'obéissance quand même et
la force de vérité qui met la conscience en révolte
contre toute puissance humaine. Il a dû mesurer son
courage à son devoir. Puisse-t-il n'être point inférieur
à sa tâche.

Il ne peut être ici question de la vaine formalité
d'un conseil d'enquête, qui permet tous les compromis. C'est de la vérité totale qu'il s'agit, de la vérité
au grand jour, qui ne veut point de défaillances et qui
doit se faire avec le colonel Picquart, ou malgré lui,
ou contre lui.

On annonce des poursuites en dénonciation calomnieuse contre les hommes qui ont mis l'affaire en
mouvement. Bravo! C'est encore Billot qui attaque
ceux qui hésitent à marcher sur lui. Mathieu Dreyfus,
Scheurer-Kestner, Leblois, Picquart, avec tous les
journalistes que l'on voudra. Il faut que tout le monde
y passe. Je promets à la cour d'assises, pour ce jour-
là, une expertise d'écritures qui ne sera pas à huis
clos. Et puis ce n'est pas tout. Il faut que le commandant Esterhazy poursuive ses « calomniateurs ».
On ne viendra pas nous chanter devant le jury que la
sécurité de la France ne permet pas la discussion
publique des *m* allemandes du commandant et de ses
g ouverts. Il faudra bien faire comparaître les trois
experts dont on n'a pas osé montrer le rapport, et
leur demander comment, l'inculpé d'hier ayant recon-

nu son écriture et argué d'un simple décalque, ils
ont pu, eux, connaître sa main mieux que lui. La
question vaut la peine d'être éclaircie.

Et puis, voici maintenant que le général de
Pellieux, violant à son gré les parties du huis clos
qu'il lui plaît, annonce à son « cher commandant »
que des experts ont reconnu pour maquillée la lettre
où M. Esterhazy se piquait de sabrer cent mille Français à la tête de ses uhlans. N'est-il pas étrange que
le général de Luxer, interrogeant là-dessus l'accusé,
n'ait pas dit un mot de cette expertise ? Et si les
lettres ont été maquillées, comment se fait-il que
Mme de Boulancy ne soit pas déjà poursuivie comme
faussaire ? Poursuivie par le ministère public et poursuivie par l'officier sans tache qu'elle a lâchement
voulu perdre ? De qui s'est-elle fait l'instrument ? Il
doit encore y avoir du « syndicat » là-dessous.

Allons ! Des procès, des procès au grand jour !
Assez de huis clos. Assez de mensonges. Mettez à
nu le syndicat et l'antisyndicat. La vérité, toute la
vérité !

14 janvier 1898.

LIII

Il faut parler.

Le moment est venu où ceux qui ont quelque chose
à dire dans l'affaire Dreyfus-Esterhazy doivent parler. Il y a trop longtemps qu'on nous traîne de con-

fidences en confidences, en ajournant les révélations qui doivent venir et ne viennent jamais.

On ne saurait nier que les scrupules de conscience du colonel Picquart sont le fond de toute l'affaire. Les mêmes gens qui ne veulent pas qu'on attaque « l'honneur de l'armée » accusent tout simplement cet officier de s'être vendu aux juifs et d'avoir fabriqué un faux pour faire condamner un innocent et disculper un criminel. Pas davantage. Il est seulement curieux qu'après avoir déchaîné publiquement contre lui toute la fureur du commandant Ravary, on ait l'audace de supprimer la publicité de la défense.

Je n'ai jamais vu le colonel Picquart et je ne sais rien de lui sinon qu'il est le plus jeune lieutenant-colonel de l'armée et que le plus bel avenir militaire s'ouvrait devant lui. Dans ces conditions, l'idée de commettre un tel crime ne devait pas se présenter naturellement à son esprit. Je préfère le tenir jusqu'à plus ample informé pour la simple victime de sa conscience révoltée contre les actes de ses supérieurs. Toute sa méprise, autant que j'en puis juger, est d'avoir voulu concilier les inconciliables : le cri d'indignation généreuse et la passivité de l'obéissance militaire. Lorsqu'il eut répondu à l'un de ses chefs qui prétendait lui imposer à jamais le silence : « Mon général, je n'emporterai pas ce secret dans ma tombe », il devait, pour rester fidèle à sa parole, briser son épée. Il n'en a pas eu le courage. Ou, s'il y a songé, des amis imprudents l'en ont dissuadé. Je n'ose le blâmer, mais je constate la faute.

Tout le reste s'en est suivi. Expulsé de son poste par des procédés de tartuferie galonnée qui seront mis en lumière, n'ayant que trop de raisons de craindre pour sa vie, il a confié ses secrets à un ami qui, toujours dans l'idée de mettre d'accord les contradictoires, a follement essayé de sauvegarder la situation du soldat et de faire en même temps la justice. Ainsi M. Scheurer-Kestner fut mis en mouvement avec des serments de ne rien dire, moyennant

8

quoi, ne parlant jamais qu'à demi, il s'est fait bafouer
plutôt que de manquer à la foi jurée. Mais, au point
où en sont les choses, l'heure des réticences est
passée.

Le ministre de la Guerre, sans-scrupules, a pro-
fité des scrupules des autres, pour les faire frapper
inglorieusement par derrière. Il a pendant quinze
jours berné M. Scheurer-Kestner, lui promettant une
enquête·qu'il ne faisait pas, ce qui n'est pas pour
surprendre puisqu'il s'abstenait depuis dix-huit mois
d'ordonner l'expertise d'écriture imposée par la découverte du colonel Picquart. Pourquoi se refuser
ainsi, de parti pris, à éclairer sa propre conscience?
Je le défie de le dire.

On connait l'enquête de Pellieux, caractérisée par
le refus du général Billot de laisser venir à Paris le
témoin gênant exilé à Sousse. On est édifié sur l'enquête Ravary, dignement couronnée du huis clos. On
a pu apprécier les tendresses du commandant Ravary
pour son digne camarade Esterhazy, et ses sévérités
pour le colonel accusateur audacieusement transformé
par lui en accusé. Le réquisitoire terminé, on a fermé
les portes, et toute la troupe ministérielle a pu clamer d'ensemble, très fière d'avoir divulgué les accusations et fait le silence sur les réponses. Si le colonel s'est défendu bien ou mal, je n'en sais rien. Tout
ce que nous savons, c'est que vis-à-vis du public il a
gardé le silence. Mais il pouvait parler. C'est alors
que le conseil d'enquête s'est abattu sur lui, et qu'on
l'a jeté dans la casemate du Mont-Valérien, pour
l'achever à huis clos.

Cependant, on se précipitait dans les bras d'Esterhazy, on l'acclamait, on lui faisait honneur. Le
président du conseil de guerre lui serrait les mains.
Le général de Pellieux lui donnait du « cher commandant », et puis, aussitôt glorifié, on le chassait
de l'armée tout en lui laissant l'étoile d'honneur. On
espérait ainsi se débarrasser d'un ami gênant. Trop
tard. Il faut d'abord causer.

Comment, pour ne citer que le fait le plus récent, explique-t-on que le général de Pellieux ait levé le cachet mis sur la lettre du « uhlan » quand il ne devait le rompre qu'en présence de Mme de Boulancy? Où est la preuve que la lettre soumise aux experts n'a point été maquillée après dépôt reçu? et qu'est-ce que c'est que cette expertise où il est dit que « la lettre *paraît* l'œuvre d'un faussaire très habile, et qu'il *semble* que l'écriture de la lettre et celle de l'enveloppe ne *paraissent* pas dater de la même époque »? Comment n'a-t-on pas interrogé Mme de Boulancy là-dessus, ainsi que les personnes à qui depuis quinze ans elle a montré ce document? Pourquoi n'ose-t-on pas la poursuivre? Il faudra répondre sur ces « irrégularités » de justice comme sur beaucoup d'autres. Il faudra chercher la clef de tant de mystères, faire le grand jour sous les yeux du Jury de la Seine.

C'est pourquoi j'estime qu'il n'est plus permis à personne de se dérober, soit par timidité d'âme soit par embarras du conflit de devoirs contraires. Les hommes qui nous ont jetés dans cette crise l'ont fait de propos délibéré. Ils doivent en accepter courageusement les conséquences, n'ayant été mus par aucun autre intérêt que celui de la justice égale pour tous. Quant ils ont faibli, Zola, qu'ils avaient entraîné, s'est jeté en avant. Ils n'ont pas le droit de le laisser seul dans la bataille. Il faut parler.

15 janvier 1898.

LIV

Les experts.

Le huis clos n'existe pas, paraît-il, pour les experts en écritures. Il faut s'en féliciter, car ces messieurs se sont mis à nous raconter leurs petites histoires, et nous y trouvons des choses édifiantes.

L'expert Charavay : « Cette lettre (la lettre du « uhlan ») *paraît* être plutôt l'œuvre d'un faussaire habile qu'un original... J'ajouterai que cette lettre exprimait des sentiments très spéciaux qui, cela ressort encore de l'enquête, *ne pouvaient être* à ce moment ceux du commandant... Mais, je l'avoue, de certitude absolue nous ne pouvons point en avoir. » (*Echo de Paris*).

L'expert Varinard : « Quant à l'écriture, ma conviction absolue est qu'elle n'est pas d'Esterhazy. *Elle ressemble*, il est vrai, extraordinairement à celle de ce dernier ; le faussaire a été d'une habileté extrême, *et c'est pourquoi nous n'avons pas pu dans nos conclusions attester formellement PAR ÉCRIT que cette lettre a été fabriquée, mais c'est notre conviction.* Je vais vous donner une seule preuve : sur cette lettre les retouches sont nombreuses, très visibles. Or, le commandant Esterhazy ne retouche jamais son écriture : *elle est entière comme son caractère.* » (*Petit Temps*).

Que pensez-vous de ces graphologues, l'un déclarant qu'Esterhazy n'a pas pu avoir les sentiments exprimés dans sa lettre, et l'autre, que des ratures prouvent un faux, l'écriture du commandant étant entière comme son caractère?

Mais il y a mieux. Les experts, une fois lancés, se sont mis à passer au crible de leur analyse celles des lettres à Mme de Boulancy qui ne leur étaient pas soumises, et du premier coup ils ont découvert qu'elles étaient au moins *suspectes*.

Ça, c'est le dernier mot de l'expertise. Esterhazy reconnut les lettres pour siennes. L'expertise, plus experte, les révoque en doute et les dit entachées de suspicion. C'est trop grotesque, en vérité!

Cette fois, MM. les experts sont allés trop loin. En prétendant que les lettres du « uhlan » sont l'œuvre d'un faussaire, ils ont mis Mme de Boulancy, puisqu'on ne la poursuivait pas, en demeure de poursuivre ceux qui l'accusent, et, comme elle n'a pas manqué cette occasion de faire la lumière, nous serons bientôt en état de juger la science du trio Varinard, Charavay, Couard.

Pour le bordereau c'est encore plus étrange. L'expert Charavay déclare que l'auteur de cette pièce a imité l'écriture d'Esterhazy et décalqué certains mots.

Comprend-on Dreyfus *imitant une écriture qui ressemble à la sienne*, et décalquant des mots pour ne pas même essayer de rejeter son crime sur celui contre qui toute machination se trouvait préparée?

Quand on a vu le fameux graphique Bertillon, on tremble à la pensée que l'honneur, la liberté, la vie d'un homme peuvent dépendre de tels fous. Rappelez-vous « les chemins souterrains conduisant à la citadelle, le tir à longue portée, le coup monté par un subordonné et par un espion *ténébreusement conseillé* ». Tout cela déduit des pleins et des déliés de l'écriture!

Combien justifié ce passage du bel article de Séverine dans *la Fronde* :

Je me rappelle qu'en toxicologie, M. Bergeron obtint à tort la tête du malheureux herboriste Moreau; que dans

l'affaire Druaux, que dans l'affaire Cauvin, que dans toutes
les erreurs judiciaires les plus notoires, les experts, avec
un touchant ensemble, et sans doute une excessive bonne
foi, déposèrent dans le sens où les poussait le juge : à contre-vérité.

Je me souviens aussi du procès légendaire où « l'homme
de science » déclara que le corps du document soumis à
ses lumières n'était certainement pas de l'inculpé, mais
que les inscriptions marginales, non moins certainement,
étaient de sa main.

Or, ELLES ÉTAIENT DU PRÉSIDENT : c'est lui qui avait
annoté le dossier.

Encore n'y avait-il pas là d'intérêt gouvernemental
en jeu. Que devient l'expertise quand un ministre
veut de parti pris la faire aboutir dans un sens déterminé ?

Rappelez-vous comment fut traité M. Gobert, expert
de la Banque de France, pour s'être permis d'exprimer des doutes sur l'identité de l'écriture de
Dreyfus avec celle du bordereau.

Ça, la Justice ? Comment vous représentez-vous donc
l'iniquité de l'arbitraire ?

16 janvier 1898.

LV

Les lettres du général Gonse.

Coup de tartuferie du huis clos.

Le colonel Picquart est interrogé. Il parle des
lettres du général Gonse.

— Les avez-vous, ces lettres ? demanda le président.

— Assurément, répond le colonel.

— Alors, déposez-les sur le bureau du président, ordonne le général de Luxer.

Le colonel obéit. Le président s'en empare **et n'en donne pas connaissance.**

Les lettres du général Gonse sont-elles *étouffées?* M. Billot le croit peut-être. Quelque chose me dit qu'elles sortiront tout de même.

16 janvier 1898.

LVI

Les artisans de défaites.

Depuis que le commandant Ravary a cyniquement avoué l'existence du dossier secret, il paraît difficile de nier que Dreyfus a été condamné sur une pièce qui ne lui a pas été communiquée. Il est fâcheux sans doute que ni les juges n'aient soupçonné qu'ils se rendaient coupables de forfaiture, ni le général Mercier n'ait un moment hésité devant la plus claire violation de la loi. Le pire, c'est que Méline, jurisconsulte, avec son Billot, tête de bois, persistent dans une illégalité monstrueuse qui aboutit à priver tous les citoyens français des garanties de la loi, et que les députés fassent litière du droit public, les uns pour défendre des abus du passé, les autres pour avoir tout simplement l'appui de leur sous-préfet aux prochaines élections. Encore cela se pourrait-il expliquer, tant nos gouvernements semblent parfois frappés de vertige. Mais comment justifier l'état d'âme de gens qui vous disent : « Qu'est-ce que cela me fait que Dreyfus ait été bien ou mal jugé? Entre un juif et l'armée, on ne peut pas hésiter. » En sommes-nous là vraiment? Pas de loi pour un juif. Quelle différence avec Carrier qui disait : « Pas de loi pour un prêtre, pas de loi pour un royaliste et les siens »? Alors c'est toujours la guerre sociale, et il n'y a entre nous que l'arbitrage de la violence.

Quels lendemains nous préparent les malheureux qui profèrent ces paroles criminelles! Ne voient-ils pas qu'il s'apprête une formidable revanche du nombre contre les oligarchies régnantes, et qu'il n'y a d'autre chance de salut que le respect d'une justice égale pour tous? Quant à l'armée, qui est, non pas Billot tout seul, mais toute la nation elle-même, il n'y a pas de plus grand service à lui rendre que de la débarrasser des hommes qui prétendent s'arroger des droits contre le droit et fondent sur l'asservissement de leurs concitoyens la domination d'une incapacité dont peuvent témoigner deux provinces françaises démembrées. Quel serait le prix, dans l'avenir, de notre soumission présente à ces dignes successeurs des organisateurs de Metz et de Sedan?

Pour le patriotisme, il faut une patrie. Et il n'y a point de patrie sans justice. Il n'y a pas de patrie sans droit. Ceux-là seuls aujourd'hui sont des patriotes clairvoyants qui jettent le cri d'alarme, et montrent la France elle-même menacée par le privilège d'infaillibilité galonnée qui hier nous a perdus, qui demain nous conduirait aux abîmes.

Je le sais, les tenanciers du pouvoir croient trouver le chemin libre devant eux, car, ayant l'appui de l'Église et de la haute finance chrétienne — qui ne se plaint de la juive que pour la remplacer — on escompte la coupable indifférence populaire. Nous avons déjà vu de tels jours. Le peuple qui laissa faire le Deux-Décembre a payé sa défaillance de son sang sur les champs de bataille de 1870, dans les rues de Paris en mai 1871.

Il m'est revenu ce propos du faubourg : « Dreyfus nous aurait massacrés, comme les autres. C'est une querelle de soldats. Ce n'est pas notre affaire. » Erreur ! Mensonge ! L'affaire d'un seul est l'affaire de tous. De cette compréhension naissent tous les sentiments supérieurs cristallisés dans la patrie. On doit la justice aux tyrans, on doit la justice aux bourreaux, qui ne sont que des faibles monstrueux. N'avons-nous pas assez vécu du passé d'où nous vient tant de mal ? N'est-il pas temps de s'orienter vers l'avenir ?

Songeons au présent d'abord. Tandis que les uns s'immobilisent dans l'égoïsme corrupteur des classes dominatrices, il y a mieux à faire pour les autres que de rêver le coup de théâtre de la revanche. Il faut, chaque jour, *faire* la France. Il faut créer et maintenir un foyer national de pensée et d'action à l'abri des entreprises extérieures, et, pour cela, le garder libre des entreprises intérieures. Le temps est passé des armées professionnelles au service d'un homme. L'armée forte maintenant, c'est la nation unie. Mais il n'y a de lien d'union, pour le cœur et le corps, que dans le droit égal des hommes, dans la suprématie du sentiment de justice.

Croire qu'on peut fonder l'union par les procédés de gouvernement qui nous font aujourd'hui bafouer de tous les peuples civilisés, est une folie de nos maîtres. Par le huis clos, par le mensonge, par le parti pris d'injustice, par l'arbitraire, ils ne font que semer la haine, et préparer les dissensions qui finiraient par livrer les portes de la patrie. L'union par la justice, voilà ce que nous réclamons pour l'honneur, pour le bon renom, pour la sécurité de la patrie. L'union par l'écrasement des faibles, l'union par l'oppression du droit n'est que la basse conception des artisans de défaites. Les bons Français, c'est nous.

17 janvier 1898.

LVII

Le « syndicat » grandit.

Il me semble que le « syndicat » grandit. La vertu
de l'action est si grande que, des points opposés de
l'horizon, d'Allemane à Gabriel Séailles, de Jaurès à
Paul Desjardins, de Louise Michel à Duclaux, à Anatole France, à Eugène Carrière, à Claude Monet, les
adhésions arrivent à Zola. Il faut le dire à leur honneur, les hommes de pensée se sont mis en mouvement d'abord. C'est un signe à ne pas négliger. Il est
rare que, dans les mouvements d'opinion publique,
les hommes de pur labeur intellectuel se manifestent
au premier rang.

Le caractère de leurs travaux, leurs habitudes mentales, le genre de vie auquel ils sont tenus de s'astreindre, tout les éloigne des hommes d'action enclins
à dépasser la mesure. Dans le cas présent, il semble
qu'un lent travail se fût fait dans les esprits — obscur,
car il n'est pas agréable de se donner l'apparence de
défendre un traître — mais fiévreusement agité de
doutes et d'angoisses.

Et voici qu'au premier geste de Zola, jusqu'alors
si éloigné de la place publique, se jetant en avant, et
devançant d'un bond ceux qui soutenaient le plus
ardemment le combat, les consciences se sont senties
libérées de l'affreux cauchemar, les langues se sont
déliées, et sous les clameurs de MM. les étudiants
des cercles catholiques, on a entendu le beau cri re-

tentir : *Me, me, adsum qui feci*, on a vu des hommes apporter leur nom pour l'œuvre de justice.

Et voilà que dans notre France de fonctionnaires où l'on tient tant de gens par les croix, par les places, par les faveurs de toutes sortes dont la centralisation fait du gouvernement l'universel distributeur, des hommes de cabinet, de laboratoire, des professeurs, des savants ennemis des agitations publiques s'émancipent jusqu'à protester à la face de tous en faveur du droit cyniquement violé. Et que serait-ce si des institutions libérales laissaient chaque Français maître de sa volonté? Hier, un de nos plus distingués professeurs de l'enseignement secondaire me disait : « Vous n'aurez personne des lycées. Si je vous donnais mon nom, cet imbécile de Rambaud (j'atténue) m'enverrait pourrir au fond de la Bretagne. »

Le peuple, je l'avoue, a paru plus tardif à s'émouvoir. Lassé de vingt-cinq ans de paroles sans actes, dégoûté des promesses, toujours renouvelées, jamais tenues, il en est arrivé — je l'en blâme — à se désintéresser de beaucoup de choses qui le passionnaient jadis. Victime de tous les dénis de justice, que lui importe un nouvel acte d'arbitraire et d'iniquité dans le camp de ses maîtres, au détriment de l'un d'eux? C'est le redressement total qu'il rêve. Combien de fois tenté! Pour aboutir à quelles catastrophes! Moi aussi, j'ai foi dans l'avenir de justice sociale. Mais je sais qu'une si haute construction ne peut s'élaborer qu'à la condition que le sentiment de solidarité humaine ait pénétré profondément nos cœurs.

Je le disais hier : la vraie révolution est faite quand l'esclave, plus grand que son maître, découvre qu'il doit la justice même à ses tortureurs. Cette générosité sublime, le peuple, instinctif, l'éprouve à des heures qui passent. Mais la tentation est si forte, à d'autres moments, de répondre aux actes barbares par une explosion de barbarie! Ainsi se fait la chaîne sans fin des violences, dans un décor menteur de justice et de liberté! Ainsi les siècles ont forgé le dur anneau que nous voulons rompre pour libérer l'homme de l'iniquité !

Le soldat qui n'a d'autre emploi de sa vie que l'art de tuer ne peut pas s'arrêter à ses idées qui ne sont, pour lui, que des misères. Que lui importe la forme d'un jugement? Il n'a, sous les beaux noms dont il se couvre, qu'un culte, celui de la force qui se dresse en tous lieux contre le droit. Aussi je ne lui en veux pas de ne pas comprendre. C'est aux civils, dans le plus noble sens du mot, aux policés, à ceux qui fondent la civilisation sur le droit qu'il appartient de réagir : aux penseurs, aux savants qui préparent l'avenir, et, avec eux, aux faibles qui sont le nombre, livrés par l'anarchie mentale à la tyrannie des plus forts.

Il ne se peut léser un droit chez le dernier des hommes sans que tous les opprimés aient intérêt à s'en faire solidaires. Ils ne le comprennent que lentement, hélas ! obligés de se soumettre pour vivre, et ne pouvant suivre que de loin l'effort des pensées. Il faut cependant que le nombre et la pensée se rejoignent pour l'établissement de justice dans la cité humaine. Nous marchons vers ce beau jour.

L'affaire qui émeut si fortement l'opinion n'est qu'un incident de la grande bataille contre la férocité des intérêts coalisés. Le peuple ne l'a pas compris tout d'abord. Mais la belle lettre d'Allemane à Zola prouve qu'au moins quelques-uns de ses chefs ont la claire perception des dangers qui nous pressent. Honneur à eux! Qu'ils amènent tous ceux qui, haïssant la trahison, ne détestent pas moins l'iniquité sous toutes ses formes, et veulent qu'un homme, quel que soit son crime, puisse revendiquer les garanties de justice.

La cause du droit humain ne se peut diviser. Il faut être pour ou contre. Et, si le « syndicat » grandit, c'est qu'après tant d'épreuves la France est en évolution de solidarité.

18 janvier 1898.

LVIII

Sus aux juifs !

Un vent de folie passe sur nous. Quel vertige nous emporte ? Nous sommes en pleine anarchie mentale, et ni le gouvernement, ni les partis parlementaires, ni le peuple de la rue, ne semblent avoir le sentiment de ce qu'il faudrait dire et de ce qu'il faudrait faire.

Ce qu'il y a d'admirable, c'est que jamais question plus simple ne fut posée devant l'opinion. Un homme a-t-il été bien ou mal jugé ? Il n'y a pas d'autre problème. Que dis-je ? La question est encore plus simple. Il s'agit simplement de savoir — car personne, pas même Zola, ne met en doute la bonne foi des premiers juges — si un condamné a été jugé *suivant les formes de la loi*.

En tout autre pays, l'unanimité se ferait pour réclamer la pleine lumière, par esprit de justice autant que par intérêt, chacun se sentant menacé dès qu'un membre de la communauté est livré à l'arbitraire des juges. Chez nous, c'est autre chose. Le gouvernement, d'un mot, pouvait tout apaiser. Il lui suffisait d'établir que la loi n'a pas été violée.

Le déporté de l'île du Diable a-t-il été condamné sur des pièces soustraites à sa discussion ? Voilà tout ce qu'il est besoin de savoir. Par malheur, c'est justement ce qu'on ne veut pas nous dire, et le public ne peut s'empêcher de tenir ce refus de répondre pour un aveu. Car, de croire que c'est l'intérêt de la défense

nationale qui empêche le gouvernement d'établir
qu'aucune violation de la loi n'a été commise, personne
ne peut de bonne foi accepter cette bourde. Dites
l'intérêt des hommes dont le ministre veut couvrir
les fautes, les illégalités. Oui, c'est pour sauvegarder
l'intérêt de quelques-uns que le gouvernement s'est
engagé dans cette folle instruction Ravary, dans cet
extravagant procès Esterhazy, dirigé tout entier contre un témoin, le colonel Picquart, faisant succéder
le huis clos au huis clos, mettant l'ombre sur l'ombre,
et essayant, pour se sauver lui-même, de se dérober
derrière « l'honneur de l'armée ». Qui pourrait se
reconnaître au milieu de tant de mensonges ? Défendre
le colonel Picquart c'est outrager l'armée, attaquer
Esterhazy « le uhlan », à qui il a fallu enlever l'uniforme, c'est être fidèle au drapeau. Vive Esterhazy !
vive l'armée ! voilà le double cri qui a significativement
couronné l'œuvre du conseil de guerre.

Cependant, que fait l'opposition parlementaire ?
Elle suit péniblement la presse à distance. Le condamné est juif. Il y a un mouvement d'opinion contre
les juifs. Certains députés, je suppose, craignent de
s'aliéner des voix aux élections prochaines. D'autres,
peut-être, redoutent l'épithète de vendus, car on nous
dit qu'il n'y a pas en France un homme, maintenant,
pour demander justice sans être vendu. La justice
pour tous, même pour les juifs ? Combien vous a-t-on
payé, monsieur, pour proférer cette hérésie ? Vous
outragez la France. A la Seine, le traître !

Et ce n'est pas tout. Il y a mieux encore. On a cru
dans certains milieux populaires pouvoir tirer parti de
l'antisémitisme contre les hautes puissances financières.
On ne fait qu'achever ainsi l'anarchie morale où l'esprit français menace de sombrer. Millerand, qui ne
peut pas s'y méprendre, écrit très justement à ce propos dans *la Lanterne* : « L'antisémitisme est à la fois
répugnant et ridicule. » Pourquoi faut-il qu'il ajoute
en forme de restriction : *S'il se borne à la résurrec-
tion des guerres de religion au profit de la sacristie*

contre la synagogue. L'antisémitisme ne peut pas faire
autre chose, car il n'a pas d'autre raison d'être. Millerand paraît en douter quand il écrit plus loin : *L'antisémitisme nous livre Rothschild.* Dites que c'est
l'antisémitisme qui vous livre au Rothschild chrétien.
Voilà la vérité.

On cache le goupillon, sans doute, pour lancer aujourd'hui les foules sur les juifs, demain sur les protestants, en attendant le tour des athées. Il ne suffit
pas de condamner théoriquement l'antisémitisme, il
faut savoir encore que le parti du droit et de la justice
n'en peut tirer aucun profit, puisque c'est, par définition, la négation des droits de la conscience, l'affirmation du privilège, de l'intolérance et de l'iniquité.

On ne fait pas la part du troupeau noir. Il lui faut
tout, et ce n'est pas encore assez. Quand vous aurez
laissé se déchaîner le populaire contre une religion, ô
chefs du peuple, à quelle heure et comment l'arrêterez-
vous ? Quelle parole de justice ferez-vous tardivement
entendre ? Ne savez-vous pas que c'est par de tels
moyens que nos maîtres n'ont cessé d'asservir la
masse obscure, en la divisant contre elle-même ? Et
qui donc trouverez-vous devant vous au jour du triomphe de l'antisémitisme ? La haute banque du Christ,
vous le reconnaissez vous-mêmes ; avec elle toutes les
forces des grandes oligarchies, et, les résumant toutes,
l'armée, non pas l'armée totale, l'armée de la nation,
mais ce qu'on appelle mensongèrement de ce nom,
les états-majors où le clergé a mis depuis longtemps
toutes ses créatures, les états-majors qui n'ont d'autre
rêve que de déchaîner contre les adversaires du pouvoir politique de l'Eglise la force qui leur fut remise
pour la défense de la patrie.

Ce jour-là nous serons sous le sabre. Ce jour-là
Rothschild, avec ses bons amis de Mun, Doudeauville
et autres grands chrétiens qui ont la religion du capital pour toutes croyances, se mettront ensemble aux
fenêtres pour voir défiler, la baïonnette aux reins, la
chaîne des socialistes et des républicains vaincus.

Regardez autour de vous. Ecoutez les cris des jésuites braillards de la rue. Voyez ces tentatives de Nantes, de Marseille et de Lyon, et cherchez qui provoque
ces tumultes. Demandez à M. le député La Battut de
vous dire comment, au régiment, il eut quinze jours de
prison, de la grâce de M. du Paty de Clam, pour avoir
écrit dans une composition cette phrase : « Une nation
grande et généreuse doit être gouvernée par l'intelligence, non par le canon. » S'il avait dit : « Une nation
doit être gouvernée par le canon, et non par l'intelligence », il serait aujourd'hui général.

Ouvrez *le Figaro*, où M. Denis Guibert, l'homme
du père Dulac, après nous avoir cité en exemple les
pronunciamientos militaires de l'Espagne, il y a quelques semaines, ose aujourd'hui écrire la phrase suivante, bien digne, dans une telle feuille, d'être mé-
ditée : *Il nous semble qu'en Espagne comme en France,
il y a sujet de prêter grande attention aux susceptibi-
lités militaires, et*, **dût-on sacrifier momentanément
certains principes** *qui ne sont d'ailleurs pas intangibles,
de faire quelque chose pour l'armée.*

Tandis que vous courez sus aux Juifs, bonnes
gens, voyez ce qui se prépare !

19 janvier 1898.

LIX

Différences de points de vue.

« Imposons silence aux uns et aux autres, recueil-
lons-nous, taisons-nous... » Ce conseil est du journal

le Temps, qui promet que la revision du procès Dreyfus se fera, dès qu'on ne la demandera plus.

C'est l'interpellation prochaine de M. Cavaignac à la Chambre qui a soudainement provoqué chez nos ministériels ce besoin de silence. J'ignore si M. Cavaignac a pour but uniquement de servir la justice et la vérité, ou si à cette préoccupation s'ajoutent des visées personnelles. Mais, dans les deux cas, il me paraît difficile que les adjurations du *Temps* soient entendues. Le gouvernement, comme je l'ai dit hier, pouvait régler toute la question d'un mot, sans protestation possible. C'était son devoir, c'était son intérêt. S'il ne l'a pas fait, c'est qu'il y a quelque chose à cacher. Quoi? Voilà ce que toute la France, à cette heure, se demande. Répondre qu'on ne peut parler sans faire courir à notre pays le risque de la guerre est un trop gros mensonge. En quel état de civilisation serions-nous s'il nous fallait tirer le canon pour avoir le droit d'exiger que tous les Français soient jugés suivant les formes de la loi?

Le silence réclamé par *le Temps* me paraît donc impossible à obtenir. Comment peut-on demander à la presse et au Parlement de se taire, quand le gouvernement poursuit Emile Zola et *l'Aurore* en cour d'assises, quand Mme de Boulancy intente un procès à ceux qui prétendent que ses lettres sont l'œuvre d'un faussaire, quand le colonel du Paty de Clam accuse le colonel Picquart d'avoir fait un faux pour disculper un traître et charger un innocent, quand le colonel Picquart retourne l'accusation contre son accusateur, et quand, sur tous ces procès, s'en greffent d'autres encore, comme le procès Sandherr-Mathieu Dreyfus, sans parler de ceux qui viendront?

Sortir d'un tel imbroglio par le silence est d'une conception vraiment trop ingénue. Il faut, tout au contraire, parler haut, parler clair, et le plus tôt possible nous tirer de ces affolantes ténèbres. Que M. Cavaignac parle donc et, avec lui, tous ceux qui, quelle que soit leur opinion dans cette affaire, croi-

ront avoir quelque chose d'utile à dire. Du reste, nous
allons tout justement à la cour d'assises pour faire
surgir la vérité des témoignages que nous produirons.

Le Temps veut la revision du procès Dreyfus, mais
il souhaite en même temps de maintenir au pouvoir
les hommes qui n'acceptent même pas de nous dire
si les prescriptions de la loi ont été, oui ou non,
observées par les juges. Il sera fatalement mis en
demeure de choisir entre ces deux désirs contradictoires.

Je reconnais que la situation, à la Chambre, n'est
pas claire. Mais l'a-t-elle jamais été ? Et M. Méline
serait-il au pouvoir sans le mensonge fondamental de
sa politique, l'acceptation de la République par les
monarchistes prétendus *ralliés* ? La question qui nous
est soumise plane, il est vrai, au-dessus de tous les
partis, et celui d'entre eux qui aurait eu l'habileté de
se porter sans arrière-pensée au secours de la justice
et de la vérité, sans se préoccuper du camp où elles
se pouvaient découvrir, en eût sûrement, un jour,
recueilli l'avantage.

Malheureusement, cette pensée n'est venue à personne. Les partis sont exclusifs, et trop souvent
l'intérêt de l'organisation domine, opprime l'idée. Et
puis nous sommes à la veille des élections. Les ministériels sont en train de passer des marchés pour
s'assurer leurs fiefs électoraux par les faveurs admi-
nistratives. Les radicaux, suivant la tactique du *Temps*,
se taisent sans grand succès. Les socialistes viennent
de produire un manifeste où tout se trouve, hors le
cri de justice et de solidarité humaine, au-dessus des
groupements politiques d'un jour.

Quand le droit d'un seul est lésé, c'est le droit de
tous qui est menacé. Il n'y avait pas autre chose à
dire, car la cause du droit est une, et avant que tous
les instruments du travail ne soient socialisés — si
jamais ils doivent l'être — suivant la formule d'un
sémite fameux, le sentiment de justice générale, qui

est tout le support du socialisme lui-même, n'aura
que trop d'occasion de s'exercer dans les questions
particulières que l'oppression des oligarchies soumettra, chaque jour, à la critique de tous.

Je ne suis point de ceux qui relèguent platonique-
ment la justice sociale, avec Dieu lui-même, dans la
catégorie de l'idéal. Je crois à la race humaine
meilleure, plus juste et plus belle. Mais je pense qu'il
faut, pour conquérir ce bien, l'effort quotidien sur
nous-mêmes et sur tous ; je crois qu'il faut, tout en
marchant à l'Etoile, combattre pour le mieux de
toute heure qui passe.

Rechercher si la proclamation de l'innocence de
Dreyfus — supposé qu'il soit innocent — profitera aux
opportunistes ou à tous autres, voilà ce qui ne m'embarrasse guère, voilà ce que je refuse de considérer.
Que l'homme soit innocent ou coupable, la justice
réclamée, poursuivie, obtenue, la justice produite au
grand jour, la justice faite, la justice respectée, profitera — puisqu'il faut parler de profits — à la cause
de la justice totale, et c'est assez pour ceux qui
l'auront servie dans l'amour de la justice elle-même.
C'est pourquoi nous nous laissons « conspuer » d'une
âme bien tranquille, par des enfants à qui nous
n'avons d'autre reproche à faire que de ne pas savoir.

Lorsque Jean Hus — hérétique pour avoir dit qu'il
ne fallait pas tuer les hérétiques — fut brûlé à Cons-
tance, au lieu que marque aujourd'hui un lourd quartier de roche pour l'éternelle infamie des brûleurs,
les fagots s'enflammaient mal d'abord. Le bourreau,
stupide, regardait. Un enfant s'approcha et jeta des
brandons pour activer l'incendie. *O sancta simplicitas !*
murmura doucement le martyr. Il y aura bientôt
cinq cents ans de cela. Le nom des régimes change.
L'ignorance humaine s'obstine. Sans faiblir, appor-
tons notre aide à la vérité.

20 janvier 1898.

LX

La Croisade.

Je ne suis point du tout mangeur de curés; mais, à l'heure où la belle jeunesse française dépense son énergie à casser les carreaux des juifs et à brûler Zola en effigie sur un bûcher d'exemplaires de *l'Aurore*, il peut être bon de dénoncer les machinations du prêtre derrière le commode paravent de la synagogue.

L'Espagne agonise sous le joug de l'Eglise romaine. L'Italie parut succomber. Elle n'a retrouvé la vie qu'en se libérant du pape, refoulé dans le Vatican. Restent l'Autriche catholique en proie aux suprêmes convulsions, et la France de la Révolution contre qui toute l'armée papale, à l'heure présente, déploie ses bataillons.

Quelle troupe infinie sous la bannière du Sacré-Cœur! Le clergé plus puissant de richesses et d'organisation qu'il ne fut jamais, disposant de tous les moyens d'action supérieurs, sans parler du prestige officiel qui les couronne tous. Le clergé enseignant, le clergé prêchant, le clergé journaliste, pamphlétaire, le clergé fabricant, commerçant, exploitant le ciel et la terre, gouvernant les hommes, aux fins de sa domination. Avec lui toutes les classes dirigeantes.

La noblesse ancienne et nouvelle, toutes deux enjuivées, encanaillées de millions internationaux chrétiennement tondus au nom de l'Evangile sur les foules épuisées du labeur. La haute juiverie *cléricale* de la grandissime banque faisant lâchement cause commune avec les maîtres du jour contre tous les spoliés, juifs ou chrétiens, de la terre, car Rothschild est aussi distinct des juiveries moindres dont nos jeunes gens brisent les devantures, que les chrétiens Gould ou Van der Bilt des autres chrétiens qu'ils ont légalement pillés.

La bourgeoisie repentie, revenue des révolutions pour se réfugier dans l'asile suprême des sacristies, la bourgeoisie monarchiste abjurant le libéralisme d'antan, effrayée de l'*imprudence* des La Rochefoucauld et des Montmorency de 1789, la bourgeoisie républicaine répudiant la République de justice dont elle fut un jour éblouie, la bourgeoisie libre penseuse enlevant ses enfants à l'Université pour les livrer aux jésuites, la bourgeoisie de fonctionnaires maîtresse de toutes les administrations publiques mises par elle au service de l'Eglise.

L'armée enfin, l'armée nationale de terre et de mer, à qui le contribuable sacrifie tout dans l'intérêt de la défense nationale, et que les classes dirigeantes, maîtresses des hauts grades, prétendent mettre au service de leurs intérêts de classe sous la conduite supérieure de l'Eglise. Combien facile à certains chefs de se poser en défenseurs de l'armée pour couvrir l'antipatriotique dessein d'user de l'armée française contre des Français, d'abaisser la France au rang de l'Espagne. Et l'on ne peut dire que je calomnie ces prétendus patriotes, puisqu'ils s'en vantent, dans leur inconscience, puisque le père Dulac nous fait dire par ses truchements qu'il appartient à l'armée française de revendiquer la politique des pronunciamientos en faveur de l'Eglise. Défenseurs de l'armée, les gens qui gardent un Duperré fuyard à la tête de la marine française! Défenseurs de l'armée, les hommes qui ameutent l'univers contre un juif condamné pour trahison, et ont osé gracier Bazaine dont la trahison a livré le territoire aux envahisseurs! Ils l'ont gracié,

ils l'ont fait fuir, ce traître chrétien, ce traître avéré.
Et s'il s'était trouvé sous l'Empire un sauveur pour
suspecter l'infâme, quelque Billot n'eût pas manqué
de lui répondre : « Monsieur, vous insultez l'armée ».

Je ne dis rien du président, des ministres et des
Chambres, toute leur politique actuelle étant de se
cacher derrière l'armée sous le prétexte menteur d'un
patriotisme de parade, et de préparer par l'entente
avec les monarchistes ralliés, sous l'inspiration de
Léon XIII, la restauration du pouvoir de l'Eglise. Les
députés ont pour premier souci d'être réélus, les uns
trafiquant de places pour s'assurer la possession de
leurs sièges avec le secours des ministres, les autres
se laissant entraîner à mettre au-dessus des idées l'intérêt de grouper, fût-ce dans l'équivoque, le plus
grand nombre possible de suffrages. Que peuvent
débrouiller les masses populaires dans cet inextricable chaos ?

Cependant l'Eglise, immuable à travers tout, poursuit sa voie, et renouvelle en ce siècle qui vit le dernier bûcher les scènes du moyen âge. On traque le
juif, on pille ses boutiques pour le triomphe de la
croix, on brûle des écrits en place publique, en attendant le grand cri : « Tuez ! Tuez ! Dieu reconnaîtra
les siens. » Méline se sent dépassé et s'effare. C'est la
croisade qui s'organise. Non plus seulement celle
que décrivait hier Philippe Dubois, où nous retrou-
vons significativement des noms de l'armée, mais la
grande croisade totale de l'autorité de l'Eglise romaine contre l'esprit de liberté. En doutez-vous ? Lisez
ce programme que *la Dépêche* de Toulouse emprunte
à la *Revue du Clergé français* :

L'Eglise a le droit de régner, non seulement sur les individus et les familles, mais encore sur les peuples. En
d'autres termes, dans l'ordre spirituel, *l'Etat n'est pas indépendant de l'Eglise* ; *l'Etat a le devoir d'embrasser, de professer* et de protéger la religion catholique... L'Etat a pour
fin le bien temporel des hommes ; l'Eglise, leur félicité
surnaturelle. La fin de l'Eglise l'emporte donc infiniment en

excellence sur la fin de l'Etat qui lui est subordonnée. Mais la subordination des fins entraînant la subordination des moyens, il s'ensuit que *l'Etat est subordonné à l'Eglise.* Rien ne peut prévaloir contre cet argument.

Concluons : l'Etat doit se mettre au service de l'Eglise, autant du moins que le lui permet la condition des esprits ; le régime de la séparation, comme celui des Concordats, n'est pas l'Idéal : *l'Etat doit user de la loi et du glaive pour le règne social de Jésus-Christ.* En le faisant autrefois, il n'a qu'accompli son devoir.

Pourquoi essayer de l'en excuser maladroitement ? L'Eglise, société divine et humaine tout à la fois, possède, avec le pouvoir doctrinal et législatif, *le pouvoir coercitif qui en est l'accompagnement nécessaire ; elle a le droit de punir par elle-même, et de peines matérielles, le fidèle et l'hérétique coupables. Mais aussi elle a le droit d'exiger que l'Etat mette la force dont il dispose au service des intérêts spirituels qu'elle a mission de sauvegarder.*

De droit divin, le pape, chef de l'Eglise, a premièrement le pouvoir de donner aux princes, comme docteur suprême de la morale, des *directions obligatoires* dans le gouvernement de leurs Etats.

Peut-on nier que ce soit là la doctrine constante de l'Eglise affirmée par les encycliques, proclamée par le *Syllabus*? Si ce farceur de Poubelle trouve moyen d'interrompre sa prière aux tombeaux des apôtres et de sainte Pétronille, qu'il demande à Léon XIII de condamner la doctrine de la *Revue du Clergé français.*

J'en défierais Rampolla lui-même, qui mêle en ses médailles bénites l'absolutisme pontifical et la République de M. Faure.

21 janvier 1898.

LXI

A la dérive.

Des mots! des coups! Séance bruyamment vide. Le gouvernement ne veut pas parler, et l'opposition n'ose dire. On n'a pas à craindre d'accident dans un duel où les deux adversaires refusent de s'engager à fond.

Il faut reconnaître que la question de M. Cavaignac était aussi mal posée que possible. Comment? Il s'agit de savoir si un homme a été jugé — oui ou non — suivant les termes de la loi, et il ne s'est encore trouvé personne pour poser tout simplement cette question!

Et au lieu d'obliger le ministre à dire par oui ou par non s'il est vrai que l'accusé a été jugé sur des pièces qui ne lui ont pas été soumises, l'opposition de gouvernement — pour éviter de se prononcer elle-même sur une question dont le seul énoncé l'obligerait, en prenant le pouvoir, à revenir aux formes de justice — n'imagine rien de mieux que de se dérober derrière de prétendus aveux, dont celui-là même qui s'en fait argument n'a pas voulu prendre connaissance quand il était ministre de la Guerre.

Ce ne sont là que des faux-fuyants de politique. M. Cavaignac sait bien que le capitaine Lebrun-Renault a dit à vingt témoins qu'on peut produire, que Dreyfus ne lui avait pas fait l'aveu de sa culpabilité. M. Cavaignac sait bien qu'il y a des formes pour recueillir les aveux des condamnés et que ces formes n'ont pas été remplies, malgré les efforts de M. du Paty de Clam, parce qu'il n'y a point eu d'occasion pour cela. M. Cavaignac sait bien qu'avant la cérémonie de la dégradation, et pendant, et après, Dreyfus n'a cessé de crier qu'il était innocent, ce qui réfute suffisamment toute hypothèse d'aveux.

Mais M. Cavaignac a eu recours à cette feinte parce que, s'il était ministre demain, c'est apparemment par quelque opération de ce genre qu'il essayerait de *liquider* une affaire qui ne peut être réglée que par la justice dans ses formes. Le refus tout sec et tout net de MM. Méline et Billot me paraît avoir l'avantage d'une attitude clairement appréciable sur les obliquités de procédure que nous préparent d'avance messieurs leurs successeurs.

Car, il faut bien le dire, la Chambre, à sa honte, n'a vu dans cette affaire, au lieu de l'intérêt supérieur d'une justice égale pour tout le monde, qu'une occasion pour les luttes de partis.

On se donne dans tous les camps un mal effroyable pour embrouiller l'affaire, et tel qui annonce qu'il va parler clairement se met tout aussitôt en quatre pour obscurcir toute clarté. Il y a, pour cette œuvre, dans l'opposition parlementaire, une rivalité sans pareille.

Qu'y a-t-il au fond de cette immense épidémie d'*infranchise ?* Rien, hélas! que la peur des élections, la crainte de perdre certains appuis, la terreur de militants qui par la vertu de l'audace entraînent aujourd'hui dans leur sillage d'anciens chefs, devenus prisonniers volontaires. Les élections d'abord, la justice attendra : voilà le fond de la pensée parlementaire. Pendant ce temps la rue est aux antisémites qui font revivre l'esprit du moyen âge, le cléricalisme se retrouve agissant, maître de toutes les importantes positions de l'Etat avec, pour instruments, les grands chefs de l'armée, et pour moyen d'agitation les foules désemparées.

Eh bien, il est temps de le dire, ceux qui forti-

fient le gouvernement, sans le vouloir, ce sont les
hommes qui, pouvant parler haut et clair, laissent le
peuple — notre unique rempart — dans cette universelle désagrégation de tout qui peut demain nous
livrer sans défense à la seule force organisée, seule
subsistante en ce pays, l'Etat clérical et militaire,
instrument de la haute banque très chrétienne.

Regardez autour de vous et dites-moi quelle autre
force se dresse devant cette puissance démesurée?
Que reste-t-il aux partis parlementaires, ayant abdi-
qué le premier de tous leurs principes, la revendication d'une justice supérieure aux contingences?
Que sont les hommes les mieux intentionnés quand,
placés au poste où ils peuvent faire effort pour la
réalisation de l'idée, ils ne saisissent pas au vol la
première occasion d'agir qui se présente, quand, au
lieu de dégager en pleine lumière la violation du
droit d'un seul — qui est une menace pour tous —
ils noient le fait dans un déluge d'éloquence écrite
ou parlée pour s'éviter l'ennui d'en tirer des conséquences déplaisantes aux groupements électoraux
dont leur tactique de parlementaires escompte
l'appui?

Il n'y a de puissance que dans l'idée. Où est l'idée?
Je la cherche, et je ne trouve, dans le gouvernement
soi-disant républicain, qu'une pensée d'oppression,
par des civils cachés sous le sabre, par des athées
armés du goupillon. Honte sur nous, pour tolérer
cette odieuse parade de mensonges: Mais comment
résister? Nul parti ne se présente pour la justice,
quelles qu'en soient les conséquences, seul lien de
cohésion indestructible entre les hommes civilisés.
Tous ont déserté les hauteurs pour la politique des
combinaisons. Qu'ils combinent! Il faudra bien que
la France se passe de ceux qui n'apportent à son
secours que des manœuvres de parti. Et, cependant,
il serait temps encore pour eux de se reprendre. Il
en est qui furent un grand espoir, ils disposent d'une
autorité morale considérable encore. Que ne feraient-

ils pas, s'ils pouvaient se dégager, pour un jour, de la politique de couloirs?

N'est-ce pas un signe, tous ces *intellectuels*, venus de tous les coins de l'horizon, qui se groupent sur une idée et s'y tiennent inébranlables? Sans les menaces qu'on a répandues dans tous les établissements d'instruction publique, combien seraient venus qui n'osent manifester le trouble de leur conscience! Combien viendraient encore sans la timidité de ceux qui, jadis, ont prétendu guider la jeunesse, et qui, au moment où ils devraient se montrer, se terrent? Pour moi, j'y voudrais voir l'origine d'un mouvement d'opinion au-dessus de tous les intérêts divers, et c'est dans cette pacifique révolte de l'esprit français que je mettrais, à l'heure où tout nous manque, mes espérances d'avenir.

Les malheureux qui ont cru en finir avec une question de droit et de justice par le double et le triple huis clos, c'est-à-dire par le silence, n'ont abouti qu'à la retentissante complication du procès Zola. Ils croient en finir maintenant avec Zola en essayant de l'empêcher de faire la preuve, et ne pourraient, s'ils devaient réussir, que nous jeter dans des péripéties plus graves. Ne voit-on pas que les revendications deviennent plus nombreuses et plus bruyantes à mesure qu'on annonce leur fin? On ne peut réduire au silence les hommes résolus qui demandent justice qu'à la condition de les satisfaire.

23 janvier 1898.

LXII

Au-dessus de la loi.

M. Saint-Genest, il y a trois jours, pour mieux assurer la préparation des coups d'Etat militaires appelés par son collaborateur M. Denis Guibert, réclamait du gouvernement l'abolition de certains principes de droit commun dans le but de mettre nos grands chefs de l'état-major au-dessus des critiques vulgaires. Avec une promptitude dont la rue des Postes lui tiendra compte, M. Méline a obéi à cette audacieuse injonction.

Quelques instants avant qu'un des membres les plus énergiques de la majorité eût conçu l'idée d'enfoncer ses arguments à coups de poing dans le crâne du chef de l'opposition, M. Méline, dupe ou complice — dupe et complice peut-être — osait s'excuser d'avoir tenté d'enlever à Emile Zola la faculté de faire la preuve *de toutes ses accusations*, en déclarant « que l'honneur de nos *généraux d'armée* n'avait nul besoin d'être soumis à l'appréciation du jury; parce qu'il est au-dessus de tout soupçon ».

J'ignorais que le général de Luxer, le général de Pellieux, le colonel du Paty de Clam, le commandant Ravary et les trois experts en écritures Varinard, Belhomme et Couard fussent généraux d'armée. Le bon Billot doit avoir là-dessus des lumières. Il n'importe. M. Méline n'eut pas plutôt lâché cette monstrueuse sottise — qui paraît être, hélas! l'expression

candide de sa pensée — que cent voix s'écrièrent :
« Vous avez peur du jury. »

Et le chef du gouvernement de protester qu'il
éprouvait à l'endroit des jurés une confiance singulière. Singulière, en effet, car elle est remarquablement limitée. Oh! si vous voulez des phrases plus
ou moins laborieuses sur « les douze citoyens libres »,
etc., etc., vous les aurez. Mais après que l'éloquence
gouvernementale se sera noyée dans des flots de
bouillie, demandez à l'orateur auguste une petite
preuve de sa sincérité, peu de chose, rien qu'un
acte, un acte de confiance dans ce jury qu'il aime,
qu'il vénère et qu'il chante. Bernique. Plus de
Méline! En avant le grand argument des « généraux
d'armée ».

Les « généraux d'armée » — la définition en est
plutôt vaste, comme on a pu voir — ne connaissent
pas ça, le jury. Cette manigance n'est pas faite pour
eux. De si grands personnages peuvent-ils relever de
douze intrus? Non, vraiment, ce serait un scandale
intolérable! Parlez-moi des conseils de guerre. Quand
on leur amène un traître authentique comme Bazaine,
général d'armée, ils le condamnent et le gracient du
même coup. Voilà ce que commande ce même patriotisme qui met douze balles au cœur d'un petit soldat
pour une bourrade à son caporal. Mais voyez-vous
Bazaine devant douze jurés comme le premier venu!
« L'honneur d'un général d'armée est au-dessus des
soupçons », dit le jurisconsulte Méline, on ne peut
pas soumettre un si grand homme à l'appréciation
du jury.

Alors, pourquoi faites-vous des lois, monsieur le
basochien, si c'est pour proclamer du haut de la tribune que vous les violez délibérément afin d'éviter le
juge indépendant dont vous avez crainte? Car la
loi n'a pas dit : Il y aura des juges vulgaires pour le
commun des hommes, et des juges de choix pour les
« généraux d'armée », y compris les colonels, les
commandants et les experts en écritures.

Non, la loi n'a pas dit cela, car le législateur qui
eût proposé ce texte eût été tenu pour un ennemi du
peuple, et un imbécile par dessus le marché. Mais ce
qu'on ne peut pas dire, en notre beau pays, on peut
le faire, et celui qui met en pratique la formule que
personne n'eût osé produire devient un démocrate de
gouvernement, un homme d'Etat à bon compte. C'est
le cas de M. Méline dont la majorité applaudit à tout
rompre l'acte qu'elle serait unanime à condamner si
on le lui soumettait en formule d'honnête vérité.
Ainsi nous apprenons de cet exemple l'art de mener
les hommes pas les mensonges dont ils veulent seulement, *pour l'honneur*, feindre d'avoir été victimes.

Dans le cas présent, il demeure entendu qu'il est une
catégorie plus ou moins vague de citoyens qui échappe
à la juridiction organisée par la loi pour tout le monde.

Et pourquoi ce privilège, je vous prie? Parce que
ces hommes sont au-dessus du soupçon. Et à quoi le
reconnaît-on? A ce que Méline le dit. En d'autres termes, les gouvernants de notre prétendue démocratie
peuvent mettre qui il leur plaît au-dessus de la loi.
C'est bien simple. Appliqué à l'armée pendant vingt
ans d'Empire, ce régime a produit Metz et Sedan,
comme résultat merveilleux de l'absence de contrôle.

Au moins, Napoléon III et son Corps législatif peuvent-ils, dans l'histoire, invoquer l'excuse de ne pas
avoir eu la révélation de leur crime contre la patrie.
Tous nos Méline, avec leurs Parlements dits républicains, n'auront pas ce refuge. L'exemple du passé
comme du présent les éclaire. Ils ne sont pas responsables de Sedan. Mais ils savent, par l'expédition de
Madagascar, où cinq mille Français furent tués par
l'impéritie de l'état-major, quels progrès ont fait nos
grands chefs actuels sur leurs dignes prédécesseurs,
dans l'art de préparer la guerre.

Demander des comptes aux hommes à qui nous
devons ces résultats, y songez-vous? Ils sont au-dessus
du soupçon, vous dis-je. Ils échappent à la commune
loi du contrôle. Ils jugent et ne peuvent être jugés.

Achevez la France, ô politiciens criminels d'une bourgeoisie décadente, et malheur à qui vous regarde faire sans vous maudire et sans vous dénoncer!

24 janvier 1898.

LXIII

Le spectacle du jour.

« L'affaire Dreyfus n'est plus qu'un prétexte... c'est la révolution sociale qui surgit, c'est la lutte contre la société capitaliste, contre la vieille société dont nous sommes. » Qui parle ainsi? *Le Figaro,* qui souleva l'affaire Dreyfus. *Le Figaro,* par la plume de M. Cornély, à qui M. Arthur Meyer, non moins juif que Dreyfus lui-même, reprocha d'être partisan de cette revision du procès dont le seul nom suffit à mettre les antisémites en épilepsie. Il peut paraître étrange que le fait de demander la justice pour tous amène une convulsion sociale, et que nous soyons menacés de la suppression de « la société capitaliste » si l'on n'envoie pas un officier de l'armée française au bagne sans l'avoir préalablement jugé suivant les formes de la loi.

Je dois reconnaître toutefois qu'il y a dans la succession d'événements dont nous sommes témoins un enchaînement de logique implacable. Une injustice tolérée les autorise toutes. Un droit redressé met en mouvement l'esprit pour la revendication des autres.

En ce sens, je comprends les inquiétudes de M. Cornély, et son langage, qu'il a cru lui-même sans doute
exagéré, ne me paraît pas dénué de sens.

Rothschild, qui est l'ami de toute la noblesse antisémite dont certains membres lui ont peut-être des
obligations, Rothschild, à qui l'on ne ferait pas dire
pour dix louis son opinion sur l'affaire Dreyfus, Rothschild qui est du parti d'Arthur Meyer lequel est plus
papalin que le pape et plus « capitaliste » que le capital, Rothschild doit faire en ce moment des réflexions
singulières sur la confusion de nos temps.

La justice pour un juif, il n'y est pas opposé en principe, je suppose, comme le fils du forçat réhabilité,
Pierre Vaux, qui, envoyant son coup de pied au condamné de l'île du Diable, promet, « si la preuve de
l'innocence de Dreyfus peut être faite, *de n'être pas le
dernier à le défendre* ». Tous ces gens-là me paraissent *de mèche*, comme on dit, et si Dreyfus est reconnu
innocent, ils ne lui cracheront pas à la figure. Mais
de là à lever le petit doigt pour la justice et la vérité,
il y a un abîme. Le fils de Pierre Vaux, confortable
député, va toucher la forte somme comme prix des
souffrances de son père, ainsi que le remarque Séverine dans *la Fronde*. Rothschild a des économies. Il ne
faut point déranger ces messieurs. Et si Cornély leur
annonce la révolution sociale, ils sont capables de
demander qu'on fasse encore patienter un peu Dreyfus
dans sa villégiature.

J'ai hâte de les rassurer. La société, ou, pour parler plus exactement, *leur société*, ne court point de
risques. Aussi longtemps qu'ils ne voient que les
hommes de pensée pour se mettre en travers de l'injustice, ce n'est pas la révolution qui se fait, c'est seulement la révolution qui se prépare. Aussi longtemps
que les chefs du peuple, les hommes d'action supposés, les professionnels de l'énergie ne trouvent rien à
dire sinon que *l'injustice ne les laisse pas insensibles
et qu'ils n'ont aucune raison de suspecter des jugements de conseil de guerre à double huis clos*, tous ces

conservateurs grands et petits peuvent dormir bien tranquilles : l'heure n'est pas venue.

Ah ! quand l'éducation populaire sera telle qu'on ne pourra plus tenir publiquement ce langage, quand un parti se trouvera qui, au lieu d'attendre l'établissement de la justice du triomphe des individus, se groupera pour combattre l'iniquité sans s'occuper de savoir si celui qui en souffre est d'une chapelle ou d'une autre, quand on aura compris qu'avant de réaliser la justice intégrale promise, il est nécessaire pour tout prêcheur d'en installer d'abord des parcelles en lui-même, quand les chefs de parti auront la prétention d'être des chefs d'humanité, quand ils seront capables de résister aux préjugés de la foule pour faire justice à Rothschild lui-même, parce qu'il est homme et ne doit — à ce titre — ni exercer ni subir d'oppression, quand les redresseurs de torts combattront l'injustice partout — grande ou petite — sans s'inquiéter des conséquences politiques d'une iniquité vaincue, et quand tous les hommes, ébahis de ce noble exemple, acclameront ces chefs vraiment grands, alors la Révolution sociale se fera : mais pas avant. Et alors même, je vous le dis, ô conservateurs très craintifs, ne redoutez rien de cette heure, qui me paraît réservée, si j'en juge par ce qui se passe, à votre postérité lointaine. Car la révolution morale, qu'il faut attendre, je le vois bien, d'une évolution mentale actuellement imcomplète même chez beaucoup de chefs du peuple, aura gagné, je veux le croire, jusqu'aux grands conducteurs des oligarchies, et c'est dans une embrassade générale qu'on réglera, suivant la plus haute règle de justice, la part sociale de chacun. Je ne garantis rien, mais j'espère. En regrettant que l'état d'âme des partis populaires, pas plus que l'état d'âme de Rothschild en personne, n'encourage cette espérance.

Pour l'heure, nous sommes livrés aux divisions, aux diversions. Rothschild exige de Méline quatre mille hommes dans les rues de Paris pour le protéger contre des manifestations absentes, et les chefs du peuple,

au lieu de profiter des divisions de leurs adversaires,
en acceptant le concours de ceux qui, par générosité
d'esprit ou par intérêt, sont provisoirement des reven-
dicateurs de justice, se rapetissent au rang de dogma-
tiques enrégimentés, et s'exposent, laissant tomber
le drapeau, à ce que la justice se fasse demain contre
eux.

Pendant ce temps, toutes les puissances de privilèges et d'oppressions se groupent pour l'offensive, et
M. Cornély, déjà nommé, écrit dans *le Figaro*, déjà
cité, la phrase suivante : « Par une force supérieure
à tous les sophismes humains, apparaît la solidarité,
l'alliance nécessaire, inéluctable, de ces deux forces :
*la croix et l'épée, l'armée nationale, la religion natio-
nale.* » Nous disons le sabre et le goupillon. M. Cornély écrit : « la croix et l'épée ». Nous sommes, au
fond, bien d'accord.

C'est la célèbre composition du Paty de Clam :
« Les nations doivent-elles être gouvernées par l'intelligence, qui suppose la liberté, ou par la foi prêchée
à coups de canon ? » La question est depuis longtemps
décidée pour le genre humain dans le sens de la
liberté. Il reste à la France catholique à prononcer
sur elle-même et à dire si, ayant pris autrefois l'initiative de l'affranchissement de l'esprit, il lui plaît
d'être maintenant le dernier soldat de l'arbitraire.
Déjà, je vois les partisans de la liberté populaire manifester dans nos rues un cri bien chrétien de : *Mort
aux juifs !* Déjà, je vois les champions de la propriété
piller les magasins juifs, sous les regards de nos soldats, aux cris de : *Vive l'armée !* Voilà le spectacle
d'aujourd'hui. J'attends celui de demain.

                              '*25 janvier 1898.*

LXIV

Contre la preuve.

Ainsi que le dit très bien Sigismond Lacroix dans *le Radical*, il y a une parfaite unité dans la conduite de MM. Méline et Billot : ces messieurs sont contre la preuve. Jaurès, dans son beau discours, a mis clairement le fait en évidence, questionnant avec précision sur les points les plus graves un chef de gouvernement qui n'a répondu que par une mimique de sourd-muet :

J'estime que ce n'est pas par des à-peu-près, par des obscurités ou par des équivoques, que nous pouvons rétablir le calme dans les esprits. Ce pays, à l'heure présente, ne retrouvera la paix que dans la clarté. Je prie le gouvernement, non pas d'apporter ici des déclarations générales, mais de répondre avec précision sur les trois points précis que je veux aborder.

D'abord, la conduite du procès ouvert contre M. Zola; en second lieu l'usage juridique de ce qu'on a appelé les pièces secrètes, et enfin la façon dont a été conduit et pratiqué le huis clos dans les deux affaires Dreyfus et Esterhazy.

Voilà, messieurs, les questions précises que j'apporte, et je crois qu'il ne sera pas indifférent au pays qu'elles soient traitées ici avec franchise et précision.

Messieurs, je reproche au gouvernement, d'abord, dans la conduite du procès ouvert contre M. Zola, une attitude ambiguë et contraire aux décisions mêmes de la majorité de la Chambre. Lorsque les poursuites ont été demandées ici par un de nos collègues contre l'article en question,

M. le président du conseil lui-même a déclaré que c'était pour couvrir l'honneur de l'armée, mis en cause dans cet article, que la justice du pays serait mise en mouvement.

Je demande au gouvernement pourquoi, en vertu de quel principe, selon quelles règles, il a fait dans l'article poursuivi un départ entre certaines allégations et d'autres.

Je sais bien qu'à la dernière séance, M. le président du conseil a dit qu'il ne poursuivait que les attaques dirigées contre les conseils de guerre, parce que l'honneur des états-majors et des généraux était au-dessus de toute attaque.

Monsieur le président du conseil, si l'honneur des états-majors et des généraux est au-dessus de toute attaque, est-ce que l'honneur des conseils de guerre est d'un niveau inférieur ? (Applaudissements à l'extrême gauche et sur divers bancs à gauche).

Ce ne sont pas seulement les conseils de guerre qui ont été attaqués ; les états-majors, les généraux, ont été formellement accusés d'avoir préparé une solution inique des affaires en cours, par des intrigues coupables, par des machinations ténébreuses, et je ne comprends pas comment vous décidez que l'honneur d'une partie de vos officiers n'a pas besoin d'être couvert, pendant que l'autre réclame de vous une protection légale. (Nouveaux applaudissements sur les mêmes bancs).

Je me demande pourquoi, ayant accordé à l'un de nos collègues des rigueurs légales contre ceux qui portaient atteinte, selon vous, à l'honneur de l'armée, vous laissez cet honneur de l'armée mal couvert, couvert à moitié seulement par un pauvre haillon de justice incomplète. (Rumeurs au centre. — Applaudissements à l'extrême gauche et sur plusieurs bancs à gauche).

. . . .

Ce qui est plus grave que le choix arbitraire fait par vous dans les accusations que vous relevez, c'est la raison que vous en avez donnée. Vous avez dit que l'honneur des généraux attaqués dans ce pays était au-dessus des décisions du jury lui-même ; vous avez dit que vous n'aviez pas à confier au jury, c'est-à-dire à la conscience nationale légalement organisée... (Applaudissements sur les mêmes bancs. — Dénégations au centre).

M. LE PRÉSIDENT DU CONSEIL, ministre de l'Agriculture. — Je n'ai pas dit cela ; c'est vous qui me le faites dire.

M. Jaurès. ... le soin de se prononcer sur les attaques dirigées contre les généraux. Permettez-moi de vous dire qu'il y a quelques années, quand il s'agissait d'un homme qui était à la fois, par la Constitution, le chef de l'armée et le premier magistrat de la République, vous n'avez pas jugé, vos prédécesseurs n'ont pas jugé que le jury n'eût pas qualité pour se prononcer, et si le jury a qualité pour se prononcer sur les attaques dirigées contre le premier magistrat de la République, je me demande en vertu de quelle conception monstrueuse de l'immunité militaire... (Applaudissements à l'extrême gauche) vous déclarez qu'il est indigne des généraux, qu'il est au-dessous d'eux de venir répondre devant le pays légalement assemblé aux accusations dirigées contre eux.

Mais si votre théorie était admise, monsieur le président du conseil, les généraux seraient, par vous, déclarés seuls juges de leurs actes, juges suprêmes de leur conduite ; ne relevant plus du jury, ils ne relèveraient plus de la nation et, étant au-dessus de la discussion, ils seraient, dans un régime de discussion, au-dessus de la loi. (Vifs applaudissements à l'extrême gauche et sur divers bancs à gauche).

. . . .

La vérité, c'est qu'il vous devient de plus en plus malaisé de concilier les principes de la démocratie libre avec cette habitude, cette pratique du huis clos militaire qui tend à s'installer dans notre pays. Et, à ce propos, laissez-moi vous dire que nous avons le droit d'être inquiétés, d'être troublés par l'annonce, parue ce matin, dans quelques journaux officieux, que probablement, devant la cour d'assises, dans le procès prochain, le ministre de la Guerre, se refusant à relever les officiers de leur secret professionnel, leur interdirait de déposer devant le jury.

A droite. Très bien !

M. Jaurès. — Vous dites : Très bien ! Je ne sais si cette allégation est exacte. Mais je dis que, si c'était la vérité, il y aurait contre l'honneur et contre le jury lui-même la plus détestable parodie de justice qui se pût imaginer. (Applaudissements à l'extrême gauche. — Rumeurs au centre et à droite).

Vous n'avez pas le droit, si vous poursuivez devant le jury, si vous saisissez le jury, si vous le faites juge d'accusations dirigées contre les hauts chefs, vous n'avez pas le

droit d'interdire ou de limiter arbitrairement la preuve de
de celui que vous y traînez. (Applaudissements à l'extrême
gauche). Vous n'avez pas le droit de dicter d'avance au jury
une sentence nécessairement fausse, puisqu'elle manquerait
des lumières et des informations nécessaires. (Très bien !
très bien ! à l'extrême gauche).

La vérité, d'ailleurs, c'est que toutes ces précautions,
toutes ces habiletés pour échapper à la seule solution de
toute cette affaire, c'est-à-dire à la pleine lumière, à la
pleine clarté, toutes ces habiletés seront vaines. Un premier huis clos complet ne vous a pas dispensés, quelques
années après, de toute l'agitation et de tout le trouble que
nous subissons. Puis, vous avez réalisé un huis clos par-
tiel, qui n'a pas résolu la question. Vous allez en cour
d'assises ! Si vous y allez, allez-y franchement, loyalement,
pour porter au pays toute la vérité, et non pas une vérité
mutilée et incomplète. (Applaudissements à l'extrême
gauche et sur plusieurs bancs à gauche).

Voilà le premier point sur lequel je demande — et j'ai
le droit de le demander — au gouvernement des déclarations nettes et des explications précises.

Il est une autre question plus troublante, plus poignante de beaucoup que toutes les autres. Mais avant de
l'aborder avec la même netteté, je l'espère, je demande à
faire une déclaration qui dissipe tout malentendu. Je ne la
fais point par précaution oratoire, par précaution personnelle ou par précaution de parti. J'affirme sur l'honneur
que si j'avais, sur le fond même des procès à propos desquels l'opinion paraît s'être divisée, une certitude, quelle
qu'elle fût et quels que pussent être les périls d'une affirmation quelconque, je dirais tout haut toute ma pensée.
(Applaudissements sur les mêmes bancs à l'extrême et à
gauche).

Mais, je le déclare en toute loyauté, il m'a été impossible, avec les éléments d'information communiqués au
pays, de me former personnellement sur le fond même de
l'affaire une conviction quelconque. (Rumeurs au centre
et à droite. — Très bien ! très bien ! à l'extrême gauche).

. . . .

Il n'est pas possible d'établir une confusion entre le fond
même de l'affaire, sur lequel nous n'avons à l'heure actuelle ni les lumières ni la compétence nécessaires, et
l'ensemble des formes et des garanties légales qui sont

dans ce pays-ci les conditions de la liberté et de la justice, et le patrimoine que tous les citoyens doivent défendre contre toute agression. (Applaudissements à l'extrême gauche et sur plusieurs bancs à gauche).

Eh bien, messieurs, il a été dit de bien des côtés, sans qu'aucun démenti ait été apporté à toutes ces rumeurs, il a été dit que dans l'affaire Dreyfus, à côté du dossier public et légal, il y avait eu ce qu'on a appelé le dossier secret.

Messieurs, j'ai tort de dire qu'il n'y avait là que des rumeurs. Il y a mieux; depuis quelques jours il y a une déclaration officielle authentique : dans le rapport du rapporteur du conseil de guerre dans l'affaire Esterhazy, je lis ceci :

« Un soir que le colonel Henry, de retour à Paris, était entré brusquement chez M. Picquart, il aperçut Me Leblois, avocat, dont le colonel recevait de fréquentes et longues visites, assis auprès du bureau et compulsant avec lui le dossier secret. Une photographie portant ces mots : « Cette canaille de D... » était sortie du dossier et étalée sur le bureau. »

Eh bien ! messieurs, quand un pareil doute est soulevé, quand une pareille question est posée devant la conscience publique, je trouverais misérable, indigne de nous tous, messieurs, à quelque parti que nous appartenions, indigne de la France elle-même, qu'il n'y eût pas sur cette question une déclaration explicite et décisive. Je demande au gouvernement : Oui ou non, les juges du conseil de guerre, ayant à statuer sur l'affaire Dreyfus, ont-ils été saisis de pièces pouvant établir ou confirmer la culpabilité de celui-ci, sans que ces pièces aient été communiquées à l'accusé et à la défense? (Très bien! très bien! à l'extrême gauche).

Ma question est claire, elle est loyale : elle comporte simplement une réponse par « oui » ou par « non ».

Cette réponse, voulez-vous la faire, oui ou non? Je l'attends. (Très bien! très bien! à l'extrême gauche).

Et que répond M. Méline à cette argumentation lumineuse?

« Nous ne voulons pas discuter l'affaire à la tribune. Je ne veux pas servir vos calculs. Tous les républicains sont avec nous, vous le verrez tout à l'heure. »

Vraiment il n'y a rien de plus logique. M. Méline n'a pas voulu la discussion publique au conseil de guerre, il va tenter, par un tour d'Escobar, de la supprimer demain à la cour d'assises. Comment l'accepterait-il à la tribune ?

Il demeure donc entendu que, dans la séance du 24 janvier 1898, un député, ayant demandé au chef du gouvernement de la République s'il était vrai qu'un homme eût été jugé dans des conditions qui entraînent la forfaiture des juges et la nullité du procès, n'a pu obtenir de réponse. Pas même le oui ou le non dont il se déclarait prêt à se contenter. Cette journée marquera l'étiage du temps présent. C'est une date de notre histoire.

Quant à la réponse : *Tous les républicains sont avec nous,* j'ai le regret de dire à M. Méline que c'est deux fois le contraire de la vérité. D'abord parce que c'est *tous les monarchistes* qu'il aurait fallu dire. Ensuite parce que le scrutin a démontré, pour l'honneur de la République, qu'il y avait encore des républicains soucieux du droit et de la justice. Entre ces républicains et les déserteurs que M. Méline enrégimente avec les restes de l'armée de Condé, sous la bannière du pape, la France fera son choix.

26 janvier 1898.

LXV

Mort aux juifs.

Les émeutes antijuives d'Alger où Européens et Indigènes ont fraternisé dans le meurtre, l'incendie et

le pillage, montrent sous quel mince vernis de civilisation se cache notre barbarie. Il s'est fait un grand
déploiement de troupes à Paris où l'ordre n'était pas
menacé. A Alger, on a laissé mettre au pillage les deux
rues principales du quartier juif, et assommer tout ce
qui s'est montré des douze tribus. A l'enterrement du
malheureux Cayrol, toutes les excitations ont pu se
donner cours, et la foule a quitté le cimetière pour
se ruer à de nouveaux attentats. Les omnibus et les
tramways de Saint-Eugène à Alger sont pris d'assaut,
et deux juifs reconnus dans une voiture se voient
bâtonner de telle sorte que l'un d'eux expire quelques
heures après. L'autre ne paraît pas devoir survivre.
Un juif qui portait un pain est laissé pour mort. Cela
se passe en territoire français, sous la troisième République, avec cette inscription aux murs : *Liberté, Égalité, Fraternité*.

Ah ! s'il suffisait de badigeonner de préceptes les
murailles, comme la République serait belle depuis
l'origine du monde ! Le malheur est que nous éprou-
vons autant d'enthousiasme à proclamer doctrinale-
ment des principes excellents que d'ardeur à les violer
dans la pratique quotidienne de la vie. *Aimez-vous
les uns les autres !* s'écrie le bon prédicateur du Christ,
qui, en descendant de sa chaire, fait ses délices du
journal dont chaque ligne est un cri de mort contre
le peuple élu de Dieu. Il est dans sa tradition, le malheureux, dans sa tradition de paroles exquises et
d'actes barbares : toute l'histoire de l'Église. « Paix
aux hommes de bonne volonté ! » Traduction : le bûcher. Et comme l'exemple de pratique est le seul qui
compte, comme rien ne nous aveugle plus sur nos
actes que nos paroles, et que les grandes sauvageries
publiques ne sont possibles qu'à la condition de les
recouvrir de mensonges, toute l'histoire humaine,
laïque ou religieuse, n'est qu'une contradiction de
pensées et d'actes où se développe le conflit de l'idéal
et du réel pour la gloire et la honte de la race humaine.

La Révolution, qui voulut réagir contre la charité

féroce de l'Eglise, en vint à mêler les déclamations
de sensiblerie avec les meurtres judiciaires. Et nous
voilà, nous les fils du dix-neuvième siècle, issus de ces
champs de carnage après des fleuves de sang répandus, après l'un des plus grands massacres de l'histoire
dont Paris montre encore les blessures, proclamant
que nous sommes des pionniers de la civilisation et
que les plus hauts principes d'humanité sont dans nos
cœurs, puisque nous les inscrivons sur nos murailles.

Eh bien! nous nous mentons à nous-mêmes, et au
premier cri de sauvagerie qui retentit parmi nous, le
fond barbare se retrouve chez tous ces prétendus
civilisés. Nous avons franchi tout exprès la grande
mer intérieure qui fut la voie de la civilisation la plus
reculée pour montrer aux barbares d'Afrique la floraison de notre barbarie policée. Un mot a suffi : *Mort
aux juifs!* Et les foules se ruent, sauvages, pillant,
brûlant, tuant, et attendant de cette explosion de
fureur la fin de leurs maux. *Mort aux juifs!* aujour-
d'hui! *Mort à qui*, demain? S'il avait suffi de tuer
pour délivrer les hommes de leurs chaînes, pour les
installer dans la paix du bonheur social, le genre
humain, depuis l'origine des siècles, connaîtrait trop
de félicités.

Moïse descendant du mont Sinaï où le Seigneur lui
parla dans la foudre et les éclairs, ne trouvait d'autre
moyen de sauvegarder la pureté de la foi que de faire
passer les juifs hérétiques au fil de l'épée. Les chrétiens se sont délectés aux tortures, aux bûchers, et il
a fallu que l'arme temporelle leur fût arrachée pour
les amener au respect de la vie humaine. Et les laï-
ques, devenus souverains, ne se sont pas montrés plus
cléments. Quand donc nous viendra le dégoût de ces
tueries? Quand donc, puisque tous, catholiques et
athées, nous crions qu'il faut aimer, nous résignerons-
nous à ne pas haïr, ou si c'est encore trop demander,
à ne pas lâcher bride à nos haines, en sauvages?

Il faut croire que nous sommes loin de ce temps,
et qu'il est plus facile d'inventer la machine à vapeur,

le télégraphe et la radioscopie que de changer une
parcelle de l'atavisme de nos cœurs. Car nous en
sommes là que des foules pillent, brûlent, tuent aux
cris de : *Vive la France!* et *Vive l'Armée!* et que l'on
se fait accuser d'être traître ou vendu si l'on demande
justice. Et ce dernier trait est peut-être le moins par-
donnable, car il n'a pas l'excuse du coup de folie des
déchaînements populaires.

Qu'on prétende servir la France par de tels moyens,
voilà ce qui donne la mesure de l'esprit public, aux
temps où nous vivons. « Qu'est-ce que cela fait que
Dreyfus soit innocent ou coupable, disait un général
au colonel Picquart, *ce n'est pas vous qui êtes à l'île
du Diable!* » Et, dans la conversation de tous les jours,
que de gens s'écrient, pour se débarrasser des doutes
qu'on leur suggère : « Que nous importe que Dreyfus
ait été bien ou mal jugé! *C'est un juif.* » Ces mots là
resteront, car ils sont le caractère d'une époque.

27 janvier 1898.

LXVI

Tarte à la crème.

Comme tous les grands tacticiens, le général Billot
a sa manœuvre préférée.

Il avait à répondre l'autre jour à M. Le Hérissé qui,
bien loin de tenir en suspicion les grands incapables
à panache, passe plutôt pour ami du galon et du
militarisme à clinquant. Le député breton portait à

la tribune contre des actes précis de M. Billot une critique des plus graves. Il accusait le ministre d'avoir, de son autorité particulière, porté au tableau de choix une nombreuse catégorie d'officiers « dans des conditions telles qu'une immense protestation s'est élevée dans l'armée tout entière ».

Sur la liste des lieutenants proposés pour capitaines, M. Billot n'a pas ajouté moins de *treize* noms. « Ces heureux du jour, affirme M. Le Hérissé, ne sont pas brevetés : leur inscription est justifiée par les seuls services d'état-major qu'ils ont pu rendre, comme officiers d'ordonnance, *à un père, à un beau-père, à un oncle ou à un vieil ami de leur famille.* »

Dans l'artillerie, à une liste de dix-neuf officiers présentée par la commission de classement, le ministre en a, de sa main, ajouté *vingt-six*.

Certes, je suis loin d'admirer le travail des commissions de classement. Chacun sait quelle sorte de marchandage y est en faveur. On se passe mutuellement ses candidats. Chacun, pour faire triompher le sien, acceptant — yeux fermés — celui de son collègue. De plus, on n'avance utilement qu'à la condition d'être bien pensant, c''est-à-dire de dauber sur la République ou d'apporter quelque recommandation des bons pères. Si nos états-majors sont encombrés d'incapacités pompeuses, on le doit à ce système qui, à l'abri d'un patriotisme de parade, énerve et détruit criminellement la défense de la patrie.

Eh bien ! même organisé de la sorte, l'avancement des fils de famille ne va pas assez vite. Car, en dépit de tout, il faut bien laisser passer à travers les mailles du filet quelques méritants, à qui l'on saura plus tard barrer l'accès des hauts grades. C'est contre ces *savants* que sévit toute l'ardeur des dynasties militaires toutes-puissantes rue Saint-Dominique. Le ministre, habilement circonvenu, devient sans peine l'instrument de ces oligarchies d'ignorance. M. Billot, qui s'est fait depuis longtemps le serviteur des intérêts de classe pour en être servi, paraît avoir, cette fois, dé-

passé la mesure. En tout cas, il a poussé les choses à
ce point que M. Le Hérissé lui-même s'est vu dans
l'obligation de protester contre « le favoritisme qui
règne en maître à la rue Saint-Dominique ». Écoutons
le député militaire :

Sur quels officiers ont porté ces choix exceptionnels ?
S'ils avaient porté sur des officiers qui, par leur passé militaire, leur savoir, leurs services rendus, soit en campagne, soit dans les corps de troupes, auraient justifié un
avancement rapide, je ne serais pas monté à cette tribune
pour discuter la mesure de faveur dont ils ont bénéficié.
Mais malheureusement ce n'est pas sur cette catégorie
d'officiers que s'est abattue la manne ministérielle. M. le
général Billot est allé chercher dans les armes spéciales,
dans la cavalerie surtout, toute une série d'officiers qui
n'ont pas passé par l'École de guerre, et il les a portés
au titre d'état-major, non parce qu'ils rendent des services
d'état-major, mais *parce que, fils, ou gendres, ou neveux de
généraux, ils sont arrivés à pouvoir s'embusquer dans un
état-major*.

... Et puisqu'on a parlé de la marine, je suis heureux de
vous dire qu'elle n'a pas été oubliée dans la dernière répartition de l'avancement. Je trouve en effet, dans la liste
des officiers proposés pour l'avancement, des lieutenants
proposés pour capitaines, *le seul dragon qui serve dans la
marine*. Cet officier n'est pas breveté. Il est attaché à la
maison militaire de M. l'amiral Besnard.

... Cet officier n'est pas encore dans la première moitié
de la liste d'ancienneté à l'*Annuaire* de 1897 ; il a, sur cette
liste, le numéro 932 ; depuis dix-huit mois il est détaché à
la rue Royale, où il a pu montrer évidemment toute sa valeur comme officier de cavalerie, et **voilà pourquoi il
passe sur le dos de neuf cent trente et un de ses camarades.**

... Je prends le tableau des capitaines d'artillerie proposés pour le grade de chef d'escadron. D'après la décision prise par M. le ministre de la Guerre, il devait y avoir
en tout dix-neuf capitaines proposés pour le grade de chef
d'escadron ; dix devaient être présentés pour la commission de classement et neuf pour les services d'état-major.

C'est dans ces conditions que le tableau a tout d'abord
été établi ; les dix-neuf capitaines ont été classés réguliè-

rement, mais ensuite M. le ministre de la Guerre, usant de ce droit dont il parlait tout à l'heure, à ces dix-neuf noms choisis par les commissaires, en a ajouté vingt-six de sa propre autorité.

Aujourd'hui le tableau des officiers d'artillerie proposés pour l'avancement comprend cinquante-neuf officiers. Si bien que voilà un tableau encombré jusqu'en 1901, et qu'il sera impossible aux successeurs du général Billot de récompenser un service quelconque, s'il vient à s'en produire sous leur ministère.

... Prenons le génie. En ce qui concerne les chefs de bataillon proposés pour le grade de lieutenant-colonel, il reste au tableau de 1895 un chef de bataillon du génie qui est encore proposé à l'heure actuelle et qui n'est pas nommé. Le tableau de 1896 est intact; les deux seuls officiers qui y avaient été inscrits l'année dernière attendent encore leur nomination. Cette année on en a porté dix-sept au tableau. (Exclamations à gauche). Et savez-vous pourquoi? C'est qu'il fallait encore arriver à porter là quelqu'un. Il y avait une autorité à qui il fallait donner satisfaction. Et si on prend la liste des officiers proposés pour l'avancement, on trouve sur cette liste, aux derniers rangs, un officier d'ordonnance non breveté, porté en vertu du pouvoir du ministre de la Guerre autitre de l'état-major, et porté pourquoi? **Parce qu'il est officier d'ordonnance d'une haute personnalité.**

Il est bon que ce soit un homme aussi modéré que M. Le Hérissé qui ose dénoncer « ceux qui s'embusquent dans l'état-major d'un général quelconque pour conduire le cotillon de madame ou faire le whist du papa ».

Ces deux mots ont fait rire la Chambre, qui, ayant ri, a naturellement décidé que les choses devaient continuer ainsi. Voilà comment nos soi-disant patriotes font litière des intérêts de la défense.

Mais le plus curieux c'est la réponse du général Billot. Il déclare sans rire que toutes ces inscriptions « ont été dictées *uniquement* par les besoins du service, les garanties qu'exigent l'avenir et la solidité des cadres ». Il paraît que c'est pour la solidité des cadres que les dragons maintenant avancent dans la marine. Le cynisme du ministre ayant provoqué des rumeurs, M. Billot sentit sa troupe mollir, et sans hésiter recourut à la manœuvre suprême.

« Tant que votre vieux ministre sera debout, il défendra les prérogatives et l'honneur de l'armée. »

Enfin, je t'attendais, « L'honneur de l'armée », tarte à la crème de Ramollot en impuissance de raison. Demande-t-on au ministre que les officiers de l'armée française ne puissent pas être jugés sans les garanties de la loi? « L'honneur de l'armée! » clamet-il furieusement. Et la Chambre, complice, d'applaudir. Lui reproche-t-on de désorganiser la défense par des avancements sans droit, dont le résultat doit être de décourager les travailleurs pour réserver le commandement suprême aux produits du favoritisme dont Sedan fut le coup de maître? « L'honneur de l'armée! » continue de bagayer l'inconscient. Tarte à la crème! Tarte à la crème!

« L'honneur de l'armée n'a rien à voir dans une question d'avancement », lui a-t-on crié. C'est une assez grande erreur, à mon avis. Car l'honneur de l'armée ne saurait être séparé de son efficacité militaire. Et si l'on peut gagner un grade dans la cavalerie au ministère de la marine, et si la plus sûre manière de conquérir des galons est de danser « le cotillon de madame » ou de « faire le whist à papa », j'ignore s'il subsistera de l'honneur, mais il ne restera certainement plus d'armée.

Le Parlement de la République, ayant gravement écouté ces choses, décida qu'on n'y changeait rien. Et maintenant en avant les sous-préfets de Barthou pour la réélection des patriotes!

28 janvier 1898.

LXVII

Le recul.

« Quel sens peut donc avoir dans notre pays cet ac-
couplement monstrueux de mots : « Vive l'armée ! à
bas les juifs ! » Et cela devant la statue de Strasbourg?
L'armée est organisée en vue de la conservation de la
patrie, et la patrie, chez nous, c'est le respect de
la dignité humaine, et l'égalité civile et politique
de tous les citoyens. » Ainsi parle M. Emile Bou-
troux, le célèbre professeur à la Faculté des lettres de
Paris.

Je tourne la page du journal, et j'apprends que la
ville d'Alger continue d'être occupée militairement,
que les juifs abandonnent leurs maisons, qu'on retire
l'argent des banques, que le commerce est arrêté, et
que les étrangers qui venaient hiverner gagnent
d'autres points de la côte. On souhaite que cet état de
choses prenne rapidement fin, mais il faut être bien
optimiste pour le croire.

Chacun sait la haine de l'indigène pour le juif en
Algérie. La supériorité d'Israël dans l'art de manier
l'argent lui vaut l'exécration de tous ceux qu'il pres-
sure. Que fait-il cependant, sinon de tirer impitoyablement profit de ce système d'égoïsme capitaliste
qu'on nous donne comme le dernier mot de la civilisation humaine? Quel chrétien n'en fait autant lorsque
l'occasion lui en est donnée? Pour moi, j'en blâme le

juif et le chrétien, sans me croire obligé pour cela de souhaiter leur mort.

Nos colons algériens n'ont pas tant de philosophie, et il n'y a pas lieu de s'en étonner, car il est toujours plus facile de dauber sur autrui que de se réformer soi-même. Ils ont trouvé sur la terre d'Afrique la haine des juifs toute vivante et l'ont enrôlée au service de leurs intérêts. Est-il donc étonnant que les passions antijuives se soient trouvées brusquement déchaînées quand on a vu tous les organes du gouvernement chercher dans l'antisémitisme une diversion aux critiques soulevées par la procédure illégale de certains conseils de guerre. Colons et indigènes, simplistes, se sont dit : « Voici l'heure. » Et aux cris de *Vive la France !* et de *Vive l'Armée !* on a pillé, saccagé, brûlé, massacré pour la gloire de l'Évangile.

Le gouverneur Lépine n'y a naturellement rien compris tout d'abord, ahuri de se trouver devant les émeutiers qui l'acclamaient sur son passage. Il a bien fallu, toutefois, rétablir l'ordre après la dévastation achevée, pour ne pas faire, aux yeux de l'étranger, trop manifeste figure de sauvages. Puis, le représentant du gouvernement s'en est allé au milieu des cris de : *Mort aux juifs!* assister au convoi du maçon Cayrol, qui se trouvait au milieu du tumulte, on ne sait à quel titre. Et lorsque, au sortir de cette cérémonie, la foule s'est naturellement ruée sur les juifs et en a mis quelques-uns à mort, dont le seul crime était de passer dans la rue, M. Lépine s'est bien gardé d'apporter l'hommage de sa présence aux funérailles de ces victimes du fanatisme chrétien. Rien ne marque mieux l'attitude hypocrite de notre gouvernement.

D'ailleurs, je ne vois pas pourquoi les mêmes gens qui se sont fait couvrir de crachats diamantés par le massacreur de trois cent mille Arméniens auraient scrupule à faire tuer quelques juifs dépenaillés en faveur de qui Rothschild ne réclamera point. Des vieillards, des femmes, des enfants (chrétiens ceux-là) brûlés dans l'église d'Orfa au nombre de trois mille à la fois! L'incident, comme disait notre ami Lobanvo, n'a pas paru digne d'une remontrance. Il a fallu des *infidèles*, comme moi, pour protester. A peine les grands chrétiens de la Chambre prenaient-ils jésuitement des mines effarouchées. On ne me disait pas que j'étais du syndicat juif, parce que je défendais des chrétiens. Mais tous les moujiks de la presse officieuse hurlaient que les bons patriotes ne devaient point s'inquiéter de choses dont s'accommodait la Russie.

De l'approbation tacite des massacres d'Arménie à l'imitation sournoise des massacreurs, il n'y a qu'un pas. Hanotaux, admirateur enthousiaste du sultan, devait fatalement devenir son élève. Ne faut-il pas que la civilisation prenne la barbarie pour modèle?

Seulement, prenons garde aux conséquences. Le fanatisme de l'Islam, développé par les victoires du sultan, qui sont le crime de la politique actuelle, peut ménager aux manifestants antijuifs de cette heure la surprise d'un violent retour contre le christianisme, vainqueur d'Israël.

N'oublions pas encore que l'émeute victorieuse fait l'éducation de l'émeute, et que si les troubles antisémites d'Algérie mêlent, dans la conscience obscure des foules, une croisade d'intolérance religieuse à une révolte contre l'oppression du capital, il peut en résulter, sur notre continent, d'étranges répercussions.

Tout cela pour ne pas répondre à cette simple question : Un homme, juif ou chrétien, peut-il être jugé sans les garanties de la loi?

Mesurez par là le recul de l'esprit français.

29 janvier 1898.

LXVIII

Il y a la France...

Voici que les journaux de la rue Saint-Dominique en sont à discuter s'il est ou non légal de condamner un homme sur une pièce qui ne lui a pas été montrée. Quelques-uns tiennent qu'il n'y a rien de plus conforme aux règles d'une bonne justice, et que la loi, convenablement interprétée, s'accommode de cette procédure. Cette opinion franco-russe me paraît bonne à retenir. Je dis franco-russe, parce que, formulée en langue française, elle s'inspire évidemment de la conception des transportations sans jugement en Sibérie. La République s'autocratise. J'aurais préféré que la liberté française s'introduisît par nous dans l'empire des tsars.

Il semble d'ailleurs qu'il y ait eu pénétration réciproque, puisque c'est de Pétersbourg aujourd'hui que nous vient, ô misère! la leçon de justice et de liberté. Oui, c'est un de ces journaux qui se sont, depuis le premier jour, signalés par leurs sympathies françaises, une de ces feuilles peu suspectes de tendresse pour les juifs, et soumises, d'ailleurs, aux sévérités de la censure impériale, qui nous morigène avec une amicale verdeur : « Tous ces embarras auraient pu être évités si le gouvernement avait laissé aux tribunaux français les complètes garanties d'une solution impartiale de la question... Pour que la France revienne à une situation normale, il serait nécessaire d'en finir avec un

système d'illégalités qui n'a que trop duré, de lever
tous les mystères et de ne plus laisser l'ombre d'un
doute sur l'impartialité de la justice. Comme il, est
d'ailleurs impossible d'atteindre ce résultat sans
inquiéter quelques personnes qui s'abritent à l'ombre
de « l'honneur de l'armée », il est difficile de prévoir
comment la crise finira. » Que dirait le « syndicat »
de plus? Voilà quelle leçon nous vient du pays où
fleurit l'arbitraire. Cela fera-t-il réfléchir au moins les
malheureux qui ont besoin d'une traduction russe
pour reconnaître l'esprit français?

Ce serait d'autant plus nécessaire qu'à côté des
revendications nationales de justice, qui seront notre
honneur dans l'histoire, je vois se former en Europe
une opinion hautement défavorable au gouvernement
soi-disant républicain qui se fait de tous les abus du
passé une, cynique parure. Je sais bien qu'il y a une
manière très simple de tenir pour non avenues toutes
les contradictions déplaisantes. L'opinion en Allemagne? Antifrançaise. En Angleterre? Antifrançaise.
En Italie, en Autriche? Antifrançaise toujours. Que
d'ennemis partout! Est-il possible qu'il n'y ait pas,
dans tous ces pays, des esprits supérieurs pour
s'élever au-dessus des haines vulgaires? Ou bien,
serait-ce qu'à l'étranger, comme en France même, on
voit les hommes d'études et de savoir protester contre
la basse conception du gouvernement des peuples par
l'arbitraire et par l'iniquité?

De la Russie despotique seulement il se pouvait
attendre des paroles d'approbation. Et c'est de là
précisément que vient à MM. Méline et Billot, cachés
derrière M. de Boisdeffre, la plus sévère rebuffade.
Ces grands politiques résisteront-ils longtemps par
l'inertie d'un déni de justice, d'un refus de lumière,
aux sollicitations de plus en plus pressantes qui vont
s'accumulant tous les jours? On peut espérer de venir
à bout des mouvements de l'esprit populaire par la
lassitude et la diversion. La froide réflexion des penseurs s'obstine, et ne laisse rebuter par aucun obstacle

l'invincible force de conscience qui vient de la vérité.
Voilà pourquoi j'ai confiance, à travers tous les conseils de guerre à huis clos et tous les procès louches
organisés contre la preuve.

. Il est impossible que la France se résigne à laisser
en suspens la question de savoir s'il y a chez elle un
pouvoir supérieur à la loi, maître de la justice et de
l'iniquité. Car c'est bien la question. Il n'y en a pas
d'autre. Et le gouvernement le sent si bien qu'il n'a
plus qu'une idée : se servir de la commode couverture
de l'antisémitisme et de « l'honneur de l'armée » pour
dérober aux regards tous les abus qui perdirent la
France il y a vingt-sept ans.

Hier, M. Billot osait invoquer « l'honneur de
l'armée » pour se dispenser de répondre à ceux qui
dévoilent les scandales d'un favoritisme éhonté au
détriment des officiers laborieux sans appuis. Aujour-
d'hui, écoutez le journal ministériel *le Soir* : « Le
budget de la marine va venir en discussion : les ora-
teurs qui feront des critiques.... *se proposent le même
but que ceux qui se servent de l'affaire Dreyfus pour
tenter d'affaiblir le moral de l'armée.* »

Essayez maintenant de relever quelqu'un des nombreux accidents de la marine. Dites, par exemple, que
la tige du piston du *Bruix* s'est cassée, et demandez-
en la raison : « Vous êtes donc juif? » vous crieront
tout d'une voix les patriotes professionnels. Ça ne
raccommodera pas les bateaux. Mais le ministère s'en
trouvera bien. Il n'y aura que la France pour en pâtir.
Qu'est-ce que cela peut faire aux flambarts? Une bonne
neuvaine à Jeanne d'Arc nous met à si bon compte en
règle avec la patrie !

30 janvier 1898.

LXIX

Ceux qui parlent.

En entendant M. Léon Bourgeois se joindre à M. le duc de Luynes, à M. de Lanjuinais pour nous proposer, avec M. le général Billot, de mettre « l'armée » au-dessus de toutes critiques, je ne puis me défendre de croire qu'il doit y avoir au moins un de ces chefs de parti qui se dupe ou nous leurre. Pour dire toute ma pensée, je ne serais pas du tout surpris qu'il s'élevât quelque doute dans les esprits sur l'absolue franchise du radical.

Quand les monarchistes et les cléricaux, après s'être emparés de tous les grands emplois militaires, déclarent, aux premières critiques, qu'ils ne laisseront pas « attaquer l'armée », ils ne font rien que de naturel, parce que ce qu'ils appellent « l'armée », c'est eux-mêmes, tout simplement. S'ils prétendaient invoquer les traditions d'un patriotisme supérieur, il suffirait, pour les confondre, de rappeler l'armée de Condé, alliée de l'Allemagne contre la France, et d'évoquer le souvenir de l'accueil antipatriotique fait par la noblesse et le clergé aux Cosaques de 1814 et de 1815. La tradition de ces partis est d'ailleurs de ne compter que sur la force. Comment s'étonnerait-on qu'ils comptent avant tout, pour assurer leur pouvoir à l'intérieur, sur l'appareil militaire dont une discipline aveugle leur livre la disposition !

Lorsque M. Bourgeois parle de « l'armée », j'entends bien qu'il désigne par ce mot l'ensemble de notre force défensive, qu'il souhaite, comme tout bon Français, de maintenir intacte au regard de l'étranger. Mais pourquoi néglige-t-il de dissiper l'équivoque où se retranchent les ennemis de la République? M. Jaurès l'a fait courageusement à la tribune. Pourquoi M. Bourgeois — qui ne peut ignorer le péril d'un état-major de privilégiés se plaçant, de son autorité, au-dessus des tribunaux, au-dessus du Parlement — n'ose-t-il pas dénoncer à la France le plus grave danger qui la menace dans le présent, dans l'avenir? Danger intérieur, car tout le problème, en notre pays, est de faire succéder aux gouvernements de la force des gouvernements de justice et de liberté. Danger extérieur, car l'histoire récente nous enseigne que des états-majors de privilège sont des états-majors de présomptueuse ignorance, préparateurs des grands désastres militaires.

M. Bourgeois sait tout cela, mais il n'en dit rien. Il subit, il accepte, il entretient l'équivoque, feignant de confondre avec l'armée nationale dans son ensemble, les quelques privilégiés qui prétendent, pour l'exploiter, se mettre au-dessus des lois, et se faire d'un instrument de défense une arme contre la justice et contre la liberté!

Ce n'est point, je veux le croire, par pusillanimité d'âme que le chef des radicaux ministrables a commis cette faute grave. Il a cru, sans doute, y voir l'intérêt d'un parti plus habitué à compter sur l'action éventuelle d'un ministère bien intentionné que sur la puissance des idées. Ce ministère bien intentionné, nous l'avons vu. J'ose dire que ce fut le plus beau désastre de la législature. Il faudrait, pour vaincre M. Méline, avoir à nous proposer autre chose qu'un tel recommencement.

Mais que dire? Les élections approchent, et l'on trouve plus commode de s'enfermer dans les vieux programmes abstraits, que de saisir au vol les problèmes du jour, inquiétants par les passions soulevées, et d'en indiquer hardiment la solution de justice supérieure. On n'ose pas s'expliquer catégoriquement sur l'armée. On n'ose pas montrer que ses vrais amis sont ceux qui la veulent forte contre l'étranger, tandis que ses prétendus défenseurs la livrent aux querelles intestines en y organisant la domination d'un parti. On n'ose pas s'expliquer sur la folie de l'antisémitisme et sur le péril clérical qu'il recouvre. On reste dans le vague des doctrines, et il faut une interruption de hasard pour obtenir une condamnation détournée de la guerre aux juifs.

Tout cela parce qu'on redoute les préjugés de l'électeur, au lieu de s'employer à les détruire. Tout cela parce qu'on préfère le succès équivoque du nombre aux victoires laborieuses, mais seules définitives, de l'idée.

C'est ce qui fait que M. Poincaré, qui veut nous « arracher à l'oppression du cauchemar qui pèse sur nous », n'a encore trouvé d'autre moyen pour cela que d'apporter la caution de son nom aux manœuvres gouvernementales contre la justice et contre la vérité. Il veut travailler, proclame-t-il, à l'avènement de la justice, et quand l'événement du jour lui pose ce simple problème : « Un homme peut-il être condamné en dehors des garanties de la loi? » lui, ministre du gouvernement chargé de la responsabilité de ce crime, il se dérobe par une lettre aux électeurs qui, pour une conscience moins tendue vers le succès, ne ferait qu'augmenter le poids du « cauchemar ».

Ainsi vont les chefs de parti, suivant moutonnement les foules qu'ils prétendent conduire. Qui osera te dire la vérité sur toi-même, ô peuple souverain, plus adulé, plus encensé, plus mystifié que les monarques absolus, tes prédécesseurs? C'est tout le problème des démocraties.

2 février 1898. (1)

(1) Ici se place le procès d'Emile Zola et de *l'Aurore*. M. Clemenceau assista aux quinze audiences comme défenseur de *l'Aurore* et ne publia aucun article pendant ce temps.

LXX

1894-1898.

L'Intransigeant me fait l'honneur de publier un article que j'ai écrit à l'occasion de la condamnation de Dreyfus en 1894. J'ai alors admis, avec l'unanimité des Français, la culpabilité de Dreyfus.

On me demande ce qui m'a fait changer d'opinion sur le verdict du conseil de guerre? Je n'ai jamais dit que Dreyfus fût innocent, par la raison que je n'en sais rien. J'ai simplement affirmé et je prétends prouver qu'il a été condamné illégalement. Il me semble que, pour l'unanimité des Français, cette raison devrait suffire.

23 février 1898,

LXXI

Procès de Zola et de l'AURORE.

M. Clemenceau, défenseur de l'Aurore, prononça la plaidoirie suivante :

11.

Messieurs les jurés,

Nous voici à la fin de cet émouvant débat. Après la magnifique plaidoirie du jeune maître de la parole que nous avons tous applaudi, je n'ai aucune démonstration à ajouter, et je me reprocherais de vous retenir ici plus longtemps qu'il n'est absolument nécessaire.

Mᵉ Labori vous a dit un grand drame : un homme est là-bas, peut-être le pire criminel qui se puisse concevoir, peut-être un martyr, une victime de la faillibilité humaine ! Il vous a montré toutes les puissances organisées *pour* la Justice, coalisées *contre* la Justice, et il vous a appelés à la revision d'un grand procès.

Oui, c'est un drame poignant qui s'est déroulé devant vous. Vous avez vu les acteurs comparaître à cette barre, vous, les juges, et, après que vous aurez jugé, l'opinion publique française, la France tout entière vous jugera.

C'est pour obtenir le verdict de cette opinion publique que M. Emile Zola a commis volontairement l'acte qui l'amène devant vous.

Après avoir passé en revue avec Mᵉ Labori toutes les phases de ce drame, il reste encore une chose à faire : il faut tâcher de dégager l'impression reçue par nos esprits, rechercher ce que nous avons pensé, ce que nous avons senti pour déterminer notre jugement de tout à l'heure.

Messieurs, pour cela, ne serait-il pas bon de se reporter d'abord à l'état d'esprit où étaient tous les Français, sans exception, lorsque l'ex-capitaine Dreyfus a été frappé à l'unanimité, par un Conseil de guerre qui l'a déclaré coupable de trahison et l'a condamné à la déportation à vie dans une enceinte fortifiée ?

Un hasard de polémique de presse me permet justement, en ce qui me concerne, du moins, de retrouver ce point de repère, et, si vous le permettez, je com-

mencerai mes très brèves explications par la lecture
d'un article qu'on m'oppose aujourd'hui, écrit au lendemain de la condamnation de Dreyfus. Il me semble
qu'à ce moment, permettez-moi de le dire, tous les
Français ont dû penser comme moi et, quand je
l'aurai constaté, je chercherai comment quelques
Français, comment une minorité de Français... je
suis prêt à donner cette satisfaction à l'opinion de
nos adversaires... a senti une opinion nouvelle se
former, et pourquoi.

Voici, Messieurs, ce que j'écrivais au lendemain de
la condamnation de Dreyfus. L'article est intitulé le
Traître.

M. Clemenceau donne lecture de l'article qui est au
commencement de ce volume.

Messieurs, je vous ai dit tout à l'heure que je crois
avoir exprimé les sentiments qui, à cette date, ont dû
animer tous les Français, et quand je vois qu'aujour-
d'hui, on m'oppose cet article, je prétends qu'il contient ma justification tout entière. Comment? nous
serions suspects d'avoir voulu outrager l'armée, lor-
que le jour où elle s'est prononcée nous avons fait confiance à sa justice !

Oui, un Conseil de guerre, à l'unanimité, jugeant
qu'un homme est coupable de trahison, comment des
Français, au jour de la condamnation, avant de rien
savoir, douteraient-ils que le Conseil de guerre ait
justement rempli son devoir?

Mais, plus tard, après la longue série de révélations
dont Me Labori nous a présenté le tableau, n'est-ce
pas le moment de nous demander si, depuis le jour
où j'ai écrit cet article, des événements graves ne sont
pas survenus?

Ces événements, Me Labori vous les a consciencieu-
sement exposés, il les a discutés, et il me paraît impossible, en vérité, à l'heure où je parle, qu'une lumière
à peu près complète ne se soit pas faite dans vos esprits.
Car, Messieurs, je l'avoue, mon ambition, puisque
l'opinion française a été unanime au jour de la con-

damnation, serait que l'opinion française fût unanime
aujourd'hui à reconnaître que les juges les mieux
intentionnés, les juges les plus droits, les juges qui
croyaient avoir pris toutes les garanties possibles de
justice, ont pu se tromper, parce qu'ils sont hommes.
Je voudrais que du même mouvement qui nous a,
au jour de la condamnation, fait prendre parti pour le
juge contre l'accusé, l'opinion française, dans l'intérêt supérieur de la justice et de la vérité, sans se
manquer à elle-même, sans faire tort à l'armée (car
si le procès Dreyfus est revisé, Dreyfus paraîtra de
nouveau devant un Conseil de guerre), se prononçât
pour une revision de justice dans la pleine lumière.

Messieurs, bien des événements se sont produits
depuis 1894! Est-ce que nous connaissions le bordereau, est-ce que nous connaissions la pièce secrète de
l'Eclair? Est-ce que je les connaissais lorsque j'écrivais ces lignes? Savais-je, comme l'annonçait l'Eclair,
qu'une pièce secrète avait été communiquée aux juges
en chambre du Conseil?

Je ne sais pas, Messieurs, si Me Labori, je lui en
demande pardon..., a suffisamment insisté sur ce fait,
mais il est de nature à frapper tellement l'opinion de
tous les hommes sans exception que je me demande
comment nous n'arrivons pas à faire l'unanimité là-
dessus.

On vous dit : une pièce a été communiquée en chambre du Conseil. Se rend-on bien compte de ce que
cela veut dire? Cela signifie qu'on juge un homme,
qu'on le condamne, qu'on le flétrit, qu'on déshonore
à jamais son nom, celui de sa femme, celui de ses
enfants, celui de son père, de tous ceux qui se rattach-
chent à lui, sur une pièce qui ne lui est pas montrée.
Messieurs, qui d'entre vous ne se révolterait à la pensée d'être condamné dans ces conditions? Qui d'entre
vous ne crierait vers nous pour demander justice si,
traduit devant un tribunal, après un semblant d'interrogatoire, après un débat de pure forme, des juges,
réunis hors de sa présence, prononçaient sur son

honneur et sur sa vie, le condamnant sans appel sur
une pièce dont il n'aurait pas même eu connaissance?
Qui d'entre nous accepterait de se soumettre à un pareil jugement?

Si un tel acte a été commis, Messieurs, je dis qu'il
y a un devoir supérieur à tous autres, c'est qu'un tel
procès soit revisé. Je ne veux pas examiner en ce
moment la question de savoir s'il y a des présomptions
d'innocence, ni ce qu'elles sont.

J'ai écouté tous les témoignages qui se sont produits ici, j'ai suivi attentivement toute la belle plaidoirie de Me Labori, et je ne vous cache pas que j'incline maintenant à penser qu'il y a les plus grandes
présomptions pour que Dreyfus soit innocent. Je ne
peux pas l'affirmer absolument, je n'ai pas qualité pour
le faire. Vous-mêmes, Messieurs, quel que soit votre
jugement, vous n'avez pas à vous prononcer sur l'innocence de Dreyfus. Tout ce que vous pouvez dire,
c'est qu'il y a eu un jugement qui n'a pas été rendu
dans les formes légales. La forme ici, à la vérité,
emporte le fond. Quand le droit d'un seul est lésé,
le droit de tous se trouve en péril, le droit de la nation
elle-même. Nous aimons la patrie, ce n'est le mono-
pole de personne, croyez-le bien, mais la patrie, ce
n'est pas seulement le sol, c'est aussi un foyer de droit
et de justice auquel se rattachent tous les hommes,
si différents qu'ils soient d'opinion, amis ou ennemis.
C'est un foyer commun à tous, une garantie de sécurité, de justice égale pour tous. Cette patrie, vous ne
pouvez la concevoir sans la justice. Les gouvernants
qui la représentent, les juges, les soldats, si loyaux
qu'ils soient, peuvent se tromper, et toute la question,
à l'heure présente, est de savoir si ces hommes se sont
trompés.

Quand j'ai écrit l'article dont je vous ai donné connaissance, je ne connaissais pas la pièce de *l'Eclair*,
je ne connaissais pas davantage le bordereau du *Matin*,
à la suite duquel on a supprimé la dictée de Dreyfus,
qui aurait permis le contrôle de l'écriture.

Nous ne connaissions pas la déposition de M. **Salle**, qui tient d'un juge du Conseil de guerre qu'une pièce secrète avait été communiquée en chambre du Conseil. Il a été empêché de faire ici cette révélation, mais le fait demeure confirmé par la déposition de Me Demange. Nous n'avions pas la clef des réticences de M. le général Mercier, nous ne connaissions **pas** les préventions du colonel Sandherr contre les **juifs** (*Murmures*)... Je suis surpris d'entendre ces protestations... Je ne veux rien dire qui puisse blesser personne...

Un homme est venu à cette barre qui, j'ai le **regret** de le dire, a quitté l'audience au milieu du silence de tous. J'aurais voulu qu'il fût salué de nos applaudissements unanimes. C'est M. Lalance, ancien député protestataire au Reichstag, qui est allé porter **dans** l'assemblée allemande les protestations du patriotisme français. M. Lalance est venu nous dire que le colonel Sandherr, que je n'ai jamais eu l'honneur de connaître et contre qui je n'ai absolument rien à **dire**, avait des préventions contre les juifs, ce qui est commun à un très grand nombre de très honnêtes **gens;** je n'ai donc pas eu l'intention d'outrager M. le colonel Sandherr; j'ai seulement pris acte de la déposition d'un témoin.

M. le Président. — Voulez-vous, monsieur **Clemenceau**, vous tourner vers le jury?

M. G. Clemenceau. — Je vous prie de m'excuser, monsieur le Président, je le ferai volontiers.

M. Lalance nous a dit qu'en Alsace des juifs **patriotes** avaient voté pour les curés protestataires, ce qui **les** honore; M. Lalance nous a dit qu'à une manifestation militaire, à Bussang, je crois, un juif avait pleuré **et** que le colonel Sandherr, à qui on en faisait la remarque, avait répondu: « Je me défie de ces larmes. » Or, c'est le colonel Sandherr qui a instruit le **procès** de Dreyfus.

Je ne connaissais pas l'accusation portée contre le commandant Esterhazy, fondée sur cette effrayante similitude d'écritures, au sujet de laquelle Me Labori a fait une démonstration lumineuse. Je ne connaissais pas le document sur lequel se fondaient les soupçons contre Dreyfus ; je ne connaissais pas l'acte d'accusation du colonel Picquart, ce petit bleu dont il a été beaucoup parlé, qui venait du même panier que le bordereau, déchiré comme le bordereau, sans timbre comme le bordereau et qui ne valait rien contre le commandant Esterhazy, tandis que le bordereau valait tant contre Dreyfus. Et pourtant, Messieurs, ne l'oubliez pas, ce petit bleu porte, en toutes lettres, le nom du commandant Esterhazy.

Je ne connaissais pas la première enquête de M. le général de Pellieux, qui s'est terminée sans expertise d'écritures, M. le général de Pellieux alléguant que M. Mathieu Dreyfus n'apportait pas de preuves, alors que la preuve ne pouvait résulter que de l'expertise d'écritures.

Je ne connaissais pas l'instruction du commandant Ravary. Je ne savais pas que le colonel Picquart avait vainement insisté pour qu'une instruction fût ouverte contre la personne soupçonnée d'avoir porté le document secret à *l'Éclair* et je ne savais pas que cette instruction lui avait été refusée. Je ne savais pas que le colonel Picquart avait demandé une enquête sur les faux « Speranza » et « Blanche » et que cette enquête lui avait été refusée, si bien qu'il a été finalement obligé de saisir la justice civile. Fait grave entre tous, puisque ces documents sur lesquels l'autorité militaire refusait d'instruire portaient comme la lettre du « demi-dieu », l'indication de faits qui ne pouvaient être connus que d'un petit nombre de personnes à l'état-major.

Je ne pouvais pas deviner qu'une pièce du dossier secret, tenue sous bonne garde au ministère, celle-là même dont M. le général Billot refusait la communication à son vieil ami M. Scheurer-Kestner, s'envolerait de l'armoire à triple serrure pour se retrouver dans la poche de M. le commandant Esterhazy.

Je ne pouvais pas deviner que M. le commandant Esterhazy, se présentant au ministère de la Guerre avec un document secret dont il ne pouvait pas expliquer l'origine, ne serait pas arrêté, comme il serait infailliblement arrivé à tout autre, et qu'on lui délivrerait un reçu en forme d'une pièce dont la possession l'accuse.

Je ne savais pas, et je ne pouvais pas savoir que le procès institué contre un homme accusé de trahison par le chef du bureau des renseignements allait être dirigé tout entier contre le chef du bureau des renseignements lui-même.

Je ne pouvais pas prévoir qu'un homme aussi considérable que M. le général de Pellieux viendrait nous dire : « Le huis clos du procès Esterhazy était inutile. » J'ai dit que j'acceptais le huis clos dans des cas déterminés, mais seulement lorsqu'il y a une raison sérieuse de secret, car le principe de la justice en France est apparemment la publicité des débats. Il faut que le huis clos soit une exception. Eh bien ! M. le général de Pellieux nous a dit que le huis clos du procès Esterhazy était inutile. On a fait le huis clos sur des expertises d'écritures. Comment peut-on nous faire admettre un seul instant que ce huis clos fût nécessaire ?

Je ne connaissais pas les experts, je les ai vus à cette barre : j'ai vu comparaître M. Bertillon, qui a découvert la preuve de la culpabilité de Dreyfus dans deux lettres de son frère, dont l'une parlait de fusils de chasse et l'autre d'une émission financière.

J'ai vu comparaître M. Teyssonnière, qui vous a conté une étrange histoire, qui n'est peut-être pas vraie, et, pour ma part, je ne puis supposer qu'elle le soit, d'après laquelle les documents principaux de son expertise, égarés par lui, n'auraient pas même été soumis au Conseil de guerre qui, en ce cas, n'aurait pas prononcé en complète connaissance de cause.

Je ne pouvais pas imaginer, et cela certainement est vrai cette fois, que les archives du ministère de la guerre étaient tenues de telle sorte qu'on ne s'est pas aperçu dans les bureaux de l'absence du dossier qui, au lieu de rentrer dans les casiers des archives, est resté aux mains de M. Teyssonnière.

J'ai vu comparaître M. Charavay, expert, qui nous a dit que, l'unanimité des experts en écritures se prononçant contre un accusé, cette preuve ne serait pas suffisante s'il n'y en avait pas d'autre.

J'ai vu comparaître enfin les experts du procès Esterhazy, qui nous ont déclaré que le huis clos ne leur permettait pas de s'expliquer, alors que des savants ont fait pour nous la pleine lumière sur la valeur de l'expertise officielle.

J'ai vu l'effort inutilement fait pour atténuer la grave présomption résultant des lettres à Mme de Boulancy.

J'ai entendu répéter, toutes les fois que la vraie question se posait, ce mot tragique : « La question ne sera pas posée. »

Et comme la question se posait tout de même, j'ai vu, au dehors, entrer une opinion violente, passionnée, cherchant à exercer sur vous-mêmes, vous en avez reçu des témoignages, une pression effrénée. J'ai su, j'ai entendu dire, je sais pertinemment que des hommes ont été frappés sur le seuil de ce Palais pour avoir crié : « Vive la République ! » Et devant ces menaces, et devant ces violences, voyant que nos adversaires étaient hors d'état de comprendre notre état d'esprit, moi, j'ai cherché à comprendre le leur, car je ne suis pas de ceux qui s'empressent de supposer des motifs infâmes chez leurs adversaires. Je ne procède pas ainsi. Jusqu'à démonstration du contraire, je tiens mes ennemis pour loyaux, et je veux comprendre leur état d'esprit afin de pouvoir leur répondre. Eh bien ! l'état d'esprit de fanatiques ou d'affolés, je me l'explique trop facilement, car la déraison est de tous les temps. Je me l'explique d'autant mieux qu'il s'y mêle une part de politique, puisqu'on a manifestement voulu se ser-

vir des clameurs de la rue pour agir sur vos consciences, pour influencer votre verdict. Je comprends
tout, jusqu'à ce mélange de violence et de froide habileté dont nous sommes témoins.

Mais ce que je n'admets pas, c'est qu'on nous dise
que nous insultons l'armée quand ceux-là mêmes qui
nous font ce reproche acclament un homme, le seul
qui soit certainement, sans discussion possible, un
insulteur de la France et de l'armée, M. le commandant Esterhazy. Ce n'est pas discutable. M. Esterhazy renie une lettre dont l'authenticité sera prouvée plus tard, il m'importe peu. Je prends celles
qu'il avoue; cela suffit, il n'est pas douteux que le
commandant Esterhazy, qui porte encore l'uniforme,
et j'ignore pourquoi, est un insulteur abominable de
la France et de l'armée! Comment est-il possible qu'en
sortant d'ici, j'entende crier : « Vive Esterhazy ! » et
« Vive l'armée ! » Est-ce offenser les honorables officiers qui sont ici de leur dire qu'il est grand temps de
distinguer l'armée du commandant Esterhazy ?

Mᵉ Labori, tout à l'heure, criait : « Vive l'armée ! »
Comment ne crierions-nous pas tous : « Vive l'armée! »
quand tous les Français sont soldats, quand l'armée
c'est la France elle-même en bataille pour la défense
du foyer? Oui, vive l'armée! mais par quelle aberration, quand un homme parle de l'armée française
comme le commandant Esterhazy en a parlé, ose-t-on
associer ces deux cris : « Vive Esterhazy ! vive l'armée ! » (Bruit).

Enfin, Messieurs, nous avons vu ce spectacle, plus
inattendu encore : deux des chefs éminents de l'armée
française, M. le général de Pellieux et M. le général
de Boisdeffre, sont venus tenir au jury, sans s'en rendre compte peut-être, un langage comminatoire.

Dans son réquisitoire, M. l'Avocat général, reprochant à M. Zola d'avoir dit que le Conseil de guerre
avait condamné par ordre, s'est écrié : « Où est l'ordre ?
montrez l'ordre ! vous n'avez pas montré l'ordre? »
Eh bien ! je vous le montre, Monsieur l'Avocat géné-

ral. Il est venu à cette barre, en uniforme, et il s'est manifesté aux yeux de tous. Oh! on n'a pas dit aux jurés : Je vous ordonne de condamner M. Emile Zola. Et je ne pense pas que M. Emile Zola ait pu avoir un instant la pensée que quelqu'un s'était présenté devant le Conseil de guerre et avait dit aux juges : Je vous ordonne de condamner Dreyfus, je vous ordonne d'acquitter Esterhazy. Non pas, il y a des manières de se faire entendre, et l'état d'esprit de celui qui parle et l'état d'esprit de ceux à qui l'on parle sont des circonstances dont il convient de tenir compte.

M. le général de Pellieux, s'adressant directement aux jurés, leur a dit : « Messieurs, le crime... — il n'a pas dit le mot, mais c'était certainement le fond de sa pensée — le crime de M. Emile Zola, c'est d'enlever la confiance que les soldats doivent avoir en leurs chefs, » et vous faisant entrevoir l'éventualité d'une guerre prochaine, il a conclu : « Sans cette confiance, nous menons vos enfants à la boucherie. » Quelle menace plus directe pouvait-on faire entendre ?

Et le lendemain, M. le général de Boisdeffre était à cette barre et vous annonçait que, si vous acquittiez M. Emile Zola, il ne resterait pas à la tête de l'état-major.

Cette manifestation était antimilitaire au premier chef, car ce n'est pas vous qui avez nommé le général de Boisdeffre, et vous n'avez pas qualité pour recevoir sa démission. M. le général de Boisdeffre est un chef, mais un chef subordonné. Nous ne savons pas quelles peuvent être ses capacités militaires, nous devons les tenir pour acquises jusqu'à nouvel ordre, et nous n'avons pas à prononcer sur son cas : c'est affaire entre lui et le ministre de la Guerre, ou le Parlement.

Ainsi, pour prouver qu'on n'avait pas donné l'ordre au Conseil de guerre, on a publiquement dicté ses volontés au jury.

Eh bien! depuis les premiers soupçons venant de la publication du bordereau, de la pièce de *l'Eclair*, de l'acte d'accusation de Dreyfus, jusqu'aux dernières manifestations de l'état-major, est-ce que vous ne voyez pas la lumière toujours grandissante dans cette affaire? Pour ma part, je vous l'ai dit, j'ai tenu Dreyfus d'abord pour coupable, *à priori*, sans rien savoir, et je n'ai rien à retrancher des sentiments que j'ai manifestés dans mon article. Je vous l'avouerai même, j'ai été beaucoup plus long à concevoir des doutes que certains hommes qui, certes, ne sont pas suspects de ne point aimer l'armée. On vous a lu des articles de M. Paul de Cassagnac qui sont datés de 1896, et admettent par hypothèse la pensée d'un jugement à reviser. Il en a écrit plusieurs, je les ai lus, ils ne m'ont pas convaincu, je suis resté dans le silence, et vous ne trouverez pas, jusqu'aux derniers événements, jusqu'au jour où je suis allé voir M. Scheurer-Kestner, vous ne trouverez pas une ligne de moi se rapportant à l'affaire Dreyfus.

Je suis allé voir M. Scheurer-Kestner dans des conditions que j'ai racontées publiquement.

J'ignorais absolument — bien que son vieil ami — j'ignorais absolument qu'il s'occupât de l'affaire Dreyfus : il ne m'en avait jamais dit un mot. Lorsque j'ai appris par les journaux qu'il avait là-dessus des renseignements particuliers, et qu'il croyait à l'innocence de Dreyfus, je suis allé le voir. Il ne m'a pas nommé le commandant Esterhazy; il m'a montré des écritures... Je ne suis pas graphologue, ces écritures n'ont pas du premier coup décidé mon opinion : je l'ai dit le lendemain dans le journal, et j'ai continué de croire à la trahison de Dreyfus.

J'ai fait plus, j'ai demandé moi-même qu'on insérât dans *l'Aurore* des extraits d'articles de *l'Intransigeant*, dans lesquels se trouvaient des arguments contre Dreyfus. Je disais : Il faut que la vérité soit connue, n'hésitons pas à donner le pour et le contre.

Ma conviction a donc été lente à se former. Si cela avait un intérêt pour vous, il suffirait de prendre la suite de mes articles pour voir combien j'ai résisté longtemps à cette idée que Dreyfus pouvait être innocent. Cependant, comment résister toujours, quand la lumière se fait chaque jour plus grande, et quand, à mesure que la vérité se découvre, on voit toutes les puissances organisées pour faire la justice se coaliser pour refuser la justice ?

Messieurs, je sais bien qu'on a dit que c'était là un mouvement juif, et combien de ceux qui ne le disent pas le pensent ! Eh bien ! quels sont les faits qui résultent des dépositions à cette barre ? Où est l'origine du mouvement en faveur de Dreyfus ? Je ne parle pas de sa famille, qui croit à son innocence, et qui, naturellement, soulèverait le ciel et la terre pour disculper le chef de la famille. Mais, en dehors des Dreyfus, quels sont les premiers qui ont pu donner corps à l'hypothèse de l'innocence ? Messieurs, vous le savez, c'est dans l'armée elle-même que le doute a pris naissance. C'est M. le colonel Picquart, que je ne connaissais pas avant de l'avoir vu ici, et qui, je le déclare hautement, me paraît digne de tous les respects, c'est M. le colonel Picquart qui d'abord a désigné le commandant Esterhazy, dont le nom se trouvait inscrit sur le petit bleu provenant du fameux panier dont vous a parlé Mᵉ Labori. C'est M. le colonel Picquart qui a conçu les premiers doutes.

M. ZOLA. — Et il est antisémite !

M. CLEMENCEAU. — M. Zola me dit qu'il est antisémite, je n'en savais rien, cela n'en est que plus significatif. C'est M. le colonel Picquart qui a soumis ses doutes à son chef, M. le général Gonse, et c'est des scrupules de ces deux hommes, manifestés par les lettres que vous connaissez, qu'est sortie toute l'affaire qui nous amène ici aujourd'hui. M. le général Gonse a modifié ses impressions premières, M. le colonel Picquart, non. Malheur à lui pour cela. Il a vu ce qu'il ne devait point voir. Il a cru ce qu'il était interdit de croire Qu'il se taise ! Il ne faut que mentir à sa conscience. S'il parle, il est perdu. Si l'enquête sur M. le commandant Esterhazy n'avait pas nécessité son témoignage, il restait en Tunisie à son poste de soldat, et bien que tous les faits qu'on lui reproche fussent connus de ses chefs, aucune punition ne l'aurait frappé. Mais il faut qu'il revienne pour parler devant la Justice, et, avant qu'il ait rien dit, il arrive pour s'entendre traiter de menteur, lui! de faussaire, lui!

C'est le drame qui s'engage. Le drame dont le dénouement vous est remis.

Messieurs, comment la question se pose-t-elle devant vous à l'heure où je parle? Pour ma part, je la vois la plus simple et la plus compliquée. La plus simple, car c'est une question de légalité : il ne s'agit que de savoir si la loi, qui est notre garantie à tous, la loi qui nous protège contre les entraînements des juges, la loi qui nous protège contre les passions du dehors, la loi qui est notre sauvegarde à tous, qui que nous soyons, depuis les plus grands jusqu'aux plus infimes, il ne s'agit que de savoir si les garanties de la loi ont été observées vis-à-vis de Dreyfus.

Eh bien, non! Elles ne l'ont pas été. Cela est désormais acquis au débat. Et je n'en veux pas savoir davantage. Je n'examine pas les présomptions d'innocence, qui sont énormes surtout depuis que le procès actuel les a mises en pleine lumière. Je m'attache seulement à la question de légalité.

Question simple, ai-je dit. Question complexe aussi. Car, si la justice est le plus bel idéal à chanter, à célébrer, c'est peut-être aussi le plus difficile à réaliser.

L'organisation sociale est théoriquement admirable, le peuple envoie au Parlement des hommes chargés de représenter sa volonté, cette volonté se formule sous forme de loi, les juges l'appliquent, la force publique l'impose. Seulement, il arrive que les hommes revêtus des pouvoirs publics, parce qu'ils sont hommes, parce qu'ils sont faibles, se laissent abuser par l'idée qu'ils sont plus ou moins des hommes nécessaires. Ayant quelque pouvoir, ils en veulent davantage, ils tombent dans l'ordinaire confusion des intérêts personnels, des intérêts de corps, avec l'inté-

rêt général, et lorsqu'on vient signaler une erreur,
une faute, les préjugés, l'esprit de corps, les passions
soulevées, tout concourt à troubler la conscience des
hommes mis en cause dont le premier mouvement est
de résister d'ensemble et de faire front commun
contre ceux qui semblent ennemis, quand ils ne
demandent que la vérité, la justice, quand ils n'invoquent que la loi.

Que ne nous a-t-on pas reproché? Que d'injures,
que d'outrages nous ont été lancés!

Il n'y en a pas de plus absurde que de nous dire :
« Vous insultez l'armée! » Non, nous n'insultons pas
l'armée. Nous l'honorons en l'invitant au respect de la
loi, car elle n'est rien que par la loi, car nous la
voulons grande par la loi. Nous avons des devoirs
envers elle, elle a des devoirs envers nous, et l'entente doit se faire entre la société militaire et la société
civile sur le grand principe commun de la justice et
de la loi.

Messieurs, la France poursuit depuis vingt-cinq ans
une double entreprise qui paraît contradictoire à
quelques-uns. Nous sommes des vaincus..., de glorieux
vaincus, sans doute, mais des vaincus, et nous avons
d'abord conçu la pensée de refaire la puissance de la
France. Cela est nécessaire, il faut que cela soit,
parce qu'il n'y a pas de loi civile, il ne sert à rien
d'instituer le droit, la justice, si nous ne sommes pas
d'abord maîtres chez nous.

Et puis, nous avons conçu une seconde idée, l'idée
de nous débarrasser de tous les despotismes de personnes ou d'oligarchie et de fonder dans notre pays
une démocratie de liberté et d'égalité.

Alors, la question s'est posée de savoir si ces deux
vues ne sont pas en contradiction l'une de l'autre.
Le principe de la société civile, c'est le droit, la
liberté, la justice; le principe de la société militaire,
c'est la discipline, la consigne, l'obéissance. Et
comme chacun, ainsi que je le disais tout à l'heure,
est porté par la conscience de l'utilité de sa fonction

à vouloir empiéter sur autrui, la société militaire, qui
dispose de la force, tend à empiéter sur l'autorité
civile et à considérer l'autorité civile d'un peu haut
quelquefois. C'est un tort. Les soldats n'ont de raison
d'être que parce qu'ils défendent le principe que la
société civile représente. Il faut que la réconciliation
se fasse entre ces deux institutions.

L'armée professionnelle n'existe plus. Il ne s'agit
plus de résoudre la contradiction entre le droit commun des uns et le privilège des autres, la liberté civile
et l'esprit de corps, ou, si vous voulez le huis clos
militaire. Il faut que l'armée universelle, l'armée de
tous, se pénètre des idées de tous, des idées uni-
verselles de droit, puisqu'elle se compose de l'univer-
salité des citoyens. Si, absorbée par la pensée de
défense, qui est légitime avant tout, la société civile
se ruait à la servitude militaire, eh bien! nous aurions
encore un sol à défendre, c'est vrai, mais on peut
dire que la patrie morale serait perdue, parce que,
désertant les idées de justice et de liberté, nous aurions
abandonné ce qui a fait jusqu'ici dans le monde la
gloire et le renom de la France parmi les hommes.

Il faut que ces deux sociétés s'entendent, cela est
nécessaire Il faut que la société militaire jouisse de
tous ses droits pour accomplir tous ses devoirs. Il faut
que la société civile, consciente de ses devoirs envers
la Patrie, envers l'armée, maintienne inflexibles ses
droits, non seulement, comme je le disais tout à
l'heure, dans l'intérêt supérieur du principe qu'elle
représente, mais aussi pour le maximum d'efficacité
de l'institution militaire. Parler ainsi, est-ce insulter
l'armée ou la servir?

Ah! oui, il faut que l'armée soit forte, mais comme
l'abnégation des uns et le commandement absolu des
autres sont destinés à se fondre dans un immense
effort de vie et de mort pour la défense du territoire,
il faut que la société civile, par la supériorité de son
principe, conserve son plein pouvoir de contrôle.

Messieurs, combien seriez-vous ici revêtus de l'uniforme au jour de la mobilisation? Vous êtes tous de l'armée. À quel moment l'armée sera-t-elle le plus admirable, si ce n'est à l'heure où, courant aux frontières, elle emportera notre cœur et notre espérance. Supposez-vous cent mille Français couchés par terre dans les premières batailles? Il y aurait là-dessus quatre-vingt-dix mille hommes qui, présentement, ne sont pas revêtus de l'uniforme, et dix mille seulement de ceux qui se disent soldats aujourd'hui. Fera-t-on deux tas? dira-t-on qu'il y a un honneur de dix mille militaires et un honneur de quatre-vingt-dix mille civils? Non, il n'y a qu'un honneur de tous, le même, celui qui consiste en l'accomplissement du devoir suprême, du devoir total envers la Patrie. N'abusons donc pas d'un mot qui n'a plus le même sens qu'au temps des armées professionnelles. L'honneur de l'armée aujourd'hui, c'est l'honneur de tous. Il n'y a qu'un honneur pour l'armée, c'est qu'elle soit puissante pour la défense nationale, et, dans la paix, qu'elle se montre respectueuse des lois.

Ah! M. le général de Pellieux demandait la confiance l'autre jour, et, tandis qu'il parlait, je songeais que, pendant vingt-cinq ans d'Empire, nous avons fait pleine confiance aux chefs de l'armée. On n'a rien critiqué, on n'a rien contrôlé. Les hommes que j'ai vu partir étaient pleins de confiance en leurs chefs. Vous savez à quels désastres ils couraient.

On a reproché à M. Zola d'avoir écrit *la Débâcle!* Hélas! Messieurs, je le dis tout bas, s'il l'a écrite, c'est qu'il s'était trouvé des hommes de guerre inconscients pour l'organiser et pour la faire! Des patriotes, comme ceux d'aujourd'hui, des hommes qui ont fait le mal sans être mal intentionnés. C'est que le patriotisme consiste non pas à admirer quand même tout ce qui peut se faire dans l'armée, mais à soumettre l'armée, dans l'intérêt de la patrie qu'elle doit servir, aux pouvoirs de contrôle, aux disciplines de la loi.

Quand M. le général de Boisdeffre est venu à cette

barre, après M. le général de Pellieux, faire entendre
au jury des paroles chargées de menaces, il nous a
fait comprendre ce qui a dû se passer devant le Conseil de guerre, et, par ce que nous avons vu du procès
à ciel ouvert, nous avons pu juger de ce qui s'est
passé à huis clos. Le langage de M. le général Billot
à la tribune avait été assez clair, c'était l'équivalent
d'un ordre. Et M. le colonel Picquart n'a-t-il pas dit,
pour expliquer l'insuffisance du rapport Ravary :
« M. le général de Pellieux avait conclu au non-lieu, le
commandant Ravary ne pouvait pas faire autrement
que de conclure comme son chef. »

Voilà qui donne bien des explications. Il n'est pas
besoin d'en conclure qu'à aucun moment des généraux
ont manqué sciemment à leur devoir. Il nous suffit de
prendre leurs propres paroles pour découvrir comment, sans le vouloir, sans s'en rendre compte, ils se
sont écartés de la voie claire du droit et de la justice.

M. le général de Boisdeffre l'aurait prouvé surabon-
damment si cela avait été nécessaire. On attendait de
lui la preuve. On ne la lui demandait pas, nous n'avions
pas le droit de la lui demander, mais, au fond de nos
cœurs, nous souhaitions tous, qu'il la fît connaître. S'il
avait apporté une preuve décisive devant laquelle tout
le monde pût s'incliner, pour ma part, je vous le
jure, je serais sorti d'ici soulagé.

Mais quelle sorte de preuve nous a-t-il apportée ?

Un document postérieur de deux années au jugement de Dreyfus ! Messieurs, qu'est-ce que c'est que
cette justice qui découvre des preuves d'une condamnation deux ans après l'arrêt rendu, et qui nous
produit comme convaincantes des pièces qui n'ont pas
été soumises à l'accusé ! C'est la philosophie de ce
huis clos. On en connaît tout de ce huis clos, jusqu'aux pièces secrètes, connues de tous, sauf de celui
qu'elles ont fait condamner. Les experts ne veulent
pas raconter ici leur expertise : ils la monnoyent dans
les journaux. On nous cache des documents dont la
révélation serait, dit-on, nuisible aux intérêts de la

défense nationale, et ces pièces, qu'on refuse à
M. Scheurer-Kestner, qu'on refuse à la Chambre,
courent les grands chemins dans la poche de M. Esterhazy. M. Méline, à qui Jaurès dit : « Oui ou non,
avez-vous communiqué secrètement aux juges des
pièces soustraites à l'examen de l'accusé ? » lui réplique : « On vous répondra ailleurs. » Ailleurs, c'est
ici, et, ici, on ne nous a pas répondu, car je ne peux
pas prendre pour une réponse l'allégation que,
deux ans après la condamnation, on a enfin trouvé
une preuve contre le condamné.

Le colonel Picquart nous a dit que cette pièce était
un faux. Moi, j'admets par hypothèse qu'elle soit
vraie. Je dis que, si elle est vraie, notre premier
devoir à tous, c'est que Dreyfus, traître ou non, il
faut que cette pièce lui soit soumise, à lui et à son
avocat, et si vous déclarez que, parce qu'il est juif, il
ne doit pas être jugé comme tout le monde, un jour
on dira de même pour le protestant ou pour le libre
penseur... on l'a dit déjà... Où vous arrêterez-vous ?

C'est la négation de l'idée française qui est sortie
de la Révolution, l'idée de la même liberté pour tous,
l'idée de la tolérance pour tous, l'idée de l'égalité des
garanties, l'égalité du droit, l'égalité de justice. S'il
arrive que vous condamniez un jour un homme sans
les formes de justice, un jour les formes de justice
seront abrogées par d'autres à votre détriment.

Les historiens ont-ils assez récriminé, et combien
justement, contre l'abominable loi du 22 prairial
édictée par Robespierre pour se débarrasser de ses
ennemis ! Tous les penseurs ont voué à l'exécration
des hommes cette loi abominable qui supprimait la
défense : c'était odieux, infâme. Mais, au moins,
laissait-on connaître à l'accusé l'accusation. Pourquoi
ne le faites-vous pas, vous, en des temps qui ne sont
pas de violence révolutionnaire, dans la paix, dans la
tranquillité, quand tous les organes des pouvoirs
publics fonctionnent librement ? Je dis, moi, qu'il
faut la loi, toute la loi pour condamner un homme, un

officier français, car c'était un officier français, et non
des moins distingués, on vous l'a dit, appartenant à
une famille qui avait donné des preuves de patriotisme. (Bruit).

Je ne connais pas la famille Dreyfus, je ne fais que
reproduire la partie du témoignage de M. Lalance,
dont Mᵉ Labori nous a donné connaissance.

Je ne vois pas, même si Dreyfus est un traître, l'intérêt que nous pouvons avoir à refuser d'honorer des
hommes qui ne sont pas responsables du crime et qui
ont donné des preuves manifestes d'amour pour la
patrie française. Je me refuse à faire retomber sur
tous la faute d'un seul. Si Dreyfus est coupable, qu'il
soit puni aussi rigoureusement que vous voudrez,
mon article est là pour dire que je ne demanderai ni
grâce ni pitié pour lui. Mais, s'il a des frères, des
enfants, des parents qui se sont conduits en bons
Français, je croirai m'honorer en leur rendant justice. (Mouvements divers).

C'est le malheur des temps où toutes les passions
sont follement déchaînées qu'on ne veut pas entendre
la voix de la raison, qu'on s'injurie, qu'on s'accuse.
Vous avez vu ici même des officiers, d'anciens camarades, qui demain rivaliseraient de vaillance, de dévouement et de sacrifice, si le pays était menacé,
vous les avez vu s'accuser, se défier, échanger des
répliques, comme des coups d'épée. Demain, le colonel Picquart croisera le fer avec un compagnon
d'armes, qu'au fond de son cœur il aime peut-être.
Et nous, qui ne portons pas l'uniforme, nous qui
sommes Français tout de même, et qui entendons
aussi que la France soit efficacement défendue, que
faisons-nous ?

Quelques-uns d'entre nous allèguent qu'une erreur
judiciaire a peut-être été commise. Un grand cri
part alors de la foule : Traître, vendu, canaille, rené-
gat, agent des juifs ! Et ce sont des Français, Messieurs, qui croient servir la France en la signalant
comme un repaire de vendus, ce sont des Français à

qui l'idée ne vient pas de supposer chez leurs compatriotes un mouvement de générosité française. On
s'injurie, on se hait. Et c'est ainsi qu'on prétend
servir la patrie !

Messieurs, je le disais tout à l'heure, si nos adversaires ne nous comprennent pas, nous avons vis-à-
vis de nous-mêmes et vis-à-vis de notre pays le
devoir de les comprendre, afin de nous appliquer à
dissiper l'obscurité des esprits et à faire la lumière
pour tout le monde. Quant à moi, j'estime que la
pire trahison, parce que c'est la plus commune, dans le
cas dont il s'agit, c'est la trahison de l'esprit français, de l'esprit français qui s'est fait un si beau
renom dans le monde, de l'esprit de tolérance et de
justice qui nous a fait aimer jadis de tous les peuples
de la terre. Car même si la France devait disparaître demain, il demeurerait d'elle une chose éternelle, les sentiments de liberté et de justice humaine
qu'elle a déchaînés dans le monde en 1789.

Messieurs, quand l'heure des injures est passée,
quand on a fini de nous outrager, il faut bien répondre, et alors que nous objecte-t-on ? La chose
jugée...? Regardez la, Messieurs, voyez ce Christ en
croix. La voilà, la chose jugée, on l'a mise au-dessus
du juge pour qu'il ne fût pas troublé de cette vue.
C'est à l'autre bout de la salle qu'il faudrait placer
l'image, afin qu'avant de rendre sa sentence le juge
eût devant les yeux l'exemple d'erreur judiciaire,
que notre civilisation tient pour la honte de l'humanité. (Mouvements divers).

Ah ! oui, je ne suis pas un des adorateurs du Christ
au sens où beaucoup d'entre vous l'entendent peut-être,
mais je lui suis peut-être plus fidèle, à lui, et je le
respecte certainement plus que beaucoup de ceux qui
prêchent le massacre au nom d'une religion d'amour.
(Bruit).

Il est vrai, rien n'est si répugnant que de paraître
défendre un traître. Mais que faisaient donc ceux qui
protestent le plus bruyamment aujourd'hui quand la

trahison la plus avérée obtenait ouvertement l'indulgence des pouvoirs publics et du chef même de l'Etat? Le maréchal Bazaine était bien un traître, n'est-ce pas ? Il avait livré des soldats français par centaines de mille, au moment critique où il dépendait de lui de changer le sort de nos armes et de sauver la Patrie. Je ne veux pas faire de déclamation, mais j'affirme, et je défie ici qu'un homme se lève pour me contredire, que Bazaine a commis l'acte le plus déterminé de trahison connu dans l'histoire des guerres. Condamné à la dégradation militaire, à la mort, on lui a fait grâce de la dégradation militaire, on lui a fait grâce de la vie. Enfin, on l'a fait évader!

Dites-moi ! pensez-vous que la responsabilité des chefs soit plus grande que celle des soldats? Oui, sans doute. Eh bien! s'il en est ainsi, dites-moi alors pourquoi l'on sévit impitoyablement tous les jours contre de simples soldats coupables d'un moment de révolte que je blâme, tandis qu'on a osé grâcier le traître par excellence, celui qui n'a pas d'excuse, celui que la France avait comblé et dont elle attendait au moins le secours au jour du désastre suprême ? A quel régime on l'a soumis? Je voudrais vous lire tout au long la brochure de M. Marchi, directeur de la prison des îles Sainte-Marguerite. Voici, d'un mot, quelles étaient les instructions de ce geôlier :

Vous traiterez le prisonnier avec les plus grands égards ; en un mot, à Sainte-Marguerite, il faut être homme du monde et non directeur d'une maison de prévention.

M. Marchi arrive à Sainte-Marguerite, et parce qu'il cherche à remplir le plus discrètement possible son devoir, parce qu'il fait surveiller le condamné toutes les fois qu'il va se promener sur la terrasse, M. le lieutenant-colonel Villette, qu'on a donné pour compagnon à Bazaine, se rend à Paris, et fait réprimander le directeur.

Il serait trop long de vous mettre au courant, par le détail, du régime du prisonnier. Il faudrait décrire les appartements, dénombrer les serviteurs, les amis qui se succèdent. Qu'il vous suffise de savoir que des ministres écrivirent à Bazaine, que des ministres l'appelèrent « M. le maréchal », lui, le dégradé, et qu'il fut question de le pensionner. On laissait des bateaux venir jusqu'au bord de la terrasse, d'où il s'entretenait avec les visiteurs. La veille de son évasion, il avait obtenu la permission de sortir avec un gardien.

Eh bien ! vraiment, quand je compare cette tolérance, outrageante pour la France et pour l'armée, avec le régime imposé au prisonnier de l'île du Diable, lorsque je me rappelle qu'un officier d'artillerie, Triponé, qui n'avait pas seulement communiqué des documents à l'étranger, mais qui avait livré le détonateur de Bourges, dont nous étions les seuls possesseurs en Europe, à la maison Armstrong, qui en avait fait bénéficier l'Allemagne, lorsque je vois que Triponé a été condamné à cinq ans de prison et qu'au bout de deux ans et demi on lui a fait remise de sa peine, lui dont le crime n'était certainement pas inférieur à celui de Dreyfus, je dis qu'il n'y a pas égalité de peine entre ces chrétiens et ce juif.

L'adjudant Chatelain qui se promène en ce moment à la Nouvelle-Calédonie — il a, sans doute, une ferme où il élève du bétail — fut convaincu, si j'ai bon souvenir, d'avoir vendu certains documents à l'Italie. Il n'était pas moins coupable que Dreyfus. Quelle différence de traitement !

On parle d'égalité de la loi. C'est un mot. Nous attendons la réalité. C'est pour obtenir cette égalité de la loi, c'est pour obtenir un jugement légal, c'est pour obtenir la commune règle de justice que nous sommes devant vous. Vous ne pouvez nous refuser notre demande sans vous faire dommage à vous-mêmes. On nous reproche d'avoir violé la loi. Tout au contraire, nous nous présentons à cette barre dans l'intérêt de la loi, et si quelque autre moyen nous avait été laissé d'obtenir justice, nous ne serions pas ici.

Pour le redressement d'une erreur judiciaire, on s'est adressé au ministère, au pouvoir exécutif. Vous savez ce qu'a fait M. le général Billot : il a refusé d'agir. M. Trarieux s'est adressé à M. Méline, M. Scheurer-Kestner s'est adressé à M. Méline : M. Méline n'a pas même voulu avoir de conversation avec eux.

Au Sénat, discussion, néant. A la Chambre, discussion, néant. De même pour le Conseil de guerre : enquête du général de Pellieux, enquête du commandant Ravary, toute la procédure que le procès a montrée aboutissant à rendre de plus en plus difficile la manifestation de la vérité. Et quand tous les pouvoirs organisés pour le maintien de la loi manquent à la loi, quand les puissances de justice et de vérité se dérobent à la justice et à la vérité, que faire pour ceux qui croient, comme M. Zola, qu'un peuple ne peut pas rester en doute sur sa propre justice? C'est l'appel au peuple qui se présente alors à l'idée de tous, l'appel au peuple représenté par douze jurés choisis au hasard pour dire si l'heure leur paraît venue de faire la lumière, et s'ils pensent que la justice a assez longtemps attendu.

Non que les jurés, sans doute, aient des lumières supérieures : les jurés sont des hommes. Mais le désintéressement de l'esprit de corps leur laisse toute liberté d'esprit pour donner à la France les satisfactions de justice qui doivent primer tous autres intérêts.

Nous sommes devant vous, Messieurs, vous allez prononcer tout à l'heure. Nous ne vous demandons rien que d'exiger, que de faire la vérité. La vérité n'est d'aucun parti, c'est le bien de tous. M. Zola sans la vérité ne peut rien. Avec une parcelle de vérité, il est invincible. Donnez-nous, donnez aux Français qui l'attendent, la vérité, toute la vérité. Le bon renom de la France dans le monde l'exige. Aussi la pacification des esprits qui ne se fera pas jusqu'à ce que la vérité soit connue.   .

Et surtout gardez-vous de vous faire ce raisonnement qui est, à l'heure actuelle, dans un trop grand nombre d'esprits : « Il est possible que Dreyfus ait été condamné illégalement, mais il l'a été justement ; c'est assez, n'en parlons plus. »

Erreur profonde. Une illégalité est une forme d'iniquité, puisque la loi est une garantie de justice.

Messieurs, tous les généraux, tous les magistrats réunis ne peuvent pas faire dire que l'illégalité qui vient d'une forme défectueuse de justice, ne soit une justice imparfaite, de garanties insuffisantes, parce que la loi n'est rien qu'une garantie de la justice. Faire de la justice en dehors de la loi, nul n'en a le droit ni le pouvoir.

Si vous voulez rendre le suprême service à la patrie dans les circonstances présentes, faites que la suprématie de la loi soit incontestée, et, par la loi, la suprématie de la justice. Faites disparaître de nos âmes ce respect, absurde dans une démocratie, de la raison d'Etat.

La raison d'Etat se comprend avec Louis XIV, avec Napoléon, avec les hommes qui ont un peuple dans la main et le gouvernent selon leur bon plaisir.

Dans une démocratie, la raison d'Etat n'est qu'une contradiction, un vestige du passé. La France est une haute personne morale, disait Gambetta. Je ne renie rien de la France, Monarchie ou République. Mais je dis que la tradition de la raison d'État a fait son temps et que l'heure est venue pour nous de nous attacher à l'idée moderne de liberté et de justice égalitaire. Après le devoir primordial de la défense du sol, rien ne saurait être plus urgent pour nous que de constituer, après tant de funestes épreuves, un régime de liberté et de justice qui soit, comme ce fut l'ambition de nos pères, un exemple pour toutes les nations civilisées.

A l'heure actuelle, je le reconnais, le problème vous est posé d'une façon aiguë, douloureuse. Il est pénible, pour nous comme pour vous, de nous trou-

ver en conflit avec de braves gens qui sont soldats,
qui ont cru bien faire, qui veulent bien faire, et qui,
croyant bien faire, n'ont pas bien fait. Cela arrive
aux civils sans uniforme, cela arrive aux civils en uniforme militaire, car les soldats ne sont que des
hommes faillibles comme les autres.

Comment faire si nous ne commençons par répudier hautement ce sophisme de la raison d'Etat, qui
nous a fait tant de mal, qui a enrayé par la guillotine
et par les violences de toutes sortes le magnifique
mouvement de la Révolution française! Ah! nous
avons détruit la Bastille, nous dansons tous les 14 juillet
pour célébrer la suppression de la raison d'Etat. Mais
une Bastille intérieure est demeurée tout au fond de
nous-mêmes, et, quand nous nous interrogeons, une
illégalité commise au détriment des autres nous paraît
acceptable, et nous disons et nous pensons que ce
peut être un petit mal pour un grand bien.

A vous de savoir si, sans vous prononcer sur les
fautes de qui que ce soit, sur les erreurs inhérentes
aux jugements humains, vous voulez rechercher la
vérité pour la vérité, faire la justice pour la justice,
comme la loi vous en donne le droit, comme l'intérêt
de la patrie vous en impose le devoir. Alors, écartez
toutes considérations de personnes.

Vous n'avez pas à juger ici M. le général de Boisdeffre,
pas plus que M. le général de Pellieux qui s'expliqueront
avec leurs chefs, ce n'est pas votre affaire. Ils n'ont
ni approbation ni blâme à recevoir de vous. Quoi que
vous décidiez, il n'en peut résulter de danger que si
vous abandonnez vous-mêmes la cause de la loi de
justice que vous représentez. Cela, vous ne le ferez
pas. Vous mettrez la loi civile au-dessus de toutes les
prérogatives. Vous garderez intact le dépôt de nos
conquêtes de liberté, d'égalité, en dehors de toutes
considérations de races ou de croyances. Ainsi vous
nous rendrez l'inappréciable service de réprimer ces
premiers mouvements de guerre religieuse qui seraient
le déshonneur de ce pays... (Murmures).

Vous protestez, tant mieux! Je veux bien croire que
vous n'avez pas l'intention de renouveler les guerres
de religion! Cependant, quand je vois en France, dans
notre France d'Algérie, quand je vois qu'on a pillé
des magasins, qu'on se vante dans les journaux d'avoir
jeté les coffres-forts à la mer, d'avoir déchiré des
traites, quand je vois qu'on a massacré des juifs coupables d'aller chercher du pain pour leur famille, j'ai
le droit de dire que les guerres religieuses n'ont pas
présenté d'autre spectacle dans l'histoire. C'est pourquoi je demande aux jurés d'aujourd'hui, en se prononçant dans le sens de la liberté et de la justice pour
tous, même pour les juifs, de marquer leur volonté
de mettre un terme à ces excès, de dire aux fauteurs
de ces sauvageries : « Au nom du Peuple français, vous
n'irez pas plus loin! »

Messieurs, nous sommes la loi, nous sommes la
tolérance, la tradition de l'esprit français, nous
sommes les défenseurs de l'armée... (*Rires et murmures*) oui, de l'armée, sur les intérêts de laquelle les
préventions de l'esprit de corps vous abusent, car
nous ne séparons pas la justice du patriotisme, car
l'armée ne sera forte que contrôlée, et respectée qu'à
la condition de puiser sa force dans le respect de la loi.
Oui, c'est nous qui sommes les défenseurs de l'armée
quand nous vous demandons d'en chasser Esterhazy.
(*Bruits, cris*). Ce sont les ennemis conscients ou inconscients de l'armée qui proposent d'en chasser Picquart
pour y garder Esterhazy!... Messieurs les jurés, un
général est venu vous parler de vos enfants, dites-moi
qui d'entre eux voudrait se trouver dans le bataillon
d'Esterhazy? Dites-moi si vous donneriez vos fils à cet
officier pour aller à l'ennemi? Il suffit de poser la question. Qui ne sait d'avance la réponse?

Messieurs, j'ai dit. Nous avons traversé dans ce siècle
de terribles épreuves, nous avons connu toutes les
gloires et tous les désastres, nous sommes à ce moment
tragique de notre histoire devant l'inconnu, entre
toutes les craintes et toutes les espérances. Saisissez

l'heure, comme nous l'avons saisie nous-mêmes, faites vos propres destinées. C'est une chose auguste, le peuple se jugeant lui-même. C'est une chose redoutable aussi, le peuple décidant de son avenir. A vous, Messieurs, de prononcer moins sur nous que sur vous-mêmes. Nous comparaissons devant vous. Vous comparaissez devant l'histoire. (*Applaudissements et clameurs*).

23 février 1898.

LXXII

Vainqueurs et vaincus.

C'est la grande danse du scalp autour du supplicié Zola. Les vainqueurs sont nombreux : tout le monde veut en être.

Au premier rang, je vois le ministère Méline-Billot et sa majorité parlementaire. Il n'y a pas à nier que ceux-là aient remporté devant le jury de la Seine une éclatante victoire. Ils avaient entrepris de couvrir par la violation des formes de justice une illégalité flagrante. Douze jurés, représentant Paris, leur ont donné toute liberté là-dessus. Un beau triomphe, dont les généraux de Boisdeffre et de Pellieux ont le droit de réclamer leur part.

Car l'état-major aussi, ayant soutenu le poids du combat, peut revendiquer pour lui l'honneur de la journée. Sans l'épée des deux généraux jetée dans la balance, qui sait ce qui pouvait advenir ? Des juges capables de juger suivant leurs propres lumières, cela se peut-il tolérer? Menaces de guerre prochaine, boucherie annoncée, démission de l'état-major toute prête, il n'en faut pas davantage pour amener douze citoyens tremblants à incliner la loi devant le sabre. Telle est la présente justice de la République française.

Avec les républicains de gouvernement triomphant sous la botte, avec l'état-major maître du Parlement et de la justice, dictant sa volonté dans le prétoire, je suis bien forcé de reconnaître au premier rang des vainqueurs l'Église et la monarchie. L'Église qui trompette la guerre religieuse contre les juifs, les protestants et les athées, fidèlement servie par les chefs militaires qu'elle a installés dans les hauts commandements. La monarchie qui ne peut avoir d'espérance que dans un coup de force brutale. Enfin, étrangement mêlées à cette troupe bigarrée de vainqueurs, se trouvent la plupart des oppositions de la presse et du Parlement : l'opposition personnelle de M. Rochefort, l'opposition radicale de la Chambre qui a laissé faire, une importante fraction de l'opposition socialiste qui refuse de suivre Allemane et Jaurès. Cela fait beaucoup de triomphateurs.

La presse, il faut bien le dire, a mieux résisté que le Parlement, et quelques organes indépendants ont bravement bataillé sans s'occuper des députés qui viendront avant deux mois réclamer leur concours. Mais je dois à la vérité de le reconnaître, l'ouvrier parisien paraît s'être désintéressé de la question. Sans comprendre le haut devoir de solidarité humaine, sans découvrir dans la violation du droit d'un seul la violation de tous, il a laissé la rue libre aux gourdins de l'antisémitisme.

Car c'est bien d'antisémitisme qu'il s'agit, chacun le peut voir. S'il n'y a pas de loi pour Dreyfus, c'est qu'il est juif, voilà tout. Bazaine, le plus coupable de tous les traîtres, fut gracié, puis mis en liberté. C'était un fils soumis de l'Église. Dreyfus est juif. Qu'importe sa culpabilité ou son innocence à ceux qui pendant toute la journée d'avant-hier ont fait retentir du cri de *Mort aux juifs*! les voûtes du Palais de *Justice*?

Le Dieu des chrétiens est le Jéhovah juif. Son fils est juif, né d'une vierge juive dont l'image est adorée dans toutes nos églises. C'est le juif Paul qui commença de répandre le christianisme par le monde. C'est le juif Pierre qui fut le premier chef des chrétiens, et nos papes ne sont que de sa lignée. Dans toutes nos chapelles, le juif Joseph reçoit les prières de la foule, avec les apôtres juifs dont nous rencontrons partout les statues. Ce sont les juifs qui firent d'abord souche de chrétiens. Par la Bible et l'Évangile, la pensée de l'Orient juif a conquis l'Occident, et voilà que l'Occident se retourne contre la race d'où lui vint sa foi. Les haines religieuses sont plus vives entre sectes prochaines. L'Église puissante a férocement sévi au cours de sa longue histoire contre les juifs et les protestants. Qui donc disait qu'un esprit de tolérance avait surgi? Lisez les journaux; écoutez les propos de la rue: c'est un grand boulangisme antisémite qui se prépare. Jusqu'à quels excès la lâcheté des gouvernants et des oppositions lui permettra-t-elle de se porter : c'est ce que j'ignore. Par le passé récent, nous pouvons préjuger de l'avenir. Les masses soulevées ne s'arrêtent point toujours à la voix de ceux qui les ont mises en mouvement. Sous le couvert de l'antisémitisme, l'Église de Rome fomente contre l'esprit de la Révolution française des agitations de mort qui peuvent avoir d'effroyables retours. Puissent ces craintes se trouver vaines! Mais qui peut croire que l'antisémitisme vainqueur soit capable de résister à l'immense poussée de haine d'où lui vient sa force de victoire?

Le seul homme qui triomphe avec modestie dans cette gloire, c'est l'officier français qui a nom : le commandant Walsin-Esterhazy. Il aurait le droit d'être fier. Jouissant de l'extrême liberté de langage dont témoignent les lettres à Mme de Boulancy, il est le protégé du gouvernement et de l'armée qui le font intangible. Il faut retenir le fait pour les commentaires de l'histoire.

Du vaincu, il n'y a plus rien à dire. C'est Emile Zola, suivi d'une poignée d'amis, coupables d'avoir voulu que la justice fût égale pour tous et que la loi fût respectée même des soldats et des juges dans la République française. Emile Zola sera, pour ce crime, puni. C'est bien. Le peuple français, représenté par ses jurés, a prononcé cette décision souveraine. Que sa volonté s'accomplisse ! L'avenir pèsera dans ses justes balances les résultats heureux ou malheureux qui viendront.

Le colonel Picquart, aussi, a le droit de revendiquer son titre de vaincu. Il a vu ce qu'il ne devait point voir. Il faut qu'il soit frappé sans merci. C'est bien le moins qu'il soit chassé de l'armée quand le commandant Esterhazy parade au premier rang sous le regard ami de nos généraux les plus respectés.

Chacun sait en France aujourd'hui que la loi a été outrageusement violée au détriment d'un accusé dans un simulacre de procès. Qu'est-ce que cela peut faire à ceux qui n'en ont pas personnellement souffert ? Mort aux traîtres qui veulent une patrie de justice ! Mort aux vendus qui invoquent la vérité ! M. le général de Boisdeffre a mis son épée sur le livre de la Loi. Y touche qui l'ose ! Le jury de la Seine a déclaré qu'il n'avait garde d'y toucher, et le peuple français paraît s'en réjouir à cette heure. Que fait-il, hélas ! sinon de léguer l'expiation de l'égoïsme et de la haine aux fatalités de l'avenir ?

25 février 1898.

LXXIII

M. Méline a parlé.

M. Méline n'est pas un méchant homme, et l'on m'accordera qu'il n'est pas plus mal intentionné qu'un autre.

Il a dit des choses excellentes sur l'armée. Seulement il lui paraît tout naturel que des généraux menacent les jurés, dans une guerre prochaine, de conduire leurs enfants à la boucherie, parce qu'un article de journal aura fait perdre la confiance de quelques-uns dans l'état-major de M. de Boisdeffre. Sur ce point, je ne suis pas de son avis, ayant vu des généraux, en qui tous les électeurs du Corps législatif de Napoléon III avaient mis leur confiance, conduire le peuple français à Metz et à Sedan. Je crois également qu'il a tort de tolérer que des chefs militaires, qui devraient donner l'exemple de la discipline, s'émancipent de toute règle et de toute loi jusqu'à apporter leur démission à un jury terrifié de l'aventure. Ces choses ne se font pas impunément. Il en reste des habitudes qui se traduiront en actes quelque jour. Et le mal viendra, non de M. Zola, mais du gouvernant qui aura fait fléchir la loi devant *l'ultima ratio* du sabre.

M. Méline encore a fort bien parlé de la loi. Je regrette seulement pour lui qu'il dépense tant d'efforts pour en maintenir la violation quand c'est un juif qui est en cause. Cela enlève beaucoup d'autorité aux phrases entortillées par lesquelles il s'est efforcé de désavouer l'antisémitisme en lui cherchant des excuses. Car il paraît que c'est Zola, et non pas l'Eglise romaine, qui fomente la guerre aux juifs, aux protestants, aux libres-penseurs. C'est Zola qui a déchaîné les haines religieuses en se permettant, sans l'autorisation de Méline, de demander justice pour un juif. On a mis tout un quartier d'Alger au pillage, on a massacré des hommes inoffensifs. M. Méline ne s'en est pas aperçu. A Paris même, des violences ont été commises. M. Méline n'en sait rien. Des bandes organisées ont empli, tout un jour, du cri de *Mort aux juifs!* le Palais de Justice. M. Méline n'a rien à nous dire là-dessus. Des journaux invitent « les patriotes », pour produire « un puissant effet moral » aux premières menaces de guerre, à « coller au mur Zola, Labori, Clemenceau, Rothschild et tous les principaux juifs du territoire de la République et à leur loger à chacun douze balles dans le ventre ». M. Méline s'amuse de ces propos.

Ce n'est peut-être pas d'un très grand politique, car Zola, ni Labori, ni moi-même, n'étant juifs, chaque citoyen français doit se sentir dès à présent menacé dès qu'il a le malheur de déplaire à la bande meurtrière. Et comme il est à prévoir qu'il se rencontrera des gens pour offrir quelque résistance, il est permis de craindre que M. Méline, chef de l'antisémitisme gouvernemental, ne nous prépare là de tristes jours.

Dans le juif nous avons vu l'homme à défendre. De même j'ai défendu les chrétiens d'Arménie massacrés par les Turcs, lorsque tant de journaux qui nous accusent d'être vendus au syndicat juif observaient un remarquable silence, le syndicat de la haute banque judéo-chrétienne ayant besoin de laisser couler ce sang humain pour faire monter les fonds ottomans. J'aurais défendu les Turcs contre les chrétiens s'il avait été nécessaire. Je défendrais les chrétiens si les juifs les menaçaient de mort. Les malheu-

reux êtres de mentalité inférieure qui ne vivent que
de haine se hausseront difficilement à cette philosophie.
M. Méline n'est point de ceux-là, je me hâte de le
dire.

Son cas est pire, je le crains. Il serait capable de
comprendre, s'il n'était chef du gouvernement, et s'il
ne croyait, comme beaucoup de gens dans son cas,
que la France ne pourrait sans dommage se passer
des éminents services qu'il a l'intention de rendre.
D'où la nécessité pour lui de s'appuyer sur tout ce qui
se présente. Faire la justice à un juif lui vaudrait les
bruyantes colères des bandes antisémites. Il en a peur,
et préfère hurler avec les loups. De là ses sévérités
pour Zola qui demande justice, et son indulgence pour
des bandits.

Maintenant le voilà qui s'efforce de faire la part
des violences. Un antisémitisme modéré ferait mieux
son affaire. Mais l'Eglise ne l'entend pas ainsi. La
bête est déchaînée. Rome a juré de refaire son empire
sur les ruines de la Révolution française. M. Méline
n'a pas été le seul à lui en fournir les moyens. Il
est simplement l'un des derniers ouvriers de cette
tâche antifrançaise. L'un des plus néfastes peut-être,
parce que l'heure approche de la crise suprême. Bien
qu'il annonce, non sans forfanterie, de nouvelles lois
de répression contre les républicains, il ne fera plus
beaucoup de mal. Tout ce qu'il pourrait faire est en
voie d'achèvement. L'Eglise, maîtresse de la France,
prépare un renouveau des guerres religieuses avec la
complicité de certains chefs d'armée — qui ne sont
pas l'armée, comme ils le prétendent. Et si vous voulez savoir ce qu'il adviendra de nous, regardez ce que
l'Eglise romaine a fait du noble peuple d'Espagne.

26 février 1898.

LXXIV

La liquidation.

Enfin nous voici débarrassés de Picquart et de Grimaux. C'est ce qu'on appelle la liquidation.

Picquart est chassé de l'armée pour avoir voulu la
justice contrairement aux intérêts de ce patriote distingué qui a nom Esterhazy. Picquart est chassé de
l'armée. Esterhazy y demeure. Picquart devient un
Monsieur, comme le lui disait avec un suprème mépris
le général de Pellieux. Esterhazy garde l'uniforme,
et j'espère bien qu'à la prochaine guerre c'est lui qui
conduira les fils de MM. les jurés au combat. L'insulter, ce serait porter atteinte à l'honneur de l'armée,
ne l'oubliez pas. Pour Picquart, il n'y a pas à se
gèner. Ce n'est plus rien qu'un homme. Si peu de
chose! Il lui restera la joie de contribuer de ses deniers,
comme nous tous, à la pension d'Esterhazy pour
services rendus à la patrie. Ce sera, dans la disgrâce,
sa consolation.

Quant à Grimaux, je me demande ce qu'on peut en
dire. Ce n'est, à proprement parler, rien du tout.
Un chimiste, un savant, qui s'est cru le droit, devant
la justice de son pays, de dire ce qu'il pense. Cela
n'est pas tolérable. L'enseignement d'un tel révolutionnaire à l'École polytechnique serait en vérité dangereux pour la défense nationale. L'azote et l'oxygène
de nos jésuitières repoussent cette chimie qui ne se
laisse point enrégimenter contre la vérité. Par bon-

heur le scandale a pris fin, et la science orthodoxe du Père Dulac va briller du plus pur éclat dans nos laboratoires. Quand une bonne guerre de religion nous aura débarrassés des juifs, des protestants et des libres penseurs, la doctrine des combinaisons chimiques s'en trouvera simplifiée. Un bon billet de confession répond à bien des choses. L'Allemagne tremblera quand elle nous verra rangés, avec l'ancien zouave pontifical Esterhazy, sous la bannière du Sacré-Cœur.

M. Méline a raison. C'est la grande liquidation qui se fait. La liquidation de la Révolution française. Le dix-huitième siècle eut de la France une conception dont la seule annonce fit notre pays très grand dans le monde. Il s'agissait de la découverte de certains droits humains de justice et de liberté, qui devaient assurer aux sociétés modernes un développement, inconnu jusque là, de bonheur. A l'appel des Français, les peuples du continent se levèrent, et jusque dans la défaite, et jusque dans les haines déchaînées par les guerres de l'Empire, le souvenir demeura, parmi les nations, de ce qui fut rêvé, de ce qui fut tenté. C'est ce que résuma le beau mot : « Tout homme a deux patries : la sienne et la France. » C'est que la patrie n'est pas seulement de la terre, des rochers, des eaux, des forêts et des champs. C'est aussi, c'est surtout des sensations d'êtres humains, des idées qui groupent les âmes, dirigent l'action des peuples, déterminent leur influence dans le monde civilisé. Heureuse ou malheureuse, libre ou opprimée, victorieuse ou vaincue, la France a représenté dans les temps modernes le plus bel effort de justice pour l'humanité tout entière. N'est-ce donc plus qu'un souvenir ? Est-ce la plus glorieuse tradition de notre race que nous sommes en train de liquider ?

Quand il sera reconnu que le droit et la justice sont des mots dépourvus de signification dans notre pays, quand il n'y aura plus entre nous d'autre arbitre que la force, quand nous serons redevenus persécuteurs

de races et de religions, comme au temps de la suprématie de l'Eglise romaine, quand l'ancienne parole de tolérance et de liberté aura fait place aux
clameurs de haine, aux cris de mort, quand nos dissensions civiles nous livreront en affreux spectacle aux
peuples qui reçurent de nous les grands enseignements du passé, nous aurons toujours le même sol,
les mêmes fleuves et les mêmes montagnes, nous occu-
perons toujours le sol français, mais nous ne serons
plus la France qu'avaient tenté de réaliser nos pères,
et que nous avions reçu la mission d'achever.

27 février 1898

———

LXXV

Les coulisses de l'État-Major.

Tout le monde sait que l'auditoire de la Cour d'assises, dans le procès Zola, avait été artistement composé pour exercer sur les jurés la pression décisive
dont on a obtenu de si bons résultats. La police de
la salle appartient au président, du moins la loi le
dit. Mais la loi, pour la douzaine d'hommes de guerre
qui se considèrent comme « l'armée », qu'est-ce que
cela, je vous prie ? Donc on a fait entrer, avec la
complicité des municipaux et de quelques avocats,
une foule prête à hurler aux bons endroits. Et, comme
dans une telle disposition d'esprit la contradiction
ne peut être tolérée, on a vu des officiers, qui se trou-

vaient là en qualité de spectateurs, donner des ordres
sans aucun droit à des gardes municipaux et faire
expulser les personnes qui avaient le malheur de leur
déplaire. Le président, représentant de l'ordre légal,
et même de la justice, a laissé s'accomplir sans un
mot de protestation cette intervention de la force
armée dans le prétoire. On dit qu'il sera décoré
pour cela. Il faut bien encourager le juge qui abaisse
la justice sous l'épée.

Ce qu'on ne savait pas, c'est que l'entreprise de violenter l'auditoire et de terroriser les jurés était directement conduite par deux témoins militaires, et non
des moindres : M. le lieutenant-colonel du Paty de
Clam et notre sous-chef d'état-major, M. le général
Gonse. Cela vient d'être révélé par une inadvertance
des intéressés eux-mêmes. Si ces officiers généraux
préparent la guerre comme les manifestations du
Palais de Justice, je crains que nous ne soyons mal
en point. M. le lieutenant-colonel du Paty de Clam,
qui, étant actuellement le plus jeune de son grade,
nous sera bientôt donné comme l'un de nos grands
chefs militaires, s'était, avec M. le général Gonse,
posé le problème suivant, qui ne paraît pas d'une
solution trop ardue : Ecrire à M. Jules Auffray, avocat, et s'entendre avec lui pour introduire subrepti-
cement des amis dans la salle de la Cour d'assises.

Il fut convenu, semble-t-il, que le colonel écrirait,
et que le général irait chercher la réponse. Tout aurait
été bien si les deux officiers d'état-major avaient pu
soupçonner qu'il existât dans Paris plusieurs personnes du nom d'Auffray, et que deux d'entre elles,
précisément, fussent inscrites au barreau. Mais l'idée
ne leur en vint pas, et le premier Auffray que leur
donna le Bottin leur parut être nécessairement le
leur. Ce fut la fâcheuse méprise, car, la lettre ayant
été ouverte par celui à qui elle était adressée, mais
non destinée, le public vient d'apprendre à quelle
tâche peu militaire des officiers d'état-major consa-
craient leurs loisirs.

Je vois qu'à ce propos la presse saint-dominicaine se plaint beaucoup de ce M. Auffray, qui se permet de décacheter les lettres que le facteur lui remet à son domicile. Les officiers d'état-major, qui pendant quinze jours ne nous ont raconté que des histoires de correspondances décachetées, ont évidemment quelque peine à comprendre qu'une lettre puisse être sans malice ouverte par celui-là même à qui ils l'ont, de leurs propres mains, adressée. L'aventure nous paraît à nous autres moins inexplicable, bien que M. Delcassé prétende avoir là-dessus des choses à dire. Peut-être même M. le général Gonse doit-il des remerciements à celui des deux Auffray chez qui il, s'est présenté par erreur pour avoir des nouvelles de la lettre de M. du Paty de Clam, car si l'histoire avait été ébruitée plus tôt, elle eût eu, sans doute, quelque retentissement en Cour d'assises.

Il y a dans cet épisode plusieurs enseignements à recueillir. Le premier c'est que, dans le militaire comme dans le civil, on doit, autant que possible, adresser ses lettres au destinataire. Le second, c'est que notre état-major ferait mieux d'organiser ses forces contre la Triplice que contre la magistrature. D'autres leçons encore se dégageront d'elles-mêmes par la suite des temps.

2 mars 1898.

LXXVI

Eux.

Maintenant, *ils* vont faire leurs petites élections bien tranquillement. Il ne faut pas les troubler. Sont-ils

de l'opposition, sont-ils du gouvernement, on ne saurait le dire. Ils sont députés et veulent être députés :
voilà toute l'affaire. On leur a causé beaucoup d'ennuis,
ces derniers temps. Des hommes qui pensent par eux-
mêmes se sont permis d'avoir une opinion sur des
choses de France, sans prendre l'avis d'une commission parlementaire. Ce que la Chambre a ri des
« intellectuels », cela n'est pas à dire. Les murs écla-
boussés du papier de Méline en témoignent encore.
On s'est bien amusé dans l'hémicycle, et l'idée que
des soldats avaient *esbrouffé* des jurés, des juges et
des membres de l'Institut, a paru la chose la plus ré-
jouissante du monde. Quoi de plus drôle aussi que de
livrer le Palais de Justice aux cris de *Mort aux juifs!*
ou de voir assommer les gens pour un : *Vive la République!* Tout cela pour obtenir des jurés sous pression le verdict qui doit nous procurer des élections
heureuses. C'est fait. Le gouvernement de Billot, les
ralliés du pape et l'opposition des futurs ministres
réformateurs peuvent passer leurs petits marchés tout
à leur aise, et procéder à l'embrigadement du suffrage
universel, qui se tient prêt à leur témoigner sa confiance.

Après tout, ils ne demandent que cela, les pauvres.
S'ils n'avaient pas eu peur de M. Rochefort et de
M. Drumont ainsi que des préjugés des masses incon-
scientes, ils auraient crié justice tout aussi bravement
que d'autres.

S'ils n'avaient pas craint de trouver devant eux
toutes les forces combinées de l'Eglise, antique brûleuse de juifs qui regrette ses bûchers, ils auraient
fait très volontiers entendre la parole de tolérance et
de liberté.

S'ils n'avaient pas frémi dans leur patriotisme, à la
seule pensée de perdre les grands chefs militaires qui
ont fait mourir cinq mille Français de la fièvre à Madagascar, ils auraient rappelé aux soldats que leur métier
est d'organiser la défense aux frontières, non la claque à la Cour d'assises.

S'ils n'avaient pas redouté la désaffection des états-majors au service de l'Eglise romaine, ils n'auraient jamais sacrifié au uhlan de Mme de Boulancy le jeune officier supérieur qui était l'un des espoirs de l'armée.

S'ils n'avaient pas tremblé devant les bandes des « patriotes » professionnels enrégimentés par le lieutenant-colonel du Paty de Clam et le général Gonse pour acclamer l'uniforme d'Esterhazy et siffler celui de Picquart, ils n'auraient point laissé prostituer la justice et la loi au mensonge de la raison d'Etat.

S'ils n'avaient pas été terrorisés à la seule pensée qu'un changement de préfets pût au dernier moment compromettre leur précieuse réélection, ils se seraient montré d'héroïques champions du droit et de la légalité.

S'ils n'avaient pas eu l'effroi des idées que le mot République représente, au lieu de chercher leur force dans des marchés politiques où l'on vend des votes à la Chambre pour des promesses de concours électoraux, ils se seraient épargné l'affront de se voir offrir des places dans la monarchie par le prétendant, qui les juge tombés assez bas pour subir ses propositions de marchandage.

S'ils n'avaient pas vécu dans la terreur des réalisations de justice promises et si, par égoïsme, lâcheté, ou incapacité de s'émouvoir aux misères du monde, ils ne s'étaient pas mis du côté des plus forts contre les plus faibles, ils ne seraient pas réduits maintenant à se courber sous le sabre d'une oligarchie militaire à qui la France doit Sedan et qui, détruisant par son impéritie les forces vives de l'armée, ne tolère point les critiques sous prétexte qu'elle est « l'armée ».

Qu'adviendra-t-il d'eux et de nous, en cette conjoncture, ils seront certainement les derniers à se poser la question. Cependant les choses vont vite, et l'aventure de M. Trarieux nous montre que des officiers d'état-major, après avoir fait trembler le Palais de Justice, trouvent expédient de menacer le Parlement à son tour. La *grande silencieuse*, non contente d'ins-

pirer des journaux, s'attaque directement aux parlementaires qui lui déplaisent, et le ministre de la
Guerre s'en réjouit, et les deux Chambres n'ont garde
de s'en plaindre.

Il y aura bientôt un demi-siècle, on a vu ce spectacle. Les guerriers qui devaient finir à Sedan et à Metz
triomphaient magnifiquement au boulevard Montmartre, un après-midi de décembre. Au moins avait-il
fallu pour cela tuer des républicains, emprisonner,
exiler ceux qui échappèrent aux balles. Aujourd'hui,
il n'est besoin de tuer ni de proscrire personne. Nos
députés s'empressent sous la botte, et je vois des
farouches opposants qui, tout en feignant de parler
librement de M. de Boisdeffre et de son état-major,
les servent bassement par de lâches insultes aux
hommes qui se tiennent debout. Ce n'est pas un très
joli métier. Mais il faut être élu d'abord, n'est-ce pas ?
On sera courageux demain.

3 mars 1898.

LXXVII

Leur victoire.

J'ose dire que, dans les circonstances actuelles, la
question de savoir si un homme a été légalement et
justement condamné passe au second plan. Nous voici,
en quelques jours, bien au delà de l'affaire Dreyfus.
J'ignore si le procès de l'ex-capitaine sera jamais revisé
de son vivant ou seulement remis sur le chantier par

l'histoire. Ce fut une grande puissance pour Calas d'être mort. Cet avantage sera bientôt acquis peut-être au condamné de l'île du Diable.

Pour le moment, la question du gouvernement sous le sabre prime toutes les autres. Après le grand drame de toutes les forces de justice coalisées contre la justice vaincue, il reste aux vainqueurs à se partager le butin. L'histoire atteste que ces sortes de victoires ne peuvent profiter qu'aux maîtres de la force brutale, et les « idéologues » qui se fourvoient parmi la soldatesque sont bientôt relégués au méprisable rang qui leur est dû.

Vous souvient-il du joli coup de crayon de la comtesse Potocka nous représentant l'ancien évêque d'Autun, qui célébra la messe de la Fédération au Champ-de-Mars, — Talleyrand, puisqu'il faut l'appeler par son nom — apportant, serviette au bras, un verre d'eau sur un plateau de vermeil, au vainqueur de l'idéologie ? Nos gouvernants actuels ont célébré jadis à leur façon des messes du Champ-de-Mars en l'honneur de la Révolution française. Ils ne s'en souviennent pas plus que le Talleyrand domestiqué de l'histoire. Seulement ils ne se croyaient peut-être pas destinés à la domination d'un maître, tant est grande leur sottise. Les malheureux avaient rêvé d'imposer à des Latins, amoureux du panache et du galon d'or, la royauté anonyme d'un syndicat d'intérêts. Ils apparaissent maintenant non pas même prisonniers d'un vainqueur comme le Talleyrand de la comtesse Potocka, mais bafoués par les vaincus de Metz et de Sedan qu'ils se sont donnés pour maîtres. C'est la grande leçon de l'histoire.

Ayant méconnu l'idée de justice par laquelle ils étaient invincibles, ayant dirigé contre elle la force publique qui n'avait de légitimité que par elle, ils se voient appliquer à leur tour la loi du plus fort qu'ils prétendaient réserver pour leur usage. M. le général de Pellieux, M. le général de Boisdeffre jettent leurs menaces aux juges. Un capitaine d'état-major met son sabre sur la tribune du Sénat. Nous en verrons bien d'autres. Nos parlementaires — aussi bien ceux du ministère que de l'opposition gouvernementale — ont triomphé de la justice et de la loi. Aux soldats de leur apprendre ce qu'ils peuvent attendre de cette victoire. La fameuse composition La Batut le leur avait montré d'avance : « Les nations doivent-elles être gouvernées par le canon ou par l'intelligence ? » Pour s'être prononcé en faveur de l'intelligence, le futur député eut quinze jours de prison. Méline, par les voies de la persuasion, réconcilie la Chambre avec le gouvernement du canon.

Non pas du canon seul, car, si l'on doit proscrire l'intelligence, encore faut-il commander le feu au nom de quelque chose. C'est là que, par bonheur, la foi survient à point. Feu! au nom de l'Eglise apostolique et romaine! feu! sur les juifs, feu! sur les protestants! feu! sur les libres penseurs! sur tout ce qui ne se soumet pas aux directions du pape infaillible. Voilà l'aboutissante logique du régime qu'on nous a fait.

Hélas! les conséquences n'en sont que trop connues pour tous les pays — y compris le nôtre — qui en ont fait l'expérience. S'il suffisait de tuer des hommes pour rendre l'humanité heureuse, il y a longtemps que les nations vivraient dans le bonheur suprême. Et, après tant d'efforts pour un règne de paix par la justice et par la liberté, voilà que, d'instinct atavique, nous revenons aux massacres où se délectèrent les barbares, nos aïeux.

Droit, liberté, justice : chimères. Au gouffre des erreurs humaines toutes les espérances de l'esprit délivré! Que la pensée retourne à ses antiques chaînes! Qu'elle s'offre d'elle-même au bâillon! Le silence ou la mort, telle est la loi du dogme qui s'impose. *Tuez, tuez*, disait un Boisdeffre des guerres de religion, *Dieu reconnaîtra les siens.*

Les siens, ce sont les plus forts, ceux qui sabrent le droit de penser, la revendication de justice et de

liberté. Il n'y a d'honneur, dans une telle rencontre,
qu'à se trouver du côté des vaincus.

4 mars 1898.

LXXVIII

Le Bloc.

Mon bon oncle Sarcey ayant appris l'autre jour
que j'avais condamné les échafauds de la Révolution,
dans mon plaidoyer devant la Cour d'assises de la
Seine, s'est hâté de me mettre en contradiction avec
la théorie du *bloc* révolutionnaire qui lui est restée
sur le cœur. Il voit dans cette opposition d'idées
l'effet de mouvements oratoires qui s'embarrassent
peu de critique historique ou de philosophie. On me
permettra de ne point souscrire à cette appréciation.

Je n'ai parlé qu'une fois du *bloc* de la Révolution,
à l'occasion de *Thermidor*, mais j'ai cent fois condamné la guillotine, et mes adversaires ne se sont
pas fait faute de m'opposer ces deux jugements
comme se réfutant l'un l'autre. Mon oncle Sarcey me
fait, je pense, l'honneur de croire que je ne suis pas
resté sans répondre. Je lui soumets quelques extraits
d'un article que j'écrivais à ce sujet, il y a deux ans,
dans *le Journal* :

Dès qu'on eut la reculée nécessaire, on parla de la *Révolution* comme d'un grand fait historique, qu'on célébrait ou
qu'on maudissait suivant l'esprit de chacun. On était pour

ou contre la *Révolution*, qu'on jugeait un mouvement de forces remarquablement coordonnées vers un but sur lequel ni amis ni ennemis ne pouvaient se méprendre. La Révolution semblait *une*, et l'histoire prononça qu'elle l'était en effet.

Mais tous les phénomènes généraux qui se groupent en un ensemble, en un tout solidaire, voient naturellement leur *unité* se décomposer en une multitude de faits secondaires, dont c'est la fonction de notre intelligence de découvrir la logique supérieure. Cela est d'autant plus aisé, quand il est question des gestes de l'homme, que l'esprit humain, qui analyse les événements et les réunit ensuite pour un jugement d'ensemble, fournit lui-même, par la loi de son évolution, le lien des faits de l'histoire procédant d'une même tendance d'humanité. Ces audacieuses banalités sont tous les jours professées en Sorbonne, sans que la vieille Université s'en émeuve.

Mais la tribune n'est pas une chaire de philosophie, et les députés tiennent par trop de racines à la foule pour ne pas subir — de primitive impulsion, comme la foule elle-même — l'irrésistible entraînement des impressions irréfléchies. Lors donc que j'exprimai, dans les agitations de la foule parlementaire, cette opinion que « la Révolution française est un bloc... (*Exclamations au centre. Nouveaux applaudissements à gauche*), un bloc dont on ne peut rien distraire (*Réclamations à droite. Applaudissements prolongés à gauche*), parce que la vérité historique ne le permet pas », il s'ensuivit un tumulte des esprits simples, qui, en certains lieux, ne paraît pas encore calmé.

C'est qu'on n'évoque pas impunément l'esprit de la Révolution, et que la seule glorification d'ensemble de la grande révolte populaire qui brisa l'ancien régime pour faire le monde nouveau suffit à éveiller, chez les combattants de l'éternelle bataille, ce qui reste des grandes passions de l'épopée dans la petite âme de nos temps.

... Il s'agit simplement de savoir s'il y a encore chez nous un parti de la Révolution et un parti de la contre-Révolution. Bien mieux que mon discours, la seule exclamation d'une contre-révolutionnaire, à propos de la chouannerie : *C'est notre gloire!* met le fait au-dessus de toute contestation. Sans doute, M. de Maillé, l'auteur de cette interruption, déplore les massacres de Machecoul et de la Terreur blanche, comme je fais de ceux du Tribunal révo-

lutionnaire. Mais quand il porte un jugement d'ensemble
— en dépit même du crime de l'armée de Condé contre la
patrie — il s'écrie hautement : « C'est notre gloire ! »
Ainsi parlé-je de la Révolution, mais d'un esprit plus
philosophique, en indiquant d'un mot comment le bien et le
mal se cimentèrent en elle par la grande construction de
justice progressive qui nous abrite depuis un siècle.

N'est-ce donc pas là le cas de toute œuvre humaine ?
Cherchez dans toute l'humanité la cause pure de violences.
Il n'y en a pas. Devons-nous attendre pour revendiquer,
pour glorifier l'héritage des ancêtres, que des hommes
surgissent dont la seule parole domptera, charmera les
passions déchaînées? Le Christ lui-même n'a pu accomplir ce miracle, et son Verbe de charité a allumé d'innombrables bûchers, fait couler des torrents de sang. Un peu
de bien de beaucoup de maux : voilà la triste loi de l'humanité, jusqu'à nos jours.

Qu'y a-t-il, en ce cas, de plus ridicule qu'un monsieur
très huppé aujourd'hui — dont la Révolution a tiré les
pères de la glèbe — se signant d'horreur au seul nom du
Tribunal révolutionnaire, auquel il doit jusqu'à la possibilité de cette exquise pudeur ? C'est le spectacle
qu'avaient donné certains de mes contradicteurs, prétendant éplucher la Révolution au gré des sentiments de sen-
sibilité raffinée, qui ne les empêchèrent pas de nous
assourdir de leurs cris de mort pendant les huit journées
de la semaine Sanglante. Je leur répondis par la théorie
du *Bloc*, qui signifie simplement que l'histoire nous montre
la Révolution comme un *tout* grandement profitable et
qu'on est mal venu à en revendiquer le bénéfice, quand
on prétend répudier toute solidarité avec ceux qui firent
le gigantesque effort pour nous assurer ce résultat.

Est-ce à dire que j'ai nié les horreurs de la Révolution?
Je les ai proclamées, au contraire, puisque j'ai parlé des
victimes innocentes. Ai-je prétendu que nous n'avions
pas le droit de juger les hommes de ces temps ? En aucune
façon, puisque, dans des occasions précédentes, j'avais
moi-même parlé de l'*odieuse loi de prairial, et de l'abominable machine qui dévora tour à tour ceux-là mêmes qui
l'avaient dressée.* J'ai seulement montré qu'il n'y a rien de
si impertinent pour un homme d'aujourd'hui que de prétendre arrêter la Révolution à quelque date conforme à
ses convenances. et d'alléguer sans rire qu'à la place de

Robespierre ou de Danton, il eût trouvé quelque trait de
génie pour dominer des événements plus forts que la
volonté humaine.

En dehors et au-dessus des appréciations particulières
sur les hommes, et sur les faits dont l'enchaînement
logique constitue le plus grand acte révolutionnaire, il y a
la synthèse du philosophe, de l'historien, du politique. Or,
tous les trois, à quelque point de vue qu'ils se placent,
sont tenus d'accepter le phénomène total comme il se
présente, avec ses grandeurs et ses violences, et de le
passer — tel quel — en perte ou en profit, au compte de
l'humanité. Voilà ce que j'ai soutenu, voilà ce que sou-
tiennent tous les hommes qui s'honorent d'une solidarité
historique, pour les conceptions de justice et de progrès
qu'ils s'efforcent de traduire en actes.

Cela est d'une évidence telle que le secours me vint
précisément du côté où la lutte des partis ne me permettait pas de l'attendre. M. John Lemoinne soutint hautement la même thèse. Et Renan interviewé, prononça les
paroles suivantes, rapportées dans différents journaux :

*En faisant un choix dans les actes de la Révolution, qui
forment un tout indivisible, en défendant l'un et en attaquant l'autre, on se trouve acculé à des difficultés sans
nombre. Admirer les résultats obtenus par la Révolution et
en attaquer les crimes et les excès, c'est illogique. Car ce
sont les excès de la Révolution qui ont produit ces résultats
que l'on admire.*

Je n'en ai pas dit davantage. Je n'en ai même pas
dit autant. J'ai constaté, je constate encore que les
violences et les bienfaits de la Révolution sont liés
comme les manifestations corrélatives d'un même état
d'esprit en action sur l'humanité.

Voilà ce qui constitue le *Bloc* ou, comme disaient
tout simplement nos pères, la *Révolution française*.

5 *mars 1898.*

LXXIX

Les élections romaines.

Le clergé s'intéresse aux élections prochaines. Cela ne peut surprendre, puisqu'il a toujours mené de front le soin du spirituel et le souci du temporel. Il s'agit de sauver nos âmes, c'est entendu. Mais on ne compte pas moins, pour cela, sur les prédications de la foi que sur la contrainte civile.

L'Eglise catholique est, à vrai dire, l'une des plus grandes constructions de gouvernement total qui fut jamais réalisée. Elle veut tout l'homme, corps et âme, et, pour le conduire aux félicités éternelles, prétend diriger d'abord toute sa vie d'ici-bas. C'est pourquoi elle n'a jamais pu s'accommoder du libre examen, c'est pourquoi toutes les manifestations de liberté lui sont odieuses. Ainsi s'explique son histoire toute de violence et de sang. Malgré les excommunications, malgré les meurtres juridiques ou de guerres, malgré les proscriptions, les bûchers, les massacres, l'esprit humain lentement se délivre. Bien loin encore de l'émancipation rêvée !

C'est dans les pays demeurés soumis à l'Eglise de Rome que s'achève, à cette heure, la lutte décisive. Au premier rang la France. L'extrême oppression fit l'extrême révolte du siècle dernier, dont nous retentissons encore. Mais, sous le respect formaliste des mots de la Révolution française dont nous affichons

le mensonge sur nos murailles, qui ne sent le recul
des âmes ? Qu'est devenu l'esprit de tolérance ? Que
reste-t-il de la noble compréhension d'humanité qui
fit la gloire de nos penseurs ?

La liberté de penser nous fait peur. Les revendications de justice nous épouvantent. Et nous nous
rejetons, dans l'effroi de nous-mêmes, vers l'antique
refuge des oppressions de la pensée, forteresse des
dominations sociales menacées. Et l'Eglise apparaît
plus forte, plus envahissante, avec ses promesses de
salut dans ce monde et dans l'autre. Dans ce monde
d'abord, voilà le point capital. On se débrouillera
là-haut. Il faut, avant tout, maintenir ici-bas les positions acquises. Jamais, peut-être, il n'y eut moins
de foi. Jamais plus de propagande religieuse. Car la
religion est devenue de la politique, de la politique
d'intérêts, notre Eglise d'Etat embrigadant, pour les
suprêmes batailles, toutes les forces coalisées des
tyrannies séculaires.

De là notre péril extrême. Attaquons-nous la puissance politique de l'Eglise ? Il semble que nous nous
en prenions à la liberté de croire, et beaucoup d'âmes
naïves se mettent en garde contre nous. Nous en re-
mettons-nous pleinement à la liberté de dire et d'en-
seigner ? L'Eglise d'Etat, puisant à même dans le
budget, organisée en puissance suprême, la seule
debout en face des individus annihilés par une centralisation mortelle, revendique les *droits de l'homme*,
se trouve seule en état d'en user, et n'a d'autre objet que d'en user contre tous.

Voilà l'équivoque dont nous sommes menacés de
mourir. Des malins crient au péril juif, et jamais le
danger d'étouffer sous l'Eglise ne fut plus manifeste
aux yeux non prévenus. La tourbe des juifs est composée de prolétaires misérables. Quelques-uns sont
rois de l'argent, chez nous, Rothschild en tête. Dans
la jeune Amérique les milliardaires sont chrétiens.
Qu'importe la croyance ? Le problème capitaliste
demeure. Mais l'Eglise détourne à son profit les

haines soulevées par le régime même qu'elle entend à tout prix maintenir.

Le cri du moyen âge a de nouveau retenti : *Mort aux juifs!* c'est-à-dire la puissance au prêtre, et, si vous éprouvez le besoin de savoir comment s'organise cette puissance, lisez la lettre de l'abbé Garnier à toutes les supérieures des communautés de France, leur demandant une contribution pour les sauver de la Révolution. Lisez surtout, la circulaire des Pères de l'Assomption organisant au grand-jour l'action électorale de l'Eglise, jusque dans le dernier village.

Avez-vous un secrétariat départemental permanent? Des réunions régulières du Comité?

Avez-vous dans chaque commune et section de commune des correspondants prêts à assurer le nécessaire du scrutin : présentation du candidat, réunions, affichage, distribution des bulletins, surveillance des urnes et du scrutin, etc.?

Pourriez-vous avec ces correspondants communaux organiser des secrétariats cantonaux? (Engager ces correspondants communaux et secrétariats cantonaux à se procurer les ressources nécessaires pour couvrir les frais de l'élection dans chaque commune).

Désirez-vous, pour vous procurer des correspondants, des feuilles-questionnaires à envoyer à des hommes sûrs. dans chaque commune, ainsi qu'il a été fait dans un grand nombre de départements?

Désirez-vous des brochures sur l'organisation des villes et des campagnes, sur la revision des listes électorales, etc., pour les remettre à vos correspondants dans chaque commune? Désirez-vous le *Manuel des Secrétariats électoraux*?

Pour faire pénétrer nos idées et modifier longtemps d'avance l'opinion des électeurs, y a-t-il dans chaque commune une *diffusion de la bonne presse*, y compris *trois abonnements au moins à la « Croix »*, quotidienne, *jusque dans les plus petites communes*?

Où et quand tenir ces réunions préparatoires? Où donner des conférences? Sur quels conférenciers pouvez-vous compter?

Pouvez-vous, à l'aide de vos correspondants et correspondantes, *lancer la croisade des prières* pour les élections et recueillir *des prières et des bonnes œuvres* à cette intention ? Comment recruter dans toutes les communes des adhérents à la *Ligue de « l'Ave Maria »* ?

Distinguez la religion de la politique là dedans, si vous pouvez. Et si vous reconnaissez que c'est tout un, demandez-vous ce que vous pouvez opposer à la ligue de toutes les puissances du ciel et de la terre conjurées contre la liberté de l'esprit humain.

L'Etat centralisé a tué toutes les forces vives de l'être. Il ne reste plus en face de l'Eglise que des gouvernants de hasard qui se font ses complices pour vivre. Livrée à l'ennemi par ceux qui la devraient défendre, la Révolution française précipite sa course vers la fatale destinée. S'il se trouve encore des hommes pour se mettre en travers du chemin, qu'ils se hâtent. Aujourd'hui presse demain. L'abîme est devant nous, grand ouvert.

                                        7 mars 1898.

LXXX

Banquo !

Il est écrit qu'en dépit de la trêve sollicitée par MM. les candidats à la députation, nous ne pourrons pas même nous débarrasser pour un jour du souci de l'affaire Dreyfus. Zola condamné à un an de prison avec accompagnement de cris de *Mort aux juifs !* il

semblait aux naïfs que les antisémites, pilleurs de
ghettos africains, nous eussent fait dans la France du
continent une paix provisoire favorable aux coups de
main électoraux.

Nos bons bourgeois étaient tranquilles. Ils allaient
respirer entre deux épouvantes. Des bandes d'émeutiers avaient rétabli l'ordre dans la rue en assommant
les mauvais Français convaincus d'avoir crié : *Vive
la République!* Des généraux — qui ne sont pas des
vainqueurs, hélas! — après avoir *fait* leur presse,
après avoir artistement composé l'auditoire de la cour
d'assises, avaient dicté leur volonté aux juges. Nos gouvernants eux-mêmes avaient courbé la tête sous le
sabre, et le Parlement couard s'était mis à genoux.
L'opinion publique, affolée, sans guide, s'était aban-
donnée aux suggestions de la peur. Picquart était
chassé de l'armée, Esterhazy régnait : le patriotisme
français avait obtenu ce triomphe. Jaurès seul, avec
une petite poignée d'amis, résistait. La France avait
sur elle comme un état de siège moral décrété dans
l'indifférence des uns et la pusillanimité des autres.

Déjà nos maîtres rassérénés retournaient à leur
cher trafic de places et d'honneurs, condition première
des élections qui doivent, depuis vingt-cinq ans, faire
la France heureuse, quand, tout à coup, pour un
inconnu trouvé mort dans un hôtel garni, voilà toute
l'affaire enterrée qui renaît de ses cendres.

Qu'est-ce que cet homme qui s'est pendu ou qu'on
a étranglé et qui paraît si extraordinairement mêlé
aux machinations de l'affaire Dreyfus? M. Bertillon a
eu tantôt fait de lui constituer un état civil avec un
rare paquet de condamnations. Mais, oserai-je le dire?
Depuis que j'ai vu M. Bertillon prouver la trahison
de Dreyfus au moyen de deux lettres de *son frère* où
il est question d'émission financière et de fusils de
chasse, j'éprouve à son égard comme une instinctive
défiance. Il a reconnu Lemercier-Picard pour le juif
Moïse Lemann : dès lors j'entrevois des chances pour
que ce soit précisément un autre. La bonne Séverine,

qui paraît en savoir là-dessus plus que le commun
d'entre nous, déclare dans *la Fronde* que le mort
n'est point celui qu'on dit.

Et on peut, conclut-elle, pêcher au hasard, dans les
fiches en déshérence ; on peut appliquer, sur ces restes,
telle étiquette qu'on voudra, l'agent qui fut employé par
de certaines personnalités à de certaines besognes ne fut
pas embauché, ne fut pas utilisé, sans que son identité
réelle ne fût connue — que l'on ne veut pas reconnaître
aujourd'hui !

Pourquoi ?

Qui donc entraînerait-il dans sa déchéance? De quoi donc
a-t-on peur ? Qui donc fut son client, son patron... ou son
complice? Quelles mains lui payèrent salaire — oh! si
maigre! — et lui firent ensuite rendre gorge des confidences redoutées?

Voilà décidément un étrange mystère dont le dernier
mot n'est pas dit. Qu'est-ce que cette lettre à M. Rochefort dont parle Séverine? Qu'est-ce que ces trois
personnages qui seraient les inspirateurs de Lemercier-
Picard, si l'on en croit sa lettre à M. Joseph Reinach,
et dont *le Radical* a donné les noms. N'est-il pas
remarquable que la police, chargée d'éclairer toute
cette affaire, semble se donner tant de mal pour
l'obscurcir?

Les journaux de l'état-major affirment que la pré-
fecture a d'abord fait main basse sur les papiers du
mort, avant l'arrivée du commissaire, et qu'elle les
soustrait aux regards de tous, tandis que la curiosité
de Bertillon et de Bertulus s'égare en de vains détours.

Le juge d'instruction, sans doute, n'a pu faire
autrement que de relever les graves présomptions
d'assassinat signalées dans les journaux. Il est généralement admis, en dépit du précédent orléaniste du
prince de Condé, qu'un homme ne peut se pendre à
genoux. De plus, l'absence de congestion faciale
semble contraire à l'hypothèse de l'étranglement.
Comment se mettre sur la piste de l'assassin, si l'on

commence par afflubler le mort d'une identité fausse?
Pourquoi le meurtre? S'agit-il d'un Norton des papiers
Dreyfus, fabricateur de ces faux qui dorment dans les
dossiers *ultra-secrets* du colonel Henry? Qui avait
intérêt à la disparition du faussaire? Que de questions
vont se poser à ce propos! Combien d'autres encore
à propos de la plainte du colonel Picquart contre les
auteurs des faux télégrammes *Blanche* et *Speranza*?
On m'affirme que, bien malgré lui, M. Bertulus est
en train d'arriver là-dessus à des conclusions intéres-
santes. Vous verrez que nous ne nous débarrasserons
pas de cette maudite affaire.

J'ai lu autrefois l'histoire d'un nommé Banquo qui
fut mis à mal par son ami Macbeth. Quand l'homme
fut au tombeau, Macbeth ne demandait pas mieux que
de faire une croix sur cet obsédant souvenir. Eh bien,
le croirait-on? ce maudit Banquo, sous terre, ne voulait pas entendre raison. Jour et nuit, en toute occasion, il revenait s'asseoir à côté de ce même camarade,
et lui montrait méchamment de vilaines plaies béantes.
Cela exaspérait Macbeth, qui finit par en perdre la
raison. Quelle fâcheuse aventure!

                                    9 mars 1898.

LXXXI

M. Maurice Lebon.

Et « le syndicat » grandissait toujours! M. Maurice
Lebon, ancien sous-secrétaire d'État aux colonies,

député de Rouen, annonce à ses lecteurs qu'il ne demandera pas le renouvellement de son mandat. « J'estime, dit-il, qu'un grand parti comme le parti républicain ne peut impunément laisser violer les principes supérieurs du droit et de la justice, et perd ainsi toute sa raison d'être. » C'est la condamnation de toute la procédure des conseils de guerre dans l'affaire Dreyfus et dans l'affaire Esterhazy, ainsi que des scandales du procès Zola.

Non pas que je soupçonne un homme aussi modéré que M. Lebon d'approuver l'article révolutionnaire de Zola. Non. Il le blâme sûrement. Mais il doit reconnaître que Zola, à ses risques et périls, nous a fait une lumière d'évidence dont toutes les consciences seront tôt ou tard éclairées. L'opinion de M. Lebon est faite dès à présent. Il ne se prononce point sur le fond, estimant sans doute qu'il lui manque les éléments d'une décision autorisée, mais il proclame que le gouvernement « a laissé violer les principes supérieurs du droit et de la justice ». C'est assez.

Venant d'un de ces hommes de gouvernement qui tiennent la politique de M. Méline pour progressive, l'affirmation de ce grave dissentiment ne passera pas sans éveiller des inquiétudes jusque dans les rangs de ces radicaux dont le silence fut si profitable au ministère. M. Lebon se sépare de ses amis, estimant qu'il n'y a pas d'intérêt politique supérieur au besoin d'une égale justice pour tous. Mais il n'entend pas, par cela, renoncer aux conceptions politiques qui viennent d'aboutir sous ses yeux au résultat même qu'il répudie. C'est là qu'il commet, à mon sens, une regrettable erreur.

Même sous l'étiquette républicaine, la politique, qui, par terreur des idées socialistes, est obligée de chercher des points d'appui dans les anciens partis conservateurs, ne peut se soustraire à l'obligation de maintenir et de fortifier les antiq⁓   ⁓sances d'Etat — distributrices d'iniquités — d'⁓   ⁓ur vient, par la force naturelle des choses, le plus puissant secours.

L'état-major, nous dit-on, est un instrument de défense nationale. C'est-à-dire qu'il devrait l'être. Nos défaites de la guerre franco-allemande, et tout récemment la folle organisation de l'expédition de Madagascar, ont montré ce que la France en pouvait attendre. Qu'importe? L'état-major est, avant tout, une puissance de défense sociale qui se couvre des services patriotiques qu'elle promet de rendre, bien que les faits de chaque jour dénoncent son incapacité rare. L'état-major est une puissance de défense sociale, car c'est la forteresse de tous les anciens partis, dont Rome, par ses innombrables moyens d'action, recrute et installe les chefs à la tête de nos armées pour la sûreté de l'Eglise dans la République française.

Sur ce terrain, la stratégie des Boisdeffre, des Pellieux et des Gonse ne sera pas mise en défaut. Le sabre, béni du pape, a pour principal ennemi l'idéologie du droit moderne que condamna le *Syllabus* Justice et liberté, des mots révolutionnaires qui sont la négation du dogme qu'on impose. Il n'y a qu'un principe : de croire. Il n'y a qu'une autorité : la volonté d'en haut appropriée à nos fins par des interprètes patentés. Il n'y a qu'un moyen de gouvernement : la parole qui commande, suivie de la force qui contraint. Il n'y a qu'un mot d'ordre : la raison d'Etat qui ne doit de comptes qu'à Dieu.

M. Lebon a du gouvernement des hommes une conception toute contraire. Il répudie ce passé d'oppression barbare et veut fonder le droit moderne. Rien de mieux. Mais comment, alors, a-t-il pu concevoir la pensée d'utiliser précisément pour cette œuvre toutes les puissances ennemies? La peur du socialisme le tient. Hélas! La menace d'une justice hâtive est encore loin de nous. Qu'il ouvre les yeux, et comprenne enfin la vanité de son entreprise. Un juif condamné est-il innocent ou coupable, a-t-il été bien ou mal jugé? Voilà la pensée qui le trouble ! Cela donne à rire à ses amis occupés de s'assurer le concours de l'Eglise brûleuse d'hérétiques. Qu'est-ce que cela leur fait, un juif? Qu'est-ce que cela leur fait, la justice? Qu'est-ce que cela leur fait, le droit? Il faut être vendu pour oser invoquer ces sottises! La raison d'Etat, il n'y a point d'autre explication des choses. Boisdeffre veut. Cela doit suffire.

Quant à M. Lebon, puisque la question de droit le tourmente, et puisque, voulant croire à la justice, il entend rester fidèle aux fauteurs d'injustice, qu'il s'en aille : sa naïveté fait trop de peine au prince d'Arenberg.

10 mars 1898.

LXXXII

Cavallotti et Zola.

M. Rochefort écrit de Cavallotti : « Il criait avec nous : *A bas ce Zola dont la photographie occupe toutes les vitrines des libraires et des imagiers de Berlin.* » Cette assertion de *l'Intransigeant* m'a causé la plus pénible surprise. J'avais bien lu dans les dépêches des agences que Cavallotti avait refusé de signer une adresse à Zola. Une phrase perfidement découpée m'avait même donné à penser que le politique italien blâmait la campagne audacieuse de l'homme de lettres français. Je savais qu'à Rome Zola avait été en relations avec des ennemis notables de Cavallotti, et celui-ci m'en avait exprimé son regret. Mais il me semblait probable que le traducteur de *l'Intransigeant* avait dû prendre des libertés avec le texte.

Je me procurai donc le *Secolo* du 10 février, où se trouve la longue lettre de Cavallotti sur le procès Zola, et, dès les premières lignes, je pus apprécier toute la saveur du fameux proverbe italien : « traduction, trahison ». Écoutez plutôt les paroles authentiques de Cavallotti :

... Personne, écrit Cavallotti, n'a suivi avec plus d'intérêt que moi les différentes phases de la douloureuse affaire Dreyfus. C'est une chose affreuse de penser qu'un homme juif, chrétien ou turc, il n'importe, est peut-être innocent et subit la plus infâme, la plus effrayante des peines.

Je n'ai négligé aucun des éléments de preuve, aucun des documents pour ou contre donnés par les journaux... Le doute est resté dans mon esprit... Cependant il n'est pas possible de se soustraire à la pénible impression causée par le secret dont on a cherché à entourer le procès Esterhazy. Dans ce procès, il est bien évident que le réquisitoire s'est montré de parti pris favorable à l'accusé.

Enfin, ce qui est pire encore, c'est le vice radical d'une condamnation prononcée contre Dreyfus sur des documents qui n'ont pas été communiqués à l'accusé. Cette violation de la justice... est incontestablement l'argument le plus fort en faveur de la revision.

Et pour moi il est tout naturel qu'un observateur très profond, un grand esprit comme Zola... se soit noblement passionné pour la question et ait entrevu pour l'écrivain, pour l'artiste, quelque chose de plus haut que l'art pour l'art....

Le réquisitoire d'Émile Zola est pour moi l'affirmation courageuse d'une conscience convaincue ; c'est un acte qui fait beaucoup d'honneur à l'homme et à l'artiste et qui ne peut inspirer que de la sympathie à tous les esprits impartiaux, quoi qu'ils pensent du fond de l'affaire. Il se peut que ce réquisitoire manque de précision, d'évidence, de documentation, il n'en est pas moins un prologue plein de fierté au drame judiciaire qui va se dérouler.

On comprend le sentiment qui, en Italie comme ailleurs, pousse beaucoup de bons esprits à la manifestation de sympathie dont nous sommes témoins, mais il conviendrait que cette manifestation se réduisit à ce seul sentiment...

*Cavallotti explique alors à ceux qui lui avaient demandé
sa signature les raisons pour lesquelles il ne croit pas devoir
la donner. Il déclare d'abord que cette affaire doit se traiter
entre Français, et que les manifestations venant de l'étranger
en rendent la solution plus difficile. Il dit encore :*

Je veux admettre que les préjugés antisémites, les
furieuses exaltations du patriotisme, l'idée fixe de la
revanche prochaine, le désir de tenir haut le prestige militaire et beaucoup d'autres causes aient concouru à passion-
ner les esprits... en faveur du maintien d'une sentence
probablement injuste, certainement irrégulière. Ce sont là
des météores qui à certaines heures passent sur l'âme
des peuples.

... Chaque peuple peut avoir ses moments de passions
mauvaises... mais aucun n'admet que des étrangers le lui
reprochent et viennent se mêler de ses affaires...

Toute manifestation venant de l'étranger exaspérera les
esprits et rendra plus difficile la solution de la question.

*Puis Cavallotti établit la différence qui existe, en Italie,
entre ceux qui, dans leur « générosité naïve », ont signé des
adresses à Zola et ceux qui ont été les promoteurs de ce mouvement : des juifs, des bourgeois riches, des conservateurs,
les « mêmes qui pendant de longues années ont soufflé la
haine entre les deux nations et qui ont défendu les infâmes
condamnations des tribunaux militaires » établis au mépris
des lois en 1894 par Crispi.*

*Et revenant à ceux de ses amis qui lui demandent sa signa-
ture :*

Ce n'est pas ma faute, dit-il, si la manifestation a pris
aujourd'hui, en Italie, une forme différente de celle qui est
dans votre pensée et si elle est exploitée pour des desseins
qui ne paraissent pas sincères.

Si le gouvernement et le peuple français sont dans
l'erreur, tant pis pour eux devant l'histoire, nous ne
sommes pas un tribunal compétent, nous qui avons toléré
de bien pires erreurs. Laissons-les donc dans leur erreur ;
si l'erreur existe, tôt ou tard la vérité se fera jour.

Je crois avoir le droit de tenir ce langage. En 1890,
quand les énormités du gouvernement de Crispi m'avaient
engagé dans une lutte violente contre lui, au moment où
une presse immonde vomissait sa bave venimeuse sur moi,
le général Boulanger crut l'occasion bonne pour m'offrir

son cordial concours. Je lui répondis par cette lettre datée de Lyon, le 20 septembre 1890 :

« Vous évoquez les souvenirs de la guerre de 1859. Le soldat de Magenta et de Solférino a certainement droit à toute ma sympathie d'Italien. Mais ma sympathie ne peut pas vous suivre sur le terrain où votre lettre m'invite. Je peux dire et écrire, comme député, ce que je pense du gouvernement de mon pays, et là-dessus la clairvoyance ne me fait pas défaut; mais vous devez comprendre qu'en pareille matière un Italien aime à parler avec des Italiens. »

Vous le voyez, conclut Cavallotti, je ne fais que répéter aujourd'hui ce que je disais autrefois dans une autre occasion.

... En ce qui concerne Zola, qu'il soit condamné ou absous, qu'il soit dans la vérité ou non, il restera toujours sur le piédestal où son acte de courage l'a placé.

Condamné ou non, les manifestations italiennes ne pourront rien ajouter à son nom.

Je voudrais que ces mots fussent bien entendus des jeunes qui me connaissent bien, parce que j'ai toujours été avec eux aux heures des enthousiasmes...

Ils peuvent rendre à Zola un honneur plus grand en le laissant à la solennité de l'heure présente, où il se trouve en lutte avec l'âme de sa patrie... Si la France a commis une injustice, qu'on laisse la mère se débattre avec le fils...

On voit qu'il n'y a rien de plus honorable que les scrupules de Cavallotti défigurés par les amis de l'état-major.

On voit aussi que les sentiments de Cavallotti sur le procès Dreyfus, comme sur le procès Esterhazy, sont diamétralement contraires à ceux de M. Rochefort.

On voit enfin que Cavallotti a trouvé « tout naturel qu'un observateur très profond, un grand esprit comme Zola se soit noblement passionné pour une question de justice. »

Aux yeux de notre ami, le fameux article *J'accuse...* est « l'affirmation courageuse d'une conscience convaincue..., un acte qui fait honneur à l'homme et à l'artiste et ne peut inspirer à tous les esprits impartiaux que de la sympathie. »

Nous voilà bien loin du jugement rapporté par
M. Rochefort : « *A bas le Zola*, etc., etc. ». Le traducteur est un traître, vous dis-je. Celui de *l'Intransigeant* me paraît bon pour l'île du Diable.

11 mars 1898.

LXXXIII

Souvenirs et regrets.

La Révolution a passé, l'autre jour, un mauvais
moment à l'Académie. M. de Mun, vainqueur des
Français de Paris, qui, des hontes de Metz, n'a rapporté que des chants de victoire, M. d'Haussonville,
familier de la haute juiverie comme M. de Mun lui-
même, ont dit élégamment son fait à *la gueuse*. Il
paraît qu'en défendant la France contre les armées
allemandes où les pères de ces nobles seigneurs faisaient si déshonorante figure, il paraît qu'en se dé-
battant contre le clergé de Rome et contre la Vendée,
dans la lutte la plus tragique pour la justice et pour
la liberté, nos plébéiens ancêtres ont commis des
erreurs, des fautes : celle notamment de répondre au
couteau des chouans, au canon de Coblentz, par le
couteau de Sanson, par le canon de Valmy.

Je ne discute plus ces choses. Ce que je cherche
dans les effets oratoires de M. de Mun — hier bou-
langiste révolutionnaire conspirant la chute de la
République, aujourd'hui républicain du pape et rallié
de Félix Faure — ce que je cherche dans les disser-

tations laborieuses de M. d'Haussonville, c'est la pensée de réaction antirévolutionnaire qui paraît sur le point de triompher aujourd'hui, en plein gouvernement d'une bourgeoise effrayée de sa victoire. Hélas ! j'ai le regret de le dire, de pensée il n'y en a pas. On veut simplement revenir à l'antique domination de l'Eglise. Et c'est tout. Point de critique. Point de jugements sur l'expérience des faits. Rien que de la rhétorique de canapé, rien qu'une parade de diserte prolixité. Des mots, des mots. Ils n'ont rien oublié, rien appris, les malheureux, depuis Coblentz et la Vendée. Pas un retour sur soi, pas un élan de sincérité. Condamner, au nom de la liberté, les actes qui tendent à faire rentrer l'Eglise dans le droit commun est une mystification bonne tout au plus pour les caillettes d'Académie. Il y a néanmoins quelque audace à se réclamer de la liberté lorsqu'on ne trouve pas une parole pour répudier la tradition séculaire des pires violences contre l'esprit humain.

M. de Mun, qui veut la liberté, se fait le chevalier du *Syllabus* qui la condamne. M. d'Haussonville, qui pérore contre la Révolution, appelle de tous ses vœux au trône de France le petit-fils de ce duc d'Orléans qui légua le respect de la Révolution à sa race dégénérée. On ne s'embarrasse guère, à l'Académie ni ailleurs, de concilier ces choses. Il suffit à nos politiques de thèmes pour des fanfares de salon. M. de Mun veut substituer aux droits de l'homme les droits de Dieu. Je le crois fort capable de penser que cela veut dire quelque chose. Il est vrai que, pour lui, sans doute, les droits de Dieu sont tout simplement les droits du prêtre, qui consistent à accaparer toute manifestation de vie humaine. J'avoue que si je pouvais me faire une idée du Créateur des mondes, je ne lui ferais pas un moment l'injure de supposer qu'il ait besoin de la faiblesse humaine pour attester sa force et faire prévaloir son autorité.

Qu'importe à M. de Mun ? Sous couleur de croyances religieuses, ce qu'il nous apporte en réalité c'est

une organisation de défense sociale à l'usage des oligarchies possédantes, contre le troupeau des faibles
dont la dernière révolte fut, pour lui, l'occasion de si
brillantes fusillades. Cela, bien entendu, au nom de
la . charité chrétienne et de l'amour des hommes.
« Tu ne tueras pas », dit le Christ. L'Eglise chrétienne, ayant recueilli la divine parole, s'est fondée
sur l'un des plus grands charniers de l'histoire.
M. de Mun est dans la tradition de l'Eglise.

En d'autres temps il n'y aurait pas même lieu de
répéter ces choses. Mais notre bourgeoisie dirigeante
a conduit d'étape en étape la France jusqu'au bord du
grand reniement. Les fils de Mirabeau, de Danton,
les élèves de Gambetta, sont en route pour Canossa.
Léon XIII, qui n'est peut-être point inférieur à Gré-
goire VII, aura pour ses enfants humiliés, repen-
tants, le pardon moins cruel que son illustre prédécesseur et la grande parole sera de nouveau prononcée : « Si le Ciel m'a donné le pouvoir de juger les
choses spirituelles, à plus forte raison les tempo-
relles. »

J'entends bien qu'il y aura des lamentations. Voilà
M. Henry Michel qui fait aux lecteurs du *Temps* la
confidence de ses craintes : « Depuis cent ans, dit-il,
il se tient en France école ouverte de réaction contre
le dix-huitième siècle et la Révolution. » Et il admet
l'éventualité que « quelques-unes des idées chères à
la Révolution soient exposées à subir une éclipse,
une violence même. »

Croyez-vous que quelqu'un de nos gouvernants
entende ce cri d'alarme ? Toute la vie publique est
concentrée dans les trafics électoraux. Soyons députés d'abord. Voilà l'unique pensée du jour. On négocie des sièges : on commercera des votes demain.

Je ne vois dans les partis de gouvernement que
M. Cornély qui se soit rencontré avec M. Henry Michel, bien que partant d'un point de vue opposé.

J'avouerai, dit-il dans le *Figaro*, que les protestations

d'amour ou de haine contre la Révolution me semblent aujourd'hui un peu vieillottes et démodées. *Personne ne croit plus en France à la Révolution*. Son culte est aboli. Elle n'est plus qu'un des mille prétextes dont nous nous servons pour nous dire des injures les uns aux autres. Un pays qui vit sur l'alliance russe ne peut plus avoir conservé, heureusement, de la Révolution que des souvenirs platoniques.

Je ne fais qu'une objection. Est-il bien sûr que l'alliance russe soit pour quelque chose dans la présente déroute de la Révolution française? Je craindrais plutôt le fâcheux effet de notre exemple sur nos frères de Russie. Ce qui me rassure, c'est l'unanimité de la presse russe à condamner l'action du gouvernement dans le procès Esterhazy comme dans le procès Zola.

Confiance, mes amis, la justice et la liberté seront sauvées par les Cosaques!

13 mars 1898.

———

LXXXIV

Philosophie de violence.

M. Brunetière a le grand mérite d'être de son temps. En ces jours de réaction romaine, il incarne à miracle — lui laïque — toutes les préventions primordiales de la foi contre le libre examen, contre le savoir, et il a le courage de formuler dogmatiquement ses haines.

Je ne sais quelle sorte de croyance le hante.
L'homme qui a écrit que « les destinées de la France
sont indissolublement liées à son catholicisme » peut
être touché de la politique autant que de la foi. En
tout cas, faut-il reconnaître qu'il pose nettement la
question capitale qui nous est présentement soumise.
Nous assistons au grand retour offensif du catholicisme
politique contre les institutions révolutionnaires organisées en vue d'une approximation humaine de justice et de liberté. Serons-nous l'Espagne sous la règle
de de Bonald ou de de Maistre ? Serons-nous la
France du XVIIIe siècle en action ? Le choix de M. Brunetière est fait. Aussi le nôtre. Il ne s'agit plus que
de savoir quel arrêt la France d'aujourd'hui pronon-
cera sur ses destinées.

Quand les passions soulevées par les affaires
Dreyfus, Esterhazy, Zola, seront partiellement apai-
sées, quand, la bataille électorale passée, nous aurons
la reculée nécessaire pour juger de ce qui s'est dit et
de ce qui s'est fait, peut-être les esprits les moins
clairvoyants commenceront-ils d'apercevoir où nous
mène l'effort du gouvernement contre la justice, soutenu par un dévergondage d'intolérance religieuse.
M. Brunetière, qui se trouve naturellement du côté
des vainqueurs, n'a pas eu besoin d'attendre jusque-
là pour formuler ses conclusions et dégager la philosophie de l'aventure la plus invraisemblable de ce
siècle.

M. Brunetière, sans doute, n'est point antisémite à
la façon de M. Max Régis. Il lui suffit de justifier le
héros italien des émeutes d'Alger, en le montrant dans
le plein de la tradition catholique. Les juifs, les protestants, les francs-maçons « se sont emparés de la
politique, de l'administration, de l'école ». Il faut « les
en déposséder », voilà toute l'affaire. Croiriez-vous
que le Méline de la politique des ralliés, le Méline de
la politique de Léon XIII, opprime trente-huit millions
de catholiques français par les lois scélérates, qui ont
abouti au plus grand développement de l'école con-

gréganiste depuis cent ans? C'est ce mal qu'il s'agit d'extirper de notre sol, et M. Brunetière n'y épargne point ses efforts. Non qu'il consente à voir « beaucoup de fanatisme religieux dans l'antisémitisme ». S'il y en a par hasard, il en est consolé d'avance, car un juif, James Darmesteter, s'est permis de montrer dans le juif « le docteur éminent de l'incrédulité », et l'incrédulité *juive* de Voltaire est justement ce qui ne peut être toléré dans la France de M. Brunetière.

Ainsi fortifié dans sa doctrine, M. Max Régis peut se mettre à l'œuvre. L'académicien lui demande, il est vrai, de « n'employer que des moyens légaux ». Mais les foules ne sont pas tenues de s'astreindre aux subtilités de l'Académie. D'ailleurs, pour les formalistes de la légalité, voici l'intéressant programme que je trouve dans *la Croix* :

Dans une assemblée agricole de la région de l'Est, la résolution suivante a été adoptée :

Nous ne voterons que pour des candidats qui s'engageront à proposer, soutenir et voter une loi interdisant aux juifs l'électorat et les fonctions civiles et militaires.

Nous demandons à tous les catholiques et patriotes d'adopter ce tremplin électoral.

C'est là un programme court, clair et net. Il sera facile de le proposer et même de l'imposer à tous les candidats dans les réunions électorales.

Maintenant que nous savons officiellement, par M. Brunetière que les protestants et les libres penseurs devront bientôt subir le même sort que les juifs « docteurs d'incrédulité », il nous est loisible de nous délecter d'avance aux douceurs du régime futur.

J'ignore, à la vérité, jusqu'où va dans cette voie l'écrivain de la *Revue des Deux-Mondes* lui-même. Mais il n'importe guère. L'artilleur qui lance l'obus n'est pas maître de l'arrêter. Tout ce que je puis dire, c'est que les pièces de M. Brunetière sont pointées avec une précision rare. La liberté de penser, sous toutes ses formes, ennemie. Feu! La recherche scientifique soulève sa colère. Feu ! L'adaptation des sociétés humaines aux fins du développement de l'individu lui paraît une entreprise de Satan. Feu ! Feu ! Que toute l'œuvre démoniaque du libre examen soit anéantie pour jamais, sinon dans le monde, hélas ! criminellement délivré de l'esprit romain, au moins dans la France reconquise. Feu ! Feu ! Au jour béni où tous les débris de la Révolution joncheront notre sol, devenu domaine de l'Eglise, la grande paix se fera sur l'esprit français abattu, la grande paix du silence sur les révoltes écrasées, la paix totale du néant sur des champs de tombeaux.

17 mars 1898.

LXXXV

De l'armée.

On a beaucoup parlé de l'armée dans ces derniers temps, et je suis bien fâché qu'on en ait dit tant de sottises. L'armée de défense nationale qui fait la garantie de notre indépendance demeure une institution nécessaire sans laquelle il n'est pas de patrie.

Je n'ignore pas que l'idée de patrie a dû subir, comme toutes les autres, l'épreuve de la critique moderne, et qu'au-dessus des petits groupements continentaux plane la vaste conception d'une humanité fraternelle. Mais on ne saurait nier qu'à l'heure où tous les peuples dits civilisés sont à la veille de se jeter les uns sur les autres, la patrie soit un asile du droit et de la liberté. Il dépend de nous d'en faire un foyer de justice humaine, un rayonnement de fraternité solidaire. Mais, pour cette haute entreprise, encore faut-il qu'elle soit. N'est-ce pas l'humanité même qui fut vaincue, avec Athènes, par le militarisme lacédémonien de Lysandre? Si oublieux que nous semblions être des grandes pensées de la tradition française, la disparition de la France sous l'effort des armées allemandes ne serait-elle pas un amoindrissement d'idéal, une diminution du patrimoine de tous? Donc, en nous défendant, nous défendrons aussi la part d'idées humanitaires qui sont nôtres. Et l'ensemble des hommes se trouvera d'autant plus intéressé à notre sauvegarde que nous serons porteurs d'une conception de liberté plus large et de justice plus haute.

Mais si la protection de la vie individuelle et associée est la condition même de l'existence, nous n'oublierons pas que le progrès humain se mesure à la quantité de force brutale éliminée des rapports des hommes entre eux. Et voilà pourquoi précisément je suis très loin de confondre l'armée organisée pour le maintien de la patrie avec l'asservissement sous le militarisme dont il a paru dernièrement que notre République pouvait être menacée.

La lâcheté de nos gouvernants, depuis ceux qui occupent le pouvoir jusqu'à certains qui prétendent les remplacer, l'incompréhension des foules, l'empressement à la servitude de quelques patriotes de cirque apportant au réveil du fanatisme religieux l'occasion de manifestations violentes, enfin la logique même de l'embrigadement militaire sans le contrepoids de la puissance civile, nous ont fait ce danger. Dans la défaillance des pouvoirs de justice et de liberté, la fatalité voulait que la force brutale, maîtresse des régimes passés, reprît invinciblement son empire.

Saurons-nous réagir à temps? Voilà la question qui se pose. L'armée professionnelle, qui fut un Etat dans l'Etat, a dû céder la place à l'armée de tous les citoyens. Mais le vieil esprit d'autorité irraisonnée ré-

siste et résistera longtemps encore, anxieux de son
ancienne suprématie sur la société fondée sur le droit
de la paix civile. M. Georges Lecomte a relevé, dans
son beau roman *Les Valets*, le curieux passage de l'instruction sur le service intérieur où il est dit que tous
les membres de la hiérarchie militaire doivent avoir
envers leurs inférieurs les égards dus à des hommes,
dont la valeur et le dévouement procurent *leur succès*
et préparent LEUR GLOIRE... Où est la Patrie, là
dedans ? Et qui aurait cru que nous donnions nos fils
pour la gloire du commandant Esterhazy et du colonel du Paty de Clam ?

C'est l'antique conception de l'armée qui persiste à
travers les changements de l'institution militaire. Qui
ne voit, par les revendications d'infaillibilité de nos
généraux vaincus, que l'expérience du passé est demeurée sans fruits dans ces âmes fermées. Point de
contrôle. Pas d'autre raison que « je veux ». La
justice, c'est ce qu'ils ont dit. La loi, c'est ce qu'ils
ont fait. Alléguez-vous qu'il faut le démontrer, vous
attaquez l'armée, et le législateur et le juge tremblants
vous condamnent.

Soit. Mais voici toutes les puissances d'oppression
réveillées. La logique, si nous ne pouvons pas nous
ressaisir, veut que leur victoire s'achève dans le retour
aux anciennes dominations vaincues. L'Eglise materait
l'esprit révolté. L'armée, ajournant les grandes revanches, bornerait son ambition à faire office de gendarmerie, comme dit Galliffet. Se peut-il que ce soit là
l'aboutissant d'un siècle de révolutions pour la paix
de justice dans l'humanité ?

18 mars 1898.

LXXXVI

Candidats ! Candidats !

Le gouvernement et les oppositions se préparent à comparaître devant les électeurs. Déjà chacun soigne son attitude, compose son personnage, ordonne les laborieux mouvements d'éloquence qui doivent emporter les acclamations populaires. Celui-ci dira, avec MM. de Boisdeffre et Billot, soldats des défaites passées : « Suivez-moi, je suis la patrie. » Avec M. Méline, celui-là proclamera qu'il sauve la France des révolutions, abrité sous l'égide des anciens partis dont l'entêtement obtus nous fait depuis un siècle une situation révolutionnaire.

Les uns défendront la propriété contre ceux qui commettent la faute de n'être pas propriétaires. Les autres seront les champions de la prospérité financière sous les lois de protectionnisme à outrance qui paralysent le commerce et préviennent tout développement d'industrie. Des athées comme M. Brunetière, des juifs comme M. Rothschild, des évêques même, avec leurs curés, se feront les chevaliers de « la religion », c'est-à-dire d'une organisation de conscience publique qui prêchera aux misérables le mépris de ces biens de la terre dont les élus du sort acceptent de se gaver par mortification.

La révolution sociale annoncera la fin de nos maux par l'application de ses formules de mathématique rigueur. Et M. Bourgeois, qui est du même avis

qu'Esterhazy dans l'affaire Dreyfus, proposera benoî-
tement de concilier les extrêmes, en acceptant la charge
d'imposer son programme au Sénat. Tout le monde
enfin vantera ses propres vertus et se trouvera le défenseur de quelque chose. Je ne vois guère que la justice qui serait exposée, sans Jaurès, à manquer de
porte-parole autorisé.

Rien n'est plus significatif, en effet, que de voir
combien la question qui a failli bouleverser la France,
et qui a tenu toute l'Europe en suspens, a eu peu de
retentissement dans nos Chambres. Messieurs les
députés avaient toute autre chose à faire que de s'occuper d'une misérable question de justice. Il s'agissait
de leur réélection, où l'intérêt de la France était
engagé, je suppose. Or la justice, précisément, trouvait sur son chemin quelques obstacles de notable
grandeur. L'Eglise romaine, d'abord, qui se console
fort aisément de voir un juif au bagne, même si c'est
au prix d'une violation de la loi. L'état-major à qui
nous devons la France démembrée, et qui fait, en conséquence, de son infaillibilité un article de foi qu'on
ne saurait discuter sans être mauvais patriote ou vendu. Enfin la foule lâche et bête, qui résume par le cri
de *Mort aux juifs !* son respect de la liberté de conscience et clame *Vive Esterhazy !* pour honorer l'armée.

Nos candidats estiment que c'est avoir beaucoup
de choses sur les bras. Aussi ont-ils jugé plus simple,
après sommaire réflexion, de se ranger du côté des
plus forts en criant haro sur « les traîtres » qui demandaient justice, sur « les mauvais Français » qui se
réclamaient de la loi. Jamais on ne vit, chez tant de
représentants du droit, un si beau concert de silence.
Je ne dis rien de ceux qui trouvèrent plus prudent de
hurler avec les loups. Une curieuse catégorie encore,
celle des gens qui n'ont rien lu, ne savent rien, et
n'ont pas trouvé le moyen de se faire une opinion.
Mais le prix de haute tartuferie me paraît revenir sans
conteste à ceux qui, dans la presse et dans la Chambre,
déclament contre le péril clérical et la dictature mili-

taire, tout en donnant libre carrière à ces puissances contre le méprisable sémite avec qui l'aryanisme aristocratique n'a rien à faire.

Seul, avec un petit groupe d'amis, Jaurès a fait entendre l'appel de générosité, a formulé l'argument de raison. Comme il est chef, on a haussé les épaules, et les « politiques » ont fait preuve d'indulgence en se bornant à empêcher le parti de se compromettre dans cette « sentimentalité ».

Maintenant, il ne s'agit plus que de se disputer les sièges. A toi, à moi, la paille de fer! En avant, les préfets de Barthou! Qui veut des places ou des décorations? Les monarchistes sont ralliés à la République. Léon XIII fait frapper son image avec Marianne au revers en bonnet phrygien promenant la croix sur le monde. Les républicains ne veulent pas démordre des institutions de la monarchie. M. le comte Greffulhe, M. de Castellane-Gould, et bien d'autres encore, sont acheteurs de mandats législatifs. Les révolutionnaires de collectivisme ou d'anarchie préparent la révolution pour le jour où ils seront d'accord. Et les radicaux nous font entrevoir pour joie suprême le triomphe de Mesureur. Que n'es-tu là, Doumer?

Après la victoire, on fera, comme il convient, la répartition des dépouilles opimes. Le festin de Ruy Blas! Et si l'on a le temps, au dessert, peut-être laissera-t-on le peuple ramasser sous la table des miettes de cette superfluité : la justice pour tous. Des grincheux se plaindront. Des traîtres, des vendus! Disons comme tout le monde pour être à l'abri du soupçon, et prenons notre part de la fête.

J'entends des gens soutenir, il est vrai, qu'il eût été possible, avec un peu de courage, de faire la lumière dans cette obscure mêlée. A tout hasard je soumettais, l'autre jour, cette observation à un député qui se trouve être en même temps candidat. Je lui représentais que si, au lieu d'abandonner l'opinion publique aux menaces des généraux, aux matraques des antisémites, aux fureurs du patriotisme de café-concert, les

conducteurs du peuple avaient fait face à l'ennemi et
tenu bon pour le droit et pour la vérité, leurs troupes,
un moment hésitantes, se seraient ralliées d'ensemble
autour du vieux drapeau de la Révolution française :
la justice égale entre les hommes, sans distinction de
races ou de croyances. Cela fit beaucoup rire mon
législateur, qui me dit ce seul mot :

— Laissez-moi d'abord être réélu.

Je compris, à son air, qu'après sa réélection, nous
en verrions de belles. Il sera temps.

23 mars 1898.

LXXXVII

Choses du jour.

Nous avons eu, ces derniers temps, des causes de
satisfaction assez grandes. On a tué quelques juifs,
on en a pillé d'autres, on nous a expliqué que certains juges se pouvaient dispenser de la loi, on a fait
résoudre par le jury de la Seine les plus hautes
questions d'organisation militaire, et nous avons eu
le spectacle de la réception de M. Hanotaux à l'Académie française.

Ce dernier achèvement est, comme on sait, l'œuvre
personnelle de M. Félix Faure, qui consentit à solli-
citer en personne pour son ministre des affaires
étrangères. « L'Impératrice désire cette élection »,
disait-il à Anatole France, qui était venu lui présenter
je ne sais plus quel académicien. En sortant de

l'Elysée, Anatole France apprit que l'*Impératrice* de la République française était la princesse allemande honorée du choix de Nicolas II. Il ne faut pas y regarder de si près dans un pays où les journaux patriotes — tout frais époumonnés des cris de : *Vive l'armée!* — nous racontent avec admiration que le duc de Sagan, bon Français, avait prêté serment d'allégeance à l'empereur allemand : moyennant quoi nous voyons ses funérailles germaniques présidées par un Archambaud de Talleyrand-Périgord qui fut de nos envahisseurs et obtint pour sa récompense la main de Mlle de Gontaut-Biron, fille de l'ambassadeur de France à Berlin.

Donc Hanotaux fut élu après trois tours de scrutin, dont le premier donna ce résultat sans précédents : 15 voix contre 17 bulletins blancs. On sait que l'indépendance de l'académicien ne va pas au delà de l'abstention. Il ne restait plus qu'à échanger les discours d'usage. C'est fait.

Je viens de m'offrir ce régal d'éloquence qui me paraît le plus bourgeois des festins, quelque chose comme un bouillon Duval de la littérature. Le discours de M. Hanotaux, surtout, a bien les caractères d'une entrée de carême. Le morceau de M. Vogüé est d'un ragoût plus délicat. Ce que j'en admire surtout, ce sont les épices absentes. Il était si tentant pour ce chrétien de marque de faire l'aumône d'une parole de pitié à ces trois cent mille chrétiens d'Arménie massacrés avec la complicité de Son Excellence. M. de Vogüé a su résister aux nobles sollicitations de son âme. Pas un mot, non plus, de cette politique orientale qui a triomphalement abouti à installer la domination de Guillaume II sur le Bosphore. On n'est pas plus de l'Académie.

En revanche la flatterie d'usage à l'adresse du souverain se trouve remplacée par un éloge aimable des fusillades du Deux-Décembre. « Une opération de police un peu rude », voilà, paraît-il, quel sera le jugement de l'histoire. Dites-vous le, bons communards de l'avenir, et apprenez ce que vaut le respect de la loi aux yeux de ceux-là mêmes qui s'en disent les défenseurs. Notre haute et basse bourgeoisie gouvernante a passé là un bon moment. Courte joie qui ne sera pas sans lendemain.

Ce qu'il y a de plus curieux, sans contredit, dans M. de Vogüé, ce n'est pas son discours à l'Académie, c'est sa lettre aux électeurs dont il décline par avance le suffrage. J'y relève cette phrase admirable : « *Personne n'a encore demandé compte des cinq mille vies sacrifiées inutilement à Madagascar par des organisateurs incapables.* » Quoi? Personne, monsieur le député? Qui donc vous a empêché de le faire?

C'est, en effet, l'un des miracles de la législature qui disparaît. Il ne s'est trouvé personne pour demander à M. Hanotaux en quoi consistait l'alliance russe, dont on s'est réjoui si fort sans la connaître. Il ne s'est pas rencontré un député pour demander des comptes aux généraux dont la criminelle impéritie avait fait mourir cinq mille soldats français de la fièvre, sans une seule blessure du feu de l'ennemi. Combien ai-je fait d'articles là-dessus? Vainement. On savait que l'ancien ministre de la marine, Félix Faure, avait fait des affrètements déplorables **en Angleterre.** On savait que le débarquement mal organisé avait causé des pertes énormes en argent et en approvisionnements de toutes sortes. On savait que l'incurie des chefs avait causé d'effroyables ravages dans les rangs de notre petite armée. Mais les cinq mille morts ne réclamaient pas. On ne voulut rien éclaircir, pour n'avoir pas à invoquer des responsabilités trop hautes, et M. Hanotaux, dans un accès de folie, osa écrire qu'il ne s'était rien vu de plus admirable depuis les guerres de César dans les Gaules. Voilà nos garanties pour l'avenir.

Pour le présent, osons-nous nous permettre de supposer faillibles les organisateurs de ces désastres, il se trouve des insensés pour croire qu'ils défendent la France, en nous lançant pour toute réponse le cri de

Vive l'armée! C'est assez en effet pour la guerre de cirque. Mais il y a l'autre, celle qui éteint les fureurs des braillards dans les désastres de Metz et de Sedan.

Vive la guerre! criait-on sur le boulevard en juillet 1870. Cependant, je regardais aux vitrines une image qui montrait un troupeau d'oies acclamant un cuisinier armé de son couteau pointu. *Vive le pâté de foie gras!* disait la légende.

26 mars 1898.

LXXXVIII

Chefs en queue.

MM. Cavaignac et Bourgeois promènent en France leurs pensées. M. Cavaignac est un conservateur hanté de l'idée qu'un impôt progressif sur le revenu arrêterait le progrès du socialisme. M. Bourgeois est un dilettante libéral, ému de philosophie, fier de ses qualités d'action comme Ingres de son violon, ou Rossini de son tour de main dans l'art de préparer le macaroni. Tels qu'ils sont, ils constituent, dans l'universelle déroute des pensées, une force appréciable d'attraction pour les intérêts parlementaires rebelles aux disciplines de l'Eglise.

Ils vont de compagnie par les villes, disant le plus souvent des choses excellentes, déjà entendues, et croyant sincèrement qu'ils ont l'intention de réaliser ce qu'ils annoncent. D'autres même le croient aussi : par exemple Mesureur, qui se donne un mal incroyable à Paris pour amadouer Gérault-Richard sans mécontenter Rochefort, avec le secret espoir d'obtenir la neutralité bienveillante de Drumont.

Ainsi constitué, malgré Doumer absent, ce parti compte. C'est l'espoir de Lockroy, qui revient à son cher Paris, après un assez frais accueil de la province. Alphonse Humbert, revenu de plus loin encore, lui sourit en son âme. D'autres aussi le couvent du regard, prêts à sacrifier leur repos au devoir de sauver la France.

Qui sait si l'occasion n'en sera pas prochaine? Méline annonce à tous ses amis que, l'élection faite, il se retire. « Monsieur le Président, dira-t-il à Félix Faure, j'ai terrassé le socialisme, cela suffit à ma gloire. Pour empêcher le triomphe trop manifeste de l'Église qui pourrait résulter de ma victoire, il faut maintenant une politique de concentration et, vu mes antécédents, je ne suis point l'homme pour la faire. » Là-dessus je vois Méline porté d'un mouvement unanime à la présidence de la Chambre, manœuvrant en vue du prochain Congrès présidentiel, tandis que Cavaignac et Deschanel, Chaudey, Mesureur, Bourgeois et Barthou lui-même s'accordent fraternellement pour rendre la France heureuse.

Ces choses, Cavaignac et Bourgeois ne peuvent pas présentement les dire. Peut-être même ne les savent-ils pas, car c'est un commun spectacle, dans l'histoire, que les politiques soient constructeurs de choses qu'ils ignorent. Ceux-ci, toutefois, sont des hommes avisés qui ne pécheront point par excès de candeur. Que veulent-ils au juste? Ils nous le feront connaître plus tard.

La seule garantie que nous ayons jusqu'à présent est dans l'expérience déjà faite de leur caractère. Cavaignac autrefois s'est montré intraitable jusqu'à se faire renverser plutôt que d'abandonner la conception fâcheuse d'une expédition au Dahomey avec deux chefs en chiens de faïence. Bourgeois s'est révélé accommodant jusqu'à capituler devant le Sénat, la veille de la bataille. Il n'est pas douteux que de ce mélange on puisse tirer une heureuse moyenne pour le gouvernement parlementaire.

Un favorable signe encore, pour le succès de ces chefs de parti, c'est que, conformément à la tradition, ils sont bien plus disposés à suivre leurs troupes qu'à les conduire. Ils l'ont notamment manifesté dans l'affaire Dreyfus, où nous les avons vus s'accorder pour écarter avec dédain la question de savoir si un homme était ou non jugé conformément aux lois. Dans un temps où le député Mézières, président de la commission de l'armée, a pu, sans soulever de protestation, accepter de représenter Esterhazy dans un jury d'honneur, l'empressement de M. Bourgeois à rassurer M. de Mahy sur ses sentiments de vénération pour l'état-major a paru significatif.

Bourgeois sait très bien que toute la campagne antisémite n'est qu'une opération d'Eglise. Mais Mesureur a besoin des journaux antisémites pour ses élections de Paris. Donc, silence dans les rangs. Bourgeois compte-t-il beaucoup sur les généraux Boisdeffre et de Pellieux pour préparer nos futures victoires? Il faut le supposer, puisqu'il tolère sans mot dire leurs incartades devant le jury, où s'est manifesté le mépris de ces grands soldats de 1870 pour la société civile et ses lois.

Tout cela n'est pas mal. Cavaignac et Bourgeois ont trouvé mieux. Nous apprenons par les journaux antisémites que ces messieurs, ayant promis d'aller soutenir à Saint-Jean-d'Angély la candidature de M. Réveillaud, y ont renoncé quand ils ont appris que celui-ci s'était montré favorable dans son journal à la revision du procès Dreyfus. Est-il besoin de dire que toute la presse antisémite loue ce *patriotisme* chatouilleux qui repousse comme « antipatriote » l'homme capable de demander la justice pour tous? Voilà Mesureur bien content. Qu'est-ce que ça peut lui faire, un jugement légal ou non? Il ne sera pas combattu par les antisémites à patriotisme patenté, c'est tout ce qu'il demande. Cavaignac et Bourgeois, pour les amis éventuels de leur futur ministère, n'ont pas actuellement d'ambition plus haute.

Ils auraient pu, puisqu'ils sont chefs, rallier les esprits autour de l'idée d'une justice légale. Ils ont préféré se mettre en queue de leurs troupes dévoyées. Après tout, dans le grand combat des hommes contre l'iniquité, chacun est libre de choisir son poste de combat, suivant ses aptitudes, et dans la mesure de son ardeur.

30 mars 1898.

LXXXIX

Justice par ordre.

Hier, pendant la séance du Sénat, on a remarqué que M. le général Billot avait quitté son banc pour celui de M. le sénateur Mazeau, président de la Cour de cassation. La conversation paraissait vive et animée, à ce point que plusieurs sénateurs n'ont pu dissimuler leur surprise de voir M. le ministre de la Guerre choisir, pour verser ses confidences dans l'oreille du président de notre Cour suprême, la veille du jour où l'arrêt doit être rendu sur le pourvoi de M. Zola.

Autant qu'on en pouvait juger par les gestes assez accentués de M. Mazeau, celui-ci paraissait résister aux instances pressantes du général Billot.

Je suis en mesure, d'après un témoignage digne de

de foi, de reproduire le texte exact de deux phrases prononcées assez haut pour avoir été entendues de personnes qui étaient bien loin de soupçonner la gravité du débat.

— Non, non, on n'agit pas comme ça sur des magistrats ! disait M. Mazeau.

— Alors, je ne réponds plus de rien, répondait le général Billot. Vous vous engagez dans une voie révolutionnaire dont vous serez les premières victimes. Vous y passerez les premiers.

Là-dessus les deux interlocuteurs se levèrent et fixèrent un rendez-vous pour la soirée.

J'affirme donc que M. le général Billot a osé demander à M. le président de la Cour de cassation d'intervenir auprès des membres de la Cour suprême pour obtenir d'eux qu'ils rejettent le pourvoi de M. Zola.

2 avril 1898.

XC

Victoires et revers.

La Cour de cassation a rendu son arrêt. Le jugement est cassé pour cause de poursuite irrégulière. Les juges du conseil de guerre vont examiner la question de savoir s'il leur convient de courir les chances d'un second procès. Provisoire dénouement d'une affaire qui nous réserve peut-être d'autres surprises.

La présente surprise, c'est qu'il y ait en France des juges soucieux de juger selon la loi. La presse de la rue Saint-Dominique en éprouve une fureur. Le rapporteur, M. le conseiller Chambaraud, et M. le procureur général Manau reçoivent leur compte. Pour avoir constaté, au point de vue purement juridique, le bien fondé de certains moyens de cassation, ils se voient décerner les épithètes de serviles, poltrons, ramollis, pourris, vendus, par ceux-là mêmes qui, hier, invoquaient farouchement « le respect de la chose jugée ». Quel crime ont commis ces magistrats? Ils ont dit la loi, tout simplement, et il n'est que trop aisé de comprendre que les mêmes hommes qui montraient un si superbe dédain de la légalité dans l'affaire Dreyfus ressentent comme une injure l'application de la loi dans l'affaire Zola.

Qu'est-ce que c'est que ces robins qui se permettent d'exiger qu'une procédure de justice s'accorde avec les textes de loi qui sont toute sa raison d'être? Comment! il ne s'est pas trouvé un général pour entrer tout botté dans le prétoire, et dicter sa volonté à toute cette basoche qui fait mine de ne pas se courber sous le sabre où sont inscrits Metz et Sedan pour victoires? Où étiez-vous, général de Boisdeffre, pour dire à ces grimauds que, s'ils n'obéissaient pas sur l'heure, vous renonciez à nous conduire aux triomphes militaires qui sont dans le secret de vos pensées? Où étiez-vous, général de Pellieux, pour crier votre mépris à cette horde enjuponnée et lui dire que, s'il se trouvait des juges pour vous déplaire, vous conduiriez nos fils à la boucherie, tant vous faites de fonds sur vos préparations stratégiques? Où étais-tu, Louis XIV, avec ton fouet de chasse pour appuyer tes ordres au Parlement? Que voulez-vous faire d'un peuple dont les magistrats s'occupent de respecter la loi? C'est la fin de la France.

Pour nous, qui n'avons rien demandé dans toute cette affaire que l'égale garantie des lois pour tous les citoyens, il nous sera permis de manifester des sentiments tout autres. Je ne ferai point aux magistrats de notre Cour suprême l'injure de les féliciter d'avoir jugé suivant leur conscience. Ils ont sans doute un assez haut sentiment de leur devoir pour ne point se vanter, comme d'un acte d'héroïsme, d'avoir mis la légalité au-dessus des convenances ministérielles. Ce sont les Français de tous les partis, tous les Français, y compris nos adversaires eux-mêmes, qu'il convient de féliciter en cette occurrence, car nous avons tous le même intérêt à prendre pour arbitre la loi, toute la loi, dans les heures troublées de ce temps.

M. Zola s'est exposé personnellement pour assurer à un homme illégalement frappé les garanties de la loi qui lui sont, à cette heure, refusées. M. le procureur général n'a point nié que M. Zola eût ce dessein. Il l'a expressément reconnu, au contraire, tout en regrettant, comme il y était obligé, que l'auteur du pamphlet : *J'accuse...!* n'eût point suivi, dans l'intérêt même de ses revendications, une autre voie. Je reconnais à mon tour que c'est une hasardeuse entreprise de se placer sous le coup des lois dans le dessein d'obtenir, au détriment de sa liberté même, le redressement d'une illégalité supérieure. Complices volontaires de Zola, nous n'avons rien à dire là-dessus, sinon que toutes les autres voies de justice nous ont été systématiquement fermées.

Il convient cependant d'ajouter que, grâce à Zola, nous avons mis « la vérité en marche » et qu'elle ne s'arrêtera pas. Par le procès Zola, par les révélations qu'il a produites au grand jour, par les illégalités même qui reçoivent aujourd'hui d'une cour de justice leur juste châtiment, par les aveux échappés à l'inconscience de témoins, par les fureurs sauvages que déchaînait la crainte de la justice, par les inavouables entreprises contre la liberté d'esprit des jurés et des juges, par l'heureux arrêt de la cour suprême qui fait subitement écrouler tout cet édifice de violences, l'esprit public s'est ouvert aux premiers rayons de la vérité.

Les uns savent, maintenant. Les autres doutent, et,

parmi eux, combien de ceux-là mêmes qui nous injurient! C'est beaucoup. Le temps maintenant achèvera de dissiper les ténèbres. Car j'ai dit, et je répète qu'un peuple ne peut pas rester en doute sur sa propre justice. L'heure approche où les misérables combinaisons de partis qu'on nous a opposées éclateront comme verre sous la poussée de l'opinion avide de connaître.

Ce serait assez pour que nous ne regrettions rien de notre acte. Mais le procès Zola a eu, en outre, l'inestimable avantage de faire apparaître en pleine lumière les dangers du fanatisme religieux, masqué d'antisémitisme, et de dénoncer la redoutable infatuation des pouvoirs militaires, qui prétendent, au nom des défaites passées, s'arroger sur la société civile une suprématie d'incapacité dont les effets ne furent que trop manifestes il y a vingt-huit ans passés.

Les politiques professionnels ne sont pour rien dans ce résultat, puisque nous les avons trouvés, à l'exception de Jaurès et de quelques-uns de ses amis, unanimes contre nous. Nous n'avions de force que par la justice et par la vérité. Ce n'est rien, disaient les parlementaires. L'arrêt de la Cour de cassation leur apprendra peut-être que c'est quelque chose tout de même.

Le miracle, c'est que le gouvernement, dans cette aventure, soit précisément dupe de son habileté. M. Méline a prétendu que « l'honneur des généraux était au-dessus des appréciations du pays ». Et cette imbécile conception de la justice l'a précisément conduit à l'illégalité même qui vicie tout le procès et fait que la proie lui échappe au moment où il croyait la tenir.

C'est bien ce qui affole le général Billot, qui voit avec rage un magistrat, du haut de son siège, répondre victorieusement aux mensonges, aux calomnies infâmes qu'il a si généreusement répandus dans *sa presse* contre les hommes qui ne demandaient que la justice, qui n'invoquaient que la vérité. En leur faisant réparation d'honneur, M le procureur général

Manau a fait un acte de courage. Ils ne pouvaient pas espérer une si prompte, une si éclatante revanche.

Comme nous, c'est M. le procureur général qui évoque le nom de Voltaire et rappelle l'affaire Calas. C'est lui qui en est à envisager l'hypothèse des aveux mêmes d'Esterhazy. L'heure de vérité arrive à grands pas. Ils le sentent, ils le savent, déjà je les vois trembler devant la lumière, tous ces beaux répondants d'Esterhazy qui l'embrassaient, le choyaient, lui faisaient honneur, ne craignant pas d'associer son nom dans leurs *vivats* à celui de la France en armes.

Comprend-on maintenant que le général Billot ait cherché par ses menaces à effrayer le président de la Cour suprême, jusque dans l'enceinte du Sénat, pour obtenir de lui qu'il imposât à ses collègues un jugement favorable aux outrecuidantes protestations d'une oligarchie militaire ? On ne donne pas d'ordres à des magistrats, dut répondre M. Mazeau, qui tout à coup se trouvait ainsi reporté à la fameuse accusation de Zola alléguant que des juges avaient jugé par ordre.

Il y a des manières différentes d'ordonner. Par l'audace de son entreprise sur la conscience du président de la Cour de cassation, nous pouvons apprécier ce dont M. le général Billot est capable à l'égard de ses subordonnés. Il ne s'était pas ménagé dans cette fameuse campagne, notre ministre de la Guerre ! Il lui fallait quelque hardiesse, en vérité, pour mettre tout son enjeu sur Esterhazy. Hardiesse justifiée par l'événement, car tout — même l'impossible — avait réussi au delà des plus folles espérances. Victoire ! criait Billot. La Cour de cassation survient, et, par le moyen de vingt lignes d'écriture, voilà le vainqueur tout de son long par terre. « C'est une révolution, » clame-t-il. Oui, général, une révolution que vous n'aviez pas prévue : le triomphe de la justice.

3 avril 1898.

XCI

Nouveau procès.

L'arrêt de la Cour de cassation a été cassé à la
Chambre par M. Méline, peu respectueux de la chose
jugée, et, à la suite de M. Méline, par toute la presse
de la rue Saint-Dominique. Il n'en reste plus rien,
sinon qu'il a force de loi, et qu'à ce titre il faut le respecter.

Tout en négligeant les journaux de l'état-major, je
prendrai la liberté de dire à M. Méline qu'il s'est
donné un rôle ridicule en essayant de réformer, du
haut de la tribune, la jurisprudence de la Cour suprême. S'il était sage, il se féliciterait bien plutôt de
ce qui arrive.

Car il ne peut pas ignorer que, même sans le vice
de procédure introduit dans l'affaire par l'ignorance
crasse de son garde des sceaux, la cassation était inévitable, en raison du refus opposé à Me Labori par
M. le président Delegorgue de le laisser interroger
M. de Boisdeffre. Parmi les innombrables scandales
du procès Zola, ce monstrueux abus de pouvoir a conquis une place d'honneur. Peut-il être admis nn seul
instant qu'un témoin soit mandé tout exprès pour être
interrogé par l'accusation sans que la défense soit
admise à lui poser une seule question ? Il faut l'anarchie intellectuelle de nos temps pour que la question
même se pose.

Si la Cour de cassation avait accepté une aussi claire

suppression des droits de la défense, c'en était fait de
ce qui reste encore des apparences d'une justice française. Mais la décision des juges suprêmes ne pouvait
faire de doute, ainsi que l'avait indiqué M. le conseiller
Chambaraud. Et bien qu'il soit pénible à nos gouvernants de voir ainsi éclater aux yeux de toute l'Europe
la preuve de leur sottise, n'eût-il pas été plus funeste
encore à notre renommée d'apprendre au monde
entier que nos magistrats ont une assez basse conception de la justice pour ne permettre aux témoins que
ces moitiés de vérité dont se font les mensonges? Un
témoin interrogé par l'une seulement des parties en
cause, où cela sera-t-il accepté? En dehors de la France
il aurait fallu descendre jusque chez les sauvages
pour trouver des exemples d'une telle justice. Cette
honte, pour aujourd'hui, nous sera épargnée.

Le général Billot, maintenant, va réunir le conseil
de guerre qui *jugea* Esterhazy, si j'ose ainsi parler,
et demander aux officiers qui le composent s'il leur
convient ou non de poursuivre Zola. Qui est-ce qui
doute, en France, que le conseil de guerre fasse tout
justement ce que désirera le ministre? Je dis à dessein le ministre, et non le gouvernement, car Billot,
qui menace le président Mazeau de la révolution si
Zola n'est pas mis aux fers, n'est pas homme à se
rendre aux prudents conseils de ceux de ses collègues
qui peuvent redouter qu'un nouveau procès ne développe une nouvelle moisson de vérités.

Non. Le ministre de la Guerre ne voudra rien entendre. Je le souhaite, du moins pour la beauté de
son caractère. Il objectera, justement, que s'il a poursuivi Zola, c'est au nom du conseil de guerre, et qu'il
est inadmissible que le conseil de guerre se réunisse
tout exprès pour le désavouer. C'est l'évidence même.
Billot a voulu que Zola fût châtié. On a violé les lois,
on a faussé tous les ressorts de la justice, on a enrégimenté la presse, on a organisé les troubles de la rue
pour obtenir ce résultat. Et voilà que par la faute de
ce même Billot, Zola, malgré la condamnation, échappe

à la peine prononcée. Comment le conseil de guerre pourrait-il dire que cela est bien, et que les choses doivent en rester là ? C'est impossible.

Dans la lutte engagée pour la vérité contre le mensonge, pour la justice contre l'arbitraire, aucun des combattants n'est libre de s'arrêter. Chacun obéit, quoi qu'il veuille, à la fatalité des forces qui le poussent. Le gouvernement a accumulé les ignominies, il faut qu'il en invente, s'il se peut, qui soient nouvelles, et qu'il les prodigue avec un redoublement de fureur. Il faut qu'il tente, d'un plus violent effort, de mettre toutes les forces du droit, au service de l'iniquité, il faut que les lois qui le gênent soit tenues pour non avenues, il faut que les juges soient soumis par la force et que toute indépendance soit brisée, il faut que toute la France voie ses maîtres enragés d'injustice, affolés de terreur au seul mot de vérité, pour que de ce spectacle jaillisse la lumière dans les esprits demeurés obscurs, pour que l'opinion publique puisse comprendre que ceux-là tentent de l'aveugler, qui s'offrent à la conduire.

Allons, courage, haïsseurs de justice, donnez d'ensemble contre tous les hommes qui n'ont pour eux que le droit ! N'épargnez aucune violence, ne ménagez point vos traîtrises. Chacun de vos succès d'un jour est un pas vers la défaite inévitable. Après le procès d'hier, le procès de demain, où s'épuiseront un à un tous vos efforts de mensonge. Débattez-vous contre la vérité qui vous tient. La grippe est bonne. Elle ne vous lâchera plus.

4 avril 1898.

XCII

La question sera posée.

Une des conséquences les plus remarquables de l'action nouvelle qui va être intentée directement par les juges du conseil de guerre, c'est qu'il sera permis à la défense de faire la preuve que Dreyfus a été illégalement condamné.

Il y a là, pour nous, une importante victoire. Poursuivis pour avoir dit que Dreyfus avait été illégalement condamné, nous nous sommes vu refuser — contrairement aux dispositions de la loi — le droit d'en faire la preuve. On se souvient qu'un témoin s'est présenté à la barre, qui tenait d'un des juges mêmes de Dreyfus qu'une pièce secrète avait été communiquée en chambre du conseil. Au moment où il allait parler, la main du président s'est abattue sur sa bouche et le fameux mot retentit encore à toutes les oreilles : « La question ne sera pas posée. » Heure tragique, car si M. Salle avait dit un seul mot, la vérité éclatait, irrésistible, la vérité connue de tous aujourd'hui même, mais que nos adversaires peuvent encore hypocritement nier, grâce à la complicité de la magistrature dans l'organisation du silence.

Eh bien ! elle est passée l'heure où les témoins étaient sommés de se taire par ceux-là mêmes qui avaient charge de les faire parler. La vérité sera dite si haute que les plus sourds ne pourront faire autrement que de l'entendre. Il sera établi, au delà de

toute contestation possible, que Dreyfus a été illégalement jugé, et la procédure de revision, quoi qu'on
dise et quoi qu'on veuille, devra nécessairement
s'engager.

Telle est la conséquence du droit qui nous est reconnu. Le langage de M. le conseiller Chambaraud là-
dessus n'admet point d'équivoque : « Ni l'acte administratif, *ni l'œuvre du juge*, ne sont exceptés par la loi
du domaine de la critique ». Le général Billot l'avait
bien dit au président Mazeau dans ce dialogue dont je
les ai vainement défiés tout les deux de contester
l'exactitude : « C'est une révolution qui se fait » : la
substitution de la vérité, devant les juges, au mensonge.

Si une autre cour se rencontre pour essayer de
nouveau d'empêcher nos témoins de parler, il nous
suffira, dans les trois jours, de nous pourvoir en cassation pour faire reconnaître notre droit de preuve
qui nous fût dénié par la seule raison que, si nos
témoins avaient parlé, c'était le succès assuré de notre
cause.

Donc l'existence de la pièce secrète va être par nous
prouvée.

Le juge de Cassation a si bien compris la portée de
son arrêt qu'il a tenu à se prononcer sur cette question en termes exprès pour rétablir, de sa pleine
autorité, les accusés et les juges dans la situation de
droit les uns vis-à-vis des autres. Il est visible que
cette idée de la pièce secrète a hanté l'esprit des
membres de la Cour suprême, qui ne pouvaient
admettre sans protester qu'un homme fût condamné
sur un document qui ne lui avait point été soumis.
Sans doute la question ne leur était pas directement
posée. Ils ont tenu à dire leur sentiment tout de
même, pour avertir nos gouvernants qu'il est des
limites d'arbitraire qui ne seraient pas impunément
dépassées.

Aussi M. le procureur général Manau n'a-t-il pas
craint de mentionner la déposition de M. Demange

constatant l'existence de la pièce secrète. Aussi s'est-il expliqué sur Esterhazy, le protégé de l'état-major, en des termes qui mettent en singulière posture le prince Henri d'Orléans et les prétendus patriotes qui *honorent* d'une même acclamation Esterhazy et l'armée française. Vraiment, ce n'est pas trop tôt que quelqu'un se lève pour remettre hommes et choses à leur place et dégager nos soldats de toute solidarité avec l'homme qui, dans ses lettres à Mme de Boulancy, les abreuvait des plus ignobles outrages. Il est seulement fâcheux qu'il ait fallu l'intervention d'un magistrat pour cette besogne de nettoyage militaire.

Ce sont là des symptômes précurseurs de vérité prochaine. Dans un admirable article, d'une ironie d'autant plus cruelle qu'il a paru justement dans *l'Echo de Paris*, Anatole France a démontré dogmatiquement la supériorité sociale du mensonge. Hélas! Il n'y a que trop d'apparence. Mais, qui sait? Il faut bien qu'une fois la vérité triomphe par hasard, quand ce ne serait que pour entretenir l'illusion des âmes simples.

5 avril 1898.

XCIII

Plaideurs récalcitrants.

Il paraît que ça ne va pas, ce procès. L'état-major manque d'entrain. Les membres du conseil de guerre n'ont pas encore été convoqués, et déjà les journaux de

la rue Saint-Dominique nous annoncent qu'il n'y aura
point de plainte déposée.

Je comprends que l'idée d'aller devant une cour
d'assises sans que les témoins soient d'avance bâillon-
nés n'est point pour réjouir nos adversaires. Ils veulent
bien d'un procès où le président, pour découvrir la
vérité, n'a pas de plus grand souci que d'empêcher les
témoins de parler, où, la loi autorisant la preuve, le
juge se substitue à la loi pour décider que la preuve
ne sera pas admise, où l'accusé se voit refuser effrontément le droit d'interroger un témoin, où les avocats et
les militaires peuvent impunément *faire* la salle et
emplir le Palais de cris et de menaces pour terroriser
le jury et fausser l'opinion du dehors.

Il y a là, je le reconnais, des conditions spéciale-
ment avantageuses pour ceux qui ont tout à craindre de
la vérité. Le malheur est que ces sortes de procès sont
cassés comme verre dès que la juridiction supérieure
est appelée à dire s'ils ont été rendus en conformité ou
au mépris de la loi. C'est ce qui vient d'arriver, et voilà
nos grands vainqueurs de la cour d'assises fort troublés
à la seule perspective de la liberté reconnue aux témoins de dire ce qu'ils savent.

Comment? on poursuivra Zola pour avoir dit que
Dreyfus a été illégalement condamné et il lui sera permis de prouver son dire? Une telle pensée refroidit
subitement toute l'ardeur combative de notre ministre
de la Guerre, et voici que le même *patriotisme* qui voulait, il y a trois mois, que Zola fût condamné, commande maintenant que Zola demeure impuni.

Croit-on vraiment qu'on trompera quelqu'un par
d'aussi grossiers artifices? On n'est pas sans inquiétude à ce sujet. Et comme il est de règle, pour les
bravaches, de ne jamais reculer qu'avec de belles attitudes guerrières, nos grands chefs ont eu l'idée miri-
fique de se faire à la fois juges et parties dans leur
propre cause, en exigeant du conseil de l'ordre de la
Légion d'honneur qu'il raye Zola de ses cadres.

La mesure, je l'avoue, serait fort loin de me déplaire.

Les ordres militaires peuvent avoir leur utilité. La décoration civile, source intarie de cabotinage, est devenue, dans notre démocratie, pour les gouvernants une monnaie d'achat, et pour les gouvernés une excitation permanente à l'abaissement des caractères. Que Zola soit décoré ou non, cela n'ajoute rien à son œuvre. Cela donne-t-il du génie à Félix Faure d'être, toute la journée, sanglé de rouge ? Bouton de cristal, colliers de coquillages, rondelles de métal ou emblèmes tatoués, tout cela n'est qu'une même folie de vanité dont nous serons guéris peut-être dans quelques siècles. Je consens donc, pour ma part, qu'on ôte du ruban à Zola, ou même qu'on lui en mette si l'on préfère. Mais je ne vois pas du tout en quoi cela peut faire avancer la question de savoir si un homme a été jugé selon les lois.

Toujours cette éternelle question, dira-t-on. Eh! oui, toujours! Et l'on doit commencer de s'apercevoir qu'il n'y a qu'une manière de la résoudre, c'est de laisser la simple vérité se faire jour.

Jusque-là, sachez-le, bonnes gens, vous n'aurez pas de repos. Les politiciens se sont tus dans l'espoir que leur haute ou basse prudence leur vaudrait vos suffrages; les vaincus de Sedan, très fiers, ont fait sonner leurs sabres sur les dalles du prétoire; les braillards de l'antisémitisme se sont déchaînés dans la rue sous les yeux d'une police amie; le juge s'est fait complice des violences; le jury a obéi. Et de toutes ces soumissions et de toutes ces violences, qu'est-il résulté ? Rien du tout. C'est à recommencer. Je comprends que ce seul mot vous fasse reculer d'épouvante, quand il apparaît que la cour suprême a décrété la déroute des puissances de mensonge par ce simple mot : « Les témoins pourront parler. »

6 avril 1898.

XCIV

La vérité sur l'affaire Esterhazy.

Le Siècle a publié sous ce titre une lettre d'un diplomate où il est raconté qu'Esterhazy était au service de M. de Schwarzkoppen, attaché militaire allemand, à qui il aurait fourni, contre espèces sonnantes, un grand nombre de documents. Ce trafic aurait continué jusqu'au jour où la publication du fac-similé du bordereau par *le Matin* rendit l'opération trop manifestement dangereuse.

Les allégations du correspondant du *Siècle* ne sont appuyées d'aucune preuve, et, vraiment, il ne doit pas être facile d'établir, sans contestation possible, des faits que tant de gens ont un intérêt si manifeste à tenir cachés. MM. de Schwarzkoppen et son ami Panizzardi, l'attaché militaire italien, seuls, pourraient parler, et ils n'auraient pas attendu jusqu'à ce jour, s'ils étaient libres de le faire. Il est dur de laisser un homme au bagne quand on a en main les preuves irréfutables de son innocence. Comment ces deux soldats parleraient-ils, quand le devoir politique prime pour eux le devoir de conscience? Ce n'est point sur eux qu'il faut compter pour éclaircir cette effroyable affaire.

Mais, s'ils ne peuvent apporter leur témoignage officiel, il n'en est pas moins vrai qu'ils ont eu avec des amis, avec des collègues en diplomatie, des conservations dont quelques traces demeurent. Telle est, suivant l'apparence, la source des informations du *Siècle*.

Il est certain que dans toutes les ambassades on parle librement des rapports d'information d'Esterhazy avec M. de Schwarzkoppen, et que depuis longtemps personne ne conteste la matérialité du fait. Si bien que tous ces étrangers sont renseignés sur un point qu'il nous importe tant de connaître et que les Français seuls, dont le suprême intérêt est de savoir la vérité tout entière, sont systématiquement tenus dans l'ignorance.

Comment serions-nous informés ? Des trois personnages qui *savent*, un seul est Français (ou supposé tel) : Esterhazy. On ne peut pas compter qu'il avoue, malgré l'expresse invitation de M. le procureur général Manau. Restent MM. de Schwarzkoppen et Panizzardi, aussi peu disposés qu'Esterhazy lui-même à se confesser publiquement. Pour ceux de leurs collègues à qui ils ont fait des confidences, le gouvernement essaye de jeter d'avance la suspicion sur leur témoignage en alléguant qu'ils sont étrangers. N'avons-nous pas vu le président Delegorgue, emporté par son zèle pour Esterhazy, déclarer qu'aucun étranger ne serait admis à témoigner devant lui ? Sur quel texte de loi se fondait ce singulier magistrat qui fournit à lui tout seul, dans un seul procès, plus de cas de cassation à la Cour suprême que tous ses collègues ensemble, je l'ignore.

Si M. de Schwarzkoppen, par exemple, produisait un reçu portant la signature d'Esterhazy, le président Delegorgue tiendrait-il la pièce pour nulle parce qu'elle serait produite par un étranger ? Il ne faudrait cependant pas tomber dans l'imbécillité jusqu'à oublier que le crime consistant à vendre des documents à l'étranger suppose par définition des informations pouvant venir au juge français d'une source étrangère. Cela est d'autant plus manifeste que la fameuse preuve contre Dreyfus, *trouvée deux ans après sa condamnation*, selon M. le général de Pellieux, est un document qui émane d'un personnage étranger. Comment une carte où M. Panizzardi aura griffonné je ne sais quoi serait-elle un document valable contre Dreyfus, si l'on récuse le témoignage de M. Panizzardi lui-même ou de tel de ses compatriotes contre Esterhazy ? Sans doute, les dires des témoins, quels qu'ils soient, ont besoin de contrôle. Encore faut-il, pour les discuter, commencer par les recevoir.

La lettre d'un « diplomate » au *Siècle* me paraît le premier témoignage d'un de ces étrangers qui, par les indiscrétions privées de M. de Schwarzkoppen ou de M. Panizzardi, ont des raisons de croire qu'ils tiennent la vérité. D'autres témoignages suivront fatalement pour corroborer ou infirmer celui-ci. Nous aurons cette honte que la lumière se fasse du dehors sur nos propres affaires, puisque nous avons rassemblé toutes les forces gouvernementales dans une tentative désespérée pour épaissir les ténèbres.

Ce qu'il y a de remarquable, c'est que MM. de Schwarzkoppen et Panizzardi, qui, d'un mot, pouvaient faire crouler tout l'édifice du « diplomate » du *Siècle*, observent jusqu'ici un suggestif silence. Cela donne à penser, surtout quand on rapproche cette attitude des déclarations de M. de Bulow, affirmant que le gouvernement allemand n'a jamais eu aucun rapport direct ou indirect avec Dreyfus, et esquivant la question quand il prononce le nom d'Esterhazy.

Mais le plus étonnant me paraît, sans contredit, l'attitude d'Esterhazy lui-même. Voici un « officier *français* » à qui le général de Pellieux donne du cher camarade (après avoir lu les lettres du uhlan), qu'un prince d'Orléans presse avec effusion sur son cœur, que toute une foule antisémite acclame dans un *patriotique* délire. Eh bien ! ce soldat sans reproche, on l'accuse ouvertement d'espionnage, on dit qu'il a livré pour de l'argent des documents à un officier allemand, et, loin de se servir des moyens que lui fournit la loi pour se défendre, il demeure silencieux, inerte, et quand *le Temps* lui dépêche un reporter pour lui demander ce qu'il va faire, il répond que cette accusation n'a pas d'importance.

Quelle étrange mansuétude chez un homme qui devait tout massacrer ! Et vous, général Billot, qui n'avez pas craint d'identifier l'honneur de l'armée avec l'honneur d'Esterhazy, n'avez-vous rien à dire à cet officier si peu soucieux de l'uniforme qui est le vôtre? Voyez-vous, il faut encore quelques procès pour tirer tout cet imbroglio au clair. Le procès Zola vous ennuie bien, sans doute. Que diriez-vous du procès d'Esterhazy contre *le Siècle*? Avec la plainte de Mme de Boulancy et celle du colonel Picquart, qui sont toujours devant M. Bertulus, cela nous ferait une provision de procès fort utiles à la manifestation de la vérité. Entre temps, le Conseil de l'ordre de la Légion d'honneur enlèverait à Zola sa croix et riverait celle du uhlan. Il resterait, à la vérité, l'opinion publique que les fonds secrets ne peuvent pas toute acheter. Je vous dirai que c'est mon espérance.

7 avril 1898.

XCV

Le supplice du commandant.

Une des manifestations les plus caractérisées de pharisaïsme, au cours du procès Zola, fut l'apitoiement des âmes sensibles sur le supplice du commandant Esterhazy obligé d'écouter en silence le dé-

filé des questions auxquelles il ne pouvait pas répondre.
L'avocat général Van Cassel, avec tous les bons amis
du commandant, a gémi sur la cruauté du défenseur
de *l'Aurore*.

Je ne nie point du tout que la scène fût tragique,
et j'ai, comme chacun, ressenti l'émotion poignante
de cette rencontre entre la vérité et le silence. S'il ne
s'était agi que du commandant Esterhazy dans cette
affaire, j'aurais, avec tout le monde, souhaité que l'interrogatoire s'arrêtât après constatation du parti pris
de ne pas répondre. Mais il y avait un autre homme
en cause, qui, tout juif qu'il soit, n'est peut-être pas
moins intéressant qu'Esterhazy, et dont le supplice,
quoique éloigné de nos yeux, n'est certainement pas
moins horrible.

Qui des deux avait mérité ce supplice ? Voilà précisément la question qui se posait, et elle est assez
grave pour que nous ne prodiguions pas notre pitié
avant de savoir qui des deux a mérité le châtiment de
la trahison. Or, si Esterhazy n'est pas coupable, je ne
vois pas en quoi pouvait consister son supplice. Innocent, il n'avait qu'à répondre et à montrer la vanité
des accusations dont il était l'objet. Je reconnais que
son avocat lui avait donné le meilleur conseil en l'invitant à garder le silence, mais il n'est pas d'usage en
cour d'assises de donner ces avis-là à qui a la conscience claire. M. Delegorgue, M. Van Cassel et tout
le Palais savent à quoi s'en tenir là-dessus.

Et c'est pourquoi je me permets de trouver fort
étrange que M. le président Delegorgue, qui venait
de faire prêter à Esterhazy le serment de dire *toute la
vérité*, n'ait pas trouvé une parole pour lui faire observer que son silence le constituait parjure. Mais magistrats et généraux rivalisaient d'amour pour l'auteur
des lettres à Mme de Boulancy, et quand l'avocat de
l'Aurore citait des passages de ces épîtres qui seront
de l'histoire, nos défenseurs de l'ordre social et de la
patrie entendant insulter la France et l'armée française par un officier français, au lieu de s'indigner

contre l'auteur de ces outrages, s'apitoyaient en sa faveur.

Sans doute, on feignait de croire que les lettres d'Esterhazy ne sont pas d'Esterhazy. Mais, dans les lettres qu'il avoue, il y a assez d'insultes à la France pour faire chasser tout autre que le « cher commandant » de l'armée. Et si l'on a vraiment des doutes sur la lettre du uhlan, que n'a-t-on laissé venir à la barre les témoins qui, depuis douze ans, en avaient connaissance? Esterhazy nie? Vraiment cela n'est pas surprenant. Mais il faut être candide jusqu'à la complicité pour s'en rapporter au dire de l'homme que ce document accuse. Le conseil de guerre n'a pas cru devoir éclaircir ce point que le général de Pellieux lui-même juge si grave pour « l'honneur de l'armée ». Pas curieux, le conseil de guerre. M. Bertulus, juge d'instruction, se voit dans la nécessité de faire là-dessus un peu plus de lumière, non pas sur les réquisitions de l'autorité publique, mais sur la plainte de Mme de Boulancy, qui repousse l'accusation d'avoir falsifié la pièce. Dans l'affaire Boulancy, comme dans l'affaire Picquart, M. Bertulus ne paraît pas pressé d'aboutir.

Pour en revenir au commandant « supplicié », j'aurais cru que le pire supplice était celui des officiers qui voyaient l'un d'entre eux, sous l'uniforme français, contraint à garder le silence devant des accusations dont chacune emportait le déshonneur. Eh bien! non. Le commandant n'avait pas plus tôt fini de se taire, que c'étaient des cris de « Vive Esterhazy! » et des poignées de main de princes. Explique cette folie qui pourra!

Mais le pire fut, sans conteste, l'indignation du président, secondée par les cris d'une salle que l'avocat Auffray, le général Gonse et le colonel du Paty de Clam avaient faite tout exprès, lorsque le défenseur de *l'Aurore* prit la liberté grande de demander à Esterhazy s'il connaissait M. de Schwarzkoppen. Prenez garde, je vous prie, que c'était là tout le fond

de l'affaire. Esterhazy, comme on sait, n'avait pas
nié ces relations, car il ne le pouvait pas. Il les avait
seulement expliquées par des entrevues à Carlsbad
qui furent reconnues contraires à la vérité. Le conseil
de guerre, bien entendu, n'avait eu garde de poser
cette question à l'officier qui comparaissait devant
lui. Comment admettre qu'un avocat prit cette liberté ?
Que ce commandant français ait eu de fréquents rapports avec l'attaché militaire allemand, nul ne le con-
testait, personne ne s'en trouvait choqué. Mais qu'on
osât le lui demander, voilà ce qui soulevait les protestations des tartufes du patriotisme empressés à la
défense du uhlan.

Avec beaucoup d'autres encore, cette question ne
fut pas posée, devant M. Delegorgue. Nous la retrouverons plus tard.

9 avril 1898.

XCVI

Des témoins.

La publication par *le Siècle* de la déposition que
M. Casella devait faire à la Cour d'assises arrive très
opportunément à la veille du nouveau procès. La Cour
de cassation nous ayant assuré des conditions meil-
leures de justice, il est permis de croire que de tels
témoins ne peuvent plus être écartés, car leur témoignage paraît de la plus haute importance pour la manifestation de la vérité.

Le grand défaut de la lettre d'un diplomate publiée par le même journal, c'est qu'il y manque une signature. Les allégations en fussent-elles cent fois exactes, le document demeure sans autorité, ne fournissant aucun moyen de contrôle. Il en est tout autrement de la pièce Casella, qui nous met en présence d'un témoin responsable de ses dires.

Non que M. Casella lui-même sache rien, de science personnelle, sur Esterhazy ou sur Dreyfus. Mais il a reçu des confidences ou des demi-confidences des deux personnages les plus qualifiés pour savoir : le colonel de Schwarzkoppen et le colonel Panizzardi. Ces deux hommes se sont ouverts en de familières causeries, comme il était inévitable, et ils en ont dit assez pour que la vérité soit connue. M. Casella, crânement, les met en cause, les obligeant ainsi à protester si son récit est jugé par eux inexact. Jusqu'ici ils ont gardé le silence, et il faut bien reconnaître que cette attitude équivaut à un aveu, car un attaché militaire *en fonctions* ne demeurerait pas muet s'il jugeait qu'on eût abusé de son nom. Pour que le colonel Panizzardi se taise, il faut qu'il soit dans l'impossibilité de contredire son compatriote Casella.

Seulement, au point où nous en sommes, il paraît bien difficile, pour qui détient la vérité, de se confiner plus longtemps dans le silence. Sans doute, nous ne pouvons pas demander aux puissances étrangères de brûler leurs agents, et de nous dénoncer, elles-mêmes, les espions qu'elles emploient. Cependant, c'est un spectacle si angoissant pour la conscience humaine, un innocent puni pour un coupable, que nous ne pourrions nous étonner de voir nos plus acharnés ennemis eux-mêmes nous aider dans la recherche de la vérité, au moins par voie d'information négative.

C'est ce qu'ont fait M. de Bulow, M. Brin : le premier avec un trait subtil pointé sur l'auteur véritable du crime. Ils n'iront probablement pas plus loin. M. de Schwarzkoppen, et M. Panizzardi lui-même, ne diront rien sans l'autorisation expresse de leurs

gouvernements. Pourtant l'offensive audacieuse de
M. Casella les met dans le plus cruel embarras qui
se puisse concevoir.

Le colonel de Schwarzkoppen a formellement reconnu dans ses conversations — telles qu'elles sont
rapportées par M. Casella — la culpabilité d'Esterhazy. Les propos qu'on nous cite sont-ils textuels,
défigurés, ou faux ? Les incidents dont on nous fait le
récit ont-ils véritablement eu lieu, par exemple la
scène entre Esterhazy et M. de Schwarzkoppen avant
la dénonciation de M. Mathieu Dreyfus ? En d'autres
termes, M. Casella a-t-il dit la vérité ou a-t-il menti ?
Telle est la question à laquelle il semble que les hommes dont il a reproduit les paroles sont tenus de répondre par un oui ou par un non. Qu'ils hésitent
encore à proférer ce seul mot, rien n'est plus explicable. Mais l'heure des atermoiements est passée. Que
peut la volonté humaine contre l'engrenage des révélations qui se succèdent, conduisant toutes au dénouement inévitable ?

Combien de mois passés depuis que M. Méline, in-
nocemment, disait à la tribune qu'il n'y avait pas
d'affaire Dreyfus, et que l'affaire Esterhazy était
terminée ! Que pense-t-il aujourd'hui de cette allégation téméraire à la veille d'un nouveau procès dont
il est plus aisé d'escompter le verdict que de prévoir
les conséquences ?

Commence-t-il à comprendre que la question de
savoir si un innocent est au bagne, et si un criminel
se cache sous l'uniforme d'un officier français — dont
personne n'a encore demandé la radiation des cadres
de la Légion d'honneur — ne peut pas comporter
d'autre solution que la manifestation de la vérité ?
C'est parce que cette vérité nous a été successivement
refusée par les ministres, par les Chambres, par la
justice elle-même, que nous affronterons de nouveau
l'épreuve de la Cour d'assises, avec la ferme résolution de faire dans toute cette obscurité toujours un
peu plus de lumière.   *10 avril 1898.*

XCVII

Légionnaire et légionnaire.

On ne saurait contester au conseil de l'ordre de la Légion d'honneur le droit d'évoquer l'affaire Zola. Il est certain que ce légionnaire a produit des accusations graves contre certains de ses co-légionnaires. Le conseil, à qui le fond échappe, jugera la question de forme, ainsi que les circonstances dans lesquelles le pamphlet *J'accuse* fut écrit.

Mais il est un point qu'on oublie. Je veux parler de la situation d'un officier français, confrère du général Davout et de Zola jusqu'à nouvel ordre, qui a prodigué à l'armée française et à ses chefs des outrages beaucoup plus caractérisés qu'aucun autre homme connu. Est-ce que le conseil de la Légion d'honneur n'a rien à lui dire, à celui-là ? On le nomme Esterhazy. Il est chef de bataillon. Il a eu beaucoup d'histoires.

Il nie, bien entendu, le plus compromettant de ces écrits, et depuis plusieurs mois un juge d'instruction se donne sans succès un mal incroyable pour justifier ce mensonge, que tout homme d'intelligence moyenne peut en vingt minutes réfuter. Mais n'eût-on contre cet officier que les pièces dont il se reconnaît l'auteur, les insultes à l'armée et à la France elle-même y sont prodiguées d'une telle verve que le conseil de l'ordre ne peut pas, sans se faire injure à lui-même, s'en désintéresser.

Je sais bien que cet officier a de très belles notes

et que certains de ses chefs l'avaient désigné pour les premiers postes de l'armée. Cela, je l'avoue, paraît inquiétant. Car nous sommes bien mal en point si c'est à cette sorte de gens que vont la bienveillance et l'estime des chefs. En tout cas, les belles notes peuvent être un remords pour ceux qui les ont données, non une excuse pour celui qui n'y peut montrer aujourd'hui d'autre droit que sa qualité d'insulteur de la patrie française.

Je sais bien aussi qu'en outre de ses belles notes, cet officier a de belles relations. Ancien zouave du pape, il est bien vu de l'Église et, récemment, quand on l'accusa d'avoir écrit le bordereau qui fut la pièce d'accusation contre Dreyfus, le général chargé de l'enquête concluait qu'il n'y avait pas lieu de suivre, avant même d'avoir fait procéder à l'expertise d'écritures. Plus tard, le même général tenait, sans contrôle, toutes les allégations de l'accusé pour acquises, et s'en faisait une arme contre l'officier supérieur qui osait soupçonner le comte Walsin-Esterhazy d'espionnage.

Toutes ces considérations sont de poids, j'en conviens. Cependant, si l'on frappe Zola pour avoir mal parlé de deux conseils de guerre, comment serait-il possible de ne pas demander de comptes à l'homme qui a vomi sur l'armée et la France des outrages dont nos plus cruels ennemis ne nous ont pas encore fourni l'équivalent.

Et ce n'est pas tout d'ailleurs. Voici qu'un homme, M. Casella, se lève pour accuser formellement le même Esterhazy, officier français, membre de l'ordre de la Légion d'honneur, d'avoir été à la solde du colonel de Schwarzkoppen, attaché militaire allemand, et il en donne pour preuve les dires du colonel de Schwarzkoppen lui-même et de son ami, le colonel Panizzardi, l'attaché militaire italien à Paris.

Il faut bien reconnaître qu'une telle accusation contre un officier français n'est pas ordinaire, et je crois que, si elle était produite contre tout autre qu'Esterhazy, personne n'admettrait que l'accusé gardât le silence. Quoi! pas une parole, pas un démenti à M. Casella, au colonel de Schwarzkoppen, au colonel Panizzardi qui ont laissé, sans protester, l'accusateur se servir de leur nom?

Comment le général Billot peut-il croire que l'honneur de l'armée, sur lequel il veille si jalousement, comme on sait, soit compatible avec cette attitude d'un officier si gravement accusé? Comment le ministre n'at-il pas encore mis en demeure le commandant Esterhazy de poursuivre ses accusateurs? Et puisqu'il ne l'a pas encore fait, en attendant qu'il soit contraint de le faire, comment le conseil de l'ordre de la Légion d'honneur admet-il qu'un officier qui se tait quand on l'accuse d'espionnage puisse continuer de porter sur sa poitrine l'étoile dont un écrivain comme Zola ne serait plus jugé digne?

Y aurait-il légionnaire et légionnaire? Tout écart de plume serait-il interdit à l'un, parce qu'il demande justice pour un juif, et que les bons pères trouvent que tout est juste — même l'iniquité — contre la race maudite? Tout serait-il permis à l'autre, parce qu'il est la colonne pourrie qui soutient l'édifice d'iniquité chrétienne prétendue légitime?

Alors, qu'on le dise, et qu'on sache qu'il n'y a plus ni lois ni droit, qu'il n'y a rien en France que l'arbitraire anonyme d'une caste irresponsable au service de l'Église romaine.

11 avril 1898.

XCVIII

A Versailles.

Décidément c'est à Versailles qu'aura lieu le procès
de Zola et de *l'Aurore*. On en donne pour raison
qu'il aurait suffi de déplacer deux voix dans le premier
procès pour obtenir l'acquittement, et que, l'opinion
ayant marché depuis ce temps, le verdict d'un jury
parisien inspire des défiances. Versailles, au contraire,
rassure M. le général Billot. Il y a là nombre d'anciens fonctionnaires, beaucoup d'officiers en retraite
qui, s'ils sont appelés à juger Zola, pourront se laisser
inconsciemment aller aux suggestions de l'esprit de
corps. C'est, du moins, l'espérance de Méline et de
sa troupe.

Va pour Versailles ! Si ce second procès est cassé,
on nous renverra peut-être à Alger, devant l'ineffable
Max Régis, qui poursuit le capitalisme juif d'une si
noble haine qu'il s'acharne à faire chasser des magasins les petites « youtronnes » coupables de gagner
dix sous par jour comme filles de peine. Fussions-nous
devant un conseil de guerre, s'il n'y a pas huis clos,
au moins pourrons-nous parler par dessus les murailles.

On pense bien que le gouvernement a donné de son
déplacement de justice d'autres raisons que la véritable.
Les explications des journaux ministériels à cet égard,
du *Gaulois* à *l'Echo de Paris*, sont d'une tartuferie
idéale. Nos juifs de sacristie n'ont pu se frotter d'eau
bénite sans se jésuitiser au delà de la commune mesure.

Il paraît que nous émigrons à Versailles « *pour empê-cher que l'ordre ne soit troublé* ». Quand on a vu, quinze jours durant, les troubles du Palais de Justice organisés par les amis du gouvernement, sous la pro-tection des municipaux et de la police, on ne peut s'empêcher de trouver cruelle l'ironie de ce mensonge.

Pourtant l'hébraïque *Gaulois* a trouvé mieux encore : « Il y a lieu de remarquer que *les partisans de Dreyfus seront beaucoup moins à l'aise pour manifester à Ver-sailles qu'à Paris.* La salle des assises de Seine-et-Oise est, en effet, très petite, et lorsque les témoins et la presse s'y seront installés, c'est tout juste s'il restera assez de bancs pour faire asseoir vingt auditeurs. »

Ainsi ce sont « les partisans de Dreyfus » qui fai-saient retentir le Palais des cris de *Mort à Zola ! à l'eau Leblois ! mort aux juifs !* et autres aménités de chrétienne mansuétude, sans parler de ces *Vive Ester-hazy !* auxquels le témoignage de M. Casella donne un si curieux commentaire. M. Arthur Meyer, qui emplis-sait de sa personne le prétoire — bien que par la grâce du sécateur baptismal il dût tenir un peu moins de place qu'un autre — a pu difficilement prendre les grognements dont ses amis saluaient toute phrase des défenseurs pour des acclamations de sympathie. Peut-être a-t-il entendu parler de certaine lettre de M. du Paty de Clam à M. l'avocat Jules Auffray où il était question d'organiser la salle pour ces sortes de mani-festations ?

Il doit savoir aussi que le général Gonse était dans l'affaire, à ce point qu'il rendait visite à M. François Auffray, pour avoir des nouvelles de la lettre à M. Jules Auffray, ne connaissant ni l'un ni l'autre. Ce document proposait d' « *appuyer* » le jury comme on « *appuie* » des chiens de meute avec la voix, et le geste quand la voix ne suffit pas. Il fallait vraiment que le cas fût d'importance pour que M. le général Gonse en personne hasardât cette étrange démarche chez un inconnu.

Si le président Tardif se prête à la manœuvre avec

autant de bonne grâce que le président Delegorgue,
il n'y a pas de raison pour que les troubles de Versailles le cèdent en rien à ceux de Paris. Il y a même
lieu de penser que, par le secours de la garnison,
(le Palais de Justice de Versailles — ô symbole —
semble être une dépendance de la caserne qui l'avoi-
sine) « *l'opinion publique* » organisée par MM. Auffray, Gonse et du Paty pourra être montée jusqu'aux
actes, s'il est nécessaire. Cela nous promet de beaux
jours.

12 avril 1898.

XCIX

Escobards.

Pourquoi le procès qu'on nous fait à Versailles
sera-t-il différent de celui de Paris? Il n'y en a pas
d'autre explication que la peur de la vérité.

On n'a pas oublié que, dans le pamphlet de Zola,
M. Méline, finassier, découpa misérablement quelques
phrases pour nous empêcher, en ne fondant sa plainte
que sur une partie du texte, de faire la preuve
d'ensemble.

Il n'est pas douteux que si Zola a pris la plume, ce
n'est point pour le vain plaisir d'être désagréable à
des militaires. Non. La raison qui l'a fait partir en
campagne, tout le monde la connaît, puisqu'il l'a criée
sur les toits. Il proclame que Dreyfus a été illégalement jugé. Il affirme que Dreyfus est innocent. Il n'a

publié l'écrit « *J'accuse* » que pour faire publiquement la preuve de ses dires. Et c'est là, précisément, ce que Méline et Billot sont résolus à ne point tolérer.

Voilà pourquoi M. le général Billot, si soucieux de l'honneur du conseil de guerre de 1897, se montra si étrangement indifférent aux accusations dont le conseil de guerre de 1894 était l'objet. Voilà pourquoi le texte de Zola fut torturé, et quelques phrases seulement retenues, pour nous empêcher, par une interprétation judaïque, de faire la preuve annoncée. On sait comment M. le président Delegorgue a conquis une célébrité dans l'histoire en arrêtant les paroles décisives sur les lèvres de M. Salle, en refusant l'accès du prétoire à la vérité.

Seulement — épilogue imprévu — il arrive que d'après la Cour de cassation, cette justice-là n'est pas la justice légale, et tout est à recommencer. Cette fois, semble-t-il, il faudra que le débat soit précis et loyal. Il suffira d'une parole pour que l'illégalité de la condamnation de 1894 éclate à tous les yeux. Oui, mais cette parole, Méline et Billot ne veulent pas qu'elle soit prononcée. Car si le président des assises nous avait laissé faire la preuve, conformément au droit que nous reconnaît la Cour suprême, le jury n'aurait pas pu rapporter contre nous un verdict de culpabilité. La preuve permise, c'était l'acquittement de Zola, la réparation de l'illégalité qu'il avait dénoncée. Cette illégalité, le gouvernement n'ose plus la nier, mais il veut, au mépris de tout droit, la maintenir. Ne le reconnaît-il pas lui-même par la nouvelle escobarderie au moyen de laquelle il prétend arracher au jury de Versailles notre condamnation en nous enlevant la possibilité de faire la preuve ?

Pour cela il châtre sans vergogne le texte, déjà châtré par lui, sur lequel il fonde sa plainte, et, supprimant de sa propre assignation la phrase où Zola accuse le conseil de guerre d'avoir couvert une illégalité, il nous prive par ce lâche artifice du droit de prouver l'illégalité au moment où la Cour de cassation vient de nous le reconnaître.

Je le demande à tout homme de bonne foi. Fut-il jamais plus clair aveu de la crainte que la vérité n'apparaisse? Au premier procès la plainte est libellée tout exprès pour empêcher la preuve. Et, lorsqu'il est reconnu que, dans ces conditions mêmes, il nous sera permis d'établir contradictoirement la vérité, le ministre a l'effronterie d'engager le second procès sur un texte restreint qui doit mettre Zola dans l'impossibilité de rien prouver. On nous provoque en duel, avec la précaution préalable de nous ligotter bras et jambes.

Nous n'avons point à nous en étonner. Ce sont là les procédés de gouvernement qui conviennent aux agents de la Compagnie de Jésus. Rien ne pourra nous décourager. Pour la justice et pour la vérité, sans nous préoccuper des conséquences, nous irons jusqu'au bout du devoir.

Pourtant, s'il y a une opinion publique en France, le temps est proche où elle devra demander des comptes à ceux qui prétendent nous gouverner par l'imposture.

13 avril 1898.

C

Sous la Terreur.

Je disais bien, l'autre jour, que Versailles a été choisi comme ville militaire pour tenir sous la botte,

au procès de Zola, jurés, témoins et défenseurs. J'y avais
mis seulement quelques précautions de langage, de
peur d'être accusé de faire injure à nos adversaires.
Mais il y a vraiment trop de naïveté à s'embarrasser
de tels scrupules. Les amis d'Esterhazy n'y regardent
pas de si près. Pourquoi feindre de chercher la vérité,
de vouloir la justice, quand on peut, pour tout argument, invoquer la raison du plus fort?

C'est l'infirmité des gens qui, faute de la conscience
du droit, ne peuvent compter que sur l'*ultima ratio*
du sabre, de n'avoir pas au moins la pudeur de leur
misère. Il faut qu'ils parlent, qu'ils menacent, qu'ils
essaient de terroriser. Hélas! il fut de tout temps plus
facile de recourir à la violence que de trouver des
raisons. C'est pourquoi nous pouvons considérer
comme un involontaire hommage à notre cause les propos comminatoires d'adversaires qui ne peuvent triompher de nous qu'en supprimant notre droit de parler.

Je ne sais rien de plus instructif à cet égard qu'un
récent article du *Jour*, organe de M. Vervoot, qui
est, à Montmartre, le candidat de M. Bourgeois.
Après nous avoir fait connaître que M. le président
Périvier est disposé à enlever la parole aux défenseurs s'ils ne plaident pas à sa guise, et à les remplacer par telles gens qu'il paraîtra utile à son
développement d'arbitraire, le *Jour*, avec l'autorité
qui lui appartient, flétrit comme « intellectuel, réci-
diviste, escroc, israélite, gâteux et cosmopolite »,
quiconque affirme la bonne foi de Zola et prétend
démontrer que Dreyfus ne fut pas jugé suivant la loi.
Pour la conclusion, la voici :

Nous les avertissons (*les amis de Zola*) qu'ils aient à se
montrer très doux et très calmés, pendant le second
procès.

Toute autre attitude de leur part pourrait leur valoir
force corrections.

On aime l'armée à Versailles; et nous n'aurons pas,
pour les dreyfusards encombrants, au 23 mai prochain, les
mêmes ménagements que lors de notre dernière rencontre.

Voilà qui est clair. On commencera par nous
bâillonner juridiquement selon la méthode Périvier,
et, dès que nous ne pourrons plus rien dire, on nous
flétrira des épithètes fâcheuses que j'ai rapportées plus
haut. Enfin, si nous ne nous déclarons pas satisfaits de
ce traitement de faveur, si notre attitude n'est pas
jugée *très douce* par M. Vervoort, l'ami de M. Bourgeois, on nous administrera *force corrections*, à la
condition seulement qu'il nous plaise de nous laisser
faire. Qui, diable! s'imaginerait qu'il s'agit là d'une
procédure de justice? Cela ne ressemble-t-il pas plutôt au programme d'une cérémonie d'estrapade?

Ce que j'admire surtout, c'est ce regret des « ménagements » dont la place Dauphine fut le théâtre. Pour
le cri de *Vive la République!* on était seulement as-
sommé, et, sans deux ou trois citoyens courageux, on
jetait M. Leblois à la Seine. Il paraît que ce ne sont
là que de petites farces, pour rire, et qu'à Versailles,
grâce à « l'armée » dont M. Vervoort dispose, paraît-
il, nous verrons le grand jeu.

Tout est possible, même la folie du meurtre. Surtout, devrais-je dire. Mais je ne vois pas bien, Zola et
ses amis fussent-ils réduits en pâtée, comment cela
prouvera que le bordereau n'est pas d'Esterhazy.

P.-S. — M. Raoul Peigné, dans *le Soir*, indique,
avec plan à l'appui, la manière d'assassiner Zola à sa
sortie du Palais de Justice de Versailles.

Bon jeune homme! On se reverra.

15 avril 1898.

CI

La loi et l'armée.

« Précisément parce que nous entrons dans une phase juridique nouvelle où *les deux parties en présence auront l'entière liberté de leurs mouvements*, un devoir impérieux commande à tous, hommes politiques, journalistes, simples particuliers, de garder le plus grand sang-froid et la réserve la plus absolue... *Il serait à la fois illogique et criminel d'opposer, comme on a tenté de le faire, le souci de la stricte légalité et l'honneur de l'armée.* »

C'est *le Temps* qui parle ainsi, et, vraiment, tout le procès Zola tient dans cette courte formule : « Opposer la stricte légalité à l'honneur de l'armée. » Qui donc a tenté de le faire, sinon le général Billot en invoquant « l'honneur de l'armée », quand il s'agissait uniquement de savoir si un officier français avait été légalement ou illégalement condamné? Qui, sinon Méline, esquivait la question directe de Jaurès sur la pièce secrète par ce mot : « On vous répondra ailleurs », alors qu'à la Cour d'assises nous n'obtenions, pour toute réponse, que les invectives de Van Cassel, « champion de l'honneur de l'armée », et la rebuffade de Delegorgue : « La question ne sera pas posée »?

En vain, nous donnions à « l'honneur de l'armée » toutes les satisfactions légitimes, dans l'espérance que nos magistrats, une fois leurs génuflexions faites devant le sabre, trouveraient au fond de leur con-

science délabrée quelque vieux culot de respect pour la
loi qu'ils font leur état d'appliquer. Non. On nous
poursuivait pour avoir dit qu'un conseil de guerre
avait jugé illégalement un accusé, et lorsque nous
offrions la preuve, on nous fermait la bouche en alléguant que nous insultions l'armée, tandis qu'on portait en triomphe l'auteur des lettres *patriotiques* à
Mme de Boulancy.

Que *le Temps*, journal ministériel, juge cette façon
de procéder « illogique et criminelle », je ne puis que
m'en féliciter. Mais alors, que dira-t-il du singulier
commentaire que Méline et Billot viennent de donner
à sa déclaration que « les deux parties en présence
auraient l'entière liberté de leurs mouvements » ?
J'attendais son désaveu de l'assignation libellée — je
défie *le Temps* de le contester — dans l'unique dessein de nous enlever « la liberté de mouvements » qui
servirait la cause de la liberté.

Le fait est que l'ironie est assez grande du contraste
entre la théorie du journal ministériel, et la pratique
du ministère. Encore une fois, nous allons comparaître ligottés devant le jury. Encore une fois, le président des assises bousculera défenseurs et témoins
pour empêcher la vérité de paraître au grand jour. De
nouveau retentira la parole sinistre : « La question ne
sera pas posée. » De nouveau, quand nous aurons
trouvé une question permise, on nous hurlera que
« nous attentons à l'honneur de l'armée ».

Oui, comme *le Temps* le demande, il serait de la
simple équité de disjoindre, une fois pour toutes, la
critique juste ou injuste des actes de certains chefs
militaires, et la question de savoir si *en fait* la loi a
été respectée ou violée dans le procès Dreyfus. Mais
le Temps a pu se convaincre qu'il n'y a plus en France
ni justice ni lois, quand la justice et les lois gênent
l'arbitraire du gouvernement.

Donc « *on nous serrera la vis* », suivant l'expression
plus pittoresque que judiciaire de l'honorable magistrat qui va, dit-on, présider la Cour d'assises. Nous

avons déjà passé par ce supplice. Alléguions-nous que
certains chefs militaires ne sont pas infaillibles ?
Toute une salle composée par les soins de MM. Jules
Auffray, Gonse et du Paty de Clam nous dénonçait
comme insulteurs de l'armée. Répliquions-nous que
nul Français ne peut songer à insulter l'armée, par
la bonne raison que l'armée, désormais, c'est la
France elle-même ? Un Van Cassel, nous aunant à sa
mesure, nous reprochait, aux applaudissements d'Esterhazy, de nous cacher derrière l'armée.

Quel intérêt ont donc ces malheureux à propager
l'idée que le souci de la légalité et l'honneur de l'armée sont choses contradictoires ? Qui donc outrage
l'armée, sinon ceux qui tentent de la soustraire au
contrôle des lois sans lesquelles elle ne serait qu'une
force de barbarie ?

S'il le faut, nous regarderons de nouveau passer
cette folie. Et puis quand on nous aura hués, condamnés, comme tant d'autres qui protestèrent, en leur
temps, contre la tyrannie des castes ou des foules, il
faudra bien reconnaître que nous avions raison contre
les faux patriotes braillards hurlant aux carrefours
leur appétit de servitude. Souhaitons pour la France
que ce jour-là vienne bientôt.

16 avril 1898.

CII

Esterhazy n'est pas espion français.

Les journaux du ministère gardent un silence
prudent sur la déposition de M. Casella. Il n'est pas

très facile, en effet, de venger l'honneur de l'armée tous les matins, et de soutenir qu'un officier français accusé publiquement d'espionnage, cela n'a pas d'importance. Alors, on se tait, ou l'on dit que c'est du roman.

Mais si les plumes sont réservées, les langues se donnent carrière. On crie très rarement *Vive Esterhazy!* dans l'intimité. On nous concède même très aisément que l'homme est une abominable canaille. Seulement on a imaginé, pour expliquer l'attitude de l'état-major, qu'Esterhazy trompait l'Allemagne et faisait en réalité de l'espionnage pour le compte du gouvernement français. Un journal allemand a même développé cette thèse en alléguant que les pièces livrées par Esterhazy à M. de Schwarzkoppen n'avaient pas d'importance. Des journaux français se sont trouvés pour accueillir gravement cette information.

Il est de fait que très souvent l'espion trahit tout le monde. Puisque son métier est la trahison, que lui importe de trahir une fois de plus, une fois de moins? Il trahit un maître, il en trahit deux. Il en trahira davantage si l'occasion lui en est donnée. La question pour Esterhazy|est précisément de savoir combien de maîtres il eut l'occasion de servir. Eh bien, il y a contre l'hypothèse des amis d'Esterhazy qui, pour le réhabiliter, font de lui un espion français, un argument péremptoire.

Lorsque le colonel Picquart eut en mains le petit bleu accusateur, il commença cette enquête qui choque si fort M. le général de Pellieux. Ses chefs en eurent connaissance, notamment M. le général Gonse, qui lui écrivit les lettres que l'on sait pour l'encourager — c'est lui-même qui le déclare — à faire la pleine lumière sur le cas d'Esterhazy. Or, il est évident qu'au lieu de pousser son subordonné dans cette voie, le général Gonse l'eût arrêté d'un mot, si Esterhazy avait été au service de l'état-major français.

— Qu'allez-vous faire, malheureux? se serait-il

écrié. Vous allez brûler un de nos agents. Pas un mot de plus sur cette affaire.

Ou si, pour quelque raison que ce fût, il ne convenait pas au général Gonse de s'expliquer avec le colonel Picquart, il n'avait qu'à lui donner l'ordre de laisser là son enquête, et tout était fini.

C'est le contraire qui a eu lieu. Non seulement personne n'a jamais donné l'ordre au colonel Picquart de suspendre ses investigations, mais son chef hiérarchique, le général Gonse, tout en lui recommandant la prudence, l'invita formellement à faire la lumière.

Il est vrai que lorsque la lumière s'est faite et que le colonel Picquart a affirmé que le bordereau attribué à Dreyfus devait être mis au compte d'Esterhazy, tout a subitement changé. C'est que, si l'on voulait bien charger Esterhazy, on entendait, avant tout, ne pas innocenter Dreyfus. Et c'est parce que le colonel Picquart n'a pas voulu déserter ses convictions qu'il a subi sa disgrâce. Tant qu'il s'est borné à accuser Esterhazy, on lui a laissé pleine carrière. Dès que l'accusation contre Esterhazy est devenue la décharge de Dreyfus, le colonel Picquart a été brisé. Y a-t-il rien de plus clair ?

Il n'est donc pas possible de soutenir qu'Esterhazy a fait de l'espionnage pour le compte de l'état-major français.

Alléguera-t-on, comme je l'ai entendu dire, que le service de contre-police est distinct du bureau des renseignements, et que le général Gonse pouvait n'être pas au courant du rôle véritable d'Esterhazy ? Il y avait bien cependant quelqu'un pour tenir en mains les fils de cet écheveau. Voulez-vous que ce fût le chef d'état-major ? Voulez-vous que ce fût le ministre ? Chef d'état-major et ministre étaient, depuis l'origine, au courant de l'affaire. Ils n'avaient qu'à lever le doigt pour que l'enquête du colonel Picquart fût étouffée dans l'œuf. Ils ont laissé faire et ne se sont émus — j'en reviens toujours là —

que lorsqu'il leur est apparu qu'Esterhazy coupable c'était Dreyfus innocenté.

Pour soutenir qu'Esterhazy était un agent français — puisque ses amis ne peuvent plus offrir pour lui d'autre défense — il faut donc se mettre en contradiction avec les faits les plus clairement établis.

Non. Soyons plus justes pour cet officier français qui se laisse impunément accuser d'espionnage au profit de l'Allemagne, et laissons-lui au moins le bénéfice d'une probité allemande. S'il y a quelque chose de sincère en lui, c'est autant qu'on en peut juger, par ses lettres, l'admiration du uhlan. Que cela lui soit acquis, et que nos patriotes professionnels gardent pour compte leurs *vivats* en l'honneur de l'homme que ses lettres dénonçaient comme capable de tout contre la France.

17 avril 1898.

CIII

Qui des deux au bagne ?

Il me paraît utile de faire connaître aux lecteurs de *l'Aurore* le jugement de *l'Eclair* sur l'affaire Casella. Voici textuellement ce que dit ce journal :

M. Henri Casella emploie une page du *Siècle* à raconter des conversations qu'il eut avec M. de Schwarzkoppen. Le ridicule de ces conversations défie tout commentaire. Il paraît que M. Henri Casella, l'auteur de ce « papier », devait venir faire la déclaration qu'il contient devant la cour d'assises. Mais autre chose est d'apporter à un journal un récit fantaisiste ou de le faire de vive voix comme témoin, sous la foi du serment. C'est ce que s'est dit M. Henri Casella. Cité par M. Zola, il ne s'est point rendu à son assignation. Elle n'a pu toucher, paraît-il, ce personnage si verbeux, qui avait mis prudemment, entre lui et les magistrats, quelques centaines de kilomètres. Durant quinze jours, il a été attendu, mais vainement. Si M. Zola a renoncé à son témoignage, c'est tout simplement parce que M. Casella n'a pas osé venir témoigner.

C'est qu'aussi la loi est dure aux faux témoins, et qu'il est cher de payer des travaux forcés une œuvre d'imagination, fût-elle aussi parfaitement inepte que celle dont se font les éditeurs les amis du traître.

Il y a là quelques erreurs. D'abord il est contraire à la vérité que M. Casella n'ait pas répondu à l'assignation de Zola. Loin de mettre « entre lui et les magistrats quelques centaines de kilomètres », il est venu chaque jour au Palais de Justice prêt à répondre à l'appel de son nom. Si Zola a renoncé à son témoignage, ce n'est pas du tout parce que « M. Casella n'a pas osé venir témoigner »; c'est tout simplement parce que, M. le président des assises s'étant arrogé le droit de récuser les témoins désagréables à l'état-major, nous avons appris que M. Casella ne serait pas autorisé à parler, ainsi que M. Delegorgue lui-même l'a déclaré plus tard. Après un formidable amas de conclusions, auxquelles la Cour de cassation a fait l'accueil que sait l'Eclair, c'était inutilement des conclusions nouvelles. Nous avons passé outre, malgré les protestations de M. Casella qui demandait hautement à être entendu.

Par bonheur, quand le prétoire se ferme aux témoignages, il leur reste encore la publicité des journaux, en dépit des juges et des auditoires enrégimentés. C'est ainsi que par la liberté nous reprenons nos avantages.

Je sais bien que l'Eclair qualifie de « ridicules » la déposition de M. Casella et ses conversations avec

M. de Schwarzkoppen. Mais quelle singulière épithète en réponse à une accusation directe et formelle
d'espionnage ! Pourquoi est-il « ridicule » que l'homme aux lettres de uhlan se soit mis au service du pays
pour lequel il professe une admiration si grande ?
N'est-ce pas plutôt vraisemblable ? Et comme une pareille question ne peut pas être résolue par la vraisemblance, quoi de plus nécessaire que de chercher
tout simplement ce qui est vrai ?

Or, il semble que ce ne soit pas aussi difficile qu'on
veut bien le dire. Si Esterhazy a vendu des documents
français à M. de Schwarzkoppen, ils sont au moins
deux à le savoir. Esterhazy ne l'avouera pas, je suppose. Mais si M. de Schwarzkoppen, qui n'a point
intérêt à brûler ses espions, s'est laissé aller à des
confidences avec M. Casella, le colonel Panizzardi
ou tout autre, la déposition de ses interlocuteurs peut
être intéressante à recueillir. C'est justement ce qui
nous est offert par le document qui porte la signature
de M. Casella. C'est un témoin qui dépose, ainsi que
le reconnaît l'*Eclair* lui-même en le qualifiant, sans
dire pourquoi, de faux témoin.

Cette déposition, bien entendu, comme tout autre,
devra être pesée, discutée, soumise à toutes les épreuves de contrôle. Pour cela, il faut commencer par la
recevoir. L'*Eclair* a fini par le comprendre, puisque, à
bout de ressources, il n'a pas trouvé de meilleur argument contre M. Casella que de le menacer de la peine
des travaux forcés pour faux témoignage. Il me semble qu'il y a là un terrain d'entente tout indiqué. Si
M. Casella a menti, je demande pour lui, comme
l'*Eclair*, le bagne. Il n'est pas admissible qu'on puisse
accuser impunément un officier français d'espionnage,
sans preuves. Où sont les preuves de M. Casella ?
Voilà toute la question. L'*Eclair* aura remarqué
comme moi-même qu'Esterhazy ne paraît pas très
curieux de les connaître. Est-ce que cela ne refroidit
pas un peu son ardeur de voir un officier de l'armée
française subir une pareille accusation sans broncher ?

Cela est d'autant plus incompréhensible que les
preuves offertes par l'accusateur n'ont rien de mys-
térieux. Ce sont les témoignages de deux officiers,
qui ne sont sans doute pas des amis de la France, mais
dont nous n'avons, que je sache, aucune raison de
suspecter l'honneur. Nous ne saurions attendre d'eux
qu'ils dénoncent Esterhazy, cela est sûr. Mais si, dans
des conversations privées, ils se sont départis de la
discrétion professionnelle, nieront-ils leurs paroles,
attestées par celui-là même à qui elles furent adres-
sées ? Rien ne permet, jusqu'à nouvel ordre, de les
en supposer capables. En tout cas, ce qui est digne
de remarque, c'est que, mis en demeure de parler
depuis huit jours, ils se taisent. Comment expliquer
qu'Esterhazy ne les ait pas mis en demeure de démentir Casella ?

A qui fera-t-on croire que, pouvant d'une parole
réfuter Casella et dissiper d'infâmes soupçons sur un
officier, ils auraient eu besoin d'une sommation pour
dire à Casella : « Vous mentez! » Ils n'ont rien dit de
pareil, et je ne suis pas seul à trouver cela grave.
Bien plus. Je lis dans *le Gaulois* l'étrange note qui
suit :

Sollicité de répondre à des interviews, il nous revient
que le colonel Panizzardi aurait déclaré que, s'il se déci-
dait jamais à parler, ce ne serait, en tous cas, qu'après que
le colonel de Schwarzkoppen, mis également en cause,
aurait rompu le silence le premier.

Cela n'est-il pas tout près d'un aveu? Le colonel
Panizzardi ne dément rien, et le fait, pour lui, de
subordonner son action à celle de M. de Schwarzkoppen semble confirmer les allégations de M. Casella.

Nous ne pouvons pas rester sur ce doute. Le ministre de la Guerre ne peut pas tolérer qu'un de nos officiers demeure silencieux sous cette imputation d'espionnage. Il faut que la vérité soit connue. De Casella

ou d'Esterhazy, un des deux, comme dit *l'Eclair*, a mérité le bagne. Je propose que ce point soit éclairci.

18 avril 1898.

CIV

Par ordre.

Zola se plaignait l'autre jour qu'on eût extrait de son pamphlet cette seule phrase pour le poursuivre : « Un conseil de guerre vient par ordre d'oser acquitter un Esterhazy. »

« Trois lignes, disait-il, c'est encore beaucoup. Je dirai même que c'est trop. Qui sait, dans ces trois lignes, s'il ne va pas se déclarer une fenêtre laissant passer le libre soleil? » C'est qu'en effet la phrase incriminée, bien que découpée avec art dans l'ensemble du morceau, n'est peut-être pas aussi dépourvue de vraisemblance qu'on a essayé de le faire croire.

Non pas assurément que je veuille insinuer que Billot ait fait venir le général de Luxer avec ses juges et leur ait enjoint d'acquitter son ami Esterhazy. Non. Les choses ne se passent point ainsi. Et Zola lui-même, j'en suis sûr, n'a voulu rien dire de pareil. Il a déjà dit, il répétera sans doute, qu'il n'est pas besoin de procéder de la sorte pour faire savoir à qui de droit le désir du gouvernement.

N'est-il pas clair, comme on l'a dit au procès, que le commandant Ravary, l'auteur du fameux mot :

« Notre justice n'est pas la vôtre », eût cru manquer
à son devoir s'il eût conclu à des poursuites contre
Esterhazy, quand le général de Pellieux, son chef, avait
déclaré le uhlan impeccable? Transportez ce cas au
dégré supérieur de la hiérarchie, et vous pourrez avoir,
sans qu'il y eût matériellement *d'ordre* donné, l'explication du mot de Zola.

Ce qui me confirme dans cette interprétation, et ce
qui devrait la rendre acceptable pour tout le monde
si la passion furieuse des esterhaziens laissait place
chez eux à quelque parcelle de raison, c'est le cas très
significatif du jugement des ministres malgaches tel
que le rapporte M. Jean Carol dans son remarquable
ouvrage intitulé *Chez les Hova.*

Voici le texte même de l'auteur :

L'arrestation des « prévenus » eut lieu le dimanche
11 octobre, à quatre heures du soir.

Le lundi matin 12, le directeur du *Journal officiel* reçut
des mains d'un officier d'état-major la copie en deux textes
(français et malgache) du communiqué et de la proclamation
qui devaient être insérés au prochain numéro de l'*Officiel.*
Cette copie relatait : l'arrestation qui avait eu lieu la veille,
le jugement du conseil de guerre qui allait siéger, le pourvoi en grâce que les deux condamnés formeraient le lendemain, le rejet du pourvoi par le conseil de revision à la
date du 14 et la mise à mort du jeudi 15.

Avec les pauvres ressources dont disposait alors l'imprimerie du gouvernement, un numéro du *Journal officiel*
ne pouvait pas s'improviser à la dernière heure. Le directeur en fit l'observation à l'envoyé de l'état-major, et lui
représenta le danger qu'il y aurait à mettre dans les mains
des typographes de l'imprimerie, tous Malgaches, un « modèle » dont la seule lecture infirmait toute l'autorité morale
du jugement et toutes les idées qu'on se faisait là-bas de
notre justice. — Vous leur confierez ce texte le plus tard
possible ; avant tout, le général tient à ce que la chose
paraisse dans l'*Officiel* de vendredi, déclara l'officier.

Ainsi les deux accusés sont arrêtés le 11 octobre,
à quatre heures du soir, et le 12, au matin, **avant que**

le conseil de guerre fût réuni, le directeur du *Journal Officiel* (qui, je crois, n'était autre que M. Jean Carol lui-même), reçoit **la copie du jugement**, le texte du pourvoi en grâce et de son rejet, avec le récit de l'exécution. Comment expliquer ce phénomène si le jugement n'était pas rendu par ordre du gouverneur, qui en communiquait le texte au *Journal Officiel* avant même la réunion du conseil de guerre?

S'il fut jamais un exemple de « *justice par ordre* » nettement caractérisé, c'est bien celui-là. Qu'est-ce à dire? Cela signifie-t-il que les juges du conseil de guerre, en se soumettant à la volonté de leur chef, aient pensé qu'on leur demandait de forfaire à l'honneur de l'armée ? En aucune façon. Ils ont, suivant le mot du commandant Ravary, estimé que leur « justice » n'était pas celle de tout le monde, et, recevant le texte du jugement préparé d'avance, ils l'ont contresigné en soldats obéissants.

Le cas, on l'avouera, est bien autrement grave que celui visé par Zola. Dans l'affaire des ministres malgaches, l'ordre formel, l'ordre brutal ne peut pas être nié. Dans l'affaire Esterhazy, nul n'a jamais prétendu qu'il eût revêtu cette forme. On a simplement allégué que les circonstances extérieures — paroles du ministre, actes du général enquêteur — pouvaient être considérées comme l'équivalent d'une consigne.

Et si cette seule allégation est un outrage à « l'honneur de l'armée », comment laisse-t-on passer impunie l'accusation si nette de M. Jean Carol qui se produit avec cette circonstance aggravante que les preuves y sont jointes?

Je pose ce dilemme : Ou poursuivre Jean Carol qui fait à l'honneur de l'armée un tort infiniment plus grave que tous les *J'accuse* de Zola, ou bien renoncer à traduire ce dernier devant le jury de Seine-et-Oise. Vous verrez que le gouvernement se tirera d'affaire de la façon à la fois la plus simple et la plus canaille. Il poursuivra Zola, parce qu'on a découpé dans son texte des parties d'accusation de manière à l'empê-

cher de faire sa preuve. Il ne poursuivra pas Jean
Carol, parce que Jean Carol est en situation de prouver qu'il a dit vrai.

Et ça s'appelle officiellement la République, la justice, je ne sais quoi encore. Beaux noms qui mérite-
raient d'autres serviteurs.

19 avril 1898.

CV

La poigne.

Qui l'aurait cru? M. le président Delegorgüe « a
manqué à son devoir » en autorisant des parties de discussion, dans le procès Zola. Un ancien magistrat
qui regrette les grandes traditions de l'Empire écrit
au *Figaro* tout exprès pour le constater. C'est bien le
cas de dire qu'on ne peut pas contenter tout le
monde.

Le fameux refrain « La question ne sera pas posée»
ne paraissait pourtant pas de nature à favoriser un développement exagéré des débats, et j'aurais pensé
qu'il serait tenu compte au président des assises du
coup d'autorité par lequel il a interdit à la défense
d'interroger un témoin. Il n'est pas douteux que la
Cour suprême eût admis ce moyen de cassation si
Billot ne lui avait fourni l'occasion d'annuler le procès
dans des conditions moins désagréables pour la magistrature. Eh bien! cela ne suffit pas au chat fourré
du *Figaro.*

Le président, l'avocat général et la Cour de cassation à son tour, procureur général en tête, ont chacun leur paquet. Tous ces représentants de la loi ont fait preuve, paraît-il, d'une singulière défaillance en refusant de tenir pour non avenue une légalité dont les abonnés du *Figaro* n'ont que faire. Qui m'aurait dit que j'en serais venu à défendre MM. Delegorgue et Van Cassel ? Ce n'est pas plus extraordinaire que de plaider pour la revision du procès Dreyfus contre le journal même qui a lancé l'affaire.

Après tout, il n'est pas étonnant que *le Figaro*, qui a beaucoup à se faire pardonner par les sectateurs de la chose jugée, déploie autant de fureur (après sa fameuse cabriole) pour empêcher la vérité de se produire, qu'il mettait de zèle, il y a quelques semaines, à demander la pleine lumière. Il ne s'agit plus que de savoir comment on donnera satisfaction aux nobles exigences de la clientèle conservatrice qui acclame un Esterhazy pour honorer l'armée.

C'est justement de quoi se préoccupe « l'ancien magistrat » à poigne qui donne une consultation au *Figaro*. La « pacification sociale » à coups de bottes, voilà l'idéal juridique de ce légiste. Pour lui il n'y a pas deux manières de *faire* le procès. Qu'on ne tolère pas un mot sur Dreyfus, pas un mot sur Esterhazy. Il ne suffit pas que Billot n'ait osé relever qu'une phrase dans toute une brochure. Le jurisprudent figaresque soutient, lui, qu'on doit même écarter du débat les parties de la phrase incriminée d'où la discussion pouvait faire jaillir quelques parcelles de vérité. On ne peut pas nier que toute l'affaire Esterhazy soit évoquée par le texte qui fait la matière même du procès. Eh bien! il n'en sera pas parlé. Interdiction de prononcer le nom sur lequel l'action tout entière s'engage, ni de rien dire qui y ait rapport.

Dans ce système, en effet, les opérations de la magistrature se trouveront simplifiées. Le président n'aura, pour tout discours, qu'à demander à Zola l'ordre ministériel d'après lequel il a prétendu

qu'Esterhazy fut acquitté. S'il apporte ce document
sur papier timbré, avec signatures et paraphes régulièrement légalisés, on soumettra la chose à Bertillon,
qui dira, par voie de déduction mathématique, ce
que cela signifie. Sinon, que Zola soit pendu sans
phrases, et qu'il soit interdit, sous peine de la hart,
de prononcer son nom! Alors les députés qui seront
élus demain pourront rendre la France heureuse par
le développement naturel de ces grands principes de
justice républicaine.

Il n'y a qu'une chose qui m'embarrasse. Je sais
bien que Zola n'apportera pas l'ordre qu'on lui demande. Mais, si l'on poursuivait Jean Carol pour avoir
dit, à propos de la condamnation des ministres malgaches par un conseil de guerre, exactement ce
qu'allègue Zola pour l'acquittement d'Esterhazy, il
ne montrerait pas l'ordre davantage. Cependant il
faut bien avouer que le fait d'envoyer au *Journal
officiel* le texte même du jugement avant la réunion
du conseil de guerre...

Qu'en dites-vous, jurés de Versailles?

23 *avril 1898.*

CVI

Présomptions.

Je disais que M. Casella a mérité le bagne s'il a
faussement accusé d'espionnage cet officier français
qu'on nomme Esterhazy. J'ajoutais qu'à ma grande

surprise, ce dernier ne paraissait pas très curieux
d'écouter la démonstration qu'il s'agissait de faire.
Si cela peut s'expliquer, à la rigueur, chez un homme
qui, dans ses lettres, outrage l'armée française et la
France avec la verve germanique dont Mme de Boulancy nous a conservé de si beaux traits, il est plus
difficile à comprendre que les généraux qui sont venus théâtralement défendre l'infaillibilité de l'uniforme devant le jury de la Seine, ainsi que le général
Billot défenseur officiel de l'honneur de l'armée, estiment que cet honneur s'accommode d'une telle accusation portée publiquement contre un officier hier
encore honoré des vivats d'un patriotisme en délire.

Interrogé par Me Labori sur la question de savoir
si les lettres à Mme de Boulancy lui paraissaient in-
téresser l'honneur de l'armée, le général de Pellieux,
comme on pouvait s'y attendre, répondit par une affirmation vibrante d'énergie. Comment alors ne jugea-
t-il pas nécessaire, lui, juge enquêteur, d'éclairer sur
ce point la religion du conseil de guerre? On
l'ignore. Nous savons seulement que le bon commandant Ravary ne s'émut pas davantage, et que le non
moins bon juge d'instruction Bertulus pâlit depuis
des mois sur ce problème que tout homme de bon
sens peut, en vingt minutes, résoudre. Il suffirait d'entendre les témoins qui ont eu connaissance de ces
lettres depuis l'origine, au lieu de les empêcher de
venir apporter leur témoignage. C'est une procédure
dont on ne s'est pas encore avisé.

Mais qu'est-ce, je vous prie, que cet odieux délit
d'outrage à l'armée française, dans la bouche même
d'un officier français, en comparaison d'une accusation d'espionnage? L'accusateur est là : on peut lui
demander des comptes. Aucune autorité ne bouge.
Notre Billot est muet, et l'état-major, si loquace
dans ses journaux, garde un silence plein de mystère.
Surprise d'autant plus grande que l'attitude des témoins invoqués chaque jour paraît se préciser dans
le sens de la déposition de M. Casella.

Sans doute, il n'y a jusqu'ici, dans cette affaire, qu'un témoignage direct, décisif s'il est appuyé de preuves, c'est celui de M. de Schwarzkoppen. Mais j'observe qu'on n'en a pas demandé tant contre Dreyfus, qui n'avait pas écrit les lettres du uhlan. Je remarque encore qu'il-paraît assez difficile d'attendre de l'état-major allemand qu'il dénonce ses propres espions. Cependant, le commandant Ravary lui-même, sans être d'une subtilité rare, vous dira que l'on reçoit très bien en justice le témoignage des personnes qui ont recueilli des propos plus ou moins autorisés sur les faits qu'il s'agit d'éclaircir.

.C'est ici qu'intervient M. Casella, avec la remarquable narration des confidences qu'il a reçues. En pareil cas, pour arriver à la vérité, il est d'usage de faire préciser au témoin toutes les circonstances extérieures qui peuvent confirmer ou contredire ses allégations. Le ministre de la Guerre, gardien jaloux de l'honneur d'Esterhazy, n'a pas encore eu cette idée. Mais il y a autre chose. Les témoins que M. Casella met en cause ne sont pas à négliger. Il suffit de nommer le colonel Panizzardi. Est-il admissible que ce soldat laisse, sans raison, accuser faussement un officier français qu'il pourrait d'un mot disculper? Étrange spectacle. L'officier français ni ses répondants ne demandent de comptes à l'accusateur, et le témoin dont on attend une parole de vérité demeure bouche close.

Pas complètement, toutefois. Car voici que le colonel Panizzardi nous apporte un curieux commencement de témoignage. Un journal ami d'Esterhazy avait sollicité une interview du colonel dans l'espoir d'opposer ses déclarations à celles de M. Casella. Il arrive souvent, en de telles circonstances, que le reporter « *sollicite* », comme disait Renan, le texte de son interlocuteur. C'est un phénomène inconscient de psychologie.

Ainsi il advint que le colonel Panizzardi parut désavouer M. Casella, et le journal esterhazien trouva, dans ces conditions, la déposition du soldat italien triomphante. Mais M. Casella ne voulut pas rester sur cet apparent démenti, et le colonel Panizzardi s'empressa de lui adresser de Berne une dépêche qui, loin de désavouer les accusations contre Esterhazy, en paraît l'implicite confirmation.

En tout cas, le colonel reconnaît, sans ambages, avoir eu avec M. Casella des *conversations* sur Esterhazy, et il n'infirme, par aucunes réserves, ni réticences, ce qu'en a rapporté M. Casella. Il ne cherche même pas à dégager d'une façon quelconque le nom de son camarade Schwarzkoppen publiquement associé au sien par celui-là même à qui il s'adresse, dans un écrit destiné à la publicité. Pour tout homme de bonne foi, il y a là des présomptions qui s'aggravent. De quelque façon qu'on s'y prenne, le procès qui vient ne pourra que nous apporter plus de lumière.

24 avril 1898.

CVII

Gare la bombe!

Interviewé par *l'Intransigeant*, un des membres du conseil de guerre qui acquitta Esterhazy a déclaré que, selon lui, l'affaire Dreyfus devait rester étrangère au procès de Versailles.

— Et si l'affaire Dreyfus est remise sur le tapis ? demanda le reporter.

— Personnellement, répondit l'officier, nous,. membres
du premier conseil de guerre, nous nous en lavons les
mains. Ce sera une seconde affaire, où nous serons absolument imcompétents, n'ayant été mêlés en rïen au procès
Dreyfus.

Mais je puis vous assurer que, sur ce terrain comme sur
l'autre, le combat sera accepté. Il sera même accepté avec
joie. Car tous ceux qui contribuèrent à la condamnation
de Dreyfus. veulent, coûte que coûte, en finir une bonne
fois..

Les témoins nécessaires seront là, et les pièces à l'appui
aussi. La bombe est depuis longtemps prête à être servie
toute chaude à Versailles, à la première réquisition. Seulement, tant pis pour les éclats!

Si ces paroles sont, comme il faut le souhaiter,
l'exacte représentation de la vérité,. nous pouvons
donc espérer de voir la fin de cette lamentable
affaire. Le général Billot nous avait promis « un coup
de massue », et je crus voir l'arme d'Hercule
s'abattre sur nos têtes quand le colonel Henry prononça le fameux: *Allons-y!* qui fit l'admiration du général de Pellieux. Malheureusement, le mot ne fut
suivi d'aucun effet, et, lancés à la suite du témoin,
nous n'arrivâmes nulle part.

Déjà la déposition du général Mercier nous avait
procuré une déception analogue. Il suffisait, à ce moment, que l'ancien ministre de la Guerre affirmât sous
serment qu'aucune pièce secrète n'avait été montrée
aux juges de Dreyfus,. pour qu'il ne restât plus rien
des affirmations de Zola. Mais, le général Mercier refusant de faire cette déclaration, nous fûmes de nouveau livrés aux chances des débats contradictoires.

Encore une fois je crus que l'affaire allait recevoir
sa solution définitive, lorsque le général de Pellieux
nous annonça la preuve, avec le témoignage du général de Boisdeffre à l'appui. On sait de quel étrange
document il nous fut parlé. — postérieur de deux
années à la condamnation de Dreyfus. On se souvient
aussi que le général de Boisdeffre ne nous apporta

rien que l'offre de sa démission, dont nous n'avions que faire.

Serons-nous plus heureux à Versailles, comme l'affirme le juge d'Esterhazy? Je voudrais le croire. Cette fois, la « massue » du général Billot est reléguée, comme arme antique, au magasin des accessoires, et c'est une « bombe » qu'on nous annoncé, « une bombe toute chaude, prête à être servie à la première réquisition ». Vraiment ce n'est pas trop tôt.

Depuis le jour où naquirent ses premiers doutes, que demanda M. Scheurer-Kestner de son ami le général Billot? Rien, qu'un mot de vérité. M. Billot refusa. La même question, posée à M. Méline, ne fut pas plus favorablement accueillie. A ce moment-là, point n'était besoin d'une « bombe ». Il suffisait d'une parole confidentielle au vice-président du Sénat. Du silence obstiné de ceux qui, seuls, pouvaient parler, naquit toute l'agitation du procès.

Les choses ont suivi leur cours. Et maintenant voici qu'on nous annonce enfin la vérité, toute la vérité, avec des « éclats » fâcheux d'explosion. S'il doit en être ainsi, pourquoi, diable! n'a-t-on pas dit plutôt le mot qu'il fallait dire? Pourquoi n'avoir pas, dès le premier jour, arrêté les controverses qui ont mis la France et l'Europe en émoi?

Ou bien le ministre de la Guerre se vante-t-il lorsqu'il fait croire à ses subordonnés qu'il dépend de lui d'apaiser du jour au lendemain les consciences, après avoir, lui-même, fomenté de vaines discussions par sa criminelle inertie? Car, enfin, comment les juges d'Esterhazy en savent-ils là-dessus plus long que nous-mêmes sur l'affaire Dreyfus *qui n'est pas connexe*, ose-t-on prétendre? Il leur a donc été fait, à eux aussi, des communications secrètes? A quel titre? Qu'est-ce que cette justice qui vit de mystères? M. Billot peut-il nous expliquer pourquoi les confidences qu'il refuse à M. Scheurer-Kestner, il les verse dans l'oreille d'un colonel ou d'un simple capitaine?

En quel pays du monde vit-on jamais une telle anarchie ?

C'est tantôt fait de crier *gare la bombe* ! L'artilleur est-il bien sûr de n'être point atteint par les premiers éclats ?

25 avril 1898.

CVIII

Un du syndicat.

Un du syndicat, c'est M. Ignace Zakrewski, président de la Cour de cassation de Russie. Ce magistrat qui avait déjà jugé de façon fort sévère la conduite des étouffeurs de vérité dans l'affaire Zola vient de publier dans *la Gazette juridique de Saint-Pétersbourg*, un nouvel article où il apprécie l'arrêt de la Cour de cassation si mal vu de nos grands chefs militaires et du gouvernement de M. Faure.

Les procès de Dreyfus et de Zola ne pouvaient qu'affliger profondément les vrais amis de la France. Le premier de ces procès présentait une série d'invraisemblances et d'irrégularités dont la plus forte a été la production faite aux juges, en chambre du conseil, d'une pièce secrète, *par ordre de l'autorité militaire. Cette dérogation stupéfiante aux règles de toute procédure correcte rend la condamnation de Dreyfus nulle. Coupable ou non, il n'a pas été jugé sérieusement. On l'a tout simplement déporté et interné selon le procédé administratif en vigueur dans les pays où règne le despotisme.* C'est le rétablissement des lettres de cachet et de la Bastille, sous prétexte, il est vrai, de servir la raison d'Etat : mais n'était-ce pas ce même prétexte qui couvrait les actes les plus iniques de l'ancien régime ?

Quant au procès Zola, il a présenté le comble du désarroi, une débâcle complète de la justice. Toutes les passions de la rue semblaient s'être transportées dans l'enceinte du tribunal. A chaque pas, des infractions flagrantes aux règles de la procédure et même des simples convenances. La salle de la Cour d'assises de la Seine, où celui qui écrit ces lignes a assisté, il y a bien des années, à de si imposantes audiences, cette salle a été transformée en un club politique où l'on voyait un attroupement bruyant d'individus qui hurlaient, sifflaient, applaudissaient à qui mieux mieux. Et le président demeurait impuissant, presque complice de ces désordres. Finalement, un verdict fut prononcé, qui, par sa dureté même, relativement à des prévenus en faveur desquels il était impossible de ne pas admettre, en toute équité, au moins des circonstances atténuantes, qui, par sa dureté, dis-je, prouvait que les passions de la rue, ainsi que certaines considérations en dehors des faits de la cause, avaient contaminé l'esprit des jurés.

Malgré les applaudissements frénétiques de tous ceux qui criaient à tue-tête qu'on avait, par tout cela, vengé l'honneur de l'armée française, les vrais amis de la France à l'étranger se sont trouvés décontenancés et ils ont éprouvé un sentiment voisin de la honte. Car après les scènes abominables dans les rues, après tous les scandales organisés par les « patriotes » et les antisémites, il est honteux de voir une justice qui ne sait pas se faire respecter et qui se laisse déborder par les délires du dehors.

Il semblait qu'il n'y avait plus qu'à courber la tête et à se résigner. Et voici qu'une décision du tribunal suprême, majestueuse dans son indépendance, annule toute cette procédure inconvenante. C'est à si juste raison que le procureur général s'indigne que, dans ce pays de France, si noble et si généreux, on ne puisse plus avoir un avis différent de celui de son voisin dans les affaires qui émeuvent au plus haut degré la conscience publique, sans être exposé à se voir traiter de vendu et de traître ! Et la Cour de cassation, sans se laisser influencer par des considérations d'ordre politique, diplomatique, militaire ou autre, ne voulant connaître ni sémites, ni antisémites, ni syndicat, ni antisyndicat, donne au monde entier la preuve qu'il existe, en France, une justice immuable, inaccessible aux passions.

populaires, malgré toutes les divagations sur le respect dû
à la souveraineté absolue du suffrage universel, c'est-à-dire
à la force du nombre, et que ces passions se brisent contre
elle comme les vagues de l'Océan contre un rocher iné-
branlable.

Ce n'est pas sans quelque plaisir que je vois le président de la Cour de cassation de Russie flétrir la
condamnation de Dreyfus sur une pièce qui ne lui a
pas été montrée, « *par ordre de l'autorité militaire* ».
Ce m'est une douceur d'entendre déclarer par la plus
haute autorité judiciaire de l'empire russe que c'est là
tout simplement la condamnation par mesure admi-
nistrative « *en vigueur dans les pays où règne le despotisme* ». Nos amis pétersbourgeois doivent s'y connaître, et leur appréciation a toute la saveur d'une
longue expérience. Nous en sommes venus là de mériter des juges du tsar cette ironique leçon.

Quant au tableau que nous trace M. Zakrewski des
scènes de la Cour d'assises sous la présidence de
M. Delegorgue, il n'est que trop exact, avec cette seule
différence que le Russe a pris de loin pour des manifestations du suffrage universel un tumulte de braillards sous la haute direction de l'état-major.

Ce que j'admire surtout dans le manifeste du président de la haute cour impériale, c'est l'éloge de
notre Cour suprême et de son procureur général,
M. Manau. M. Zakrewski ignore-t-il donc par quels
cris de fureur nos grands chefs militaires ont accueilli
l'arrêt qui lui met cet enthousiasme au cœur ? A-t-il
lu les articles où « la grande muette » déverse la
fureur de ses récriminations dans les journaux qui lui
sont chers? Sait-il que M. le général Billot a osé
demander à M. Méline la révocation du procureur
général de la Cour de cassation, coupable d'indépendance? Lui a-t-on dit que le président du conseil des
ministres n'avait pas eu honte de mettre la question
en délibération, et qu'il avait fallu un haut-le-cœur
de dégoût pour débouter M. Billot de ses prétentions
outrecuidantes? Pourrait-il croire qu'il s'est trouvé

des hommes pour laisser entendre à M. le président
Périvier qu'il pourrait obtenir la succession de
M. Manau s'il voulait présider la Cour d'assises à la
hussarde et *serrer la vis* à Me Labori, ainsi qu'il le lui
avait proposé lui-même en une énergique métaphore?

En Russie, c'est la volonté personnelle d'un autocrate qui fait la loi. C'est le *despotisme*, comme le dit
M. Zakrewski. Au moins s'épargne-t-on la honte de
ces mensonges de justice. Au moins n'inflige-t-on pas
au peuple l'humiliation de lui faire ratifier de ses suffrages la déchéance du droit, la faillite de la liberté.
La peine de mort en matière criminelle est supprimée
dans l'empire des tsars. A l'inverse de ce qui se passe
chez nous, elle n'est maintenue qu'en matière politique. Ces peuples jeunes ont la passion de la franchise. Comme je suis fâché que nous soyons si vieux!

29 avril 1898.

CIX

Toujours la bombe.

Suivant *le Gaulois*, il y aurait antagonisme, au
procès Zola, entre le très prudent ministre de la
Guerre, qui voudrait réduire le débat à la question de
savoir si le conseil de guerre a prononcé un acquittement *par ordre*, et les officiers de l'état-major, qui
tiennent à lancer leur *bombe*, chargée de vérités fou-
droyantes. J'entends dire que c'est une scène arrangée
d'avance. Les officiers proclameront qu'ils veulent

tout dire, et, s'ils n'étaient arrêtés par le ministre qui représente l'intérêt politique et le juge qui se donne pour l'interprète de la loi, le public aura le sentiment qu'on ferait éclater sous ses yeux toute la lumière.

Je ne crois point à cette comédie. Les gens sont de bonne foi plus souvent qu'on ne suppose. Il me paraît beaucoup plus naturel de penser que le ministre, à force de rodomontades, a fini par convaincre ses subordonnés qu'il est en possession de preuves décisives. Qui sait même — dépourvu d'esprit critique, comme il est — s'il n'est pas dupe, le premier, de ses propres affirmations plus ou moins réfléchies?

Ce qui ne peut surprendre, c'est que des hommes dont le métier est de tirer des coups de canon, non de faire la critique des textes, soient encore plus prompts à s'emballer sur des documents hasardeux que le ministre lui-même, qui au moins écoute des voix du dehors. Ceux-ci vivent entre eux, n'entendent rien qu'eux-mêmes, s'engagent d'enthousiasme dans des affirmations parfois inconsidérées, et s'imaginent que l'honneur est de n'en plus démordre. Comment des soldats, en de pareilles circonstances ne tiendraient-ils pas pour bonnes toutes les apparences de preuves, quelles qu'elles soient, et comment surtout n'auraient-ils pas hâte de les produire au grand jour? Ils veulent donc parler à tout prix, et, sans s'inquiéter de leur ministre (car ils en paraissent venus à cet état d'esprit), ils prétendent communiquer au public leurs documents révélateurs. Tel le général de Pellieux, si fier de la fameuse preuve résultant de la carte Panizzardi, jusqu'au jour où le public en comprit, dès les premiers mots, la parfaite inanité.

Si ces messieurs veulent vraiment tout dire, ce n'est certes pas nous qui les en détournerons. Il y a assez longtemps que nous les sollicitons vainement de le faire. M. le général Mercier n'a pas voulu produire ses preuves devant Dreyfus lui-même, ainsi que l'y obligeait la loi. Et le général Mercier et les juges

de Dreyfus se sont ainsi rendus coupables — c'est le
texte du Code — de forfaiture. Alors, pour les sauver, on a prétendu prouver après coup que la condamnation de Dreyfus était non pas légale, mais
justifiée par des preuves postérieusement obtenues.
Et l'on a commencé à divulguer progressivement
cette série de pièces, apocryphes ou relatives à
d'autres personnages, dont se compose actuellement
le fameux dossier secret n° 2. C'est toujours, comme
on voit, la même prétention de condamner un homme
sur des documents auxquels on ne lui permet pas de
répondre. Par ce procédé on pourra convaincre
quand on voudra le général Billot lui-même d'être
sous les ordres de Guillaume II.

Il n'importe. Si irrégulière que soit cette procédure, nous l'acceptons provisoirement pour aider
à faire tout au moins des parties de lumière. Mais
qui donc a créé les difficultés au milieu desquelles
nous nous débattons, sinon le ministre Billot, et,
avec lui, les juges du conseil de guerre ? N'est-ce pas
lui, n'est-ce pas eux, qui ont voulu restreindre
le débat jusqu'à n'y plus laisser subsister que
l'accessoire, par l'élimination procédurière du
fond ?

Les membres du conseil de guerre, s'ils voulaient
que toute la vérité fût connue, n'avaient qu'à déclarer que toutes les accusations produites par Zola
étaient indivisibles, et la lumière qu'ils demandent
aujourd'hui avec tant d'empressement, après avoir
tout fait pour l'empêcher de se produire, se fût, dans
la pleine liberté des discussions, manifestée.

J'ignore ce qu'il adviendra des présentes intentions
de l'état-major. Puissent-elles être sincères ! Puissent-elles surtout se traduire en actes ! Ce qu'il faut
surtout retenir de la note du *Gaulois*, c'est que nos
chefs militaires croient pouvoir « rouvrir le procès,
en grande franchise, *toutes précautions maintenant
prises pour éviter toutes complications qui, à un
moment donné, eussent pu être menaçantes.* » Quel

soulagement d'apprendre qu'on peut désormais tout
dire sans danger! Il était temps.

D'abord, on va établir que « le principal témoin
de Zola » — je suppose que c'est le colonel Picquart
— a eu, il y a quelques jours « une entrevue à
Carlsruhe, avec l'attaché militaire allemand ». *Il y a
une photographie* : qu'on se le dise! J'espère qu'un
phonographe aura recueilli les paroles échangées.
Par un simple moùvement de manivelle, les jurés de
Versailles et la France auront la révélation authentique du crime. Je ne serai pas le dernier à m'en
réjouir.

« *Il n'y a qu'un moyen d'en finir*, conclut l'organe
de l'état-major, c'est de *produire en plein jour les
preuves éclatantes que l'on a de la culpabilité de
Dreyfus.* » Enfin nous voilà tous d'accord. En théorie,
du moins. Il reste seulement à voir ce que vaut ce
zèle subit pour la vérité, chez ceux qui n'avaient encore
montré d'autre souci que de la dérober à tous les
regards. Ce n'est rien d'annoncer la bombe. Il faut la
lancer. A vous, tirez les premiers, messieurs de
l'état-major!

1er *mai 1898*.

CX

Nouvelles preuves.

Les journaux de la rue Saint-Dominique se décidant à nous faire connaître les preuves de la trahison

de Dreyfus qui sont le grand secret de l'état-major, nous apprenons des choses.

« Le colonel de Schwarzkoppen, écrit *l'Echo de Paris*, est très à son aise pour donner sa parole d'officier et de gentilhomme qu'il ne connut jamais le traître Dreyfus. En effet, cet attaché militaire était trop en vue et trop prudent pour opérer lui-même, et toujours il eut recours à des collègues complaisants d'une autre nationalité.

« Aussi les journaux du syndicat, qui se disent bien informés, connaissent certainement l'officier étranger qui servit longtemps d'intermédiaire au colonel de Schwarzkoppen et correspondait avec lui sous des noms d'emprunt masculins et féminins : *Maximilien, Chien de Guerre, Alexandrine*. C'est cet officier qui fut, à Paris, en relations directes et constantes avec le traître, et nous ne croyons pas qu'il ait jamais donné, même aux journaux du syndicat, sa parole d'honneur qu'il n'a jamais vu Dreyfus ni correspondu avec lui. »

J'ignore ce qu'il y a d'exact dans ces affirmations de l'état-major, dont quelques parties peuvent reposer sur des faits vérifiables. Seulement, s'il est vrai que Dreyfus ait correspondu avec M. de Schwarzkoppen par l'intermédiaire d'un officier étranger, comment se fait-il que le général Billot soit demeuré muet sur ce point, laissant à ses subordonnés le soin de faire ces révélations à la presse ?

En tout cas, le personnage mis en cause par la communication officieuse de l'état-major ne doit pas être maintenant difficile à découvrir. Il faut qu'il soit sommé de s'expliquer. Nous voudrions compter, pour cela, sur le concours de *l'Echo de Paris*. Le résultat sera d'autant plus important, si les allégations de la feuille saint-dominicaine sont confirmées, que du coup M. de Bulow sera pris en flagrant délit de mensonge. Le secrétaire d'État allemand a bien dit en effet que son gouvernement n'avait jamais eu *aucune relation directe ou indirecte avec Dreyfus*. Il faut un fier toupet pour oser proférer, à la face de l'Europe, une telle affirmation, quand il dépend d'un simple attaché militaire de confondre, par la moindre indiscrétion, le menteur. Aujourd'hui, l'indiscrétion vient non pas du coupable, mais de nos officiers qui l'ont pris en faute et qui jugent le moment venu de le démasquer par la voix de la presse. Nous sommes bien loin de nous en plaindre. Il ne reste plus qu'à savoir quelles preuves peuvent être fournies.

Il est bien clair, pour commencer, que ce n'est pas le journal de la rue Saint-Dominique qui a inventé les pseudonymes de *Maximilien*, d'*Alexandrine* et de *Chien de Guerre*. Ce sont là des informations que seul un officier du service des renseignements peut connaître. Dans quel but les livre-t-il au public, avec ou sans la permission de ses chefs? On ne peut mettre en doute qu'il existe, aux mains de l'état-major, des papiers portant ces signatures. Mais s'il y est vraiment question de Dreyfus, comment ne nous en a-t-on pas parlé au procès Zola, au lieu de nous venir conter l'histoire de la carte Panizzardi qui avait tant besoin d'être étayée d'un document plus sûr? Et comment en sommes-nous réduits à attendre la vérité des communications venues d'irresponsables anonymes?

Ou bien, plutôt, dans les notes dont il s'agit, se trouverait-il justement qu'il n'est pas question de Dreyfus, et ne se proposerait-on tout simplement que d'intimider le personnage étranger à qui l'on fait allusion? Voudrait-on lui faire craindre, s'il dit ce qu'il sait de l'affaire Dreyfus, de se voir sur quelque autre point pris en faute? Cette supposition n'est pas inadmissible. L'avenir dira ce qu'il en est.

J'inclinerais d'autant plus volontiers de ce côté qu'on ne nous offre encore pour documents à l'appui que des photographies. Deux instantanés, paraît-il : l'un, représentant le colonel Picquart causant avec M. de Schwarzkoppen à Carslruhe; l'autre montrant Dreyfus en tête à tête avec l'attaché militaire étranger dont on n'a pas encore donné le nom. A quelqu'un qui demandait pourquoi on n'avait pas fait usage de ce dernier document, au procès Dreyfus, un membre éminent du syndicat des fonds secrets répondit textuellement : « On n'avait pas encore la pièce. *On ne l'a eue que six mois après la condamnation !* »

Quand on sait avec quelle facilité on peut changer les têtes sur toutes photographies, il est permis de s'étonner qu'on ait eu besoin de six mois pour ce petit travail. Qui de nous n'a vu sous l'Empire une souveraine d'Europe en conversation ultra familière avec le pape Pie IX ? Je ne crois pas qu'il se soit trouvé un franc-maçon pour prendre ce « *document* » au sérieux.

Il y a d'autres pièces encore, dit-on. Je le crois sans peine. Si elles sont toutes de cette force, il n'y en aura jamais assez.

2 mai 1898.

CXI

Innocent ou coupable.

On ne reviendra jamais assez sur le beau discours qu'a prononcé M. Georges Berry, député sortant, à la réunion de la rue Blanche, devant un millier de Parisiens assemblés pour se préparer, par la discussion d'où jaillit la lumière, à faire acte de souverains.

M. Georges Berry est, je crois, monarchiste, catholique et tout ce qui s'en suit. Cela ne le distingue pas de beaucoup de républicains. Il a cependant sur nos gouvernants un remarquable avantage : celui d'une franchise à toute épreuve. Ce qu'il pense, il le dit. Et comme il n'est pas sans penser quelque chose, et comme ce quelque chose est nécessairement en conformité avec les secrètes pensées des grands hommes d'Etat qui prospèrent de la présente salade monarchico-républicaine et catholico-libre-penseuse, il arrive que nous trouvons dans ses élans oratoires d'utiles indications sur l'état d'âme de nos maîtres.

C'est justement ce qui s'est produit à la grande réunion électorale où l'élite intellectuelle d'un de nos quartiers commerçants les plus prospères délibérait sur la chose publique. Un adversaire du candidat, croyant l'embarrasser, lui demanda, nous rapporte Chincholle, « quelle serait sa conduite dans l'affaire Dreyfus ». Prenez garde, je vous prie, que dans toutes les réunions publiques bien organisées, on pose cette question aux gens que l'on soupçonne de ne pas faire le signe de la croix devant le sabre et de ne pas s'agenouiller devant le goupillon. Si les malheureux hésitent, si, sans aller jusqu'à dire qu'il faut la justice pour tout le monde, ils insinuent que l'affaire Dreyfus, comme toute autre, doit être réglée suivant la loi, s'ils ne déclarent pas Picquart traître et Zola vendu, s'ils ne s'inclinent pas devant la grandeur d'âme et le patriotisme d'Esterhazy, les chefs du peuple les flétrissent et le peuple lui-même leur marque son mépris par des cris, par des gestes appropriés.

M. Georges Berry n'était point sans connaître ce danger. Il a vu des socialistes, des radicaux, des modérés, subir humblement cet interrogatoire et y répondre dans des termes à réjouir le cœur des monarchistes et des papalins qui organisent contre la République la grande revanche du sabre et du goupillon. Sabre et goupillon lui-même, M. Georges Berry pouvait se tirer d'affaire à bon compte.

— Messieurs, pouvait-il dire, je n'ai que du dégoût pour les amis du traître, insulteurs de l'armée, qui ont osé porter contre un officier français, ancien zouave du pape, une accusation calomnieuse dont le poids retombe sur le syndicat juif d'où elle est sortie. Picquart est l'agent de la Triplice ; Zola, de la finance juive. Nous avons des preuves. Le général Billot va les terrasser d'un coup de massue. Le général de Boisdeffre lancera sur eux sa bombe, et tous ces misérables auront vécu. Ensuite, vienne l'étranger. Nos chefs militaires sauront s'inspirer des grands exemples de la défense de Manille.

Ainsi pouvait parler M. Georges Berry et les applaudissements et les acclamations patriotiques auraient répondu à ses paroles enflammées.

Mais le député du neuvième arrondissement de Paris n'est pas de ceux qui se plaisent aux faciles succès des candidats ordinaires. Il a l'orgueil de parler neuf, et comme il est sincère, le discours qui lui vint aux lèvres, si bref qu'il fût — car il se composait uniquement d'une phrase — atteignit, du coup, aux plus belles hauteurs.

. — *Messieurs*, dit-il simplement, *que Dreyfus soit innocent ou coupable, je ne veux pas de la revision.*

Sublime parole, qu'il faut enregistrer pour l'histoire, car c'est la clef de toute l'affaire Dreyfus. Innocent ou coupable, il faut que Dreyfus reste au bagne, voilà la pensée cachée aux plus obscures profondeurs, que M. Georges Berry aura devant la postérité la gloire d'avoir produite au grand jour. Grâces lui soient rendues. Je savais bien qu'on pensait ainsi. Je croyais qu'on n'oserait pas le dire. M. Georges Berry a osé, et aucune protestation ne s'est fait entendre, ni dans la foule du millier de Parisiens assemblés pour prononcer sur les plus hauts intérêts de la France, ni parmi le public qui accepte silencieusement la responsabilité d'une affirmation sans précédent connu.

Telle est la cynique candeur des esprits envahis par une idée dominante, qu'il semble une faiblesse d'en apporter la justification. Bien plus, on admet sans frémir qu'on commette l'iniquité suprême, qu'on frappe, qu'on torture un innocent, et ces consciences prétendues chrétiennes ne s'arrêtent pas épouvantées.

Plus encore, elles proclament leur crime et s'en vantent, et, en ce dix-neuvième siècle finissant, personne de ceux qui ont besoin des suffrages populaires ne se lève pour protester.

Coupable ou innocent, qu'est-ce que cela veut dire, sinon que ces gens si ardents à nous outrager n'ont pas même l'excuse de croire à la culpabilité de leur victime, puisqu'ils annoncent que, l'innocence prouvée, ils maintiendraient la torture ! Je ne veux pas de la revision, qu'est-ce que cela signifie, sinon qu'il ne faut pas donner raison aux juifs en reconnaissant que l'un d'eux fut injustement frappé, car ce serait chagriner grandement l'Eglise, qu'il ne faut pas donner tort à nos chefs militaires en montrant qu'ils se sont trompés, car ce serait diminuer le prestige du haut commandement à qui nous devons de si retentissantes défaites !

En d'autres termes, pas de vérité proclamée. Car la force morale de la société, comme sa défense matérielle, doivent reposer sur le mensonge. Soit. Nous recueillons l'aveu. Plus tard il sera produit contre vous par l'histoire pour attester que le progrès n'est qu'un mot vide de sens dans un pays où de telles paroles se peuvent prononcer sans soulever la conscience publique.

Maintenant, évertuez-vous, rhéteurs de toutes opinions et de tous intérêts, rêveurs, politiques et bouffons populaires, pérorez, déclamez, amusez de vos pauvres prestiges la foule ignorante et cruelle à qui vous promettez une souveraineté dérisoire que vous faites de justice et de vérité vaincues. Et puis appelez cela, si vous voulez, monarchie, république ou socialisme. Les hommes qui viendront, soulevant ce manteau pompeux, verront que sous le nom menteur gisait une chose pourrie.

                                   5 mai 1898.

CXII

Pour la Patrie!

C'est donc vrai l'histoire de ce lieutenant qui pour arracher à un soldat l'aveu d'un vol de quatorze francs — que celui-ci jure n'avoir pas commis — le condamne à mort de sa propre autorité, le fait conduire au poteau d'exécution et commande le feu à blanc sur l'homme, qui crut vraiment sa dernière heure arrivée.

Un officier a-t-il le droit de soumettre un de ses subordonnés à cette affreuse torture? Non, certainement. Alors, pourquoi la répression n'a-t-elle pas été immédiate, éclatante, pour donner à nos soldats le sentiment qu'ils sont protégés par la loi contre la folie furieuse d'arbitraire?

Des idiots conduits par quelques hommes de mauvaise foi crient que nous outrageons l'armée quand nous disons que des juges militaires sont faillibles au même titre que des civils. Je croirais plus volontiers que l'armée s'outrage elle-même par une fâcheuse indulgence pour la sauvagerie de certains chefs.

L'armée, ce n'est personne et c'est tout le monde, puisque les militaires les plus flambants ne vont à la guerre que précédés de tous ces civils dont le travail leur permet de *flamber* si magnifiquement en temps de paix. Pourtant nous avons vu les chefs dont l'effroyable incapacité nous fit Sedan et Metz s'écrier : « Nous sommes l'armée. » Et leurs dignes successeurs, beaux produits de toutes jésuitières, après avoir

organisé la sombre fauchée de Madagascar, dont
aucun député n'osa leur demander compte, professent
tout de même qu'ils sont la chose sacro-sainte, et
qu'on ne peut les critiquer sans forfaire aux devoirs
envers la patrie.

Ils le disent, ils le croient, et trouvent des journalistes révolutionnaires et papalins pour le dire, et des
imbéciles pour le croire. Alors ils sont dieux et finissent par se trouver dupes eux-mêmes de leur propre
divinité.

Voyant que nous érigeons des statues aux généraux
dont la présomptueuse ignorance livra la France à
l'ennemi, du commencement à la fin de la guerre
franco-allemande, voyant la République parlementaire
accepter sans mot dire que cinq mille Français suc-
combent dans les plaines de Madagascar, en dehors
du feu de l'ennemi, par la seule impéritie du commandement, voyant la foule abêtie qui fournit les
cinq mille victimes s'empresser à l'adoration du
sabre rougi de son propre sang, ces maîtres infaillibles
du genre humain en arrivent à croire que tout leur
est permis, et, de fait, ils se permettent toutes choses.

Ainsi s'explique la psychologie des jeunes lieutenants qui font fusiller leurs soldats *pour de rire*. Ils
savent qu'on ne leur en voudra pas, et que s'ils ont
la recommandation des bons pères, après un semblant
de punition, leur avancement n'en sera pas gêné. Les
chefs opèrent en grand. Eux se font la main sur un
petit. Tout s'enchaîne ici-bas.

Et comme on laisse faire, les gouvernements par
lâcheté, les gouvernés par faiblesse d'esprit et de
cœur, il arrive que toujours ces victimes de la férocité et de la bêtise organisées se prennent à haïr
férocement à leur tour, avec les auteurs de leurs
maux, l'institution même qui fait d'eux de la chair à
barbarie. Ils ne disent rien encore parce que la
peine de mort les guette pour un geste, pour un mot.
Mais ils s'entendent sans parler. Les colères s'accu-
mulent sous l'apparente hébétude des regards. On se

tait, mais on s'enrage devant ce patriotisme menteur prêché par des dilettantes qui, par respect de leur propre intellectualité, ont commencé par se soustraire au devoir militaire.

Et puis, un jour, le spectre de la Commune passe dans l'air. On se dit : c'est le règlement des comptes. Encore si c'était cela ! Mais on ne sait apporter des deux parts que des comptes de cadavres. Du moins, est-ce tout ce que nous avons vu jusqu'ici.

Qui sait si le prisonnier de l'île du Diable ne voit pas cette vengeance inscrite au livre de la Destinée ?

Parlementaires et soldats, ceux qui nous font cet avenir appellent cela servir la patrie !

6 mai 1898.

CXIII

L'amnistie.

Je vote pour Cyvoct, candidat de l'amnistie. Je vote pour Cyvoct parce qu'il se présente en dehors des organisations politiques reçues qui, partant d'une idée, finissent trop souvent par choir dans les considérations d'intérêts. Je vote pour Cyvoct parce qu'il se présente comme l'homme d'une idée, et que cette idée est grande et généreuse : l'oubli des dissensions passées, pour ramener la paix dans les cœurs, et tâcher de fonder l'ordre de justice sur le consentement de la raison, au lieu de ne connaître entre les hommes d'autre arbitre que la violence.

Je sais très bien que Cyvoct et son amnistie —
supposé qu'il l'obtienne — ne réaliseraient point cet
idéal. Mais j'ai pris mon parti de ne jamais voir de
réalisation d'idéal. A l'inverse du petit Poucet qui
laissait tomber ses cailloux dans le sentier parcouru,
mon ambition serait simplement de lancer quelquefois une modeste pierre en avant pour indiquer le
chemin à parcourir.

Je trouve que l'idée d'amnistie est belle entre toutes,
parce qu'en abolissant les fautes de l'amnistié elle
suppose chez l'amnistieur une conscience des fatales
défaillances dans ses jugements, ou — ce qui est pis
encore — dans ses actes irréparables. Elle organise
ce que les Anglais appellent un *nouveau départ*,
et vraiment trop d'*arrivées* sont fâcheuses pour ne pas
nous laisser tenter par l'espérance, même décevante,
des recommencements.

Séparé des circonstances qui l'expliquent, tel acte
paraît d'un fou dangereux, et commande — je
l'accorde sans difficulté — une répression nécessaire.
Cependant, ceux qui frappent le coupable sont-ils si
sûrs de n'être pour rien dans la préparation de l'état
d'esprit générateur de ses violences? Sont-ils si
fiers de la société qu'ils nous font au prix de tant de
misères, dont une grande partie nous pourrait être
épargnée par la droiture d'esprit, le désintéressement,
ou simplement la bonne volonté de nos maîtres?
Impitoyables, aux maux qu'ils ont causés ils ajoutent
pour l'avenir de nouvelles constructions de malheurs,
car la violence du plus fort enseigne au plus faible le
recours aux surprises de violence et la force brutale
appelle la revanche de la force brutale, à son heure.

Et puis, qui sait ce que de nouvelles conditions de
vie peuvent faire d'un révolté? Des trente mille prisonniers que l'armée de Versailles coucha par terre
en une semaine dans les rues de Paris, combien y en
a-t-il qui crieraient aujourd'hui: *A bas les juifs!* et
Vive l'armée? Sauf chez les âmes fortement trem-
pées, la révolte, le plus souvent, n'est qu'une crise

de nerfs, et les plus facilement suggestionnés par les
mouvements révolutionnaires peuvent être, en raison
de leur faiblesse même, non moins prompts aux entraînements de répression autoritaire.

Le brave et bon Trinquet, qui fut un héros, de
fatigue s'affaissa dans un fauteuil de fonctionnaire.
M. Barrère, jeune communard de marque, qui clignait
aimablement de l'œil au décret des otages, est maintenant ambassadeur de la République française auprès
de Sa Majesté le roi d'Italie, et fait de la politique
avec le *Journal des Débats* qui l'a pris sous son aile.
Digne rejeton du grand ancêtre de Vieuzac, à qui une
timide apologie d'Hippolyte Carnot valut de Macau-
lay la plus belle tournée que jamais historique canaille
ait reçue.

Et M. Alphonse Humbert, qu'en dire? Combien de
fois eût-il été fusillé dans les journées de Mai, celui-
là, en compagnie du délicieux Barrère? Un jour, dans
je ne sais quel discours sur l'amnistie, je prononçai
son nom à la tribune de la Chambre. Ce fut un mouvement d'horreur. Je dois convenir qu'à mon avis le
Père Duchesne s'était laissé quelquefois emporter très
loin par la littérature meurtrière. Aujourd'hui, le
voilà devenu le rempart de ceux qu'il voulait massacrer et qui, de leur côté, rêvaient de le couper en
petits morceaux. Il porte des toasts au tsar, tout
comme Arthur Meyer il défend l'infaillibilité des conseils de guerre, l'état-major de M. de Boisdeffre, et
mille autres choses qui lui semblaient jadis abominables. On aurait tort de l'injurier pour cela. C'est
un faible esprit qui s'accommode au milieu : voilà
tout. Pour le changer il a suffi de changer son entourage. M. du Paty de Clam lui-même regretterait le
malentendu qui jadis eût fait coller au mur son admirateur d'aujourd'hui.

Faut-il parler de M. Rochefort? Ce révolutionnaire,
champion des causes de justice, en est arrivé à ne pas
pouvoir comprendre qu'on ait fait crédit de justice au
conseil de guerre qui condamna Dreyfus, et qu'on ait

d'abord admis *à priori* la culpabilité de l'ex-capitaine par la seule raison qu'il était condamné. Il aurait voulu que, sans rien savoir, on proclama Dreyfus innocent : c'est ainsi qu'il comprend que se forment les convictions sincères. En revanche, cela le choque profondément qu'on réclame la revision du procès Dreyfus par la raison que l'illégalité en est aujourd'hui démontrée. Son patriotisme lui inspire le respect de l'homme aux lettres de uhlan, et il n'est point du tout surpris qu'un officier publiquement accusé d'espionnage puisse continuer de porter l'uniforme sans oser même opposer un démenti à son accusateur. M. le capitaine Pauffin de Saint-Morel aurait trop de raison de regretter qu'un si précieux ami fût tombé sous les balles de Versailles.

Donc, je propose de ne fusiller personne, et même d'amnistier ceux qui ont survécu aux violences de nos temps. Dans le bien et dans le mal nous sommes très fragiles. De cette compensation doit se dégager le progrès. Moins trompeur que la raison faillible, le sentiment nous pousse à faciliter cette opération douloureuse par la grande charité des hommes. Laissons faire le sentiment. La pitié aux vaincus, l'indulgence aux vainqueurs, voilà le sens de mon vote pour l'amnistie.

P. S. — M. Georges Berry déclare n'avoir pas prononcé les paroles que lui attribue M. Chincholle. Je lui en donne acte, en regrettant que ce saint Jean Bouche d'or n'ait pas éprouvé le besoin de dire crânement tout haut ce que tous nos braves esterhazistes confessent tout d'un trait dans le particulier.

7 mai 1898.

CXIV

Militairement.

Il paraît que M. le premier président Périvier s'apprête à mener militairement le procès de Versailles.

La confidence en a été faite à un rédacteur du *Gaulois* par M. le président Paisant, après un entretien de ce magistrat avec son supérieur. La justice en trois temps, voilà l'idéal de nos républicains, sous la caresse du sabre trempé d'eau bénite.

Le jury, en peloton, manœuvrera au roulement du tambour sous le commandement du juge délégué par l'état-major, et Zola n'aura pas plutôt ouvert la bouché qu'au mot *Feu !* nous le verrons tomber les bras en croix. Esterhazy a, dit-on, réclamé la faveur de lui donner le coup de grâce. Félix Faure, qui ne peut rien refuser à notre excellent patriote, lui fera don, à cet effet, d'un fusil d'honneur signé Krupp, qui, pour l'occasion, doit remplacer la lance. On n'ose espérer la messe mortuaire à la chapelle de l'Elysée, où le président implorerait la pitié de Dieu pour le coupable, comme il a fait, avec l'autorité de sa franc-maçonnerie, pour les victimes de la rue Jean-Goujon.

Ce programme a du bon, comme tout acte de franchise. Je ne comptais pas, je l'avoue, sur tant de crânerie. C'est le premier mot de M. Périvier qui m'avait mis en défiance. On sait que cet honorable magistrat, rencontrant Me Labori dans les couloirs, à la Cour d'assises, lui avait, après une poignée de main

cordiale, exprimé le regret de l'extrême tolérance de
M. Delegorgue qui, avec son refrain : « Cette question
ne sera pas posée », se contentait d'empêcher les
témoins de parler. Le magistrat qui va nous présider
demain trouvait cette indulgence scandaleuse : « *Ah!
si j'étais sur le siège*, s'écriait-il, d'un beau mouvement d'éloquence judiciaire, *c'est moi qui vous serre-
rais la vis.* » Et la main du juge, dirigée vers la gorge
de l'avocat, faisait le geste de l'étrangleur. Ce propos,
fort approuvé d'Esterhazy, désignait évidemment
M. Périvier à la présidence du procès de Versailles.

Mais M. Périvier se vantait : il n'est point un homme
d'embuscade. Etrangler les gens obscurément, au coin
d'un bois : sa faconde rieuse ne s'accommoderait point
d'un si bas emploi. Il veut la lutte en plein soleil, à la
condition seulement d'être le plus fort. Et comme,
dans le cas présent, il a pour lui l'armée, la magistrature, l'Eglise, et par surcroît le gouvernement avec
son suffrage universel, y compris MM. Drumont, Alphonse Humbert et Rochefort, il devait être d'humeur
à courir les chances de la bataille.

C'est ce qu'il est résolu de faire. Le délégué de
M. Arthur Meyer a été, comme il convient, le premier à nous en apporter la nouvelle : « On estime,
dit-il, que le procès durera deux ou trois jours à
peine, M. Périvier étant décidé à ne poser aux témoins
cités par les prévenus que des questions visant nettement et uniquement *la « matérialité » de l'ordre* qui
aurait été donné aux juges du conseil de guerre qui
acquitta le commandant Esterhazy. »

Ça, c'est de la loyauté. Voilà Zola prévenu. Il ne se
plaindra pas d'être étranglé. Il pourra se défendre.
On prendra seulement la précaution de le lier pour
qu'il n'oppose pas trop longtemps une inutile résistance. Qu'est-ce qu'il a voulu prouver ? L'innocence de
Dreyfus. On ne lui permettra pas d'en parler. L'illégalité du jugement qui a condamné l'ex-capitaine ? Il
lui sera interdit d'en faire la démonstration. La culpabilité d'Esterhazy ? Défense d'en apporter la preuve.

On ne peut pas faire à Zola le procès qu'il a demandé, puisqu'on serait obligé de lui donner raison. On lui fera donc le procès qu'il faut pour lui donner tort sur une phrase incidente.

— Voulez-vous bien nous montrer, monsieur Zola, l'ordre écrit d'acquitter Esterhazy, sur papier timbré, avec signatures légalisées ? dira loyalement le président Périvier.

— Je ne l'ai pas sur moi, devra répondre Zola, très marri. J'expliquerai sur quoi j'ai fondé mon opinion.

— Comment, malheureux, vous n'avez pas l'ordre écrit ? Alors qu'avez-vous à nous montrer ?

— Je puis, monsieur le président, faire la preuve que le bordereau sur lequel a été condamné Dreyfus est de la main d'Esterhazy. Je puis prouver que le condamné de l'île du Diable a été illégalement jugé, et, comme vous êtes le gardien des lois...

— Et c'est pour ces misères que vous faites tant de bruit ? Vous en verrez bien d'autres ! Vous avouez que vous n'avez pas l'ordre écrit du ministre de la Guerre ?

— Je ne pourrais pas le montrer non plus dans l'affaire des ministres malgaches. Et pourtant, puisqu'il est acquis que le gouverneur a envoyé au *Journal officiel* le texte du jugement et le récit de l'exécution avant même la réunion du conseil de guerre...

— Accusé, vous parlez légèrement. Nous ne sommes pas à Madagascar. Nous sommes à Versailles, et voilà douze bons Versaillais qui, lorsque vous aurez recommandé votre âme au Dieu républicain de M. Félix Faure, se feront un devoir de vous mettre un peu de plomb dans la tête. Commandant Esterhazy, vous avez votre cartouche *dum-dum* pour le coup de grâce ? Attention ! Nous sommes la justice, messieurs.

8 mai 1898.

CXV

L'inutile République.

« La France, écrit Jaurès dans la lettre où il refuse toute candidature au scrutin de ballottage, est comme attardée aujourd'hui en une heure triste d'équivoque et d'impuissance.

« Il y a équivoque, car sous les noms variés de nationalisme, d'antisémitisme, les cléricaux tentent d'exploiter à leur profit les nobles instincts élémentaires du peuple. Et la démagogie césarienne essaie de couvrir du bruit de ses grelots son œuvre de réaction et de dégradation.

« Il y a impuissance, car si le suffrage universel paraît répudier la politique rétrograde, c'est encore par un radicalisme diminué et incertain qu'il affirme sa volonté du progrès. »

Il ne m'appartient point de scruter les pensées secrètes du chef de parti rappelant à ses amis « qu'il ne fut jamais plus grand besoin d'idéal ». Je prends acte seulement de l'avertissement solennel, en souhaitant qu'il puisse être entendu.

Ce n'est pas que j'en attende l'effet pour demain. Le mal est très grand, plus grand que ne le dit Jaurès, à qui sa qualité de chef enrégimenté ne permet pas de montrer jusqu'au fond sa pensée. Il ne s'agit pas des partis qui bombicinent dans l'impuissance, mais de ce qui les meut ou plutôt de ce qui devrait les mouvoir : l'esprit de la nation française.

Ce fut quelque chose dans l'histoire, quelque chose de vivant, d'agissant qui prit parmi les hommes une place très haute. Dans son beau livre sur *la Psychologie du peuple français*, Fouillée rappelle ce mot typique de Strabon : « *Les Gaulois prennent volontiers en main la cause des opprimés.* » Belle devise d'épitaphe, que je préférerais flottant aux plis d'un drapeau dans les batailles de justice en plein soleil. Ce fut le rêve de nos pères. Et parce que nos pères rêvèrent ainsi, les peuples nous ont admirés, les peuples nous ont aimés : je ne dis pas les gouvernements, je dis les peuples. Puis la folie de la guerre est venue, avec les effroyables chocs des masses humaines sous Napoléon, dont nous subissons encore le contre-coup. A travers tous nos malheurs, à travers les révolutions et les coups d'État, à travers les chances bonnes ou mauvaises des batailles, nous étions demeurés nous-mêmes, c'est-à-dire la bonne postérité de ceux dont parle Strabon, les idéalistes du droit par toute la terre.

Hélas ! ce n'est plus que de l'histoire. Voici que nous nous infligeons à nous-mêmes la pire défaite. Sans cause apparente, sans pression du dehors, sans excuse compréhensible, sur notre propre territoire, en pleine paix publique, nous convions le monde étonné à nous voir refuser la garantie des lois, la justice commune à l'un de nos concitoyens. Quelle raison? Il est juif. On n'en a pas encore pu trouver d'autre.

Grand retour offensif de l'Eglise romaine contre l'esprit de tolérance qui fut le grand ressort de la pensée française. Aveuglés, abêtis par de bas intérêts, les prétendus continuateurs de notre Révolution n'ont abouti qu'à recommencer avec plus de vulgarité les dirigeants de l'ancien régime, dont les fautes inexpiables nous jetèrent dans la frénésie des révoltes passées. Et de recul en recul, nous voici face à face avec ce prisonnier de l'île du Diable qui nous fait, à notre tour, prisonniers de notre injustice. Nous le tenons, nous le tenaillons, nous lui faisons sentir le poids des haines séculaires, au mépris de notre propre loi dont il invoque vainement le secours. Lui, il n'a que son droit d'homme, contre lequel s'acharnent, avec toutes les puissances instituées pour la défense du droit, l'ignorance et la passion populaires. Et contre la justice ligottée, contre la justice au bagne, des Français se débattent, avec des cris de mort, en secrète fureur de l'abomination dont ils sont les auteurs ou, tout au moins, les complices.

Eh bien! tout cela n'est rien. Ce spectacle affreux, sous des formes diverses, est de tous les temps, ou à peu près. Les peuples ont un sentiment de la justice plus ou moins haut, plus ou moins bas. Nous sommes, pour l'heure présente, au dernier degré de l'étiage : voilà tout. Les chefs de l'armée mettent leur point d'honneur à être infaillibles, et, pour ne pas avouer qu'ils se sont trompés, prétendent qu'on fait dommage à la patrie dès qu'on leur demande des comptes. Les juges se bouchent les oreilles. Les césariens profitent de l'aventure pour leurs entreprises contre la liberté, contre la dignité humaine. Tout cela n'est pas d'hier. L'Eglise, seule puissance demeurée debout, veut profiter de l'universelle anarchie pour achever, par la défaite de la Révolution française, sa prise de possession de la France, comme elle a fait — pour quels résultats? — de l'Espagne. Il n'y a rien là qui soit pour surprendre.

Ce qui est nouveau, ce qui est désespérant, ce qui est incroyable, c'est que les forces d'opposition, supposées gardiennes d'idéal, se soient d'ensemble retournées contre le droit humain, contre la justice, et même — ce qui n'exigeait pourtant pas un grand courage — contre les simples garanties de la loi. Faute des socialistes aussi bien que des radicaux, n'en déplaise à Jaurès, qui, avec un tout petit nombre d'amis, s'est trouvé isolé dans son propre parti, tiré à contre-sens par les politiques à courte vue plus pressés de gagner des voix que des consciences.

Que Jaurès me permette de le lui dire, il abandonne la conduite d'un groupe qui, déjà, lui avait échappé

pour se confier à des tacticiens au jour le jour. Socialistes, radicaux, modérés, sentant contre eux les passions cléricales, le fanatisme guerrier des temps où la
paix est assurée, tous les préjugés de l'ignorance, tous
les mensonges de la peur, ont reculé devant le monstre
aux mille têtes, et pour l'affronter, derrière Zola, il a
fallu une troupe de volontaires recrutés au hasard.

Voilà le mal, Jaurès, il n'est pas ailleurs, et vous ne
l'ignorez pas, ayant fait de votre mieux pour le combattre. Votre dernier cri dit tout : « *Gardez l'idéal !* »
Il paraît seulement que les partis ont autre chose en
tête. Peut-être pouvez-vous plus, pour ce haut effort,
hors la présence de vos amis, face à face avec votre
pensée. « L'homme fort, dit Ibsen, est l'homme seul. »
Essayez. Pour que « le noble instinct élémentaire
du peuple », comme vous dites, ne soit pas dévoyé par
les courtisans de tous noms, empressés aux faveurs
du peuple roi, il faut une voix de vérité, supérieure
à toutes les conséquences.

Ils ont d'autres préoccupations, n'est-ce pas, ces
députés radicaux ou socialistes qui déclament, dans
leurs articles ou dans leurs discours, contre le sabre
et le goupillon, pour se soumettre lâchement à la
volonté d'injustice venue du sabre et du goupillon, et
cela par l'unique raison que c'est seulement un juif
qui en est la victime ! Ils sont nommés maintenant. La
République avait besoin d'eux, disent-ils. Que pour-
ront-ils faire de la République maintenant, ayant, pour
la servir, commencé par sacrifier ce qui fait toute sa
raison d'être : le respect des droits de la personne
humaine, depuis le plus puissant jusqu'au plus misérable, et la justice égale pour tous, sans distinction
de races et de croyances ?

                                        13 mai 1898.

CXVI

Porteurs de principes.

Je parlais hier de l'attitude des candidats au regard
de l'affaire Dreyfus. Je laisse de côté les malheureux
qui prétendent fonder l'amour de la patrie sur le respect de l'iniquité et l'aplatissement devant le sabre.
Il y a eu dans tous les temps de ces basses folies. Ce
qui est digne de remarque, c'est de voir les porteurs
de principes, les représentants attitrés de l'idéal de
justice et de liberté, proclamer qu'ils sont partisans
de la tolérance religieuse, et, du même coup, sous couleur de foi patriotique dans l'infaillibilité des conseils
de guerre, enchérir sur les déclarations haineuses des
hommes dont la politique se résume en ce cri de
Mort aux juifs ! qui retentit si doucement aux oreilles
de l'Eglise.

Les candidats dits *avancés* semblent avoir été han-
tés principalement de la crainte de se laisser distancer,
dans cette course folle, par les Jésuites et les Césariens. La plupart n'ont que trop bien réussi à maintenir leurs positions. Le jugement, qu'ils savent illégal,
a été déclaré par eux sacré. Au lieu de reconnaître
qu'il ne peut pas y avoir de preuves contre un homme en
dehors d'un jugement régulier, ils ont, de leur autorité, proclamé Dreyfus coupable, sans autre raison
que leur propre désir d'emporter les suffrages des
braillards, et ils sont bravement partis de là pour in-
vectiver, pour outrager quiconque ose demander justice.

J'ai eu l'occasion d'interroger quelques-uns de ceux qui nous flétrissent si noblement. Ils font tous même réponse : « Nous ne pouvions pas remonter le courant. Il faut hurler avec les loups, etc., etc... ». Vous touchez là le fond de leur conscience. Il fallait être élu, et, pour cela, parler comme le plus grand nombre. Quant à la question de savoir si l'élection valait de se mentir à soi-même et de répudier dans la pratique les grands principes qu'on placarde aux murailles, il ne semble même pas qu'elle se soit posée. C'est le plus grand mal, comme je l'ai déjà dit. Car si celui qui se propose pour chef n'a pas le courage d'éclairer, de guider ceux dont il prétend prendre la tête, nous sommes d'avance livrés aux fureurs irresponsables de tous les préjugés d'ignorance.

Je sais bien qu'un jour l'électeur reconnaîtra sa faute, et, jugeant son élu, lui reprochera de l'avoir trompé.

— Si je ne t'avais pas trompé, répliquera l'autre, tu ne m'aurais pas écouté.

Et tous deux auront raison. Et tous deux auront tort. Mais ce dialogue peut-être aura lieu dans le royaume des ombres : il sera bien tard pour en dégager la leçon.

Pour l'heure, je me plais simplement à collectionner les perles les plus rares tombées de la bouche de quelques notoires candidats.

L'un des plus solides lieutenants de M. Bourgeois, élu avec une majorité formidable à deux pas de Paris, s'est éloquemment plaint « que le conseil de l'ordre des avocats ait eu assez peu de patriotisme pour acquitter Mᵉ Demange, le défenseur du traître ». Ainsi, ce législateur éminent, qui fait la pige à M. Cavaignac pour le ministère des Finances, estime qu'il est des cas où un avocat doit être condamné si son client est reconnu coupable. Il est bon de signaler cet état d'âme.

Non moins curieuse est la leçon du candidat « anticosmopolite » Teysonnière, le fameux expert du

procès Dreyfus qui reconnut l'écriture d'Esterhazy
pour celle de Dreyfus. Dégustez ce morceau :
    Voter pour Lourdelet est indigne.

Il a osé dire : *Je ne sais si Dreyfus est coupable ou
non*, ce qui est à la fois une bêtise et une infamie ; une
bêtise **parce que tous les juifs sont des traîtres** ; une
infamie, parce qu'il cherchait ainsi à ébranler la solidité de
l'armée en mettant en doute *la compétence et la loyauté de
ses chefs*.

Cet homme appartient évidemment à la secte des
généralisateurs. Un juif a-t-il trahi? Tous les juifs
sont des traîtres. Cela facilite les jugements. On m'accordera peut-être que l'impartialité d'un tel expert
est plutôt suspecte quand un juif est en cause. Pas de
chance, Dreyfus!

Mais le pompon demeure décidément à M. Georges
Berry : « Que Dreyfus soit innocent ou coupable, je
ne veux pas la revision. » Il a dit ce mot formidable
qui doit rester comme l'expression d'un temps. Je
sais qu'il a nié le propos, après réflexion, et j'avais
spontanément enregistré sa rectification. Mais on
m'informe de bonne source que c'est la rectification
qui est inexacte. Des témoins qu'on ne peut récuser
me font connaître qu'*ils ont recueilli cette parole de la
bouche même de M. Georges Berry.* Innocent ou coupable, un homme doit être condamné : une telle pensée mérite de traverser les siècles. Qu'elle soit pré-
cieusement conservée.

                                        14 mai 1898.

CXVII

Et les juifs!

Un des ennuis de ceux qui luttent pour la justice c'est d'avoir contre eux, avec la haine des oppresseurs, l'ignorance, la faiblesse, et trop souvent le lâche cœur des opprimés. Car les tyrannies dépravent également l'esclave et le maître, font de l'un un monstre d'égoïsme, de l'autre une guenille avilie. Ainsi, dans tous les temps, les vaincus devinrent pour les vainqueurs des instruments de nouvelles conquêtes. Ainsi, dans tous les temps, les asservis furent employés au maintien de leur abaissement. Des nègres se sont fait tuer au service de la cause esclavagiste, dans la grande guerre civile américaine. On vit des nègres narguer John Brown qui montait à l'échafaud pour avoir voulu délivrer la race noire de ses chaînes.

Pourquoi les révolutions échouent-elles, après avoir mis, pour une heure, la force au service des victimes de l'iniquité? C'est qu'un coup de hasard peut bien faire provisoirement du vainqueur un vaincu, tandis qu'il faut l'élaboration des siècles pour amener l'esprit de servitude à la conscience du droit, à la dignité des notions de justice et de liberté. Il y a quelques jours à peine, pour quelques miettes de la table du marquis de Solages, des ouvriers reconduisaient Jaurès à la gare de Carmaux, lui faisant cortège de leurs outrages. « Pardonnez-leur mon père, disait un réformateur vaincu, ils ne savent pas ce qu'ils font. »

Aujourd'hui nous sommes quelques douzaines en France qui défendons la cause des juifs contre l'intolérance chrétienne, comme nous défendrions la cause des chrétiens s'ils étaient menacés dans leurs droits par le fanatisme du Talmud et de la Bible. Un juif a été condamné contre les dispositions les plus claires de la loi, et l'on refuse de lui faire justice parce qu'il est juif. L'Eglise romaine, nos chefs d'armée, qui parlent très haut dans la paix, nos juges, nos hommes d'Etat de toutes opinions, du plus modéré au plus révolutionnaire, sont unis contre le droit, et le populaire, qui a besoin de s'en prendre à d'autres qu'à lui-même de ses propres malheurs, le populaire, candide et simpliste, qui ne comprend pas que tous ces gens, par mille raisons diverses, s'empressent au service de son ignorance, traduit sa pitié de lui-même par le cri de *Mort aux juifs* ! où s'affirme ce grand principe humain qu'il est plus aisé de tuer que de faire vivre.

Contre tout cela, nous luttons. L'Eglise nous reproche de déserter la cause du Christ qui mourut, paraît-il, pour assurer le triomphe des forts, les guerriers des capitulations de Metz et de Sedan nous accusent de vouloir leur enlever leur prestige, les hommes d'Etat pourvus redoutent qu'il ne résulte de tout ce bruit des accidents de portefeuille, et les politiques à pourvoir craignent que les luttes pour la justice n'aboutissent à diminuer l'importance de leurs groupes dans la Chambre, tandis que le peuple, en sa naïve barbarie, attend du mal d'autrui une atténuation de ses souffrances.

Et les juifs, au moins avons-nous les juifs pour nous ? Un ramassis d'imbéciles et de drôles, qui exploitent la niaiserie des foules ou les faveurs du pouvoir, et croient, parce qu'ils se vendent, que tout homme a son prix, vont criant que nous sommes aux gages des juifs. C'est la farce du syndicat. Qui ne sait, cependant, que le juif toujours fier de sa race et de sa foi, toujours d'orgueil exalté dans son for intérieur, a

conservé des asservissements passés une disposition
d'esprit et de corps qui le rend peu propre aux révoltes
les plus légitimes ? Il a d'abord le respect de la force,
en même temps que le sentiment oriental d'une irrésistible fatalité l'engage aux soumissions dont il fera
son art de tirer profit. Les grands juifs trouvent que
tout est bien, puisqu'ils sont du côté des plus forts.
Leur crainte unique serait de se compromettre dans
une affaire où ils apporteraient, à leur estime, un trop
gros enjeu. Des autres, beaucoup, par respect de leur
propre pensée, s'engagent dans le combat pour la
justice et le droit, comme font des chrétiens et des
incroyants. Mais la masse, plus peut-être que toute
autre foule, attendra que la bataille soit gagnée pour
venir au secours de la victoire. La plupart se taisent,
ou ils écrivent des lettres anonymes d'encouragement.

Cela vaut mieux que de passer à l'ennemi, comme
Arthur Meyer qui menace les juifs d'un massacre
général s'ils souffrent que des hommes continuent de
protester contre l'iniquité sous laquelle l'un d'eux
achève de mourir.

Et pourtant, ne montrons pas trop de sévérité pour
Arthur Meyer. Il a comme une cynique franchise qui
lui tient lieu de vertu. Quand on brûlera des juifs en
place de Grève, il attisera le bûcher, c'est entendu.
Mais que dire de ces démocrates d'Israël qui, revendiquant les fameux principes révolutionnaires, commencent, pour s'élever au-dessus de la foule, par
piétiner sur la victime juive du pharisaïsme religieux ?
C'est le cas de M. L.-L. Klotz, député de Montdidier,
s'il vous plaît, qui a emporté les suffrages de ses
contemporains par une profession de foi où je lis le
passage suivant :

« Patriote avant tout, j'ai flétri, dès la première
heure, la campagne odieuse dirigée contre l'armée de
la République, et comme je l'ai toujours dit, *je prends
l'engagement formel de voter contre la revision du procès Dreyfus.* »

C'est un radical qui parle ainsi, un ami de

M. Bourgeois, l'espoir de la démocratie parlementaire.
Il sait très bien que ce n'est pas attaquer l'armée de
dire que les juges militaires sont faillibles comme les
juges civils. Mais il est tenu, pense-t-il, d'être plus
« patriote » qu'un autre, parce qu'il est juif, et son
patriotisme judaïque se manifeste par la promesse de
s'opposer à la revision du procès de Dreyfus, *même
si la preuve d'innocence vient à surgir*. M. Georges
Berry avait dit la même chose, mais plus crânement,
lui. Enfin voilà le juif et le chrétien d'accord !

Voilà des suffrages noblement demandés et reçus !
A leurs dépens, quelque jour, électeurs et élus
apprendront que ces honteuses défaillances s'expient.

15 mai 1898.

CXVIII

Preuves secrètes au grand jour.

Le colonel Picquart a déposé entre les mains de
M. le juge d'instruction Bertulus une plainte contre
le journal *le Jour*, qui a prétendu pouvoir établir par
des preuves authentiques — notamment par des
photographies instantanées — que l'ancien chef du
bureau des renseignements avait eu récemment une
entrevue avec le colonel Schwarzkoppen. Cette invention de pure fantaisie est la dernière frasque des amis
de l'état-major, et je ne gagerai pas que quelques-uns
de nos grands chefs n'aient été dupes eux-mêmes du
zèle sinon d'Esterhazy lui-même, au moins de ses répondants

Oui, ces Messieurs ont *vu*, de leurs yeux *vu*, le colonel Picquart causer avec M. de Schwarzkoppen à Bade ou à Carlsruhe : les versions varient seulement sur le lieu de l'entrevue. Ce qui est « certain », ce qui est « prouvé », c'est que les deux hommes se sont rencontrés, et ont échangé des propos qui, comme l'explique *le Jour*, ne peuvent être que de trahison.

Le colonel Picquart est désormais un traître avéré, et à qui en doute il suffit de montrer la preuve décisive : la photographie. Il est bien évident que si le colonel Picquart faisait encore partie de l'armée, et qu'il fût traduit, sous le coup de cette accusation, devant un conseil de guerre, il suffirait de montrer cette photographie aux juges — sans lui en parler, bien entendu, comme c'est aujourd'hui de principe dans la justice militaire française — pour qu'il fût expédié sans rémission aux fièvres de l'île du Diable.

Par bonne chance, aujourd'hui, le colonel Picquart ayant été rejeté de l'ordre militaire dans la tourbe civile, comme indigne, on ne peut pas le juger sans lui montrer la pièce accusatrice, et, comme elle est fausse, c'est lui qui prend l'offensive en accusant ses accusateurs. Maintenant, c'est nous qui allons rire.

Aussi longtemps qu'on a dans des armoires à double fond, gardées par des dragons à langues de flammes, des dossiers ultra-secrets que tout le monde connaît, sauf celui qu'ils font condamner, aussi longtemps qu'on peut clamer qu'on a des preuves de trahison, mais qu'on ne doit pas les montrer, parce que l'Europe courrait aux armes si elle venait à connaître le mystère sur lequel veille jalousement le lampiste de l'état-major, tout va bien, et il est loisible, par ce procédé, de condamner qui l'on voudra sans s'inquiéter de savoir ce qu'il a pu faire. C'est l'organisation de l'infaillibilité des juges.

Mais dès qu'il est possible de sommer les gens d'exhiber leurs preuves, alors la scène change, et l'on voit le général de Pellieux, de la meilleure foi du monde, nous donner comme sérieuse une pièce qui

ne soutient pas l'examen, et *le Jour* arguer gravement des deux photographies qu'il tient, sans doute,
de la bienveillance de l'état-major.

L'une de ces images représente Dreyfus en conversation avec un attaché militaire allemand. C'est un
des éclats de la bombe qui doit nous anéantir. Quand
ce document a-t-il été apporté à l'état-major ? Six
mois *après* la condamnation de Dreyfus. Il est
incroyable qu'il ait fallu si longtemps pour la fabrication de cette preuve. Tout photographe expérimenté
ne demanderait pas plus de deux ou trois jours. Cette
pièce, d'ailleurs, faisant partie du dossier secret, ne
peut pas être discutée : il y va de la paix du monde.

Par bonheur, il reste l'autre, celle qui représente
le colonel Picquart causant avec M. de Schwarzkoppen.
Celle-là est nécessairement de fabrication récente.
On comprend que les faussaires qui avaient tiré si
bon parti du premier cliché n'aient pu résister à
l'envie d'en fabriquer un second. La faute est d'en avoir
parlé, ces preuves-là n'étant bonnes que dans l'armoire secrète. Maintenant il va falloir montrer la pièce,
dire de qui on la tient, préciser dans quelles circonstances fut prise cette photographie *qui ne fut pas prise.*
Ce sera drôle. D'autant qu'il est probable, comme le
suppose le colonel Picquart, que ce faux a la même
origine que les faux *Blanche* et *Speranza.* Nos coquins
se seraient-ils pris à leur propre piège ? Le Dieu de
Jacob nous doit cette revanche.

16 mai 1898.

CXIX

Genèse d'une photographie.

Ah ça! qu'est-il donc arrivé? Plus de nouvelles des fameuses photographies qui devaient convaincre le colonel Picquart de trahison. Les amateurs de preuves secrètes reculeraient-ils donc, une fois de plus, devant la preuve au grand jour?

Ils ont commencé par annoncer à mots couverts qu'on allait « exécuter » le principal témoin de Zola. Et, après avoir indiqué qu'il s'agissait bien du colonel Picquart, ils nous ont fait connaître qu'ils avaient, contre l'ancien chef du bureau des renseignements, des preuves de trahison. Enfin l'on nous a révélé que ces preuves consistaient en une photographie instantanée, qui représentait M. Picquart en conversation avec M. de Schwarzkoppen, à Bade ou à Carlsruhe. C'était décisif, c'était irréfutable. Picquart serait confondu. On demandait d'avance son arrestation. Par surcroît on avait, en même temps — chance heureuse — une preuve non moins topique de la culpabilité de Dreyfus. Encore une photographie instantanée, où l'on voyait l'ex-capitaine causant avec un officier allemand, attaché militaire dans un pays voisin. Ces deux preuves, se corroborant l'une l'autre, allaient permettre d'en finir avec « le syndicat de trahison ».

De tout cela les journaux de l'état-major faisaient le plus beau tapage. Puis le colonel Picquart ayant fait annoncer qu'il n'avait pas quitté Paris, que ces photographies étaient des faux, et qu'il allait poursuivre, on vit ces fiers accusateurs, soudainement muets, se terrer comme autant de lapins sous le fusil du chasseur. Il semble maintenant que tout cela soit oublié. Ouvrez les gazettes d'Esterhazy, vous n'y trouverez plus un mot de toute cette histoire. S'il ne dépendait que de nos gens, l'affaire serait pour jamais enterrée.

Seulement il y a maintenant la plainte du colonel Picquart, et il va falloir qu'on s'explique. *La Libre Parole* avait exprimé son ennui de ce que la poursuite en police correctionnelle ne permît pas la preuve. M. Picquart, pour répondre à cette objection, ayant joint sa nouvelle plainte à celle qu'il avait précédemment déposée contre les auteurs des faux *Blanche* et *Speranza*, les amateurs de pleine lumière pourront avoir satisfaction.

Et d'abord je remarque qu'une photographie suppose un photographe. Si modeste qu'il soit, on doit nécessairement, par le présent détenteur de l'image, retrouver l'artiste qui a *vu* puisqu'il a pu braquer son objectif. Voilà un gaillard dont la déposition va être intéressante à recueillir. Il faudra qu'il nous conte comment il s'est trouvé là, tout justement avec son appareil, et dans quelles circonstances il a fait le voyage. Il y aura, je suppose, quelques questions à lui poser. Et si, le colonel Picquart ayant dit vrai, ces photographies sont des faux, il y a obligatoirement quelque part un faussaire, c'est-à-dire un homme qui, dans un intérêt qu'il faudra connaître, aura pris la peine de tripatouiller des clichés pour établir sa pièce de mensonge. M. Bertulus, j'imagine, voudra faire la lumière sur ce point délicat.

Comme tous les bons citoyens doivent aider la magistrature dans la recherche de la vérité, je me fais un plaisir de donner à M. le juge d'instruction les quelques indications que je possède. M. Bertulus sait-il que le colonel Picquart n'a cessé, depuis sa sortie du Mont-Valérien, d'être filé ? Je crois qu'il n'est pas besoin de se casser la tête pour deviner l'auteur ou les auteurs de cette filature. On peut faire mieux que de le deviner. Je serais bien surpris que M. le Préfet de police, dont c'est le métier de *contrefiler* les *filateurs*, n'eût là-dessus des informations très précises. La chose est importante par la raison que je vais dire.

A l'époque indiquée par les journaux de l'état-major comme celle de l'entrevue de Bade ou de Carlsruhe, les filateurs perdirent subitement la trace du colonel Picquart. Ce fut un grand émoi. Sous des prétextes divers, trois personnes se présentèrent pour interroger le concierge au sujet de son locataire : une femme en cheveux, un jeune homme qui parlait d'une affaire de meubles, et un troisième enquêteur, dont je ne dis rien présentément. Dûment stylée, la concierge répondit que le colonel était *en voyage*; on n'en put pas tirer d'autre information. En voyage! C'était grave. Où M. Picquart avait-il pu aller sans la permission de ceux qui l'avaient mis en surveillance? Pourquoi se dérober à l'attention publique? Il se cachait évidemment. On ne se cache pas quand on n'a rien à craindre. Il était sûrement allé commettre une mauvaise action qui ne pouvait manquer d'être relative à l'affaire Zola. Où serait-il allé sinon au pays de Schwarzkoppen, puisque c'était là qu'était malheureusement le point faible du patriote Esterhazy! On avait signalé, paraît-il, la présence de M. de Schwarzkoppen dans le grand duché de Bade. Plus de doute. C'était une entrevue de trahison. Quand une puissance d'induction est si forte, il est bien rare qu'elle n'aboutisse pas à des « preuves ». Voyez plutôt les papiers Norton.

Faut-il le dire, d'ailleurs? L'enquête ne s'arrêta pas aux investigations des filateurs ordinaires. On expédia des émissaires jusque chez les amis du colonel. L'un de ces curieux, pour montrer ses droits à la bienveillance d'un concierge, exhiba une pièce portant un cachet militaire. Toujours mêmes renseignements.

Le colonel était en voyage. Il ne restait plus qu'à faire les photographies.

Maintenant, où était le colonel et pourquoi avait-il pour quelques jours déserté son logis ? Je ne suis pas chargé de le dire. Mais si les Nicodèmes qui le font filer n'étaient pas aussi bêtes que canailles, ils auraient depuis longtemps la clef de cet ineffable mystère. S'étant laissé choir dans leur propre trappe, il ne leur reste plus qu'à demander des lumières à ce bon M. Bertulus qui leur sera, je pense, amène.

17 mai 1898.

P.-S. — On m'informe que ce n'est pas l'expert Teysonnière qui a déclaré que « *tous les juifs sont des traîtres* », mais un candidat du nom de Teissonnière qui n'a rien à voir avec le susdit. Dont acte.

18 mai 1898.

CXX

Politique à rebours.

Millerand, dans *la Lanterne*, fait un réquisitoire en règle contre « l'action catholique ». Je l'en loue. Il est temps, en effet, que nos collectivistes s'aperçoivent que toutes les inductions de Marx sur la socialisation des instruments de travail et toutes les analyses de la *valeur* ne prévaudront pas contre l'embrigadement de l'Eglise, qui barre la route à l'évolution politique et sociale la plus modérée. C'est l'échec de Jules Guesde à Roubaix qui inspire à Millerand ces réflexions de philosophie. Il voit fort juste, et dit à ces propos mille choses excellentes. Mais j'observe que l'influence électorale de l'Eglise qui le préoccupe si fort n'est que le résultat d'une action séculaire de toute occasion, de tout moment.

Ce qui fait la hiérarchie romaine si puissante, c'est sans doute qu'elle rassemble en sa main le faisceau de toutes les disciplines conservatrices, c'est qu'elle réunit et résume en une doctrine d'apparente charité tous les syndicats d'égoïsme qui possèdent les joies de la terre et ne s'en veulent point départir. Mais comment cette exploitation des masses serait-elle supportée, acceptée, recherchée même par elles, si on n'avait réussi, par une lente pénétration des âmes, à faire aux peuples une mentalité correspondante? C'est contre cette mentalité que nous luttons depuis les précurseurs de la Réforme, et rien ne sera fait tant que nous n'aurons pas institué dans les hommes un esprit de justice et de liberté.

Les schismes ont abouti parfois à créer sous eux des organisations plus ou moins libérales de défense sociale. Nous sommes restés, nous, sous le joug de la dictature romaine. Et le plus grand malheur, c'est que beaucoup d'entre nous y sont demeurés soumis qui s'en croient personnellement délivrés. Combien de fois, depuis un siècle, nos révolutions nous ont-elles donné l'illusion d'une ère miraculeuse qui, par la vertu de quelques gouvernants surgis des profondeurs, allait nous faire une France nouvelle... toujours pour retomber du haut de notre rêve !

Les peuples ne se transforment pas par la magie des mots. Ils sont le résultat d'un long *processus* qui les tient sous sa dépendance, et tout ce que le politique peut faire c'est d'enregistrer les résultats acquis par l'action des éducations diverses, et de faciliter par des dispositions appropriées une évolution nouvelle. C'est assez beau. Mais quelle erreur pour nos candidats de croire qu'ils ont conquis les esprits quand ils n'ont que des *voix!* Jules Guesde aujourd'hui comprend la différence. Aussi Jaurès.

Tout ce qui tend à maintenir l'obscure mentalité primitive a toute facilité pour s'emparer du troupeau des humains et le pousser aux abattoirs où la bête, elle-même, ne va que contrainte. Napoléon n'a qu'à paraître. A peine sortis des grands rêves de la Révolution, les Français se ruent, sans but concevable, aux neiges de Russie, et tout figés de glaçons meurent au cri de « *Vive l'empereur!* » Il y a même encore de pauvres « intellectuels » pour trouver cela sublime.

Plus ardue la tâche du libérateur, car il a contre lui, avec la résistance des forts, la passivité, la lâcheté, la déraison des foules impulsives. Voilà pourquoi la conquête précaire de ce qu'on appelle le pouvoir est si peu de chose. Arriver là pour changer des préfets n'est vraiment pas une ambition très haute. Je sais bien que Barthou s'imagine que par ses préfets il agit sur l'opinion. Le malheureux! Millerand, de son côté, croit sans doute à l'efficacité des discours. Je me garderai bien de le démentir. Cependant, qu'il me croie. Tout un volume de discours ne vaut pas un acte très simple et très clair qui vient à son heure. C'est pour cette raison que Zola, qui n'a point d'électeurs, a mis toute l'Europe, et je puis dire toute l'humanité pensante, en mouvement.

Millerand veut combattre le catholicisme, mais tout occupé de *préparer* (!) ses élections, et de faire son compte de *voix*, il a laissé passer la plus belle heure. Un homme est au bagne *par la seule raison qu'il est juif*, Millerand le sait aussi bien que moi. On lui refuse la justice. On lui refuse la loi. Je suis sûr que du premier mouvement Millerand aurait pris sa défense. Mais le « calcul politique » conseillait de laisser faire. On aurait contre soi les foules, pensaient nos jeunes hommes d'Etat. Un candidat, un chef de candidats peut affronter l'armée, l'Eglise, la magistrature, braver la mort au besoin, mais il a pour premier principe de se soumettre à la foule, au lieu de tenter de la vaincre.

On s'est dit : la foule veut manger du juif, qu'elle en mange ! C'est ce qu'elle a fait. Et après avoir organisé le triomphe de l'Eglise, voilà maintenant qu'on nous propose de la mettre à bas. Comment ? Avec d'autres manigances d'élections ? Avec des combinaisons Cavaignac, Mesureur et Bourgeois ? Le collectiviste se radicalisera. Le radical se *socialistera*. L'Eglise, mes amis, en a vu bien d'autres !

Vous allez apparemment me dire qu'avec le nom de Dreyfus sur votre drapeau vous n'en auriez pas moins été vaincus. Cela est vrai, bien que vous eussiez été surpris vous-mêmes de voir ce qu'on peut accomplir avec seulement la force de la vérité. Soit, vous auriez été vaincus. Mais être vaincus après s'être mis, par la complicité de la parole ou du silence, au service des puissances d'oppression et de mensonge, ou être vaincus en combattant pour la justice invincible, nos anciens vous auraient dit que ce n'était pas la même chose.

19 mai 1898.

CXXI

L'aimable guillotine.

Les présidents se suivent et ne se ressemblent pas. M. Delegorgue, quand je me présentai chez lui pour lui demander de plaider pour *l'Aurore*, m'accueillit d'une façon charmante, mais m'opposa mille difficultés singulières. Son premier mot fut : « Il n'y a pas de précédents ». A quoi je répliquai que, tout au contraire, il n'y avait que des précédents en ma faveur.

M. Delegorgue m'ayant demandé des renseignements sur ce point, je me fis un devoir d'éclairer la religion de ce magistrat. Seulement, je n'eus pas plutôt vaincu tous ses scrupules qu'il me déclara, avec une fermeté qui n'avait d'égale que sa courtoisie, qu'il avait « l'habitude de voir une robe devant lui » (textuel) et que ma jaquette lui donnerait des attaques de nerfs.

Cet aveu me désola et je ne savais comment m'y prendre pour écarter un si fâcheux accident, lorsque M. Delegorgue lui-même, après réflexion, trouva la solution de la difficulté. Il m'autorisait à plaider, mais à la condition que je placerais « une robe devant lui » et dans cette robe un avocat pour poser les questions aux témoins. J'aurais la parole seulement au moment de la plaidoirie. Je dus subir cette cote mal taillée, et prier mon jeune frère de m'assister. Tout le monde sait qu'il s'acquitta fort bien de son emploi.

Mais voici que la Cour de cassation annule le premier procès. Nouvelle citation de Zola et de *l'Aurore* en Cour d'assises. Je cours chez M. le premier président Périvier et je lui demande l'autorisation de me présenter à la barre pour *l'Aurore*. Cet éminent magistrat est d'une autre école. Il ne tient pas du tout à avoir « une robe devant lui », et, quoi qu'il ne m'en ait rien dit, je l'ai vu d'humeur si gaillarde que j'inclinais à croire que pas de robe du tout ferait bien mieux son affaire.

En tout cas, il ne veut pas de deux avocats pour un accusé. Il en admet trois pour le conseil de guerre, parce qu'il faut bien faire quelque chose pour l'armée. Mais il ne peut pas concéder deux avocats à *l'Aurore*, et, sur ce dernier point tout au moins, je suis de son avis. Donc, je suis autorisé, cette fois, à faire moi-

même ma besogne, et si mon frère vient s'asseoir à
côté de moi, c'est à la condition expresse de remplacer la robe, chère à M. Delegorgue, par la jaquette
que M. Périvier lui préfère. Pourquoi Me Labori a-t-il
le droit d'avoir des secrétaires en robe, et moi pas?
C'est un mystère.

Je remerciai M. le président, et lui dis ma satisfaction de le trouver plus libéral que son prédécesseur.

— Il est donc entendu, dis-je assez naïvement, que
je pourrai interroger les témoins.

— Pour ce que je vous en laisserai interroger...,
dit en s'esclaffant l'aimable président, avec le geste
de Deibler quand il assujettit la lunette sur le cou du
patient.

— Alors, pas de témoins? fis-je timidement.

— Pourquoi faire? Avez-vous l'ordre? Non? Alors,
pas de discours.

— Mais si je prétends démontrer que l'ordre résulte
de ce que...

— Oui, oui, je connais ça. Quinze jours de discussions, n'est-ce pas? Je ne permettrai pas ça, moi. N'y
comptez pas.

Je n'y comptais guère. Le premier procès a déjà
fait trop de lumière pour que nos maîtres de tout
acabit n'aient pas peur d'une seconde épreuve. Pourtant, j'avoue que cette idée qu'on supprimerait les
témoins ne m'était pas encore venue. Il paraît que
c'est la justice nouveau jeu. La condamnation à la
mécanique avec accompagnement de libéralisme judiciaire. Citez tous les témoins qu'il vous plaira. Telle
est la liberté qui vous est concédée au nom des immor-
tels principes de 89. Mais dès que ces gens voudront
parler, dès que vous chercherez à faire comprendre
au jury la genèse des idées d'où votre affirmation est
sortie, M. le premier président Périvier les arrêtera
au nom d'autres principes qui se résument en l'éternelle devise, bien antérieure à 89, sur les mérites pré-
dominants de la raison du plus fort.

Quelqu'un dira peut-être que, puisqu'on supprime les témoins, il serait plus honnête — si ce mot n'est pas ici déplacé — de supprimer purement et simplement la défense. Cela ne saurait tarder. M. Périvier nous doit ce progrès. Son programme, qui est de nous « serrer la vis », ainsi qu'il l'a dit à Mᵉ Labori et qu'il a bien voulu me le répéter à moi-même, exige ce dernier effort. Il est bon, voilà ce qui le fait hésiter. « Je ne serrerai la corde, m'a-t-il dit, que dans la mesure où votre résistance le rendra nécessaire. » Merci, d'Aguesseau !

23 mai 1898.

CXXII

Ceux qui fuient (¹).

Parce que Zola se sert des ressources de la loi pour tâcher de tirer du procès qu'on lui intente toute la somme possible de lumière, les journaux de la rue Saint-Dominique l'accusent de fuir le débat.

J'aurais cru que ceux qui fuient le débat, ce sont plutôt les tranche-montagnes qui se dérobent à la libre controverse où Zola, depuis six mois, les a vainement provoqués.

J'aurais cru que ceux qui fuient le débat, ce sont les tremblants personnages qui n'ont pas osé poursuivre Zola pour l'ensemble de son pamphlet, et qui ont

(1) Le second procès Zola avait eu lieu la veille à Versailles. Il n'avait duré qu'une audience, M. Zola et le gérant de *l'Aurore* s'étant pourvus en cassation.

prudemment découpé dans le texte un morceau de phrase pour en faire le champ restreint d'une discussion étranglée.

J'aurais cru que ceux qui fuient le débat, ce sont les châtreurs de pensée qui, après avoir traîtreusement rogné une minuscule partie du discours accusateur, l'ont trouvée, à l'épreuve, encore trop favorable à la liberté de la parole et ont eu l'imprudence d'exciser encore le lambeau d'idée d'où pouvait naître un commencement de preuve.

J'aurais cru que ceux qui fuient le débat, ce sont les haïsseurs de vérité qui, dès qu'apparaît le témoin porteur de preuve, lui mettent la main sur la bouche et s'écrient : « La question ne sera pas posée. »

J'aurais cru que ceux qui fuient le débat, ce sont les enquêteurs qui n'ont fait que des parties d'enquête, qui n'interrogent que certains témoins en s'attachant encore à restreindre leur témoignage, par terreur de la pleine vérité reconnue.

J'aurais cru que ceux qui fuient le débat, ce sont les écrivains qui remplacent les raisons par des injures, et les braillards qui, avec la complicité de la police — ainsi que l'a démontré l'incident de la gare Saint-Lazare — cherchent à intimider les témoins par des menaces de mort.

J'aurais cru que ceux qui fuient le débat, ce sont tous les pouvoirs publics ameutés contre la vérité, contre la justice, contre la légalité. Tous les pouvoirs publics, depuis le Président de la République qui sait — nous le prouverons — Dreyfus illégalement condamné, jusqu'aux ministres qui en ont la preuve en mains et violent cyniquement la loi au service des passions antijuives ; jusqu'aux magistrats dont pas un ne croit à la légalité de la condamnation de Dreyfus, tout en s'efforçant d'arracher au jury le verdict qui doit déclarer que c'est Zola le coupable ; jusqu'aux députés enfin qui abusent la foule ignorante pour obtenir ses suffrages et portent à la tribune des paroles contraires à celles de leurs entretiens privés.

J'aurais cru que ceux qui n'ont que trop de raison
de fuir le débat, ce sont les protecteurs d'Esterhazy
le uhlan, dont les lettres infâmes à Mme de Boulancy
sont aujourd'hui par autorité de justice reconnues
authentiques ; ce sont les champions de l'officier français qui peut garder ses épaulettes et sa croix sous le
coup de l'accusation d'espionnage portée par celui-là
même qui déclare avoir acheté ses services.

Oui, oui. On comprend trop bien que tous ces
gens ont besoin du silence, que tous ces gens ont
besoin du mensonge, et que ce n'est pas trop de toute
la force sociale dont ils disposent pour empêcher
momentanément la vérité de se faire jour.

C'est pourquoi, bien loin de fuir le débat, nous
marchons sur ceux qui le fuient.

C'est pourquoi, pouvant invoquer des cas de nullité
qui mettraient à néant la citation faite au nom du conseil de guerre, nous n'en avons pas voulu faire usage.

Le gouvernement peut-être a fait faire à dessein
par ses jurisconsultes une citation antijuridique dans
l'espoir de voir tomber le procès dès la première
audience. Piège grossier que nous repoussons du pied.
Nous voulons le débat complet et toute notre recherche
est de vous y contraindre.

Ah ! il était beau, M. le procureur général, tout
flambant d'éloquence, quand, après avoir ligotté son
Zola, il le défiait au combat, et l'accusait de ne pas
tendre la tête au dernier coup de massue. Parle donc,
misérable, pour que je t'impose silence ! Fais donc
venir tes témoins pour que je les empêche d'être
entendus ! Montre-nous donc la vérité pour que je lui
ferme le prétoire ! Invoque donc la justice pour que je
te la refuse ! As-tu entendu le président tout à l'heure
dire qu'il n'y avait personne au-dessus de la loi ? Eh
bien ! il y a nous, qui sommes ici pour couvrir la plus
éhontée violation de la loi. Nous te le ferons bien voir.

Et, Zola griffonnant, écrivit : « 23 mai 1898. Magistrature française. »

26 mai 1898.

CXXIII

Le uhlan authentique.

La presse saint-dominicaine essaye de faire le silence
sur le second document Casella. C'est d'une habileté
médiocre, car on ne peut pas traiter par prétérition
un écrit où un officier français est accusé d'espionnage,
et la seule tentative d'étouffer l'affaire paraît un implicite aveu de vérité.

M. Henri Casella dépose que l'attaché militaire
allemand M. de Schwarzkoppen lui a déclaré qu'Esterhazy était à son service comme espion. Voilà le fait
tout nu.

N'est-il par surprenant qu'on fasse tant de bruit
pour le « *par ordre* » de Zola proclamé attentatoire à
l'honneur de l'armée, tandis qu'on acclame, qu'on
embrasse, qu'on choie un officier directement accusé
d'espionnage par celui-là même qui déclare avoir pro-
fité de son ignominie ? Les embrassements passent,
mais l'accusation reste. Il faudra bien vider l'accusation tôt ou tard.

Les lettres de Mme de Boulancy étaient déjà un assez
joli morceau de prose militaire. L'officier français qui
rêve de saccager Paris à la tête de cent mille uhlans
ivres est-il dans la doctrine de « l'honneur de l'armée ? »
La question fut posée à M. le général de Pellieux dans
le procès Zola, et cet officier, naturellement, répondit
qu'il désapprouvait fort ce patriotisme à rebours. Par
malheur, M. de Pellieux, bien que chargé d'une enquête

sur Esterhazy, se trouvait être un esprit dépourvu de curiosité, et quand l'inculpé allégua que la lettre était fausse, le général enquêteur, par respect pour la parole du « ulhan », ne poussa pas plus loin sa recherche.

Si bien que nous n'aurions jamais su la vérité, si Mme de Boulancy s'était trouvée d'humeur à se laisser qualifier de faussaire. Mme de Boulancy appartient à cette catégorie de chrétiennes à qui il importe peu de causer par leur silence le supplice d'un innocent pourvu qu'elles ne soient pas elles-mêmes troublées dans leur douce quiétude. Elle se serait donc bien gardée de parler, s'il ne lui avait déplu de rester sous l'accusation de son prétendu cousin. Ainsi fut déposée sa plainte entre les mains de M. Bertulus.

Celui-ci, comme on sait, a déclaré qu'*il n'y avait pas lieu de poursuivre,* reconnaissant par là qu'*il n'y a pas eu de faux commis.* En effet, le faux constaté, l'instruction restait ouverte jusqu'à la main mise sur le coupable. Le *non-lieu,* c'est l'attestation judiciaire de l'authenticité de la lettre infâme signée Esterhazy. Voici qui est acquis. C'est bien cet officier français, portant sur la poitrine l'étoile de la Légion d'honneur, qui veut brûler Paris à la tête des uhlans.

Vous croyez peut-être que les journaux qui se montrent le plus chatouilleux sur « l'honneur de l'armée » se sont émus de cette monstruosité? Pas un moment. Ils n'en ont même pas soufflé mot. Certains «patriotes» notoires continuent même d'arpenter le boulevard bras dessus bras dessous avec Esterhazy le uhlan, sans qu'une rougeur leur monte.

Au moins, vous pensez peut-être que les chefs de l'armée se sont émus, qu'ils ont parlé de déférer le uhlan à un conseil de guerre, de lui enlever ses épaulettes, sa croix? Non. Pas un n'a bougé. Ce qui occupe le ministre Billot et toute la séquelle du sabre et du goupillon c'est de faire dégrader Zola. Il m'importe fort peu, je le dis en toute franchise, que Zola soit ou non enrubanné de rouge, mais je me demande où nous allons tomber s'il est admis qu'un officier français

puisse garder l'uniforme après avoir donné cours à
cet ignoble accès de fureur antifrançaise.

Quant à l'accusation de M. de Schwarzkoppen, corroborée par les écrits d'Esterhazy, on peut dire dès à
présent qu'il n'y a plus d'armée de la France si l'on
tolère qu'un officier français se laisse accuser d'espionnage par un officier étranger sans faire sur l'accusateur
et sur l'accusation la pleine lumière. Quelqu'un a menti.
Si c'est Schwarzkoppen, qu'il soit flétri. Si c'est Esterhazy, qu'il soit puni comme traître. Mais nous ne pouvons
rester dans l'incertitude là-dessus. Est-il admissible
qu'Esterhazy ne demande aucune explication à son
accusateur? Croit-on vraiment que les choses vont se
passer ainsi et que la France se laissera salir de ce
tombereau d'ignominies?

Je sais qu'on murmure tout bas que, si les chefs de
l'armée se taisent, c'est qu'Esterhazy faisait du contre-
espionnage pour le compte du gouvernement français.
Mais c'est là une grossière erreur chez les uns, un
mensonge chez les autres. Il est clair que l'état-major,
s'il en avait été ainsi, au lieu d'encourager le colonel
Picquart quand celui-ci fut sur la trace d'Esterhazy,
l'aurait arrêté dès les premiers mots, en l'avertissant
qu'il ne fallait pas *brûler* le contre-espion. Au lieu de
cela le général Gonse invitait le colonel Picquart à
faire toute la lumière, et l'on ne changea d'avis en
haut lieu que lorsqu'il fut avéré que la culpabilité
d'Esterhazy, c'était la revision du procès Dreyfus.

Eh bien! au point où en sont les choses, on pourra
condamner Zola deux fois, dix fois, cent fois. On pourra
lui enlever son ruban et le couvrir, si l'on veut, de
toutes les ordures où se délectent les groins fangeux,
mais il faudra, en fin de compte, reviser le procès de
1894, et chasser Esterhazy de l'armée.

                                    27 mai 1898.

CXXIV

Le photographe récalcitrant.

Et le coup de la photographie? Qu'est-ce que devient le coup de la photographie?

Le colonel Picquart est accusé, comme on sait, d'avoir fait un voyage dans le grand duché de Bade pour y comploter avec M. de Schwarzkoppen contre l'innocence d'Esterhazy. On en a la preuve, en une photographie instantanée où les deux hommes sont saisis sur le fait. Il ne reste plus qu'à exhiber ce « document » et à le soumettre au contrôle nécessaire. C'est ce que nos esterhaziens ne semblent pas du tout pressés de faire.

J'ai dit comment l'idée de ce faux avait dû surgir dans la simpliste cervelle des stratèges qui font filer le colonel Picquart et croient sur parole le concierge quand il leur dit que son locataire est « en voyage ». Si nous comptons sur l'astuce de ces guerriers pour déjouer les ruses germaniques, nous sommes bons.

Toujours est-il que le colonel Picquart s'étant bien gardé de répondre à ses accusateurs, ceux-ci, toujours candides, crurent voir dans ce silence une confirmation de leurs dires. Alors ce fut la danse du scalp. On tenait « monsieur Picquart », cette fois. Il est bon de dire que « monsieur », dans la langue des agents de la rue Saint-Dominique, est le dernier terme du mépris. « Monsieur Picquart » avait vendu les secrets de l'Etat. « Monsieur Picquart » avait trahi la France. On en avait, pour preuve irréfutable, la fameuse photographie que l'on ne montrait toujours pas. Une feuille, dans son zèle, alla même jusqu'à s'étonner que le gouvernement n'eût point encore fait arrêter « le traître Picquart ». Je reconnais qu'un gouvernement qui laisse Esterhazy en liberté devrait logiquement livrer le colonel Picquart au bourreau.

Mais le colonel Picquart, tout pacifique qu'il paraisse, n'est pas homme à se laisser faire. Quand il jugea que c'était assez de cette comédie, se trouvant en mesure de prouver qu'il n'avait pas quitté Paris, il décida de déposer une plainte contre ses diffamateurs. La nouvelle n'en eût pas été plutôt répandue que ce fut un nouveau concert d'injures. C'était trop aisé vraiment d'engager un procès devant un tribunal où la preuve n'était pas permise.

Rien ne pouvait contenter nos gens que l'autorisation de faire la preuve. Déférant donc à ce désir bien légitime, le colonel joignit sa plainte nouvelle à la plainte déjà déposée par lui contre les auteurs des faux « Blanche » et « Speranza », et, dès lors, les heureux possesseurs de la preuve photographique furent mis en demeure d'user et d'abuser de leurs avantages.

Eh bien ! pas du tout. Les champions de la preuve ne voulaient plus rien prouver. Ce fut dans toute la presse d'Esterhazy un morne silence. Depuis ce jour, impossible de trouver un mot dans les gazettes du uhlan sur la photographie de « la grande trahison ».

Cependant M. Bertulus était saisi, et si indulgent qu'il soit aux amis de l'état-major, il ne pouvait faire moins que d'interroger l'un de ceux qui avaient *vu* l'instantané de l'entrevue Picquart-Schwarzkoppen, laquelle n'a pas eu lieu. A ce titre, M. Possien, du *Jour*, fut convoqué devant le juge. Mais invité à s'expliquer sur ses dires, ce journaliste s'y refusa, alléguant que « le secret professionnel » l'obligeait à demeurer bouche close.

Ainsi on peut accuser un homme de trahison, prendre le pays à témoin qu'on va le confondre, et lorsqu'il vous traîne en justice, lorsqu'il dit : « Confondez-moi », il suffira de répondre : « Le secret professionnel m'interdit de parler. » Je ne puis croire que ce soit là le dernier mot de cette affaire. Je ne veux pas me couvrir de ridicule en demandant s'il y a encore une justice en France. Mais, puisqu'il y a des juges pour sauver l'apparence, ils pourraient au moins s'entendre pour *faire semblant.*

28 mai 1898.

CXXV

Encore les juifs.

Mes observations sur les efforts de certains juifs pour obtenir l'indulgence des antisémites en prenant violemment parti contre Zola m'ont valu plusieurs lettres curieuses. Certains s'étonnent que j'aie parlé des juifs avec cette liberté, et trouvent que le moment n'est pas bien choisi pour faire la critique d'Israël. Les juifs ont leurs défauts, comme les chrétiens de toutes races. J'estime qu'il n'y a pas d'occasion mieux choisie pour appeler leurs réflexions sur eux-mêmes que la défaillance de quelques-uns devant la réprobation en bloc de leur race, qui est toute la doctrine antisémite.

Qu'ai-je dit, après tout ? J'ai remarqué, pour montrer la faible psychologie de la tourbe vénale qui nous accuse d'être vendus aux juifs, que tous les défenseurs d'opprimés trouvent généralement contre eux, avec

les oppresseurs, ceux-là mêmes qu'ils prétendent
affranchir. Cela est vieux comme le monde. J'en ai
mentionné des exemples. J'en aurais pu citer bien
d'autres.

Toujours en plein triomphe des forts, il se détache
des vainqueurs quelques esprits généreux pour se
mettre au service de la classe vaincue. Toujours on
les accuse d'avoir trahi, de s'être vendus. C'est plus
facile que de répondre, et la haine, faisant appel à la
bêtise humaine, n'a pas besoin de varier ses moyens.
Toujours encore, tandis que se déchaîne contre eux
la férocité des hommes qui prospèrent de l'injustice,
on voit des asservis lutter contre leur propre déli-
vrance. Ce n'est pas du judaïsme. C'est de l'humanité.
Culture de lâcheté est souvent plus féconde, en nos
âmes, que culture de courage.

Dans le cas présent, j'ai distingué, comme il était
nécessaire, entre la masse israélite et les grands juifs
qui, tout en demeurant fidèles à la tradition sentimen-
tale de leur histoire, se trouvent par la puissance de
l'argent au premier rang des maîtres du monde.
Ceux-là, ainsi que je l'ai dit, ne veulent pas risquer
leur enjeu, et, s'ils étaient capables de l'effort d'al-
truisme que cela suppose, ils auraient manqué de la
puissance d'égoïsme nécessaire à la conquête de l'or.
Ils souffrent, je suppose, et se font tout petits parce
qu'ils sont trop grands. Je les plains.

Je plains aussi les misérables qui, à l'autre pôle
social, dépendant des chrétiens, n'osent pas se défendre. Mais si je suis heureux des concours à ciel
ouvert, comment éprouverais-je un autre sentiment
que de répugnance pour les malheureux qui, se posant
en chefs du peuple, commencent par déserter la cause
de leurs frères?

J'ai cité le cas de M. Klotz, juif avéré, s'engageant
à ne jamais consentir à la revision du procès de Dreyfus,
même si l'illégalité de la procédure, même si l'innocence du condamné lui était démontrée. M. Alfred
Naquet, sans plaider pour M. Klotz, m'écrit qu'il

revendique pour les juifs dans l'affaire Zola la même liberté d'appréciation que je reconnais moi-même aux chrétiens. Je reconnaîtrai volontiers aux juifs toutes les libertés du monde, mais M. Naquet ne saurait me refuser la liberté d'apprécier, à mon tour, l'usage qu'ils en pourront faire. Or, quand il se fonde en France un parti antisémite dont le but avoué est de refuser aux juifs l'exercice du droit commun, quand l'entrée de ce parti dans notre vie publique s'inaugure par les émeutes d'Alger et de quelques grandes villes de France, quand nous voyons refuser la commune justice à un condamné par la seule raison qu'il est juif, quand tous les pouvoirs publics s'accordent honteusement à tenir pour valable une condamnation qu'ils savent illégale, et cela à cause de la religion où le hasard l'a fait naître, quand les prétendus défenseurs de l'armée peuvent impunément couvrir de leur protection avouée un officier français (ancien zouave du pape) qui veut brûler Paris à la tête des uhlans, quand dans l'affolement de la lâcheté publique le plus grand effort des politiciens qui devraient parler est de se taire, est-ce trop exiger que de demander des juifs qu'ils n'insultent pas ceux qui les défendent? Après M. Klotz, voici, maintenant, un homme qui fut mon collègue et pour qui j'avais des sentiments d'amitié, M. Fernand Crémieux. Au second tour de scrutin, ce candidat a fait placarder dans l'arrondissement d'Uzès l'affiche suivante :

Electeurs,

Pour couper court à toutes les calomnies et à tous les mensonges, je déclare sur l'honneur (*ces derniers mots sont en lettres capitales*) que, patriote avant tout, j'ai flétri, dès la première heure, la campagne odieuse dirigée contre l'armée de la République, et que, comme je l'ai toujours dit, je prends l'engagement formel de voter contre la revision du procès Dreyfus.

Fernand Crémieux,
député sortant.

C'est un juif qui parle, piétinant, pour être élu,
sur le cadavre de son coreligionnaire. C'est un avocat, un législateur, un homme qui sait, à n'en pas
douter, que les garanties de la loi n'ont pas été observées vis-à-vis de Dreyfus, bouc émissaire des haines
cléricales, et qui, sachant cela, se dégrade, pour cap-
ter de bas suffrages, jusqu'à prendre l'engagement —
quelques preuves qu'on puisse lui fournir — de refuser la justice, de refuser la loi à son frère de race et
de croyances.

Un haut-le-cœur du suffrage universel nous a par
chance débarrassés de ce prétendu partisan de la devise républicaine. Laissons-le aux remords qui lui
viendront peut-être de l'inutilité de son ignominie.

29 mai 1898.

CXXVI

Sous l'uniforme.

Je reçois une lettre curieuse d'un Russe qui
m'écrit : « Et maintenant qu'il est judiciairement
établi qu'Esterhazy est bien l'auteur de la lettre du
uhlan, qu'est-ce qu'on va faire de lui ? » Mais, innocent Cosaque de mon âme, on ne va rien en faire du
tout. Il est officier de l'armée de réserve, et, à la
déclaration de guerre, on lui confierait un bataillon
français pour le conduire à l'ennemi. (Il connaît le
chemin). Ce sont les défenseurs de l'armée qui ont
voulu qu'il en soit ainsi. Et ceux qui ne comprennent

pas qu'on mette des soldats français sous les ordres
d'un homme qui les couvre de boue, ce sont des traîtres s'il vous plaît. Il n'est que de définir les termes
pour s'entendre. Esterhazy, qui veut brûler Paris à
la tête des uhlans, est officier français, entendez-vous,
et non seulement pas un de nos chefs d'armée ne
songe à lui enlever l'uniforme, mais tous s'empressent
à lui plaire. Des généraux lui serrent la main, des
princes lui donnent l'accolade, un sénateur hier pleura
de patriotisme dans son gilet, et la foule applaudit
criant : A mort Zola ! parce que c'est Zola qui est un
mauvais Français.

Ayant vu beaucoup de choses, je croyais, jusqu'à
cette dernière aventure, que je ne pouvais plus m'é-
tonner de rien. Cependant, je l'avoue, cette dernière
manifestation du patriotisme gouvernemental et militaire n'est pas sans me causer, aujourd'hui même encore, un sentiment voisin de la stupéfaction. Aussi
longtemps qu'on a pu feindre de croire que la lettre
infâme n'était pas d'Esterhazy, cette attitude avait son
excuse. On disait : « Je ne sais pas. » Le président
Delegorgue empêchait Mme de Boulancy de venir déposer et l'on pouvait faire semblant de ne pas connaître les épîtres où le général Saussier était traité de
clown, et où il était annoncé que les Allemands chas-
seraient les soldats français à coups de crosse dans
les reins. Cela permettait d'alléguer que c'était Zola
qui insultait l'armée. Il fallait entendre le bon crocodile hollandais Van Cassel s'apitoyer sur la souffrance
qu'infligeait le défenseur de l'Aurore à ce pauvre
Esterhazy en lui demandant s'il ne connaissait pas
l'auteur de ces ignominies. Il fallait entendre la canaille esterhazienne huer mon frère quand il se per-
mit de demander au uhlan s'il n'avait point un certain
M. de Schwarzkoppen parmi ses connaissances.

Tout cela était bel et bon aussi longtemps qu'on
pouvait mentir et nier. Mais maintenant qu'on ne le
peut plus, quelle excuse invoquera-t-on pour laisser
l'épaulette à l'homme qui a couvert la France et l'ar-

mée française des pires outrages? C'est très malin de
poursuivre Zola pour avoir dit que des officiers avaient
jugé par ordre — ce dont l'histoire fournit cent exemples — mais Esterhazy en a dit bien d'autres.. Pourquoi cette fureur contre l'un, et cette tendresse pour
l'autre? Je sais bien que maintenant on se croit tout
permis. On livre un homme à la sauvagerie publique.
Chacun peut l'insulter, le salir, le frapper impunément
dans ce qu'il aime. Tout est licite contre lui. J'ai même
entendu à Versailles de belles dames qui se croient
sans doute *du monde* s'exciter entre elles à « cracher » sur l'homme qu'elles supposaient sans défense.
Les vestales antiques, retournant le pouce, étaient
cruelles, non lâches. C'est le progrès au rebours. Et
puis, vienne à passer *le commandant*, et ce seront des
sourires, et des mines alanguies, et des attitudes de
chattes sur les toits. Fâcheux échantillon de bassesse
féminine.

Mais quand la curée chaude sera terminée, quand
on aura déchiré Zola tout à son aise et qu'on se sera
repu de sa chair et de son sang, *l'autre*, qu'en fera-t-on?
Voilà ce que je demande à M. Le Mouton de Boisdeffre et à son chef Billot, responsables de « l'honneur de l'armée ». J'entends bien qu'ils ont la complicité de Félix Faure, et de sa magistrature, et de ses
législateurs, rivalisant de lâcheté. Mais il y a la
France aussi, comme disait quelqu'un justement dans
un procès de trahison, la France qui ne pardonnera
pas à ceux qui l'auront abusée.

Pour hâter ce jour que j'appelle, je ne vois rien
de plus efficace que de garder sous l'uniforme l'ennemi public qui nous hait d'une haine de brute ivre.
Le contraste est trop abominable. Il finira par révolter ce qui reste de bons Français. Alors, les grands
triomphateurs d'aujourd'hui passeront une vilaine
heure, récoltant ce qu'ils auront semé. Nous sommes
quelques-uns, il est vrai, qui ne conduirons personne
aux places de faveur pour « cracher » sur eux. Mais
tout se paye, tout s'expie, et chacun devra ses comp-

tes. Il serait temps encore de prendre entre nous tous
la justice (la vraie) pour arbitre. Ne laissez pas passer
la chance.

30 mai 1898.

CXXVII

Sous la croix d'honneur.

Et la question de la croix d'honneur? Ne vous semble-t-il pas qu'il y a une question de la croix d'honneur
au sujet d'Esterhazy?

Il ne faudrait pas me classer parmi les fétichistes
de la croix d'honneur. On s'accorde généralement à
penser que certains légionnaires ne sont pas très re-
luisants. D'autre part, on remarque que le manque de
décoration ne fit point tort au génie français du
seizième au dix-huitième siècle, par exemple. Des
étrangers, sans croix, ont acquis un renom honorable. Shakespeare ne fut point chevalier de la Légion
d'honneur.

Cependant, si le patriotisme des soldats a besoin
d'être stimulé par cette récompense, je suis fort loin
de réclamer qu'on la leur refuse. Du tatouage du
nègre qui montre le phénomène primitif dans toute sa
candeur, au grand cordon de Félix Faure, il y a moins
de distance qu'on ne suppose. Le progrès se mesure
à l'esthétique changeante du décor sur le fond ancien
qui demeure. Mais si l'humanité manque de philosophie, si ceux qui se vantent de la conduire où elle les

pousse déclarent qu'ils ont besoin, pour l'illusion de commander, de ce papillottement de ferblanterie où l'homme se précipite, comme au feu la phalène, faisons bonne mesure de ces faciles joies.

Encore faut-il, pourtant, que cela ne dégénère pas trop ouvertement en folie. Encore faut-il quand on abuse, même .le plus absurdement, qu'on puisse feindre au moins d'avoir été trompé. Cela est nécessaire au respect des humains pour leurs maîtres. Qu'arriverait-t-il de nous si nous perdions le respect?

Or, je le demande : comment le respect est-il compatible avec le maintien d'Esterhazy dans la Légion d'honneur?

Le commandant, accusé d'espionnage par l'attaché militaire allemand, ne trouve rien à dire. Ce n'est déjà pas ordinaire. Le gouvernement, les Chambres, les chefs de l'armée n'ont, pas plus que l'officier suspect, manifesté la curiosité de savoir ce qu'il y a au fond de cette accusation. Vraiment je crois qu'un jour la France, après l'Europe, s'étonnera de cette indifférence.

Ce n'est pas tout. L'accusation de trahison se trouve corroborée par des lettres ignobles où le même individu, laissant couler sa haine, déverse sur la France et sur son armée des outrages sans nom. Le misérable nia d'abord l'authenticité de ces documents, comme il fallait s'y attendre, et, chose étrange, ses juges militaires, tout en proclamant qu'il y allait de « l'honneur de l'armée » que la lumière fût faite sur cette affaire, s'abstinrent de tout effort pour découvrir la vérité. Enfin, il est judiciairement reconnu qu'Esterhazy est bien l'auteur de ces ordures. Aussitôt ce point établi, que fait-on? Rien. Hier encore j'en manifestais ma surprise... sans écho.

Il est donc entendu qu'Esterhazy accusé d'espionnage est autorisé par ses chefs à demeurer sous le coup de cette accusation sans se défendre. Il est donc entendu qu'Esterhazy conserve l'épaulette après l'avoir

trainée dans la boue. Il est donc entendu que l'homme
qui annonce l'intention de ravager la France avec les
uhlans est chargé par nos patriotes de la défendre. Il
est donc entendu que pour le remercier de ses sentiments et pour l'encourager dans ses prouesses futures,
les contribuables français lui font des rentes, et que le
petit pioupiou qu'il doit livrer plus tard lui présente
les armes.

Tout cela, je suis bien obligé de l'admettre comme
véritable, puisque c'est le fait patent et que je ne rêve
point éveillé lorsque je vois le pays, libre de ses
volontés, tolérer ces choses.

Mais l'insigne de l'honneur; l'emblème de la Légion
sacrée que tu commandes, ô Félix, peux-tu le laisser
briller plus longtemps sur la poitrine infâme? Dis-
moi, mon président, n'y a-t-il pas un Conseil supérieur de la Légion d'honneur? Que fait-il? A quoi
songe-t-il s'il continue d'honorer le déshonneur, de
réclamer notre vénération pour ce fumier? Et à défaut
de Davout, duc d'Auerstædt, à défaut de Sully-Prud-
homme et de tant d'autres, le plus humble légionnaire
ne se lèvera-t-il pas pour faire enregistrer sa plainte
par l'histoire, et rendre le ruban sali de la bave immonde? Quelqu'un va demander la parole, j'en suis
sûr. Qui?

                                        31 mai 1898.

CXXVIII

Explications

Je reçois la dépêche suivante, dont je ne puis que
me féliciter :

Avignon, 30 mai 1898.

Monsieur Clemenceau,
                                                    Paris.

    Monsieur,

Vous reproduisez dans votre estimable journal une
affiche signée du nom de M. Crémieux, que vous faites
suivre de commentaires qui me font un devoir de vous
déclarer que je suis l'auteur de cette affiche. Je l'ai faite à
son insu et c'est par mon ordre qu'elle a été affichée le
dernier jour. Cela m'a valu de la part de M. Crémieux et
même de Mme Crémieux des reproches qui m'ont fait venir
les larmes aux yeux. Ils ont eu à mon égard des mots très
durs que la colère seule peut excuser mais que les preuves
de dévouement que je leur ai données auraient dû m'épargner.

Je suis un ami d'enfance de M. Crémieux, je me suis
dévoué à la réussite de sa candidature. Ayant lu dans un
journal une déclaration semblable émanant d'un candidat
israélite, j'ai cru utile à mon ami de la reproduire. J'ai eu
tort, je le reconnais. Mais ceux qui ont eu occasion de
de lutter avec passion pour un candidat excuseront l'acte
que M. Crémieux m'a trop vivement reproché. Qu'il sache
bien que je ne suis pas un traître. Je voulais simplement
son succès.

J'affirme en donnant ma parole d'honnête homme que
M. Crémieux n'est pour rien dans cette affiche et, quoi
qu'il pense de moi, je n'en reste pas moins son ami.

Veuillez agréer, monsieur, mes sincères salutations.

                        FRANÇOIS PRADIER
            propriétaire à Pont-Saint-Esprit (Gard).

Je suis heureux d'apprendre que l'affiche que j'ai
reproduite, portant la signature de M. Fernand Crémieux, n'émanait pas de lui. Mon ancien camarade
d'extrême gauche échappe donc aux reproches que je
lui adressais. J'en éprouve une vive satisfaction et je
lui conseille à l'avenir d'interdire sévèrement à ses
amis de disposer de son nom sans autorisation formelle.

                                    31 mai 1898.

CXXIX

Menteurs ! Menteurs !

Au cours du procès Zola, un témoin fit allusion à une citation à l'ordre du jour qu'Esterhazy s'était forgée de toutes pièces. Après ce témoin, le général Guerrier fut appelé à la barre. Le président Delegorgue s'opposa à ce qu'il fût entendu, alléguant dans l'assignation un retard de vingt-quatre heures. Cela est d'autant plus fâcheux que cette déposition aurait amené la pleine manifestation de la vérité.

M. Van Cassel, dans son réquisitoire, dit un mot de la citation à l'ordre du jour, pour défendre, bien entendu, son uhlan. Celui-ci, prétendit l'avocat général, n'avait point commis le faux dont on l'accusait. Le fait se réduisait à ceci : une citation à *l'ordre du régiment*, obtenue en Tunisie par Esterhazy, avait été mentionnée *par erreur* comme citation *à l'ordre de l'armée*, et le ministre avait simplement prescrit sur les états de service de l'officier une rectification nécessaire.

Je suis bien fâché d'avoir à constater que M. Van Cassel a dit le contraire de la vérité, et que M. le président Delegorgue, en étouffant la déposition du général Guerrier, a donné son concours à l'avocat général pour faire prévaloir une allégation qui est fausse.

Voici la vérité, plus forte que le mensonge.

Esterhazy, capitaine, faisait partie du régiment de marche formé en Tunisie sous le commandement du lieutenant-colonel Corréard, qui se dirigea des bords du golfe de Tunis sur Hammamet, dans la seconde quinzaine d'août 1881, rencontra les Arabes autour d'El-Arbaïn les 26 et 29 août, et se replia le 30 à Hammam-Lif.

Le 31, le lieutenant-colonel fit paraître un ordre citant trois officiers (capitaine Giovannoni, lieutenants Jecker et de la Coste). **Esterhazy n'était ni nommé ni désigné**. Mais, détaché quelques semaines plus tard au service des renseignements tunisiens, Esterhazy, échappant ainsi à la surveillance de ses chefs de corps, inscrivit sur son livret la mention mensongère d'une citation non existante.

Plusieurs années se passèrent sans qu'on pût constater la fraude. Elle fut découverte par le général Guerrier sous les ordres de qui Esterhazy se trouva à Rouen. Sur le rapport du général Guerrier et du commandant en chef du troisième corps d'armée, le ministre de la guerre ordonna — non pas la rectification, comme a dit M. Van Cassel — mais *la radiation de la citation reconnue fausse.*

Avant que M. Van Cassel eût apporté à la cour d'assises de la Seine son mensonge, le ministre de la Guerre lui avait donné l'exemple. Voulant à tout prix sauver Esterhazy, il avait simplement envoyé au conseil de guerre que présidait le général de Luxer *un dossier faux* des notes annuelles du uhlan. C'est bien *un dossier faux* qu'il faut dire, puisqu'on avait fait disparaître les mauvaises notes du *dossier vrai*, et **qu'on y avait fait figurer la citation même dont le ministère avait précédemment reconnu la fausseté et ordonné la radiation.**

Que dire après cela ?

Menteurs ! menteurs !

2 juin 1898.

CXXX

La fausse citation.

J'ai eu l'occasion de rencontrer hier un officier supérieur qui a des renseignements sur Esterhazy. Il connaît justement l'histoire de la fausse citation à l'ordre du jour.

« Tout ce que vous avez raconté est exact, m'a-t-il déclaré, il n'y a pas un mot à retrancher de votre article. Mais je puis vous donner une information complémentaire qui n'est pas sans intérêt. Le faux dont vous parlez n'a pas été fait de toutes pièces. Esterhazy n'a pas été cité à l'ordre de l'armée : c'est bien ce que vous avez dit. D'ailleurs, c'était impossible, puisque son bataillon n'a pas donné. Les trois officiers qui ont été cités sont ceux que vous avez nommés. Mais, le colonel du 125ᵉ régiment, dont un bataillon avait été détaché en Tunisie et qui était, si je me souviens bien, en résidence à Châteauroux, fit un ordre au régiment où il se félicitait de la part qu'avait prise le bataillon absent aux faits de guerre en Tunisie et où il mentionnait le nom de différents officiers — parmi lesquels était celui d'Esterhazy — qu'il disait s'être brillamment conduits.

» Cet ordre, qui ne reposait sur aucuns documents officiels, n'a, pour cette raison, aucune valeur officielle, et ne peut, à aucun titre, être inscrit parmi les états de service des officiers mentionnés. La raison en est simple : ce n'est pas de Châteauroux que l'on peut juger de la conduite d'un officier en Tunisie. L'opinion du colonel s'était probablement faite sur des lettres particulières auxquelles il est permis de supposer qu'Esterhazy lui-même n'était peut-être pas étranger.

« C'est cette pièce, sans valeur militaire, je le répète, qu'Esterhazy a eu l'impudence de faire inscrire sur ses états de service. Il s'en fit délivrer une copie avec le timbre du régiment et montra ce papier partout comme une citation tunisienne. C'est justement cette publicité qui attira l'attention du général Guerrier, dont le beau-fils faisait précisément partie du même régiment de marche qu'Esterhazy en Tunisie, dans le bataillon qui avait donné. C'est ainsi que le général Guerrier découvrit la fraude et fit rayer la fausse citation que le uhlan s'était attribuée. »

Telle est dans le détail l'histoire de la fausse citation sur laquelle M. Van Cassel a complaisamment étendu le manteau de la contre-vérité.

4 juin 1898.

CXXXI

L'archimensonge.

L'Echo de Paris publie la note suivante, qui émane, à n'en pas douter, du tiroir de M. Billot :

Certains journaux ont prétendu que l'ordre du régiment concernant le capitaine Esterhazy et qu'a produit en cour d'assises l'avocat général Van Cassel n'existait pas et constituait un faux fait par cet officier, dont le ministère de la guerre et l'état-major général se seraient rendus complices en le communiquant à l'accusation.

Nous tenons de la source la plus sûre que cet ordre de régiment existe, daté du 1er septembre 1881, sous le n° 82, au livre d'ordres du 135e régiment d'infanterie, et qu'il est signé par le colonel Carcanade.

Nous ne serons démentis par personne d'autorisé.

Il est impossible de pousser plus loin la culture de l'archimensonge. Quelle tartuferie de produire, sous forme de démenti, la confirmation de ce que j'ai raconté moi-même dans ce journal (1) sous ma signature, en montrant comment on avait sciemment dénaturé le fait vrai pour aboutir à la fausse citation que le général Guerrier fit rayer des états de service du uhlan !

Il faut avoir un plus que beau toupet pour feindre de confondre un ordre de régiment du colonel Carca-nade, en résidence à Châtellerault, avec la citation à l'ordre du jour émanant du colonel Corréard, chef du régiment de marche où se trouvait Esterhazy. Le colonel Corréard, qui commandait l'action, en Tunisie, a mis à l'ordre du jour, ainsi que je l'ai dit, les officiers qui s'étaient distingués dans cette rencontre. On m'accordera qu'il devait être mieux renseigné là-dessus que le colonel en garnison à Châtellerault. Or, le colonel Corréard ne dit rien d'Esterhazy, je l'ai prouvé d'une façon irréfutable en donnant le nom des officiers cités à l'ordre du régiment. On reconnaîtra que, s'il était possible de faire mettre, en France, un soldat à l'ordre du jour pour faits de guerre au Tonkin ou à Madagascar par un chef qui n'aurait pas quitté sa garnison métropolitaine, les états de service de nos officiers seraient sans nulle valeur. Une pareille pensée ne pourrait pas venir au général Billot lui-même.

Il n'y a et il ne peut y avoir d'officielles que les notes données par le chef qui commande sur le terrain.

(1) *L'Aurore.*

Le reste n'est que formule de courtoisie surérogative.
Le colonel Carcanade apprend, à Châtellerault, que
le régiment de marche Corréard s'est rencontré avec
l'ennemi et qu'il s'est distingué dans cette affaire. Il
en informe son régiment pour entretenir parmi ses
hommes l'émulation militaire. Il est fier d'avoir eu un
de ses bataillons devant l'ennemi. Il le dit. Mais
qu'est-ce que cela peut bien avoir à faire avec l'ordre
de régiment, *seul valable pour les états de service*,
émanant du chef qui a commandé le combat?

Dans le document sur lequel a pleuré le crocodile
hollandais Van Cassel, il y a sans doute une partie
descriptive faite, comme je l'ai dit, non sur des documents officiels, mais d'après des lettres privées. Il
faut bien me concéder que cela n'a qu'une valeur
purement littéraire. Seul, le document Corréard, d'où
Esterhazy est absent, compte au point de vue militaire. C'est bien pour cela que le uhlan a essayé de
faire la confusion en inscrivant dans ses états de service comme une citation tunisienne l'ordre purement
oratoire de Châtellerault (France).

Il fallait d'autant plus d'audace, pour cela, que son
bataillon n'a pas donné. Le colonel Corréard, qui avait
pris le commandement de la colonne du centre, avait
placé le bataillon du 135ᵉ de ligne à sa gauche pour
tenir en observation les troupes du bey, supposées
nos alliées, qui n'auraient pas manqué de se jeter sur
nous en cas de défaite. Mais les Tunisiens ne bou-
gèrent pas, et le bataillon d'Esterhazy ne fut pas
engagé. J'ai dit que c'est cette circonstance qui fit
découvrir la fraude, le beau-fils du général Guerrier
se trouvant dans le bataillon qui avait été aux prises
avec les Arabes.

Ainsi fut reconnu le faux qui consistait à substituer, dans les états de service d'Esterhazy, un document sans valeur militaire au document officiel qui
n'existait pas.

Que le uhlan ait commis un tel acte, dont pas un
autre officier, je suppose, n'aurait pu se rendre cou-

pable, il n'y a rien là qui puisse surprendre. Mais qu'un avocat général ose prendre à son compte de continuer l'acte délictueux en prolongeant le mensonge, en donnant à croire aux jurés que l'ordre dont il s'agit avait une valeur militaire, en faisant une confusion voulue entre la citation officielle du colonel Corréard et la proclamation platonique d'un colonel qui, de France, n'avait ni le droit ni le moyen de porter un jugement sur l'officier engagé avec les Arabes en Tunisie, voilà ce qui dépasse tout ce qu'on avait vu jusqu'ici.

Et ce n'est rien encore. L'avocat général n'a fait que répéter ce qu'on lui a dit. Il peut feindre de n'avoir pas compris, d'avoir été trompé. Mais qui donc a pris à son compte la fraude d'Esterhazy, qui donc l'a aggravée en lui donnant une interprétation au rebours de la vérité pour favoriser le fraudeur? Qui, sinon M. le ministre de la Guerre avec tous les pouvoirs publics qu'il a mis en branle pour cacher l'acte de mensonge?

Et tout cela au profit de quel homme? D'Esterhazy, toujours officier de l'armée française; d'Esterhazy, toujours membre de la Légion d'honneur; d'Esterhazy qui veut brûler Paris à la tête des uhlans; d'Esterhazy qui est publiquement accusé d'espionnage et qui ne peut pas se défendre, d'Esterhazy que, pour récompense de ses crimes contre la patrie, de ses crimes contre l'armée, M. le ministre de la Guerre couvre jusqu'à accepter la complicité d'une fraude officiellement constatée. Où s'arrêtera-t-on dans cette voie? Il faut une fin à tant de mensonges. Si la France reste la France, elle vomira les menteurs.

5 juin 1898.

CXXXII

L'inconséquence de certains.

M. le colonel Perrossier, agissant en son nom et au nom d'anciens militaires membres de la Légion d'honneur, avait déposé à la grande chancellerie une plainte contre Emile Zola. Il a reçu la réponse suivante :

GRANDE CHANCELLERIE
de la
LÉGION D'HONNEUR   Paris, le 1ᵉʳ juin 1898.

Secrétariat général

  Messieurs,

  J'ai l'honneur de vous accuser réception de la plainte qu'en votre qualité de membres de la Légion d'honneur vous m'avez adressée contre M. Emile Zola, officier de l'ordre :

  Vous pouvez être assurés que votre plainte — avec d'autres semblables — sera soumise au conseil de l'ordre dès que l'action disciplinaire pourra être légalement mise en mouvement.

  Agréez, messieurs, l'assurance de ma considération très distinguée.

Le grand chancelier : AUERSTÆDT.

Il résulte de la lettre du grand chancelier qu'un certain nombre de légionnaires ont réclamé contre Zola des peines disciplinaires. Je n'en suis pas sur-

pris. Quand le pamphlet *J'accuse* a soulevé tant de
passions dans le pays, comment s'étonnerait-on que
d'anciens soldats, ferrés sur la discipline, se refusent
à admettre qu'un membre de la Légion d'honneur ait
le droit de critique sur les autres?

Je sais bien que l'indignation manifestée en certains lieux contre Zola est, pour une grande part,
factice. Beaucoup défendent dans les institutions pro-
ductrices d'iniquités la part de bénéfices qu'ils en
retirent, d'autres l'espérance des profits futurs, et,
pour la campagne d'ensemble contre la justice et
contre la vérité, tous voilent de la sincérité des
égoïsmes en fureur la mauvaise foi des accusations
lancées au hasard. Encore faut-il ajouter que la religion de l'Evangile, qui nous proposa les œuvres
d'amour, a greffé sur l'humaine bonté une floraison
de haines, et qu'aujourd'hui même la rage antisémite
légitime tous les moyens contre ceux qui osent demander pour un juif la justice de la loi.

Mais les soldats certainement sont en cette matière
les plus excusables. La plupart doivent de bonne foi
s'y tromper. Formés à la règle de l'obéissance, sans
initiative, sans responsabilité, déshabitués de penser
et de vouloir par eux-mêmes, comment n'accepteraient-
ils pas sans examen le dire de chefs à qui un patriotisme de parade prétend qu'il est coupable de demander des comptes?

Je comprends donc que l'idée les révolte d'avoir
pour compagnon dans la Légion d'honneur l'homme
qui fit comparaître assez brutalement des soldats,
jusque-là intangibles, à sa barre. Et je comprends
aussi que tout ce qui vit de l'Etat, c'est-à-dire de la
substance des citoyens, fasse cause commune avec
eux, chacun défendant sa part de curée. Et je comprends même encore, si l'on veut, que la masse ignorante, insoucieuse du mal d'autrui, conspue ceux qui
troublent son repos par des revendications de justice,
se jette en turpitude sous le sabre, s'agenouille hébétée devant le goupillon. J'irai même jusqu'à m'expli-

quer, puisque l'évidence m'y contraint, l'état d'âme
des malheureux sauvages qui crient avec M. Georges
Berry, député : Innocent ou coupable, il faut que
Dreyfus périsse.

Seulement, messieurs les anciens militaires membres de la Légion d'honneur et leur porte-parole le
colonel Perrossier pourraient-ils m'expliquer pourquoi la croix de Zola les choque et pas celle d'Esterhazy ? Car c'est cela que je ne puis comprendre.
Mort à Zola, c'est entendu. Brûlons les juifs, les protestants, les libres penseurs, c'est une théorie qui a
subi l'épreuve de la pratique durant des siècles, et
dont le souvenir hante naturellement l'esprit des fanatiques romains. Mais en quoi cela nous oblige-t-il
à maintenir le signe que nous donnons pour celui de
l'honneur sur la poitrine de l'homme qui outrage
l'armée et ses chefs d'une façon tout autrement
cruelle que Zola, de l'homme qui rêve de dévaster la
France — lui soldat — de la piller, de la ruiner, et
qui le dit, de l'homme qui, lorsqu'un officier d'une
armée étrangère l'accuse d'espionnage, n'ose pas répondre et subit en silence l'accusation infamante ?

Qu'est-ce qui peut justifier cela ? Qu'on me le dise !
Parlez, colonel Perrossier, parlez, messieurs les anciens militaires, et les militaires de ce temps, et vous
aussi, sénateurs, députés anciens et nouveaux, ministres et présidents qui serez responsables de toutes les
infamies que vous couvrez de votre bruyant silence.
Dites-nous pourquoi le ruban rouge à la boutonnière
de Zola vous révolte, et vous plaît sur l'uniforme français d'Esterhazy le uhlan ? Dites-nous comment il se
trouve tant de gens pour réclamer contre l'un, tandis
qu'aucun colonel Perrossier, aucun légionnaire, petit
ou grand, ne se lève pour dire qu'il lui déplaît de promener sur son habit dans nos rues le même emblème
que l'officier dont les lettres seules sont un acte d'immonde trahison.

Sans doute nos voix, à nous qui posons ces questions auxquelles nul ne veut répondre, sont couvertes

par des huées, les injures payées par le syndicat des
mangeurs de budget. Mais nous ne nous lasserons
pas de les poser, et nous les répéterons si souvent et
si haut qu'il faudra les entendre. Et quand le peuple
sourd et lent, le peuple qui se laisse si misérablement duper par ceux qui le haïssent, aura compris,
il faudra bien répondre. Alors, même si l'on nous a
massacrés suivant les plans de la bande, ce sera notre
jour, le jour inévitable de la justice et de la vérité.

6 juin 1898.

CXXXIII

Le péril.

Sous ce titre, Urbain Gohier publie dans *La Revue
blanche*, un réquisitoire d'une extrême virulence contre
tout ce qui gouverne en France. La matière était belle
et le talent nerveux de mon très distingué collaborateur en a tiré grand parti. Le président Elyséen, les
Chambres, les ministres, l'armée, la marine, la magistrature, le suffrage universel et le reste passent un
mauvais quart d'heure.

On n'attend pas de moi que je fasse une défense
éperdue des illustres personnages à qui nous devons
notre lamentable gâchis. Ils ont d'ailleurs quelques
amis pour les défendre : tout ce qui vit du budget et
tout ce qui veut en vivre, c'est-à-dire le plus grand
nombre des Français. Le reste ne compte pas. Car le
suffrage universel lui-même n'a pas d'autre rêve que

ses maîtres, et du petit au grand c'est une cascade
de quémandeurs. L'un se contente d'une recette bura-
liste, l'autre préfère le gouvernement de la Banque de
France. Au fond, ce sont les mêmes hommes qui veulent la même chose. Aussi l'article violent de Gohier,
également sévère aux dirigeants et aux dirigés, est-il,
en ce point, la justice même. C'est de la meilleure foi
du monde que tout ce qui prétend au service de la
France songe à son propre service d'abord et confond
la défense de ses grègues avec celle du territoire.

Il s'en trouve un bel exemple dans l'affaire Zola.
Si l'on y regardait de bien près on découvrirait que
c'est là le symbole par excellence de toute notre
histoire. Nous ne voulons pas entendre, et pour nous
être fermés en temps opportun à l'évidence des faits,
nous avons remplacé l'évolution méthodique par des
soubresauts désordonnés de réaction et de révolution.
Voilà toute la philosophie de notre peuple infortuné.
A les bien comprendre, Dreyfus, Zola, Boisdeffre,
Delegorgue, Méline, Billot, Félix avec ses bons sujets
qui se bouchent les oreilles, ne sont, pas plus que
Drumont lui-même, des personnages nouveaux. Il n'y
a qu'Esterhazy d'imprévu. Aussi, cet officier français n'est-il pas Français. Quelle chance !

Pour le moment, nous descendons une pente ver-
tigineuse, et Gohier ne décrit que trop bien l'effroyable
glissade à l'abîme. La peinture est d'un maître, si
réaliste que parfois, devant l'incroyable accumulation
de méfaits, connus, acceptés, consacrés par l'aveu ou
le silence, je me prenais à douter de la vérité trop
cruelle, à blâmer l'auteur de ne rien ménager, de ne
nous laisser d'illusions sur rien, de projeter sur toutes
choses une affreuse lumière. Peut-être certains traits
sont-ils d'une violence outrée. Le tableau d'ensemble
n'en demeure pas moins fidèle. Est-ce bien nous qu'il
faut reconnaître en cet impitoyable miroir ? Les
grandes envolées des trois siècles passés, était-ce pour
aboutir à cette chute effroyable ? Je voudrais protester,
nier, me révolter. Je ne puis. Je subis l'écrasement

des faits, qu'Ajalbert, à son tour, a d'une plume furieuse férocement analysés dans son implacable pamphlet : *Sous le sabre.*

Mais avec Gohier lui-même, si désespérant que
soit le portrait qu'il trace de la France, je veux espérer
quand même. Je ne veux pas mourir encore. Il est
impossible que la France ne se retrouve pas, qu'elle
n'ait plus que haine et dégoût pour les nobles idées
qui la firent si grande, qu'il ne lui reste plus d'autre
sentiment que d'hébétude fanatisée, d'autre amour
que de l'iniquité. La France renaîtra, la France du
libre esprit, la France de la justice entre les hommes,
la France des grandes luttes pour l'humanité. Elle
renaîtra jeune encore, toujours belle, et ceux qui se
détournent d'elle à cette heure réapprendront à
l'aimer.

Que faut-il pour cela ? Persévérer, mon cher Gohier,
rien autre chose. Nous persévérerons, n'est-ce pas ? Je
sais bien que votre crainte est d'un certain syndicat
militaire qui se présente à nous comme « l'armée »,
une armée distincte de la nation elle-même, une
armée qui aurait reçu du *Gesu* le mandat d'empêcher
à coups de sabre le peuple français de penser. Moi
aussi, j'ai dénoncé le péril. Il serait grave si la partie
pensante des Français, qui, en fin de compte, toujours
mène la partie croyante suivie de son cortège d'exploi-
teurs, ne s'organisait pour éclairer et mettre en mouvement l'opinion, ce que nos députés, confinés dans
leurs intérêts de circonscription, négligent naturellement de faire. C'est le devoir patriotique par excellence, puisque l'histoire nous enseigne que les coups
de la soldatesque, comme le 2 Décembre, ont Metz et
Sedan pour contre-coup fatal.

Gohier, qui a le courage prompt, se souvenant
sans doute d'un sien ancêtre membre du Directoire,
qui se trouva fort empêché dans la journée du 18 Bru-
maire, veut tout de suite décrocher son espingole. Je
ne crois pas que nous en soyons encore à déranger
l'ordre de nos panoplies. Entre Tolstoï qui veut que

nous tendions au fer des massacreurs une gorge inno-
cente, et Gohier qui part en guerre sans s'inquiéter de
savoir qui le suit, il y a, me semble-t-il, une marge
assez grande. Plus qu'aux coups de force de part ou
d'autre je crois à la vertu de l'obstination dans la
revendication de ce qui est juste, dans la proclamation
de ce qui est vrai.

Il faut persévérer, vous dis-je, ami Gohier. *Perse-
verare diabolicum*, dit l'Eglise qui ne craint rien tant
que notre inflexible volonté d'arracher les hommes,
coûte que coûte, à l'oppression séculaire. Il faut arbo-
rer le drapeau de justice et de vérité et marcher fièrement, sous les huées, sous les pierres, au triomphe qui
nous attend.

7 juin 1898.

CXXXIV

L'Édit de Nantes.

Les protestants se dépêchent de fêter le troisième
centenaire de l'édit de Nantes avant la grande révocation que prépare M. Georges Thiébaud.

Notre confrère *le Signal* publie, à ce propos, un
numéro tout de notes historiques sur ce grand événement de notre histoire. J'en recommanderais bien la
lecture aux fanatiques dont le rêve est de détruire en
France tout ce qui n'est pas de l'obéissance romaine.
Mais rien ne peut changer les hommes qui, se trouvant incapables de penser librement, haïssent chez
autrui la liberté de conscience.

Je ne suis pas plus protestant que juif ou catholique. Je n'en mets pas moins d'empressement à reconnaître que la Réforme fut une grande manifestation de liberté. Rome ne le lui pardonnera jamais. Voyez dans le *Signal* une reproduction de la gravure du temps qui représente le supplice d'Anne du Bourg, conseiller du Parlement de Paris, brûlé à Saint-Jean-en-Grève, le 21 décembre 1559, pour avoir dit en face au roi Henri II : « Ce n'est pas chose de petite importance que de condamner ceux qui invoquent au milieu des flammes la croix de Jésus-Christ. »

Aujourd'hui nous avons, théoriquement du moins, dépassé cet idéal, et il paraîtrait fâcheux à quelques-uns qu'on brûlât, pour leurs croyances, des hommes qui invoqueraient dans les flammes quelque autre nom que ce soit. C'est le progrès des pensées, si fort en avant toujours sur le progrès des actes.

Au seizième siècle, on était fort loin de cet état d'âme, comme Henri II en fit la preuve sur son bon conseiller du Parlement Anne du Bourg. C'était l'époque où Philippe II, roi des autodafés, comme dit le *Signal*, faisait écrire à Charles IX par son ambassadeur : « Tout ce qu'on fera en France pour extirper les hérétiques sera bien accueilli en Espagne. » C'est l'Espagne, en effet, qui aura eu la gloire d'allumer, en plein dix-neuvième siècle, le dernier bûcher catholique. Le pape Pie V, dont M. de Falloux a tenté de faire un saint, ainsi que le rappelle le *Signal*, écrivait le 15 mars 1559 à Henri II : « Votre Majesté doit poursuivre les ennemis de la religion *jusqu'à l'extermination* ». La Saint-Barthélemy fut la réponse.

Henri IV, j'en fais l'aveu, ne m'apparaît pas comme une grande conscience. Le mot « Paris vaut bien une messe » est d'une hauteur d'âme assez douteuse. Pourtant le roi qui mieux que le noble Julien mérita le nom d'apostat, car c'est pour un intérêt temporel qu'il renonça sa croyance, se trouva fort embarrassé de persécuter ses anciens coreligionnaires. De là, l'édit de Nantes qui, bien que le culte protestant

demeurât interdit à Paris, et dans beaucoup d'autres
villes, fut, dans l'histoire de la liberté de conscience,
une date inoubliable.

Le pape ne s'y trompa pas, écrivant à Henri IV :
**Cet édit me crucifie, cet édit le plus maudit par
lequel est permis la liberté de conscience à tout
chacun, qui est la pire des choses du monde.** »
Retenez cette parole de Rome infaillible, que le
Syllabus de Pie IX a confirmé trois cents ans plus
tard. Le clergé de France obéit au mot d'ordre. Lisez
ce discours des évêques à Louis XIV au nom du
clergé français : « *Sire, la liberté de conscience est
regardée par tous les catholiques comme un précipice
creusé devant leurs pieds, comme une porte ouverte au
libertinage. Ôtez-leur, sire, ôtez-leur cette funeste
liberté, et mettez-les dans l'heureuse nécessité d'être
toujours fidèles* » (17 avril 1765).

Je n'ai pas à faire ici l'histoire des odieuses persé-
cutions qui précédèrent la révocation de l'édit de
Nantes. Je regrette que le *Signal* ne nous ait pas
présenté un tableau plus complet de ce régime qui
ne permettait pas aux écoles protestantes un programme plus étendu que la lecture, l'écriture et les
quatres règles. Il faudrait nous refaire l'histoire de
ces *conversions* d'enfant de sept ans qu'on arrachait à
leurs parents. Cela ne serait pas sans à propos en un
temps où « l'autorité du père de famille » est devenue le grand argument des ennemis de la liberté. Je
ne dis rien des dragonnades, pour lesquelles il ne
manquerait pas aujourd'hui de dragons.

En ce qui concerne la révocation et ses misères, le
tableau n'en serait pas moins utile de nos jours pour
montrer aux foules qu'on fanatise au cri de : « Mort
aux juifs ! » à quel abîme de maux la domination
catholique risque de jeter la France. L'auteur du
Demi-Monde a fouaillé Mme de Maintenon de ses plus
cruelles lanières pour le crime qu'elle inspira et dont
elle fit, comme on sait, profiter financièrement les
siens. La protestation d'Alexandre Dumas fit scan-

dale, il y a dix ans à peine. Nos émeutes antijuives suffisent à montrer que nous n'avons rien appris. C'est pourquoi, sans nous lasser jamais de tourner la meule, il faut reprendre toujours les mêmes leçons.

8 juin 1898.

CXXXIV

Le Uhlan français décoré.

J'ai pu obtenir une réponse à ma dernière question sur Esterhazy. Mais, à ma grande surprise, elle ne vient ni du colonel Perrossier, ni d'aucun soldat, pas même d'un simple légionnaire. C'est M. de Boisandré, de la *Libre Parole*, qui veut bien m'expliquer pourquoi l'Ordre national s'effare de la boutonnière de Zola et se délecte de celle d'Esterhazy. Il n'y a qu'une raison de ce phénomène, mais elle paraît à M. de Boisandré décisive : Zola a été condamné, Esterhazy acquitté. Voilà tout.

Je pourrais objecter au rédacteur de la *Libre Parole*, comme l'a déjà dit Mᵉ Labori à M. le procureur général, qu'une condamnation illégale n'est pas une condamnation du tout, et que le jugement de la Cour d'assises, ayant été cassé, n'existe plus. J'en conclurais que M. le colonel Perrossier, puisqu'il n'a point attendu un nouveau jugement contre Zola pour formuler sa demande de radiation, ne doit pas attacher à la théorie de la condamnation, d'une part, et de l'acquittement, d'autre part, la même importance que

M. de Boisandré. Et il ne me serait pas difficile d'établir que c'est M. le colonel Perrossier qui a raison, dans le principe. Car chacun sait qu'une condamnation de presse n'emporte pas du tout la radiation de la Légion d'honneur, et M. de Boisandré n'ignore point qu'un acte condamnable peut échapper aux dispositions de la loi et rencontrer cependant les sévérités de l'ordre de la Légion d'honneur.

Mais je ne m'embarrasserai point de tout cela, par la raison que M. de Boisandré — c'est ma faute, peut-être — n'a point compris ce que j'ai voulu dire. L'idée de la condamnation éventuelle de Zola et de l'acquittement d'Esterhazy, qui fera date dans notre histoire, ne s'est point présentée à mon esprit. Je n'en ai pas dit un mot. En revanche j'ai parlé des lettres à Mme de Boulancy. M. de Boisandré n'est pas sans les connaître. Comment peut-il donc s'étonner que je qualifie de Uhlan l'homme qui veut ravager Paris à la tête des uhlans? Serait-il seul à ignorer qu'Esterhazy a écrit une lettre où il exprimait cette envie? Je sais bien qu'Esterhazy a nié. Quand on est capable d'écrire ces choses, c'est bien le moins qu'on soit capable de mentir. Je sais bien qu'il s'est trouvé chez nous des personnes crédules pour ajouter foi aux démentis d'Esterhazy. Mais ce petit jeu-là est fini maintenant, et de par M. le juge d'instruction Bertulus la lettre « du uhlan » est proclamée authentique.

A la Cour d'assises de Paris, M. le général de Pellieux avait déclaré qu'il importait extrêmement à l'honneur de l'armée de savoir si Esterhazy était ou non l'auteur de ces ignominies. Le fait est qu'il n'y aurait plus d'armée française, ni même de France, si officiers ou citoyens étaient admis à manifester de pareils sentiments. De là ma surprise lorsque, la lettre du Uhlan reconnue pour vraie, M. de Pellieux n'a pas bougé. Car il n'a pas bougé, M. de Pellieux, ni lui, ni aucun de ses inférieurs, ni aucun de ses supérieurs.

La seule manifestation que j'aie vue a été de M. le

colonel Perrossier pour demander la radiation de
Zola. M. de Boisandré et M. Perrossier, même en se
mettant ensemble, ne sauront jamais à quel point la
décoration de Zola m'est indifférente. Par contre, je
ne suis pas sans m'inquiéter de l'état d'âme de chefs
d'armée qui échangent des poignées de main avec
l'homme dont un Uhlan de Berlin aurait honte, lui
donnent du cher camarade, et lui laissent, avec les
galons de commandant à la manche, « le signe de
l'honneur » sur la poitrine.

Voilà mon ennui, que je n'ai pas caché et que je ne
cesserai de dire en des lieux divers jusqu'à ce que
j'aie obtenu une réponse plus pertinente que l'article
de M. de Boisandré ou le silence de M. le colonel
Perrossier.

J'aurai raison de tant de mauvaises volontés parce
que j'ai raison. C'est ce qui fait ma confiance.

Le prince Henri d'Orléans a serré dans sa dextre la
paume d'Esterhazy. Grand bien lui fasse! Interrogé
sur le mouvement de sympathie qui l'avait jeté dans
les bras du Uhlan, le jeune homme de la branche
royale a dit qu'il se proposait simplement de manifester son amour de l'uniforme. Il aurait pu mieux
choisir. Il le comprendra quelque jour, et fera, je
l'espère pour lui, publique pénitence.

Mais le général de Pellieux, mais le général de
Boisdeffre, mais le général Davout, mais le général
Saussier, qui sera, dit-on, demain ministre de la
guerre, mais le général Billot qui va quitter le
ministère, de quel cœur rendent-ils à Esterhazy son
salut, et comment tolèrent-ils qu'un troupier français
soit tenu de lui présenter les armes? Qu'ils fassent
poursuivre Zola pour avoir dit que des soldats jugeaient
par ordre — ce dont il y a, sans parler du procès
des ministres malgaches, d'innombrables exemples
— je puis le comprendre. Mais peuvent-ils croire
sérieusement que le *J'accuse* de Zola soit un crime
abominable, et les ignominies épistolaires du Uhlan
une simple peccadille? Personne ne l'admettra jamais.

Et puisqu'ils ne peuvent pas croire qu'il soit sans importance pour un officier de souhaiter la ruine de la France et d'exprimer le désir d'en être l'instrument, comment peuvent-ils passer indifférents devant ce crime contre la patrie?

Quelle est la raison de leur conduite? Pourquoi nous donnent-ils ce spectacle? Pourquoi? Pourquoi? Je l'ai demandé cent fois. Je le demanderai cent fois encore, et autant de fois cent fois qu'il sera nécessaire pour obtenir une réponse.

9 juin 1898.

CXXXV

Ils ne sont pas assez!

J'ai dit au juge militaire : Vous avez jugé un homme contre la loi.

Le juge militaire m'a répondu : Notre justice n'est pas la vôtre.

J'ai dit au juge militaire : Il y a contre celui que vous avez condamné une accumulation de présomptions d'innocence.

Le juge militaire m'a répondu : J'ai des preuves de culpabilité. Je ne les ai pas montrées au condamné. Je ne les montrerai à personne, sauf à ceux qui d'avance les trouveront suffisantes. Et quand d'autres me les demanderont, je dirai que si je les fais voir c'est la ruine de la France.

J'ai dit au juge militaire : Voici un homme qui dit

que vous avez jugé par ordre, comme il est arrivé récemment dans le procès des ministres malgaches, où le texte du jugement et le récit de l'exécution furent envoyés au *Journal officiel* la veille du jour où se réunit le conseil de guerre.

Le juge militaire m'a répondu : Je ne m'embarrasse pas de ces histoires. Nous pouvons faire, nous ne voulons pas qu'on dise. Ce « par ordre » est un outrage à sept officiers, donc à l'armée tout entière, donc à la France, car la France c'est moi. Cet homme aux gémonies !

J'ai dit au juge militaire : Voici un bandit véhémentement soupçonné d'avoir commis le crime pour lequel un autre est puñi, auteur d'écrits qui sont le pire outrage à la France et à l'armée. C'est un officier, portant la croix de la Légion d'honneur.

Le juge militaire m'a répondu : Je l'acquitte au petit bonheur, et bien que ses propres écrits le montrent infâme, il gardera ses épaulettes, il gardera sa croix « pour l'honneur de l'armée ».

J'ai dit au juge civil : Sauvez-moi de ce guerrier qui ne connaît que son sabre. Il m'amène devant vous, alléguant que je l'outrage, et ne veut pas entendre que la raison de l'accusation que j'ai portée contre lui c'est que je crois qu'il s'obstine follement dans une erreur judiciaire. Avec votre permission, j'en vais faire la preuve.

Le juge civil m'a répondu : Je ne veux pas de cette preuve. La question ne sera pas posée.

J'ai dit au jury : Je vous prends à témoin de la violence qui m'est faite.

Le jury m'a répondu : Ajoutes-y la violence que je vais te faire.

J'ai dit à la presse : Il faut me défendre. Je ne demande rien que la justice pour tout le monde.

La presse m'a répondu : Je dois respecter le parti pris des lecteurs. D'ailleurs, le ministre de la guerre est un homme généreux, et vous êtes vendu.

J'ai dit au président de la République : Vous êtes

l'arbitre des partis, vous ne permettrez pas qu'ils s'accordent pour tuer un homme sans défense au nom d'une raison d'État menteuse.

Le Président de la République m'a répondu : M'avez-vous vu devant le front des troupes sur ma jument Mariquita? On me dit qu'à distance j'ai des parties de Louis-Philippe. D'autres disent de Napoléon.

J'ai dit aux ministres : Vous n'êtes rien sans les idées de droit et de justice que vous avez mission d'appliquer. Pourquoi violez-vous effrontément tous les principes que vous êtes tenus de respecter ?

Les ministres m'ont répondu : Qu'importe, si nous demeurons au pouvoir!

J'ai dit au Parlement : Venez au secours de la justice opprimée, représentants du peuple français, qui faites des lois d'égalité et de fraternité sur les murailles !

Le Parlement m'a répondu : Voici venir les élections. Il s'agit de savoir qui d'entre nous sera député, ministre, distributeur de prébendes aux petits des classes dirigeantes qui ont faim. Notre premier devoir est de ne perdre aucune voix. Qui est-ce qui s'intéresse à votre condamné? Qu'est-ce que pèsent la justice et la vérité toute nue dans le compte des suffrages ? Je vais toujours dire que vous êtes un traître. C'est plus sûr. Si vous vous tirez de là, nous verrons.

J'ai dit aux politiques : Vous êtes chefs du peuple. Eclairez-le. Montrez-lui que la cause d'un seul est la cause de tous. Dites-lui que son intérêt se confond avec le respect du droit, avec l'observation d'une impartiale justice.

Les politiques m'ont répondu : Le peuple a bien d'autres choses en tête. Il faut qu'il vive d'abord de son travail, ou qu'il en meure. Et puis nous ne connaissons, nous, que les comités. Qu'est-ce que cela peut faire aux comités qu'un homme de plus ou de moins soit au bagne?

J'ai dit aux candidats : Que ferez-vous si je vous prouve qu'il est innocent?

L'un des notables candidats de la Ville-Lumière m'a répondu : Innocent ou coupable, que cet homme soit puni ! Et là-dessus le candidat fut élu d'emblée.

J'ai dit au peuple : Trop de ceux qui devraient vous élever vous abaissent. Il y a des amis du peuple qui l'exploitent à leur façon. Défendez-vous, et sachez que vous n'avez pas de meilleur secours que le droit de chacun à la même justice pour tous.

Le peuple m'a répondu : Qu'est-ce que cela peut nous faire ? Nous sommes le grand souffre-douleur. Il n'y a pas de justice pour nous. Il ne nous intéresse pas qu'il y en ait pour les autres.

J'ai dit aux grands de la bourgeoisie : Vous entendez, on ne croit plus à la justice, par votre faute. Le nombre ne compte plus que sur la force. Pour n'être pas victimes du nombre, un jour, donnez-lui l'exemple du droit respecté chez tous les hommes, du plus haut au plus humble.

Les grands de la bourgeoisie m'ont répondu : On ne peut pas donner raison à la canaille. Nous sommes les plus forts.

J'ai dit aux grands de l'antique noblesse : Qu'est-ce que le foyer, qu'est-ce que la patrie si chacun n'y trouve pas la protection qui lui est due ? Vous qui vous vantez d'avoir défendu la France aux anciens jours, ne voyez-vous pas qu'elle croulera sous les dissensions que prépare le triomphe d'iniquité ?

Les grands de la noblesse m'ont répondu : Nous sommes fils d'émigrés. Nos pères, il y a cent ans, marchèrent avec les Allemands contre le peuple français révolté.

J'ai dit aux paysans : Il n'arrive aucun mal en France qui ne retentisse sur vous ou sur vos fils en quelque manière. Eveillez-vous aux intérêts généraux du pays. Trop longtemps vous êtes restés sourds aux appels des nobles sentiments, vous rabaissant vous-mêmes aux intérêts étroits de l'heure.

Les paysans m'ont répondu : Votre Dreyfus fera-t-il augmenter le prix du blé ?

J'ai dit aux juifs : C'est un des vôtres qu'on assassine, parce qu'il est de votre race et de votre religion.

M. Klotz et d'autres encore m'ont répondu : Patriotes avant tout, nous flétrissons avec indignation les manœuvres criminelles du syndicat Dreyfus.

J'ai dit aux chrétiens : L'amour de tous les hommes ne vous fut-il pas prêché jadis en Judée?

Les chrétiens m'ont répondu : Mort aux juifs!

J'ai dit aux prêtres : Au moins protestez donc contre ces cris de mort?

Les prêtres m'ont répondu : Dieu reconnaîtra les siens.

J'ai dit à Dieu : On te fait outrage. Montre-toi donc.

Dieu ne s'est point montré.

Et puis, repoussé de toutes parts, j'ai compris que tous les hommes et Dieu lui-même, ce ne serait pas assez pour faire de la vérité un mensonge.

Alors je me suis senti réconforté.

11 juin 1898.

CXXXVI

Nos savants experts.

Depuis que la lettre du Uhlan est judiciairement proclamée authentique, que disent messieurs les experts qui l'avaient, de leur science, reconnue pour un faux ?

Du jour où l'expert Couard a fait à un rédacteur du *Temps* cette confidence : « Je donnerais ma tête à couper que le bordereau n'est pas de M. Esterhazy », il m'a semblé que ce professionnel n'avait pas la tête bien solide sur ses épaules. En attendant que la vérité soit faite sur le bordereau — dût l'aventure mettre aux prises MM. Couard et Deibler — nous pouvons dès à présent fixer nos idées sur l'expertise de la lettre fameuse où un officier de l'armée française révèle son désir d'anéantir la France.

Je prends le fameux Charavay, qui fut l'un des experts contre Dreyfus. Celui-là n'est pas aussi tranchant que son confrère Couard. Il n'a pas de « certitude absolue ». Il ne peut pas « penser que son jugement soit infaillible ». Cependant, écoutez-le :

Nous avons, mes deux collègues et moi, rédigé nos conclusions avec un accord absolu. Nous déclarons textuellement que, pour les raisons techniques exposées au cours du rapport, *la lettre soumise à notre examen nous paraît être plutôt l'œuvre d'un faussaire habile qu'un original.* Notre conclusion est donc, en effet, que cette lettre ne *paraît pas être de la main du commandant Esterhazy.*

Ainsi parle M. Charavay à l'un de nos confrères du *Matin.* Et ce n'est pas fini. Après la graphologie, la psychologie :

J'ajouterai que cette lettre contenait le récit de faits que l'enquête a reconnus inexacts; cette lettre exprimait *des sentiments très spéciaux qui,* cela ressort encore de l'enquête, *ne pouvaient être à ce moment ceux de M. Esterhazy.* Aux arguments graphiques qui nous permettaient de pencher pour la non-ressemblance des deux écritures viennent donc s'ajouter des arguments moraux, pourrais-je dire, que l'enquête a bien établis et qui disculpaient encore le commandant.

L'expert Varinard est plus catégorique encore. Interviewé par un rédacteur du *Temps,* il donne les explications suivantes, qu'on trouvera dans le numéro de ce journal en date du 15 janvier :

Des lettres saisies chez Mme de Boulancy, nous a-t-il dit, il n'y en avait qu'une dont l'examen nous avait été demandé, celle dite « du Uhlan ». Or, relativement à cette lettre, le sentiment qu'un journal du matin prête à M. Charavay est aussi le mien : *cette lettre n'a pas été simplement maquillée, elle a été faite de toutes pièces ; c'est l'œuvre d'un faussaire.*

On n'aurait pas pu, d'ailleurs, maquiller cette lettre : elle est écrite sur du papier vergé très mince et qui aurait été impossible à laver ; c'est pour établir ce dernier point que nous avons demandé le concours d'un expert-chimiste.

Quant à l'écriture, ma conviction absolue est qu'elle n'est pas d'Esterhazy. Elle ressemble, il est vrai, extraordinairement à celle de ce dernier ; le faussaire, car je suis persuadé qu'elle est l'œuvre d'un faussaire, a été d'une habileté extrême : c'est indéniable ; et c'est pourquoi nous n'avons pu, dans nos conclusions, attester formellement, par écrit, que cette lettre a été fabriquée ; mais c'est notre conviction.

Je vais vous donner une seule preuve : sur cette lettre, les retouches sont nombreuses, très visibles ; or, le commandant Esterhazy ne retouche jamais son écriture, *elle est entière comme son caractère.*

Quant aux autres lettres remises par Mme de Boulancy à la justice militaire, nous n'avions pas à nous prononcer sur elles, puisqu'elles n'étaient pas en cause ; je les ai eues cependant en mains et je peux vous dire que certaines parties de ces lettres m'ont paru, au premier aspect, *suspectes* et de nature à mériter un examen.

Que veut-on de plus clair ? Les lettres que le Uhlan reconnaît pour siennes sont *suspectes*. Plus esterhazien qu'Esterhazy, voilà l'expert. Quant à la lettre la plus compromettante — puisqu'il paraît qu'il y a des degrés dans cette honte — Varinard la proclame fausse, par le motif qu'il y a des hésitations dans le graphique et que l'écriture du Uhlan est *entière comme son caractère.* Cette expertise en écriture vaut l'expertise en caractère. Notez que le cas était infiniment moins compliqué que celui du bordereau, et qu'il suffisait de la moindre enquête pour éclaircir toute l'affaire.

Sur la plainte de Mme de Boulancy, qui trouvait déplaisant de passer pour faussaire, M. le juge d'instruction Bertulus s'est vu dans la nécessité de vérifier par les faits les allégations de messieurs les experts. Il en est résulté sans contestation possible que les lettres « suspectes » étaient véritables, et la lettre « fausse », authentique. Il y a maintenant *chose jugée*. C'est plutôt une rebuffade pour messieurs les professionnels de l'expertise.

Y a-t-il là matière à nous faire douter de l'infailli- bilité de nos experts dans l'affaire du bordereau? J'irais jusqu'à le penser si je ne craignais de me faire appeler dreyfusard. Après tout, le plus fort est fait. Je me risque donc, et je livre mes doutes aux réflexions des gens qui n'attendent pas, pour se faire une opi- nion, la permission de tout ce qui bruit et braille sur les tréteaux divers où se joue la parade du monde.

Quelqu'un qui verra peut-être sans joie cette histoire, c'est M. le général de Pellieux, qui avait autorisé son « cher commandant » à se servir de l'expertise en écri- ture pour « faire cesser l'abominable campagne » que de méchantes gens menaient contre lui. Le croirait- on? Il y avait des Français que cela ennuyait de voir porter l'uniforme français à un homme qui rêvait de prendre part, dans le carnage d'une invasion allemande, à la dévastation de la France. Ils ne craignaient pas de faire à ce sujet « une campagne abominable » contre le pauvre Uhlan, tout marri. Oh! les vilains! Faites-les taire, « mon cher commandant », disait le général, appuyé de ses experts. La décision judiciaire de M. Bertulus va rendre l'entreprise bien malaisée.

P. S. — Gérault-Richard m'affirme que j'ai eu tort de dire, en parlant du discours de Jaurès, au Tivoli, que « c'est la première fois qu'une voix autorisée met à nu l'équivoque antisémite ». Gustave Rouanet, à la Chambre, en 1896, « avait défini avec beaucoup de force et de netteté l'attitude des socialistes en face de l'antisémitisme ». Jaurès de même, à propos de l'inter- pellation Samary sur les troubles d'Alger.

D'autre part, un de mes lecteurs me fait observer que « Guesde et Lafargue ont flétri le cléricalisme antisémite dans une réunion publique contradictoire avec MM. Drumont et Morès », et « que, récemment, à la conférence donnée par Vandervelde, aux Sociétés savantes, Lafargue, président de cette conférence, a fait, aux acclamations des quinze cents étudiants présents, une critique violente de la thèse de Drumont, et un éloge de Zola ».

J'enregistre avec plaisir ces rectifications, qui, d'ailleurs, laissent intactes toutes mes appréciations.

12 juin 1898.

CXXXVII

Tas de de juifs!

M. de Boisandré n'a pas de suite dans les idées. Nous en étions à causer des lettres patriotiques d'Esterhazy et des droits qu'elles peuvent conférer à l'étoile de la Légion d'honneur, quand le rédacteur de la *Libre Parole* rompt la conversation pour m'informer que je suis clérical par la raison que je n'ai pas montré le poing à telle bonne sœur de lui connue.

J'ai vécu six ans dans les hôpitaux, et j'y ai vu beaucoup de religieuses. Il y en a de bonnes et de mauvaises comme dans le monde laïque d'où elles sortent nécessairement, puisqu'avant de revêtir l'uniforme il faut d'abord naître tout nu. C'est une grande erreur de s'imaginer qu'il faut être habillé d'une certaine façon pour aimer son prochain. Je tiens également pour une illusion fâcheuse le préjugé de croire qu'on ne peut faire le bien qu'à la condition d'accomplir les rites de telle ou telle Église. Mais parce que des gens me jugent mal, je ne me crois point tenu de les mal juger, à mon tour. J'ai connu des sœurs intolérantes méchamment, j'en ai connu d'autres exquises. Je leur ai tenu des propos divers — toujours respectueux, bien entendu. Pourtant, jamais je n'ai adressé à aucune d'entre elles le ridicule discours que M. de Boisandré me prête : « Oh! que vous êtes méritantes! Vous n'attendez point de récompense ici-bas. Vous êtes des braves filles. »

Féliciter quelqu'un du désintéressement qui consiste à faire un marché judaïquement avantageux est une idée qui ne me serait point venue. Si la sœur Irène croit bonnement que je vais l'admirer parce qu'elle a fait le sacrifice d'un éclair de bonheur sur la terre pour s'assurer des félicités éternelles, nous sommes loin de compte. Il faut un sacrifice véritable pour obtenir mes louanges, et ce qu'elle propose à mon émerveillement c'est une bonne affaire, une opération de trafic dans laquelle elle donne un peu pour recevoir beaucoup. Monsieur de Boisandré, je vous le dis tout bas, ne trouvez-vous pas qu'il y a du juif là-dedans?

Cela n'est pas étonnant, le christianisme n'étant pas autre chose qu'une secte juive répandue parmi les gentils. Dieu choisit pour s'incarner le sein d'une femme juive. Les apôtres sont juifs. Je ne vois, aux niches de nos églises, que des juifs qu'on adore à genoux. Ce doit être mon cléricalisme inconscient qui m'empêche de crier : *Mort aux juifs!* J'aurais peur d'offenser saint Joseph, saint Pierre, saint Mathieu, et tant d'autres, sans parler de la vierge Marie elle-même et de son fils qui est Dieu. Les premières places, au paradis chrétien, sont occupées par des juifs. On se croirait sur la terre.

Il n'est donc pas étonnant que sœur Irène la première, imbue de pensée juive par les livres sacrés — sans le savoir, la pauvre — croie avoir mérité le grand prix de vertu, et prétende s'attirer les félicitations de quiconque pour une entreprise dont sa naturelle bonté, sans doute, lui cache le caractère d'égoïsme grossier.

Avant de la féliciter de cette bonté, que de tout cœur je lui suppose, je l'aurais plainte d'abord de se voir priver, par une éducation faussée, des joies de l'amour désintéressé. Je lui aurais appris qu'il y a des hommes et des femmes qui, sans se désigner à l'admiration publique par des signes extérieurs de présomptueuse austérité, font le bien de leur mieux, n'attendant aucune récompense de la terre ni du ciel. Elle ne m'aurait pas compris, perdue dans ses patenôtres. Mais je l'aurais comprise, moi, jugeant d'un point de vue plus haut. Et comme sous la béguine la femme se retrouve, peut-être aurait-elle vaguement senti que j'ai raison quand je dis : croyants ou non, aidons-nous tout de même.

13 juin 1898.

CXXXVIII

L'ancien Etat-Major.

On a beaucoup parlé, dans ces derniers temps, de l'Etat-Major. Quelques notes à ce sujet ne sont pas indifférentes.

Le *corps* d'Etat-Major fut créé en 1818. Il était destiné à fournir *exclusivement* les officiers du service d'Etat-Major : chefs et sous-chefs d'Etat-Major, officiers attribués aux Etats-Majors, aides de camp. Les candidats se recrutaient dès la sortie de Saint-Cyr ou de l'Ecole polytechnique, dans une proportion qui, pendant les dernières années de l'existence du corps, était de 3 polytechniciens pour 22 saint-cyriens.

Ils passaient deux ans à l'Ecole d'application d'Etat-Major, et faisaient ensuite un stage de deux ans dans la cavalerie, de deux ans dans l'infanterie et d'un an dans l'artillerie. Ils entraient alors définitivement dans l'Etat-Major pour n'en plus sortir, et ne servaient plus jamais dans la troupe.

Les officiers du service de l'Etat-Major proprement dit passaient leur vie dans une besogne de bureau qui consistait surtout à traiter en un style pompeux des vétilles d'un caractère plus administratif que militaire. Ils perdaient l'habitude de la troupe.

Les aides de camp, pour la plupart vrais officiers de salon, étaient affectés au service personnel des maréchaux et des généraux. Sous des dehors brillants, ils cachaient le vide de leurs fonctions. Ceux des officiers de l'Etat-Major qui sentaient le besoin de produire un travail utile se spécialisèrent dans le service de la carte de France, qui n'avait, d'ailleurs, rien de militaire.

Le corps d'Etat-Major, composé de cinq à six cents officiers, était donc *fermé*. Le concours qui en ouvrait l'accès, exigé des Saints-Cyriens seuls, permettait d'écarter tous les éléments qui ne paraissaient pas susceptibles de prendre l'esprit de la corporation. Cet esprit était bien particulier. Il s'inspirait des traditions de Berthier, qui voulait que l'officier d'Etat-Major fût, non l'auxiliaire intelligent et doué d'initiative, mais l'instrument aveugle du chef.

Les fonctions d'aide de camp sont surtout un exercice d'assouplissement, et, sauf d'honorables exceptions, on peut dire que la flexibilité du caractère convenait mieux aux officiers d'Etat-Major que « la rude franchise des camps ».

Est-il besoin de dire que la particule a toujours été fortement représentée dans le corps d'Etat-Major ? En 1824, on comptait 20 *particulés* sur 22 officiers. En 1863 — promotion du général Le Mouton de Bois-deffre — il n'y avait que 8 *particulés* sur 23 officiers, ce qui est encore assez coquet. Il est vrai que nous avons vu tant d'officiers (et de civils) *se particuler* tout à leur aise...

Si le corps d'Etat-Major a produit des hommes comme Lewal, de Cools, de Kessler, il a, d'autre part, fourni des Caffarel, des d'Andlau ou des gens comme l'ex-capitaine Voyer. En tout cas, les sentiments républicains n'y étaient guère à l'ordre du jour.

En 1870, l'insuffisance de l'Etat-Major fut notoire, et on lui attribua avec raison une grande part dans nos désastres. Il était d'ailleurs fort impopulaire dans l'armée. Néanmoins sa cohésion et la solidarité qui unissait tous ses membres, ainsi que les services de certains officiers distingués, retardèrent sa dissolution. De 1871 à 1880, il fournit presque tous les ministres de la guerre, et aucun d'eux n'eût voulu s'attaquer à son corps d'origine.

Enfin, en 1880, le général Farre, du génie, étant ministre de la guerre, et le général Blot, de l'infanterie, étant chef d'Etat-Major général, la suppression du corps d'Etat-Major fut consommée. Les officiers qui le composaient furent répartis par voie de tirage au sort entre les différentes armes, et le service d'Etat-Major, désormais ouvert, fut assuré par tous les officiers, quelle que fût leur origine, pourvus du brevet d'état-major.

Ce brevet fut donné d'abord à tous les officiers de l'ancien corps, et ensuite à tous ceux qui avaient satisfait, soit aux examens de sortie de l'Ecole supérieure de guerre nouvellement créés, soit à des examens spéciaux permettant d'obtenir directement le brevet. Tous devaient d'ailleurs reparaître dans la troupe, de temps à autre, au lieu de s'éterniser dans le service d'Etat-Major.

Le premier effet de la réforme fut de semer le désarroi dans l'ancien corps d'Etat-Major. Beaucoup d'officiers ankylosés par la routine s'effrayaient de la troupe. Il fallait monter à cheval, commander, etc.

On s'aperçut bientôt qu'il était avec le ciel des accommodements, et que ceux qu'on venait de faire sortir par la porte pouvaient rentrer par la fenêtre. D'abord les anciens officiers d'Etat-Major conservèrent une grande partie des places acquises dans les Etats-Majors. Ensuite ceux qui avaient été versés dans l'artillerie ou le génie trouvèrent presque tous le moyen d'éluder le service de troupe proprement dit. Enfin, la camaraderie aidant, on se regroupa peu à peu, et actuellement, dix-huit ans après la suppression, les officiers de l'ancien corps ont repris la direction des affaires militaires. Je ne cite que les plus notables, en laissant de côté nombre d'officiers répartis à Paris ou aux environs.

Sont de l'ancien corps d'Etat-Major :

Le général Billot, ministre de la guerre ;

Le général de Torcy, son chef de cabinet ;

Le général Le Mouton de Boisdeffre, chef d'Etat-Major de l'armée ;

Le général Gonse, sous-chef d'Etat-Major de l'armée ;

Le contrôleur Demartial, qui est le véritable chef de l'administration de l'armée.

Tout le monde sait, en outre, que les généraux Michel et Royet, également de l'ancien corps d'Etat-Major, promus en décembre dernier dans des conditions exceptionnellement avantageuses, et soi-disant « disponibles à Paris », remplissent au ministère des fonctions qui, pour n'être pas régulières, n'en sont pas moins importantes.

Bien plus, afin que l'esprit de corps ne se perde pas, l'Ecole supérieure de guerre, pépinière des officiers d'Etat-Major, est placée sous les ordres du général Renouard. Le commandant en second est le colonel Davignon et l'inspecteur général est le général de France, tous de l'ancien corps d'Etat-Major.

Une curieuse remarque c'est que parmi les officiers
mêlés directement à l'affaire Esterhazy et à l'affaire
Dreyfus, outre le général Billot, le général de Boisdeffre et le général Gonse, il faut encore citer le général de Pellieux et le colonel du Paty de Clam comme
appartenant à l'ancien corps d'Etat-Major.

Il faut en dire autant du général de Loverdo et du
colonel Perrossier, dont les noms ont été récemment
prononcés à propos des attaques contre Zola.

Nous retrouverons prochainement le colonel Perrossier.

15 juin 1898.

<hr>

CXXXIX

La censure de Boisdeffre.

Enumérant ce que pourraient faire des ministres
radicaux : transformation de notre système fiscal,
retraites ouvrières « pour rejoindre au moins la législation allemande qui ne consacre pas moins de
400 millions par an aux indemnités pour accidents et
aux retraites », Jaurès ajoute :

Enfin, ils pourraient lutter contre les prétentions abu-
sives du militarisme réactionnaire qui, en ce moment
même, profite jésuitiquement de l'impopularité de M. Joseph Reinach pour soumettre à la censure militaire, en
dehors des périodes de service, les opinions, les écrits,
les pensées des officiers de réserve et pour étendre ainsi

peu à peu sur tous les citoyens, jusqu'à l'âge de quarante-
cinq ans, une discipline de caserne.

Les radicaux, en effet, pourraient faire cela, mais
ils n'y pensent guère. M. Bourgeois, M. Cavaignac,
le juif Klotz et consorts sont beaucoup plus préoccupés
de nous faire appeler « dreyfusards » dans leurs journaux, et de se ménager la bienveillance des césariens
en des déjeuners présidés par M. Lockroy, que de
préserver du dernier naufrage ce qui nous reste de
liberté.

Dans l'affaire Dreyfus, ils n'ont eu qu'un sentiment :
la crainte, s'ils défendaient la justice et la vérité, de
perdre des sièges. Ils se sont donc mis de tout cœur
du côté du mensonge, et se sont faits les avocats de
l'iniquité. Aussi comme ils sont fiers de n'avoir pas
perdu de sièges! Il ne leur reste plus qu'à savoir ce
qu'ils feront d'une puissance si noblement gagnée.
C'est là-dessus qu'ils délibèrent à cette heure, aban-
donnant, comme il est de conséquence logique, tout
ce qui gêne dans leur bagage d'idées pour sauver les
précieux intérêts de personnes.

Ils auront ainsi, mieux que les « nationalistes » eux-
mêmes, préparé le champ libre pour l'esprit césarien,
en détruisant dans leurs âmes tout ce qui peut lui
faire obstacle : la croyance en l'effort social de la justice, l'aspiration de liberté. Abaissant la politique à
la satisfaction des intérêts de parti, ces prétendus
réformateurs ont mis le public en disposition de ne
plus croire à leur désir de réformes. Doumer a le
Tonkin, Peytral sera ministre. Ce n'est pas pour cela
que se fit guillotiner Danton.

Pour ce qui est du danger signalé par Jaurès, qui
de ces messieurs condescendrait à y prêter attention?
Est-ce que le cri de *Vive l'armée!* ne tient pas lieu de
patriotisme aujourd'hui? Est-ce qu'il ne suffit pas
pour avoir le droit de porter la main sur la République
de se dire républicain? Il y a une loi sur la liberté
d'écrire, qu'est-ce que cela fait à notre Etat-Major?

Une loi de *pékin*, est-ce que cela compte pour des guerriers qui se vantent de cinq mille Français tués par leurs soins à Madagascar?

Donc la loi sur la presse sera tenue pour non avenue, et la raison en est que cela plaît à M. le général Billot. Jusqu'à quarante-cinq ans, les Français sont astreints au service militaire. Jusqu'à cet âge, la volonté de M. de Boisdeffre est qu'ils soient responsables devant un conseil d'enquête de ce qu'ils peuvent écrire. Et comme ce général représente actuellement sous la République les opinions d'ancien régime les plus caractérisées, tout républicain qui se permettra de défendre la République en ses écrits se trouvera dans une fort mauvaise posture devant ce grand inquisiteur.

Le crime de M. Joseph Reinach n'est pas si grand. Commentant un article du *National Review* où il est dit qu'il y a des reçus d'Esterhazy à Berlin — ce que nous savons par la déposition de M. Casella — et que l'Etat-Major allemand pourra les montrer quand il voudra, M. Joseph Reinach faisait suivre cette observation des réflexions suivantes :

Mais ces papiers, qui sont à Berlin, sont la preuve éclatante, irrécusable, qu'un innocent expie le crime d'un autre et que cet autre est protégé contre l'évidence par ceux qu'il a eu l'atroce audace d'appeler ses pairs.

Celui qui a été condamné l'a été par des juges de bonne foi — je le dis comme je le crois — et je n'aurais pas écrit de ceux qui ont acquitté l'autre qu'ils l'ont acquitté « par ordre ». N'étant pas romantique comme l'illustre poète de *Germinal*, j'eusse écrit dans la vieille langue classique, « comme par ordre ». Ce petit mot de plus, c'était toute la vérité, l'incontestable vérité.

... Il n'en reste pas moins que l'homme dont le colonel de Schwarzkoppen disait au colonel Panizzardi : « C'est mon homme! » c'est le même dont le général de Pellieux se félicitait d'avoir provoqué l'acquittement; contre lequel le général Billot, ministre de la guerre, n'a pas osé sévir, même après l'aveu des lettres de Mme de Boulancy, et à qui les officiers de l'Etat-Major, témoins à la Cour d'assises, ont été condamnés, par ordre cette fois, à donner la main.

Alors qu'un jour ou l'autre, que demain — *Di talem.
avertite...* — un conflit éclate entre la France et l'Allemagne. Ces papiers ont été photographiés, comme l'avait été
la note de M. Benedetti sur la Belgique. Ils paraissent en
fac-similés dans tous les journaux. Un successeur de M. de
Bismarck les annexe à quelque circulaire diplomatique. Et
voilà, devant le monde entier, accusés d'imposture et de
félonie, convaincus en tout cas de la plus injustifiable des
erreurs. les chefs mêmes de cette armée qui va se battre.

Il paraît que pour avoir dit ces choses qui sont de
simple évidence, M. Joseph Reinach sera révoqué de
son grade de capitaine de cavalerie de réserve, comme
ayant commis « une faute grave contre la discipline ».
M. Joseph Reinach sera donc ramené au rang de
simple cavalier. Puisse cela nous donner la victoire
contre nos ennemis! Il est encore question de lui
enlever la croix de la Légion d'honneur. Je le veux
bien.

Mais si, sous prétexte de service militaire, on peut
mettre les Français au régime de se voir enlever leur
grade dans l'armée parce qu'ils auront écrit quelque
phrase dont un général ne sera pas content, notre
gouvernement, de quelque nom qu'il s'appelle, n'est
en réalité qu'un césarisme de prétoriens sans César.
Et si les radicaux eux-mêmes n'ont rien à dire contre
un pareil état de choses, ils sont dignes dès aujour-
d'hui du sort qui les attend.

Est-il besoin d'ailleurs de rappeler que pendant ce
temps Esterhazy, qui n'a point commis de « faute
grave contre la discipline », promène parmi nous ses
épaulettes et sa décoration? Il a écrit des lettres
contre la France qui me paraissent un peu plus graves
que tous les écrits de M. Joseph Reinach mis ensemble.
Un ancien zouave du pape doit avoir des privilèges. Il
est encore accusé d'espionnage par un attaché militaire allemand à Paris qui dit l'avoir lui-même employé et payé. Cela n'a pas d'importance aux yeux de
l'Etat-Major.

Dieu d'Israël, aussi longtemps qu'Esterhazy sera
« patriote », fais-moi la grâce d'être « dreyfusard » !

24 juin 1898.

CXL

La question toujours posée.

On aurait pu faire un ministère radical, on aurait
pu faire un ministère modéré, on fait un ministère
Peytral. Peytral est-il modéré ? Non pas, dit *La Croix*,
qui voit dans le sénateur marseillais un radical sans
retenue et rappelle amèrement à M. Félix Faure qu'il
fut l'élu de la droite tout comme M. Deschanel. Peytral
est-il radical ? *Le Figaro* s'accommode très bien de ce
radicalisme-là, à la seule condition qu'on écarte de la
combinaison certain révolutionnaire, du nom de Cavaignac, qui veut plonger la France, parait-il, dans
les excès de la législation fiscale où prospèrent la
Suisse, l'Allemagne et l'Angleterre. A la rigueur encore
M. Fernand de Rodays pourrait s'entendre avec ce
Cavaignac de malheur, qui ne prépare après tout que
la ruine de la France, comme *le Figaro* nous l'expli-
qua cent fois, mais il déclare tout net que Mesureur
et Lockroy lui seraient intolérables. Tel un serin des
Canaries qui tend la patte au piège et s'effare d'un
bonhomme de paille.

Puis une autre question se pose : Le ministère est-
il « dreyfusard », c'est-à-dire vendu à l'Allemagne,

ou, ce qui revient au même, partisan de cette idée qu'un homme ne peut être envoyé au bagne qu'après avoir été jugé conformément aux lois? Car il faut savoir que l'on n'est bon Français maintenant qu'à la condition de professer qu'il n'y a pas de loi pour les juifs.

M. Peytral ne m'a point fait ses confidences à ce sujet, pas plus qu'aucun membre du ministère. Tous les gouvernements, quels qu'ils soient, trouveront la question Dreyfus devant eux jusqu'à ce qu'il se trouve un homme assez courageux pour la résoudre dans la pleine lumière, malgré les impuissantes menaces des tranche-montagnes du césarisme et de l'antisémitisme coalisés. Si cet homme rare se rencontre dans le ministère Peytral nous le verrons bientôt. Sinon, je veux croire, pour l'honneur de la France, qu'un ministre s'avisera quelque jour de mettre au-dessus de son intérêt particulier l'idée d'une justice égale pour tous.

Il faudra pour cela qu'une conscience parle en quelqu'un de nos gouvernants, car l'expérience nous montre qu'il ne faut rien attendre des partis. Jusqu'ici, socialistes, radicaux, modérés se sont également refusés à prendre en main la cause de la justice et de la loi. Il est plus facile de s'annoncer comme réformateur, comme doctrinaire du bonheur humain, que de mettre en pratique la plus simple, la plus vulgaire de ses propres idées. Il est plus facile d'être l'homme d'une théorie que d'un acte.

Ainsi MM. Millerand, Léon Bourgeois, Ribot se sont trouvés incapables, par crainte des plus absurdes préjugés de la foule, de se rallier à ce principe primordial que la loi doit être la même pour tous les citoyens. L'honneur ne les a pas tentés de représenter la justice supérieure aux égarements des passions populaires. Pourtant cela fait bien dans des discours. Mais que d'obstacles pour traduire les paroles en action! Sans cela l'écart serait depuis longtemps supprimé entre nos conceptions, qui sont toujours fort

belles, et les réalités venues de nous qui sont trop
souvent misérables.

Nos chefs de parti ont eu peur de perdre des sièges,
et, sourds à la voix de la justice, aveugles à la lumière
de la vérité, ils n'ont pas voulu entendre, ils ont refusé de voir. Et comme nous les pressions, et comme
notre insistance devenait gênante, ils n'ont eu d'autres
ressources que de lâcher sur nous leurs Klotz pour
« réprouver hautement les manœuvres criminelles du
syndicat Dreyfus. » Jaurès, Guesde, Gérault-Richard
ont eu le courage de protester. Abandonnés par ceux
qui leur devaient l'existence même du parti, ils ont
été vaincus. Si leurs troupes avaient donné d'un même
effort, c'était pour le socialisme lui-même un triomphe.
Socialistes, radicaux, modérés, confinés dans des vues
de politiciens, ont dû se contenter d'une victoire de
politiciens dont ils vont se disputer les profits.

Seulement il ne dépend pas d'eux qu'une question
qui est ne soit pas, et, dût cela déranger leurs calculs,
il est impossible que la conscience humaine n'obtienne pas de réponse quand elle demande si la loi a
été observée ou violée dans un jugement criminel et
si un homme qui est au bagne est innocent ou coupable.

Lors donc que je vois le journal radical le plus
important de la province combattre M. Ribot en l'appe-
lant « dreyfusard », sans prendre garde que l'injure —
s'il y a injure — retombe du même coup sur deux de
ses collaborateurs, lorsque je vois les césariens pro-
diguer la même épithète à M. Peytral, j'en conclus
simplement que radicaux et césariens, malgré leur
entrain contre la justice et contre la vérité, ne feront
pas meilleure figure contre ces deux forces souveraines que n'a fait l'Eglise catholique elle-même dont
ils expriment la mentalité.

Pour moi, je suis patient, parce que, tout en plaignant Dreyfus, je vois bien au delà de lui. Les iniquités, les emportements de haine, les manœuvres de
mensonges sont de tous les temps. Tout cela peut

triompher pour une heure. Mais ce qui serait nouveau dans le monde, c'est que la conscience publique n'obtînt pas, par la simple évocation des sentiments dont l'homme se glorifie, la réparation de justice qui lui est due. Cela serait nouveau en France surtout. C'est parce que je crois à la noblesse, à la beauté des traditions de la pensée française, que j'affirme, en dépit de Félix Faure lui-même et de ses arrangements particuliers, pour obtenir les bonnes grâces des antisémites, que la vérité se fera connaître, que la justice se fera respecter, que la loi se fera obéir.

25 juin 1898.

CXLI

Les protecteurs du crime.

M Joseph Reinach a comparu devant un conseil d'enquête qui s'est prononcé à l'unanimité pour la révocation. C'était prévu. Tous les Français qui ont un grade dans notre armée de réserve savent désormais qu'ils ne peuvent publier leurs pensées que sous la censure de l'autorité militaire. Ainsi le veut la liberté républicaine, avec l'assentiment tacite des grands démocrates de la Chambre, si absorbés par la cuisine ministérielle qu'il ne leur reste point de temps pour ces misères.

Je laisse de côté M. Joseph Reinach qui est X dans cette affaire, pour m'occuper du document qu'il a produit à l'enquête.

On a lu la lettre du professeur de l'Université d'Oxford qui a écrit l'article du *National Review*. M. Conybeare occupe un rang distingué dans le monde de l'enseignement en Angleterre, et lorsqu'il nous dit qu'il a puisé ses renseignements sur l'affaire Dreyfus « aux sources les plus sûres et les plus authentiques », nous pouvons en croire la parole d'un homme qui n'a point accoutumé de parler légèrement, et qui ne s'exposerait pas à être pris en flagrant délit de mensonge.

Qu'affirme donc M. Conybeare?

1º Que « le colonel de Schwarzkoppen ne niera pas qu'il donnait une mensualité de deux mille francs à son informateur ordinaire, le commandant Esterhazy »;

2º Que l'Etat-Major français est menacé de voir publier « les fac-similés des documents vendus par Esterhazy, qui sont tous écrits de sa main ».

A ces affirmations si nettes que répondent les journaux de l'Etat-Major? « Pur roman, plus invraisemblable encore que faux, documents imaginaires. » Cela est bientôt dit. On exige d'habitude, en justice, de moins faciles réponses.

Dire que M. Conybeare insulte l'armée française, est une autre sottise, quand il « souhaite aux officiers de notre Etat-Major de faire preuve des qualités de justice et de courage qui ont toujours caractérisé éminemment l'armée française ».

Prétendre qu'il menace la France est un nouveau mensonge, Ce n'est pas menacer la France que de lui révéler les mauvais desseins de ses ennemis.

Mais ce ne sont là que des parades, destinées à masquer l'embarras que cause en haut lieu la précision du témoignage Conybeare venant s'ajouter à la précision des témoignages Casella et Panizzardi.

Le fait est là, brutal, contre lequel toutes les diversions sont impuissantes. Le commandant Esterhazy est accusé, à la face de toute l'Europe, d'espionnage. Dreyfus fut assurément condamné sur de moindres témoignages. Comment se fait-il que l'officier incriminé n'ose pas mettre ses accusateurs en demeure de prouver? Comment se fait-il que ses chefs lui permettent de subir le plus insigne outrage sans protester, sans dire un mot? Comment se fait-il que le président de la République et le ministre de la guerre ne comprennent pas qu'une telle accusation, si l'on n'en exige pas la preuve, retombe, en soupçons, sur tous les chefs de l'armée française, jusqu'ici réputés plus sévères sur le point d'honneur?

Voilà les questions auxquelles il faut répondre, et voilà justement les questions auxquelles on ne répond pas. Pourquoi? Parce qu'Esterhazy a écrit le bordereau, qu'on le sait, et qu'on ne veut pas en convenir, car il faudrait alors avouer que la condamnation de Dreyfus repose, non seulement sur une illégalité, mais encore sur une erreur matérielle. Je défie qu'on trouve une autre explication. Il n'y en a pas. On a prétendu qu'Esterhazy faisait du contre-espionnage pour la France. C'est un mensonge, car en ce cas on eût averti le colonel Picquart au lieu de l'encourager d'abord dans ses investigations.

Et pour éviter de reconnaître qu'on s'est trompé, pour ne pas avoir à reviser le procès de Dreyfus, de qui je demande la condamnation s'il a été postérieurement établi qu'il est coupable, on plonge la France dans un abîme de maux. Sous le prétexte menteur d'un patriotisme uniquement consacré à servir les intérêts de certains hauts personnages, on porte le coup le plus funeste au beau renom de la patrie. Pour essayer vainement de cacher la violation de la loi on montre au monde civilisé tous les organes de la loi française, l'exécutif, et le Parlement, et le juge, protégeant le crime dévoilé. On suscite dans tous les cœurs où survit la notion de justice, la haine et le mépris des puissances sociales coalisées contre le Droit et contre la Vérité. On fait l'anarchie dans les âmes, on dissocie toutes les forces vives du pays, pour nous livrer quelque jour sans défense au sabre béni par l'Eglise qui

nous mena si gaillardement du Deux-Décembre à
Sedan et qui n'attend que l'occasion de recommencer.

26 juin 1898.

CXLII

L'histoire des aveux.

Victoire! *Le Gaulois* ne menace plus M. Brisson
des foudres du groupe antisémite. La raison en est
que la passion *antidreyfusarde* du juif Arthur Meyer
est représentée, nous dit-on, dans le cabinet par
M. Cavaignac. *Le Gaulois*, l'*Eclair*, et tous les journaux de la dictature militaire sont tout simplement
plongés dans un océan de joie. Il paraît qu'en demandant au ministre Billot la publication du rapport
Lebrun-Renault, M. Cavaignac est devenu une manière d'homme providentiel. Voici d'ailleurs là-dessus
le sentiment du *Gaulois* :

Les modérés ont voulu l'écarter, le jugeant trop accentué,
mais on n'a pas osé toucher à M. Cavaignac parce que
devant le pays M. Cavaignac représente plus que tout
autre la résistance aux entreprises néfastes des amis de
M. Zola.

L'affaire Dreyfus s'est enflée, développée de la plus sur-
prenante façon depuis que l'auteur de *La Débâcle* l'a prise
à son compte.

Elle est sortie de son lit, a rompu ses digues, se répand
dans tout le pays, envahit l'administration, le Parlement,
les pouvoirs publics.

C'est aujourd'hui la préoccupation maîtresse de ceux qui aspirent à gouverner la France, et devant ce souci nouveau tous les grands intérêts s'effacent, tout au moins passent au second rang.

Les généraux qui, d'habitude, se défient d'un ministre civil de la guerre disent hautement : « Cavaignac saura nous défendre » et ils acceptent, mieux encore, ils réclament M. Cavaignac.

Je vous avouerai que je manque de renseignements sur les talents administratifs et les aptitudes militaires de M. Cavaignac; mais, *alors même qu'il en serait totalement dépourvu*, je reconnais que le sentiment public imposait qu'on l'installât à la rue Saint-Dominique, si on ne voulait pas que ce même sentiment, exaspéré par la contradiction, le menât à l'Elysée.

Et plus loin :

Le jour où l'on essayera de lui résister, M. Cavaignac n'a qu'à menacer de rendre son portefeuille en faisant connaître les motifs de sa retraite, et tous s'inclineront.

La situation est au moins originale et suffit à expliquer les inquiétudes, exagérées peut-être, de certains vieux républicains, effrayés par cette sorte de dictature à laquelle ils ne sauraient d'ailleurs échapper.

Et la *Libre Parole* :

Le président du conseil est une quantité négligeable, un mannequin sur lequel s'asseoira M. Cavaignac.

Nous avons donc le dictateur Cavaignac, et cela, parce que dans les séances du 13 et du 22 janvier dernier M. Cavaignac a prononcé les paroles suivantes :

Lors de la dégradation d'Alfred Dreyfus, l'officier qui était chargé d'assister à la parade a recueilli de lui ces paroles : « Si j'ai livré des documents à une puissance étrangère, c'était dans l'espoir de m'en procurer d'autres. » Cet officier fut tellement frappé de cet aveu qu'il en fit l'objet d'un rapport au ministre de la guerre, et il reste de ces paroles décisives un témoignage contemporain. Je demande au ministre de la guerre pourquoi, dès la première heure, il n'a pas produit cet aveu et ce témoignage.

... Sur le premier point, j'affirme que, d'après les déclarations du capitaine Lebrun-Renault, Dreyfus a laissé échapper une phrase commençant par ces mots : « Si j'ai livré des documents, etc. » J'affirme : 1° que ces déclarations sont attestées par une lettre du 5 janvier 1895 du capitaine Lebrun-Renault au général Gonse ; 2° que cette attestation a été signée plus tard, par le capitaine Lebrun-Renault dans un rapport.

Il est d'autant plus opportun de rappeler ces paroles que la question des prétendus aveux de Dreyfus vient d'être de nouveau soulevée par la relation qu'a faite Jaurès à Toulon des curieux propos à lui tenus par M. Charles Dupuy.

M. Charles Dupuy a dit à Jaurès que le capitaine Lebrun-Renault avait nié, en sa présence et en présence du général Mercier, que Dreyfus eût avoué.

M. Dupuy, interrogé par un reporter du *Temps*, essaie de revenir sur ses déclarations. Il ne dit plus un mot du général Mercier, soit pour nier, soit pour confirmer les paroles que lui attribue Jaurès. Il prétend seulement que le capitaine Lebrun-Renault « après la parade » a rapporté à ses chefs *l'aveu de Dreyfus* et que *ceux-ci en ont pris acte par écrit*.

Tous deux sont d'accord pour reconnaître que le rapport qu'ils jugent décisif a été rédigé en octobre ou novembre 1897, c'est-à-dire trois ans après la parade de dégradation. Que signifie un pareil document, sinon que l'État-Major lui-même a dû reconnaître que le premier était sans valeur ? Sans cela, point n'était besoin de ce complément de témoignage après trois ans passés.

Le cas est d'autant plus étrange qu'à maints témoins que nous avons offert de produire, le capitaine Lebrun-Renault a formellement déclaré, à plusieurs reprises, que Dreyfus n'avait point fait d'aveux. On se souvient notamment de l'incident Chapelon. Mme Chapelon est venue dans les bureaux de l'*Aurore*, où, me par-

lant à moi-même en présence de témoins, elle a
reconnu que le capitaine Lebrun-Renault avait fait
devant elle, *plus de cent fois*, la déclaration qu'il
n'avait point obtenu d'aveux de Dreyfus. Seulement
elle refusait d'en témoigner, parce qu'on lui avait dit
que cela pouvait nuire à son fils, candidat aux bourses
de Chaptal. Elle alla même jusqu'à nous déclarer que
si nous persistions à la citer devant la Cour d'assises,
elle mentirait dans l'intérêt de son fils. M. Delegorgue
avec son fameux mot : « La question ne sera pas
posée », sauva Mme Chapelon de ce faux témoignage qui
aurait pu lui valoir subséquemment de graves ennuis.

Faut-il rappeler encore l'incident Lebrun-Renault-
Forzinetti ? J'en emprunte le récit au *Temps* du
12 février 1898, en observant que Me Labori a fait
usage du texte ci-dessous dans sa belle plaidoirie, et
que le capitaine Lebrun-Renault n'a opposé à notre
confrère du *Temps* et à mon collaborateur Philippe
Dubois ni protestation ni démenti :

M. Dubois, rédacteur à l'*Aurore*, et qui était cité comme
témoin au procès de M. Zola, raconte qu'un incident s'est
produit, hier après-midi, dans le couloir des témoins, entre
le commandant Forzinetti et le capitaine Lebrun-Renault :

L'INCIDENT LEBRUN-RENAULT-FORNIZETTI

Pendant la dernière suspension d'audience, dit M. Dubois, le capitaine Lebrun-Renault se promenait dans le
corridor, lorsqu'en ma présence le commandant Forzinetti
l'aborda et lui dit :

— Un journal prétend que vous avez déclaré à un député
dont je ne me rappelle pas le nom, ne jamais m'avoir rien dit
au sujet de Dreyfus. Or, vous savez fort bien que, sur une
question précise de ma part, vous m'avez déclaré, il y a
six mois, que jamais Dreyfus ne vous avait fait d'aveux.

Visiblement embarrassé, le capitaine Lebrun-Renault
chercha à échapper, par une retraite savante, à la question
qui lui était ainsi posée. Mais le commandant Forzinetti le
suivit :

— Voyons, je vais vous rafraîchir la mémoire. Vous avez même ajouté que vous aviez été fort ennuyé par toute cette affaire et que, à la suite des potins recueillis par les jour-naux, vous aviez été mandé au ministère de la guerre et puis à la présidence de la République.

Comme le capitaine Lebrun-Renault ne répondait tou-jours pas et cherchait à entrer dans les cabinets, le com-mandant Forzinetti le saisit par la tunique et lui cria :

— *Si vous avez tenu le langage qu'on vous prête, vous êtes un infâme menteur.*

Les personnes présentes s'interposèrent. Le général Gonse, qui assistait à l'incident, dit à M. Forzinetti :

— On a les nerfs surexcités, en ce moment. Voyons, com-mandant, calmez-vous !

Et ce fut tout. Le capitaine Lebrun-Renault retourna tranquillement dans la salle des témoins à charge, tandis que le général Gonse échangeait une poignée de mains avec l'ancien directeur du Cherche-Midi.

Nous avons demandé ce matin au commandant Forzinetti si le récit de l'*Aurore* était exact.

— Absolument exact, nous répondit-il. J'ajoute que la trace des aveux de Dreyfus n'existe pas dans le rapport adressé, selon l'usage, à son chef de corps, sur la mission de chef d'escorte qui lui fut confiée au jour de la parade d'exécution. S'il existe un rapport du capitaine Lebrun-Renault mentionnant des aveux faits par Dreyfus, il a été fait après coup.

On peut ainsi apprécier la valeur du témoignage invoqué, et la portée d'un document *écrit pour les besoins de la cause* trois ans après l'événement qu'on prétend y relater.

Ce n'est pas tout. La loi a prévu, naturellement, qu'un condamné eût à faire des aveux, et le code d'instruction criminelle a disposé qu'en ce cas un juge assisté d'un greffier recueillerait la déclaration du coupable. Ces formalités sont la garantie nécessaire de la justice et de la vérité. Sans cela, le dernier gar-dien de prison, dès que le condamné ne pourrait plus lui répondre, pourrait faire tenir à celui-ci tel langage qu'il voudrait.

Où est le juge ? où est le greffier ? Qu'on montre le

document authentique où sont consignées les déclarations de Dreyfus. On n'en parle pas et pour cause.
Cela serait pourtant plus nécessaire que jamais, puisque l'attitude de Dreyfus criant pendant la parade
d'exécution : « *Je suis innocent, Vive la France!* »
apparaît comme l'énergique démenti de l'accusé à la
seconde version du capitaine Lebrun-Renault.

Il y a plus encore. Avant de partir pour l'île du
Diable, Dreyfus écrivit au ministre de la guerre la
lettre suivante :

Monsieur le ministre,

J'ai reçu, par votre ordre, la visite du commandant du
Paty de Clam, auquel j'ai déclaré encore **que j'étais innocent** et que je n'avais même jamais commis la moindre imprudence. Je suis condamné, je n'ai aucune grâce à demander. Mais *au nom de mon honneur qui, je l'espère, me sera
rendu un jour,* j'ai le devoir de vous prier de vouloir continuer vos recherches.

Moi parti, qu'on cherche toujours, c'est la seule grâce
que je sollicite.

ALFRED DREYFUS.

Est-ce que cette lettre n'est pas décisive? Comment
Dreyfus, qui d'ailleurs dans toutes ses lettres ultérieures a protesté de son innocence, aurait-il pu
écrire au ministre **qu'il était innocent**, s'il avait avoué?

Si M. Cavaignac et M. Brisson veulent vraiment
liquider, comme on le dit, l'affaire Dreyfus, ce n'est
pas des lambeaux de documents plus ou moins véridiques qu'il s'agit de produire, il faut, par des moyens
qu'il leur appartient de déterminer, faire dans les
esprits la plus complète lumière, et nous délivrer de
ce cauchemar Esterhazy-Dreyfus qui pèse si lourdement sur la conscience publique. S'ils accomplissent
cette œuvre, quelques vérités qu'ils dévoilent, à quelques conclusions qu'ils nous conduisent, leur minis-

tère fût-il d'un jour, ils compteront à jamais parmi les bons serviteurs de la France et de la République.

28 juin 1898.

CXLIII

La chute ou le salut.

Le ministère Brisson devra pour ses débuts subir l'assaut des modérés. Tout le monde doit s'en féliciter. Rien ne nous serait si précieux à cette heure que des situations nettes. Or, il faut bien reconnaître que la contradiction est un peu forte entre les personnalités du nouveau cabinet et le programme qu'on nous annonce. Des explications seront donc nécessaires. Elles seront d'autant plus complètes et d'autant plus décisives qu'elles se produiront sous le feu de la contradiction.

Il faut que nous sachions quels biens nous assurera M. Brisson que M. Méline ou M. Dupuy ne nous donnerait pas. Il est également nécessaire que cette Chambre nouvellement venue fasse connaître son sentiment sur quelque chose, si toutefois elle en a un. Nous serons probablement fixés là-dessus ce jour même. La situation est assez embrouillée pour que nous ayons hâte d'en finir.

Les pays demeurés sous l'obéissance de Rome traversent en ce moment une terrible crise. L'Autriche,

incapable de renouveler le compromis austro-hongrois,
en est arrivée, par les divisions de son Parlement,
aux budgets décrétés par l'empereur. L'Italie se trouve
en pleine révolte contre la dynastie de Savoie, qui ne
maintient plus son autorité que par le régime du
sabre. Il y aurait cruauté à insister sur la situation
de l'Espagne. Pour nous, nous sommes simplement
tout au fond de l'ultime gâchis de la *volonté* et de
l'impuissance.

Nous avions feint d'abord que nous voulions reprendre notre situation en Europe. Puis nous avons préféré
les victoires sur les nègres. Et demain M. Delcassé,
prenant le *la* de son prédécesseur, va nous chanter
l'hymne à l'alliance russe dont l'article premier est le
maintien du *statu quo*, c'est-à-dire notre renoncement
à l'Alsace-Lorraine. Qu'avons-nous recueilli de ce
sacrifice? Rien que de servir la domination de la
Russie en Extrême-Orient, où vient de s'installer à
ses côtés l'Allemagne, et la prépondérance de Guillaume II sur le Bosphore. N'y a-t-il pas là de quoi nous
réjouir?

Et la République? Quelle merveille nous avions
conçu le dessein d'en faire! Qu'on relise seulement
les promesses de Gambetta, de Gambetta dont les disciples sont en possession depuis vingt-cinq ans du
gouvernement de la France, et qu'on juge par ses
résultats « la politique des résultats » et qu'on admire la puissance de prévision des hommes d'État
dont le triomphe fut de découvrir qu'il n'y a pas de
question sociale! Nous en sommes venus à ce point
que les radicaux, pour arriver au pouvoir, sont obligés
d'abandonner leurs projets de réformes. On se demandera peut-être quel est en ce cas l'avantage de les avoir
au gouvernement. C'est ce que M. Brisson, sans
doute, va nous dire.

Moi, j'ai bien mon idée là-dessus. Je voudrais qu'ils
se missent en travers des projets de dictature militaire.
Mais on nous dit que c'est précisément ce qu'ils ne
veulent pas faire, et les césariens poussent de tels

cris de joie à l'arrivée de M. Cavaignac, que je suis
bien obligé de craindre que ce ministre civil ait surtout pour programme d'organiser sur ce qui reste de
la République le triomphe de l'Etat-Major.

Puissé-je me tromper ! Il n'est que trop certain
qu'on nous donne M. Cavaignac comme le maître de
Brisson, et que déjà *le Figaro* nous le montre portant
le chef du cabinet, lamentable, à travers des tas de
cadavres qui jonchent les abords du Palais-Bourbon.
Ne lui demandons point s'il en accepte l'augure. Le
général Cavaignac ne fit point le coup d'Etat. Il se
borna à le rendre inévitable.

Ce qu'il faudrait faire comprendre à M. Brisson,
c'est qu'il ne peut sortir de la situation difficile où il
se trouve qu'à force de sincérité, de clarté. Si son
ministre de la guerre reprend la tradition de Billot,
et, sous prétexte de *liquider* l'affaire Dreyfus, aggrave
les équivoques existantes pour faire l'obscurité plus
noire, il nous livre sans recours à l'arbitraire des soldats qui tentent aujourd'hui de substituer leur
volonté à la justice et à la loi.

M. Brisson sait comme nous, comme Félix Faure
lui-même, que Dreyfus a été illégalement condamné.
Pourquoi donc feindrait-il de ne le pas savoir ? Il n'y
a qu'une explication qui vaille : la crainte d'affronter
la colère des soldats qui veulent qu'une erreur sanc-
tionnée par eux devienne vérité. Baisser la tête devant
cette prétention de folie, je dis que c'est la préparation de la dictature. Toute l'éloquence des ministres
radicaux ne changerait pas les faits. On ne remplacera
pas les actes par des phrases.

Le destin place aujourd'hui M. Brisson à l'heure
décisive où il peut faire que nous remontions la pente
et que nous nous reprenions aux idées de justice qui
jadis nous furent chères, au lieu de nous abandonner
sous le sabre. Il suffit pour cela de faire éclater la
vérité, qui n'est un outrage qu'aux menteurs, et de mettre la France en état de se prononcer *unanimement* pour
la justice et pour la loi.

S'il fait cela, M. Brisson nous aura sauvés de la pire crise morale que nous ayons jamais connue. Sinon, il aura renié toute sa vie, et nous lui devrons de connaître une chute de plus.

30 *juin* 1898.

CXLIV

La Parole et l'Acte.

La déclaration ministérielle n'est pas de ces grands documents d'histoire auxquels se reporteront les générations futures. Cette littérature compte des pièces plus triomphantes, dont la plupart, j'en dois faire l'aveu, n'ont abouti qu'à des déceptions lamentables. Avec une tradition si néfaste, M. Brisson, sans doute, a voulu rompre. Il se fait très modeste pour nous causer, peut-être, l'heureuse surprise de recevoir de lui plus qu'il ne nous promet. C'est dans ce sentiment que j'ai plaisir à lui faire confiance.

Tout le monde a déjà remarqué ce qu'il y a de bizarre dans la situation d'un cabinet qui, pour se constituer et garder le fragile espoir de se maintenir aux affaires, commence par abandonner son programme, en revendiquant comme siens des projets de loi, supposés de réformes, qui émanent de ses adversaires. Cela est anormal au premier chef : on n'en peut pas disconvenir. Mais la situation elle-même est extraordinairement anormale, et sans justifier absolument cette manière de faire, elle en fournit du moins une explication à peu près suffisante.

S'il était permis de croire que M Brisson et ses amis sacrifient tout simplement les idées qui leur sont chères à l'ambition vulgaire de la possession du pouvoir, le parti républicain — supposez que ce mot ait encore un sens — ne leur devrait rien que son mépris. Mais c'est là une idée qui ne pourra pas même venir aux pires ennemis du cabinet actuel. M. Brisson n'a jamais recherché le pouvoir : peut-être serait-on en droit de lui en faire reproche. S'il s'est rendu à l'appel, plus ou moins perfide, de M. le président de la République, c'est qu'il a pensé que la situation critique où nous nous trouvons ne lui permettait pas de décliner sa part d'effort dans l'œuvre du salut qui s'impose. Nul ne doutera de ses intentions.

Seulement les intentions qui, psychologiquement, sont une chose admirable, demeurent sans vertu dans l'ordre politique aussi longtemps qu'elles ne sont pas traduites en actes. C'est sur ces actes qu'il faudra juger M. Brisson, en tenant compte des difficultés de toutes sortes qui l'assaillent.

Son programme, il n'y a point lieu de le cacher, sera une déception pour tous ceux qui s'obstinaient à croire qu'un cabinet de réformateurs doit être un cabinet de réformes. La vanité de cette espérance nous fut depuis longtemps démontrée, non sans éclat, par des hommes qui siègent au premier rang dans le cabinet Brisson. Le chef du ministère, que je n'ose plus dénommer radical, mais qui a pleinement droit, devant tous les partis, au nom de républicain, semble avoir pris résolument son parti de notre nouveau mécompte.

Il abandonne la revision de la Constitution, pour laquelle hier tous les ministres faisaient campagne. Je trouve cela plus loyal que de nous en présenter l'image défigurée comme on fait pour l'impôt sur le revenu. Avouons-le franchement, sur ce dernier point c'est une parodie de réforme qu'on nous propose. Du Méline contresigné Brisson : c'est fâcheux. Pour la politique économique, c'est du Méline encore, du Méline mis en pratique par des partisans du libre échange.

Ces sortes de transactions, au sens le moins noble du mot, peuvent être d'une grande utilité stratégique en matière parlementaire. Hors du Palais-Bourbon, il en résulte pour l'esprit public une fâcheuse confusion de toutes les notions connues, avec un retard correspondant de l'éducation politique des masses dont chaque manifestation du suffrage universel prouve l'urgence.

Qui n'applaudira à l'idée de « résoudre la question des retraites pour les travailleurs des villes et des campagnes »? Mais cette excellente pensée, pour devenir action, veut qu'on trouve les fonds nécessaires. Et comme on ne peut pas les prendre aux petits contribuables fléchissant sous le poids des impôts et scandaleusement appauvris encore au profit des capitalistes par le régime protectionniste de M. Méline, et comme pour s'adresser aux gros contribuables il faudrait d'abord n'avoir pas capitulé devant eux sur la classique réforme de l'impôt sur le revenu, je n'ose me bercer de trop belles espérances.

Le morceau capital du discours est, de toute évidence, le suivant :

Passionnément dévoués au régime de libre discussion, nous professons pour toutes les opinions un égal respect; nous leur devons une égale liberté, une égale justice. Nous proclamons l'utilité, la fécondité, le bienfait des oppositions. Seulement nous pensons qu'il sera de notre devoir de n'accorder aucune part d'influence, dans le gouvernement de la République, aux adversaires du régime voulu par la nation et à ceux qui ne l'acceptent que pour en mieux combattre les lois essentielles. Nous sommes de même résolus à défendre énergique-

ment contre toute tentative d'empiètements l'indépendance
de la société laïque et la suprématie du pouvoir civil.

Nous .tiendrons la main à ce que toutes les administrations, et au centre et dans les départements, se conforment
rigoureusement à ces principes.

Pas de place pour les ennemis de la République
dans le gouvernement de la République. Nous en
sommes au point de compter cette maxime politique
pour une nouveauté. N'est-il pas triste de penser que
si M. Brisson applique, comme je n'en doute pas, sa
doctrine, il y aura dans l'administration, dite républicaine, un changement quasi-révolutionnaire !

Ce n'est pas tout. M. Brisson se dit « résolu à
défendre énergiquement contre toute tentative d'empiètements l'indépendance de la société laïque et la
suprématie du pouvoir civil ». Voilà ce que M. Méline n'eût jamais dit, ou s'il l'eût dit, n'eût jamais
fait.

J'ose déclarer qu'il y a dans cette idée tout un grand
programme républicain, et que si M. Brisson la met
réellement en pratique, je me sermonnerai moi-même
de mon mieux pour m'amener à prendre provisoirement patience sur le reste. Il ne faut plus que savoir
si c'est seulement un air de musique, ou bien une
parole réfléchie qui doit être suivie d'effet.

Il y a apparence que nous n'attendrons pas longtemps.

1er juillet 1898.

CXLV

L'Occasion.

Je ne sais rien de si ridicule que la prétention de nos modérés à se dire propriétaires de telle ou telle forme d'impôt. C'est imiter quelqu'un que de planter des choux, et les politiques n'avaient pas attendu M. Delombre pour présenter comme une grande réforme le remplacement d'une injustice dans l'impôt par une autre injustice équivalente.

Si les élèves de Gambetta voulaient seulement relire le programme de Belleville, ils verraient que tout le monde a le droit de reprocher à M. Brisson et à M. Bourgeois, d'avoir abandonné leur programme, sauf ceux dont toute la vie parlementaire est faite d'un immense *lâchage* des idées républicaines.

Si M. Brisson, si M. Bourgeois ont renoncé subitement aux réformes qu'ils déclaraient urgentes il y a quelques semaines, ils n'ont fait que suivre, en cela, de trop nombreux devanciers. Qu'ils se soient proposés, ce faisant, d'être ministres tout simplement et de donner la becquée à la peu estimable lignée de nos petits Doumer. voilà ce que je me refuse à croire, à moins qu'il ne nous soit révélé que ces malheureux ont été subitement frappés d'un coup de folie.

Leur intérêt leur déconseillait si visiblement un tel acte que je suis bien forcé d'admettre qu'ils ont dû céder à des considérations d'ordre supérieur. Qu'on relise la déclaration ministérielle, qu'on examine l'attitude des différents partis dans la discussion qui a suivi la lecture de ce document, je défie qu'on trouve une autre cause que celle indiquée par M. Brisson lui-même : la nécessité de rétablir « l'indépendance de la société laïque et la suprématie du pouvoir civil » qui sont le fondement des sociétés modernes, et sans lesquelles il n'est ni république, ni libre gouvernement.

M. Méline, il faut le dire, avait mis les choses au point qu'il n'existait plus guère dans l'Etat que deux influences décisives : le clergé romain et le militarisme international dont Urbain Gohier a si fort à propos retrouvé les titres dans les listes de l'armée de Condé. Léon XIII avait pris la République à son compte, ayant pour serviteurs les chefs du gouvernement prétendu républicain. Les chefs de la noblesse — royalistes ou bonapartistes, mais toujours papalins — se prétendaient infaillibles, au moins en temps de paix, car nous les avons vus plutôt faillibles dans la guerre — et par la lâcheté des pouvoirs publics se mettaient carrément au-dessus de la loi. Brochant sur le tout, les césariens, revenus de la Boulange, recommençaient à préparer dans l'ombre leurs mauvais coups.

Nous en étions là hier, et si l'on n'avise, nous en serons encore là demain. C'est de ce péril que M. Brisson a courageusement entrepris de nous sauver. Il l'a dit explicitement, autant qu'il était en lui de le dire, et puisqu'il a vu le mal, puisqu'il l'a dénoncé, puisqu'il a parlé des « empiétements » auxquels il était temps de résister, nous devons croire que le courage ne lui manquera pas pour l'action.

Il ne doit pas se dissimuler que ses premiers actes seront décisifs, et que c'est à ses premiers actes qu'on l'attend. L'homme politique ne choisit pas ses occasions d'agir. Elles lui sont fournies par des circonstances qu'il n'a pas faites, et dont il est, suivant le cas, la victime ou le bénéficiaire. Du jour au lendemain, il peut être appelé à résoudre des questions difficiles, troublantes, qui parfois tiennent tout un peuple en suspens. Il faut, en ces heures périlleuses qui marquent le tournant de l'histoire, la tranquille résolution des hautes consciences dans l'accomplissement du devoir. Il faut surtout la hardiesse rare de prendre uniquement pour guides la justice et la vérité manifestées dans les formes de la loi.

Si M. Brisson s'est débarrassé de ses *impedimenta* de programmes pour avoir ses coudées franches dans la noble entreprise de rendre ce pays à lui-même, et de le délivrer d'un terrible cauchemar par la production de la pleine lumière — que tant de menteurs feignent de croire dangereuse quand elle est le salut — il se placera au premier rang des plus grands serviteurs de la République et de la France. Sinon, s'il a simplement abandonné les revendications démocratiques dont il se faisait gloire, pour proclamer des principes et déclamer quand il fallait agir, il sera compté parmi ceux dont le caractère fut inférieur à l'intelligence, et l'histoire dira qu'ayant pu tout sauver, il aura tout perdu.

Car la fortune n'offre pas aux hommes deux fois des occasions pareilles. Il semble que nous ayons perdu l'équilibre de notre esprit. Toutes les notions du bien et du mal paraissent confondues. De prétendus patriotes déclarent qu'un état de générosité est le signe distinctif d'un mauvais Français, et qu'on ne peut revendiquer la justice sans être vendu aux ennemis de la France. Rome souffle la guerre contre les juifs comme au Moyen Age, et des foules se rencontrent pour applaudir et se ruer sauvagement sur des malheureux sans défense. Des soldats qui ne nous ont pas encore relevés de nos défaites prétendent, pour sauver la Patrie, se substituer à la loi, comme si la justice et la loi n'étaient pas de la Patrie aussi.

Et pour rendre la paix à tous ces affolés — qui pour sauver la France vont la perdre à nouveau comme leurs devanciers — pour rappeler le peuple français

à sa haute tradition de tolérance, pour faire rentrer
ces soldats dans le rang où ils ont assez à faire de
préparer la victoire, pour rassurer tous ceux que l'illégalité, que l'injustice inquiètent comme les plus
graves menaces d'avenir, que faut-il? La volonté de
faire égales pour tous la justice et la loi. L'effort est
grand, je le sais, dans le tumulte des passions déchaînées. Mais la gloire en doit être impérissable.
Tous nos vœux à M. Brisson.

2 juillet 1898.

CXLVI

Lui, Toujours lui.

Ainsi, sous l'accusation précise de M. Conybeare,
Esterhazy ne bouge pas, et ses chefs pas davantage.
Ainsi, il y a un officier français qu'on peut impunément accuser d'espionnage et qui ne se défend pas.
Il y a un officier français dont on peut dire qu'il
recevait deux mille francs par mois de M. de Schwarzkoppen pour trahir la France, sans qu'aucun de ses
supérieurs éprouve le besoin de connaître la vérité,
pour faire bonne et tardive justice.

Cela est d'autant plus étrange que ce même officier
a écrit sur ses chefs, sur l'armée, sur la France, les
pires infamies, et que ceux-là mêmes qui s'émeuvent
si fort d'un article de M. Joseph Reinach nous donnent
le fâcheux spectacle de leur indifférence devant
des outrages non réprimés qui demeurent fort cruels
pour « l'honneur de l'armée ».

Cela est ainsi. Il faut bien le constater. Il faut bien reconnaître — le cas de M. Cavaignac excepté, puisqu'il n'a pas encore agi — que les chefs de la République, président, ministres, députés, sénateurs, ont jusqu'à ce jour jugé que les choses devaient être ainsi, puisque, loin de protester, tous se sont mis d'accord pour couvrir de leur silence et de leurs ordres du jour d'approbation le scandale d'une impunité qui n'est explicable que par le désir de cacher de pires hontes.

Il faut bien concéder enfin que jusqu'à ces derniers temps le peuple qui fait naïvement confiance aux journaux des partis, ne s'est pas beaucoup ému d'une affaire où pourtant chaque citoyen français se trouve directement et gravement intéressé. On peut arracher à quiconque les plus belles déclarations du monde en faveur de l'universelle justice. Mais quand on passe à l'application il se rencontre des difficultés dont la principale est que le vulgaire ne ressent l'injustice que si son droit égoïste est lésé, et ne se laisse que malaisément entraîner à défendre la justice pour les autres. C'est ce qui fait le retard du progrès.

Cependant Esterhazy s'amuse. Depuis que les lettres à Mme de Boulancy sont reconnues authentiques, ce dont personne n'avait jamais sérieusement douté, nos officiers généraux ne lui donnent plus en public du « cher commandant », et je doute que le prince Henri d'Orléans, quand il reviendra d'Abyssinie, lui saute au cou, cette fois.

Aujourd'hui, tous les gens qui veulent accabler Dreyfus commencent leur réquisitoire par ces mots : « Je reconnais, bien entendu, qu'Esterhazy est une affreuse canaille, etc., etc. »

Le grand jeu, maintenant, c'est de soutenir qu'Esterhazy fut un espion français, et qu'il ne se fît payer par les Allemands que pour les mieux tromper.

Cette histoire n'a pas le sens commun, puisqu'il est clair que l'État-Major eût averti le colonel Picquart qu'il faisait fausse route, dès que celui-ci com-

muniqua ses premiers soupçons sur Esterhazy. Bien
loin de là, le général Gonse encouragea son subordonné par des lettres, rendues publiques, dont on
n'a pas perdu la mémoire, et ne changea de ton que
lorsqu'il apparut que la culpabilité d'Esterhazy c'était
l'innocence de Dreyfus.

Cela n'empêche pas un correspondant du *Petit
Marseillais*, confident, à n'en pas douter, d'Esterhazy
lui-même, de nous conter une histoire à dormir
debout, renouvelée du *Lorenzaccio* de Musset que
Sarah Bernhardt a jeté en pâture aux imaginations
populaires. Esterhazy patriote sublime, aurait éprouvé
le besoin de se sacrifier pour la France. Il se serait
donc mis à mener la vie la plus crapuleuse pour
mieux tromper les Allemands, et, après avoir obtenu
un certificat du général Mercier attestant qu'il était
un faux espion de l'Allemagne, il serait entré en
rapport avec Mme de Boulancy, « soupçonnée d'être
en excellentes relations avec une ambassade étrangère pour le compte de laquelle, disait-on même, elle
recueillait des informations. »

C'est pour endormir les soupçons de « l'espionne »
qu'il avait écrit les lettres infâmes que l'on sait, etc.,
etc. Ainsi s'expliqueraient les deux mille francs par
mois de M. de Schwarzkoppen, ainsi que l'aventure
du bordereau, qui serait en effet de la main d'Esterhazy, celui-ci l'ayant copié dans une ambassade qui
tenait le document de Dreyfus.

Voilà un joli conte de la Mère l'Oie. Les lettres à
Mme de Boulancy sont de plus de dix ans antérieures
au ministère du général Mercier, et Dreyfus ne fut
condamné que *parce que les experts affirmaient que
le bordereau était de son écriture*. Tâchez de vous
reconnaître là-dedans. Mais ne faut-il pas qu'Esterhazy embrouille les affaires dans l'espoir de trouver
des nigauds pour adopter successivement ses versions
contradictoires ?

Par exemple, quelqu'un que je ne plains pas du
tout là-dedans, c'est Mme de Boulancy. Pouvant d'un

mot confondre le misérable, et réparer l'erreur de la
justice humaine, elle a préféré garder le silence par
peur des vaines menaces de son prétendu cousin. Il
l'en paye aujourd'hui en la faisant accuser d'espionnage. C'est la juste rétribution de sa faute. Elle pouvait faire éclater la vérité, elle s'est mise du côté du
mensonge. Elle pouvait confondre le crime, elle a
choisi d'accabler l'innocence. Et elle se dit chrétienne,
la malheureuse! Sans attendre les géhennes de l'autre
monde, Esterhazy lui fait et lui fera son châtiment
ici-bas.

3 juillet 1898.

CXLVII

Brisson, chef.

M. Georges Berry a écrit à M. le ministre de la
guerre pour l'aviser qu'il lui demanderait jeudi prochain la production du rapport Lebrun-Renault. Cette
démarche était évidemment superflue, M. Cavaignac
ne pouvant refuser de communiquer à la Chambre le
document qu'il a vainement sollicité du général Billot.

L'histoire des prétendus aveux de Dreyfus prend
un nouvel intérêt de la controverse Jaurès-Dupuy à ce
sujet. On a vu que Jaurès maintient avec une grande
énergie sa version des propos que lui a tenus M. Dupuy. Aussi bien, comme Jaurès en fait la remarque,
M. Dupuy, sous prétexte de rectifier, n'a rien démenti.
Il reconnaît que le rapport Lebrun-Renault fut rédigé

trois ans après l'événement, sur la demande de l'Etat-Major. En ce qui concerne sa conversation avec le capitaine Lebrun-Renault, ainsi que la comparution de celui-ci devant le général Mercier, il garde un silence prudent. D'ailleurs, M. Dupuy n'est pas le seul à qui le capitaine Lebrun-Renault a déclaré que Dreyfus n'avait point fait d'aveux. Nous avons, sur ce point, offert des témoignages. De nouveaux témoins pourront survenir.

En tout cas, il est vraisemblable que la discussion de jeudi ne se renfermera pas dans l'examen de cette seule question. M. Brisson, il faut le croire, a conçu l'ambition de *liquider* l'affaire Dreyfus. S'il y réussit, il pourra se vanter d'avoir rendu à la France un service incomparable. Que faut-il pour cela? Rien que la volonté de découvrir la vérité, et le courage de la faire apparaître.

Les césariens attendent beaucoup de M. Cavaignac et ne l'ont point caché. Il est certain que ce ministre va se trouver mis, dès le premier jour, à une assez rude épreuve. Il a eu tort de prendre position avant de savoir, et, comme il est têtu, on compte qu'il ne voudra pas recevoir un démenti des faits, quels qu'ils soient.

C'est là, je le suppose, un outrage immérité. Mais chacun sait que la force des préjugés est grande et qu'à notre insu ils peuvent nous fausser l'esprit, nous induisant à tenir pour bons tous les arguments qui les favorisent et pour nul tout ce qui leur paraît contraire. Il n'y a que cela à craindre de M. Cavaignac, mais c'est déjà beaucoup. Ajoutez encore qu'il va compulser le dossier sous la direction de M. du Paty de Clam, ce qui n'est pas une bonne garantie d'impartialité.

Notre chance, la chance de tous ceux qui ne recherchent rien que la justice et qui ne demandent rien que la vérité, c'est que M. Brisson, dont rien ne paralyse la faculté critique, est président du conseil des ministres, et pour cette raison obligé de voir et de juger par lui-même. Ce n'est pas M. Cavaignac seulement qui sera mis en cause jeudi prochain, c'est d'abord le gouvernement dont M. Brisson est le chef, et c'est M. Brisson qui aura la responsabilité première des événements qui vont se dérouler. Chaque parole de M. Cavaignac sera contresignée de son chef, et chacun de ses collègues, avec lui, en portera le poids. De même que M. Méline a soutenu M. Billot et l'a couvert, à la tribune, dans leur commune entreprise contre la justice et contre la vérité, ainsi M. Brisson devra prendre la parole pour appuyer de son autorité les dires de son ministre de la guerre, et ne pourra le faire — comparaissant devant le pays comme le support de M. Cavaignac — qu'à la condition de s'être fait par lui-même une opinion personnelle.

Tôt ou tard, la vérité complète sera connue. Ceux qui l'auront servie recueilleront l'honneur. Les autres s'excuseront comme ils pourront. M. Brisson n'aurait pas d'excuses. Il est le chef. Il est le maître de dire et de faire. M. de Boisdeffre, qui représente l'incompréhension et la haine de toutes les idées à qui M. Brisson a donné sa vie, a pu faire marcher ce pauvre sire de Billot. Il va essayer d'empaumer M. Cavaignac. Il n'en imposera pas à M. Brisson responsable de ses actes devant la France et devant la démocratie.

4 juillet 1898.

CXLVIII

Les ennemis de la vérité.

J'écrivais il y a quelques jours :

Si M. Cavaignac et M. Brisson veulent vraiment liquider, comme on le dit, l'affaire Dreyfus, ce n'est pas des lambeaux de documents plus ou moins véridiques qu'il s'agit de produire, il faut, par des moyens qu'il leur appartient de déterminer, faire dans les esprits la plus complète lumière et nous délivrer de ce cauchemar Esterhazy-Dreyfus qui pèse si lourdement sur la conscience publique. S'ils accomplissent cette œuvre, quelques vérités qu'ils dévoilent, à quelques conclusions qu'ils nous conduisent, leur ministère fût-il d'un jour, ils compteront à jamais parmi les bons serviteurs de la France et de la République.

Le Gaulois, reproduisant ce passage de mon article, le fait suivre de ce commentaire :

A la bonne heure! et l'on ne peut que regretter que les amis de M. Zola et M. Zola n'aient pas toujours tenu ce langage, qui se trouve d'accord — ô bizarrerie des rencontres — avec les vœux de l'Etat-Major.

Il faut tout le judaïsme antijuif de M. Arthur Meyer pour tenter de nous couler en douceur cette monstrueuse contre-vérité. Quand avons-nous tenu un autre langage? Quand avons-nous fait autre chose que de demander la vérité, rien que la vérité, dans l'intérêt de la seule justice? Et qu'avons-nous rencontré, sinon perpétuellement le refus de lumière?

Oui, je sais bien, on s'est donné des airs de vouloir la vérité. On s'est dit ami de la lumière, tandis qu'on disposait tout pour lui faire obstacle. Mais qui cela a-t-il pu tromper en dehors de ceux qui avaient pour principal but d'organiser le mensonge? On a voulu nous effrayer. Un jour, c'était un « coup de massue » qui nous attendait. Le lendemain, c'était une bombe. Bombe ou coup de massue, nous avons demandé la vérité, nous déclarant d'avance satisfaits quelle qu'elle pût être. Et le coup de massue n'est pas venu, et la bombe n'a pas éclaté, parce que la vérité fait peur, non à nous qui la demandons, mais à ceux qui en sont détenteurs et qui la refusent.

Le combat sera accepté avec joie, disait le 24 avril dernier un membre du conseil de guerre qui a acquitté Esterhazy à un rédacteur de l'*Intransigeant*. Certes! ceux qui contribuèrent à la condamnation de Dreyfus veulent, coûte que coûte, en finir une bonne fois. Les témoins nécessaires seront là et les pièces à l'appui aussi. La bombe est depuis longtemps prête à être servie toute chaude à Versailles, à la première réquisition. Seulement, tant pis pour les éclats.

Le Gaulois du 30 avril, reprenant la même théorie, nous informait que nos grands chefs militaires voulaient absolument « rouvrir le procès en grande franchise, *toutes précautions maintenant prises pour éviter toutes complications, qui, à un moment donné, eussent pu être menaçantes* ». Et ce même journal ajoutait : « *Il n'y a qu'un moyen d'en finir, c'est de produire en plein jour les preuves éclatantes que l'on a de la culpabilité de Dreyfus.* »
Et que répondais-je?

Si ces messieurs veulent vraiment tout dire, ce n'est certes pas nous qui les en détournerons. Il y a assez longtemps que nous les sollicitons vainement de le faire. M. le général Mercier n'a pas voulu produire ses preuves devant Dreyfus lui-même, ainsi que l'y obligeait la loi. Et le général Mercier et les juges de Dreyfus se sont ainsi rendus cou-

pables — c'est le texte du Code — de forfaiture. Alors,
pour les sauver, on a prétendu prouver après coup que la
condamnation de Dreyfus était non pas légale, mais justifiée par des preuves postérieurement obtenues. Et l'on a
commencé à divulguer progressivement cette série de pièces,
apocryphes ou relatives à d'autres personnages, dont se
compose actuellement le fameux dossier secret n° 2. C'est
toujours, comme on voit, la même prétention de condamner un homme sur des documents auxquels on ne lui
permet pas de répondre. Par ce procédé on pourra convaincre quand on voudra le général Billot lui-même d'être
sous les ordres de Guillaume II.

Il n'importe. Si irrégulière que soit cette procédure,
nous l'acceptons provisoirement pour aider à faire tout au
moins des parties de lumière. Mais qui donc a créé les
difficultés au milieu desquelles nous nous débattons, sinon
le ministre Billot, et, avec lui, les juges du conseil de
guerre ? N'est-ce pas lui, n'est-ce pas eux, qui ont voulu
restreindre le débat jusqu'à n'y plus laisser subsister que
l'accessoire, par l'élimination procédurière du fond ?

Que veut-on de plus clair et que reste-t-il des affirmations du *Gaulois* ?

On disait, on dit encore : « Nous voulons la vérité. »
Mais pour l'empêcher de se produire on a bien soin
de ne pas déférer aux tribunaux l'ensemble du pamphlet de Zola. Car alors nous aurions l'autorisation
de faire la preuve, et c'est justement ce qu'il s'agit
d'empêcher. On torture le texte, on le tronque, on le
châtre, afin que Zola ne puisse pas prouver, comme
il offre de le faire, et, quand il arrive avec ses témoins,
on leur ferme la bouche avec la parole fameuse qui
demeurera la honte de ce temps : « La question ne
sera pas posée. »

Et ce n'est pas tout. Le procès cassé, quand il faut
le recommencer, on trouve encore à châtrer le texte
châtré, dans la terreur des fissures de lumière que
Delegorgue lui-même fut impuissant à boucher. Et
quand on a fait cela, quand on a tout organisé contre
la vérité, contre la preuve, par la conspiration de tous
les pouvoirs publics et d'une presse de mensonges,

on vient nous dire qu'on veut maintenant faire la
vérité, montrer la preuve.

Alors il fallait un procès loyal où tout l'écrit de
Zola aurait été mis en cause. Vous ne l'avez pas voulu,
vous ne l'avez pas fait, et vous ne demandez à parler
qu'après avoir disposé le procès de façon à ce que la
parole vous soit refusée.

Si l'on veut vraiment tout dire, c'est à la Chambre
maintenant qu'on peut le faire. M. du Paty de Clam
et M. de Boisdeffre ont jusqu'à demain pour faire passer leur amour de la vérité dans l'âme de M. Cavaignac, ministre de la guerre.

                                    5 *juillet* 1898.

CXLIX

Ils ont la clef du mystère.

M. Cavaignac a d'implacables amis. *Le Soir*, pour
n'en citer qu'un, déclare que M. Brisson se trouve
placé *sous la surveillance* directe de M. Cavaignac,
*qui a bien voulu lui concéder le portefeuille de l'inté-
rieur et le lui retirera à la première incartade.* Si
M. Brisson *ne file pas droit*, M. Cavaignac *le brisera
comme verre.* Heureusement, le *Soir* nous rassure.
M. Brisson se soumet et, comme Ruy Blas à don
Salluste, ramassera le mouchoir et ouvrira la fenêtre
sur un geste du maître.

Je suis certain qu'il serait profondément injuste de
rendre M. Cavaignac à aucun degré responsable de

ces inconvenances. Mais il est bon d'en prendre acte, car c'est le signe d'un état d'esprit. Il me souvient encore que le général Boulanger, dans les premiers temps de son rêve de folie, ne cessait de blâmer ses amis trop zélés, jusqu'au jour où, par leur persévérance, ils l'accoutumèrent à des sentiments dont il avait d'abord témoigné noblement son horreur.

Je trouve fâcheux, à vrai dire, que ce soit justement M. Cavaignac qui doive donner la note décisive, pour les débuts du cabinet. Non, sans doute; qu'il nous ait donné le droit de douter de sa bonne foi. Mais tant de fautes irréparables ont été commises, dans l'histoire, de la meilleure foi du monde, qu'il est permis, à cette heure critique, de ne point se sentir absolument rassuré.

M. Brisson, sûrement, doit sentir tout le poids de la responsabilité qu'il a prise, et la plupart de ses collègues avec lui, de sincérité républicaine non douteuse. Ils nous doivent d'éclaircir les mystères qui planent sur l'affaire Dreyfus-Esterhazy. Il faut dissiper les ténèbres accumulées à plaisir pour empêcher la lumière d'arriver jusqu'à nous. Quelle puissance est en eux! Ils ont la clef de tout. Le mensonge et la vérité vont comparaître devant eux. Ils vont jeter le poids de leur parole dans la balance.

M. le général Billot a prononcé deux mots, dont l'un au moins a reçu des faits le plus éclatant démenti. Il a dit que Dreyfus avait été *justement* et *légalement* condamné. *Justement*, cela reste à voir. *Légalement*, tout nous montre aujourd'hui que ce n'est pas vrai. Ces deux mots tracent la tâche du nouveau ministère. Il faut lire le dossier pièce à pièce, faire la critique de chaque document en soi et estimer ce qu'il apporte de preuves. Le fameux document « libérateur » : *Ce canaille de D...* est depuis longtemps apprécié à sa juste valeur. La preuve triomphante que le général de Pellieux nous apporta à la Cour d'assises ne résiste pas à cinq minutes d'examen. Nous ne pouvons parler du reste, ne le connaissant pas.

Il y a bien le dossier *ultra secret* dont a parlé le colonel Henry, qui se composerait, nous a raconté M. Millevoye dans une réunion publique, de lettres de l'empereur d'Allemagne à Dreyfus. Comment croire que des hommes doués de raison donnent dans un piège si grossier ? Je ne m'étonnerais pas qu'Esterhazy ait inventé cette farce colossale. Mais sur quelle imbécile crédulité devait-il faire fonds ?

J'allais oublier l'aveu, le fameux aveu Lebrun-Renault qui doit nous anéantir. C'est que je n'ai plus qu'une inquiétude à ce sujet. Comme M. Georges Berry lui-même, je crains que M. Cavaignac ne se montre pas plus pressé de nous communiquer cette pièce que M. Méline lui-même quand M. Cavaignac, avec tant d'insistance, la lui demanda.

Rien que pour avoir réclamé la publication de ce document, M. Cavaignac est devenu l'homme nécessaire, le providentiel sauveur. Et maintenant que, par cet acte même, il est devenu le détenteur de cet écrit fameux, voilà que des journaux esterhaziens, au lieu de nous en accabler d'avance, font grise mine à l'idée de le produire au grand jour. Ces foudres mouillées, bonnes pour la menace, sont-elles donc inoffensives à qui les brave ? Nous le saurons demain.

Ai-je besoin de dire, d'ailleurs, qu'il ne peut être question de demander au gouvernement de proclamer l'innocence ou la culpabilité de Dreyfus ? M. Brisson, ni M. Cavaignac, pas plus que M. Billot, ne sont des juges. Nous, qu'on accuse d'outrager l'armée, que demandons-nous sinon que Dreyfus soit déféré, *dans les formes de la loi*, à ses juges naturels ?

Ce que nous réclamons tout simplement, c'est le respect de la loi comme garantie de justice. Et aussi longtemps qu'on ne nous apportera contre un homme que des preuves, bonnes ou mauvaises, authentiques ou fausses, postérieures à sa condamnation, et par conséquent inconnues de lui et de son défenseur, nous ne nous lasserons pas de dire : C'est à recommencer.

6 *juillet* 1898.

CL

La demande d'annulation.

Mme Dreyfus adresse à M. le garde des sceaux une requête lui demandant de déférer à la Cour de cassation, pour en obtenir l'annulation, le jugement qui a condamné son mari. Le moyen invoqué est, bien entendu, la conmunication de pièces secrètes au conseil de guerre, à l'insu de l'accusé et de son défenseur, en violation de l'article 101 du code de justice militaire.

Le garde des sceaux, en cette matière, prononce souverainement.

Le Gaulois du juif de l'Etat-Major (je parle du premier de tous, M. Klotz me pardonnera de ne le mettre qu'au second rang) s'exprime à ce sujet dans les termes suivants :

Si les prétendues irrégularités dont les partisans de Dreyfus font si grand fracas ont été à différentes reprises audacieusement affirmées, elles n'ont jamais été judiciairement prouvées.

Jamais il n'a été judiciairement prouvé qu'une communication de pièces ait été faite au cours des débats du procès Dreyfus, à l'insu de l'accusé et de son défenseur.

Aussi M. Sarrien, s'il faut en croire le *Petit Temps*, aurait-il déclaré hier soir que le défaut de preuve de cette communication secrète semblait lui interdire la mise en mouvement de l'initiative du garde des sceaux.

M. Sarrien aurait ajouté qu'il avait commencé l'examen

du dossier Dreyfus, qui est très volumineux, et qu'il consacrerait à cette étude une partie de la nuit, de façon à arriver, jeudi, devant la Chambre, après avoir compulsé le dossier en entier.

M. Alphonse Humbert, plus explicite encore que M. Arthur Meyer, tranche, lui, la question, de sa propre autorité, avant le ministre de la justice. Voici son texte :

La procédure d'annulation est ouverte — pas pour longtemps sans doute. Aux termes de l'article 441 du Code d'instruction criminelle, c'est au seul ministre de la justice qu'il appartient de saisir la Cour de cassation, et il le fera s'il estime que la requête mérite examen. Or, comment en jugerait-il ainsi, alors que les faits articulés ne sont suceptibles d'aucune preuve ? La loi, en effet, a voulu que tout ce qui se dit dans la salle des délibérations où s'assemblent les juges avant le prononcé du verdict demeurât enveloppé d'un secret impénétrable ; en sorte qu'aucune des personnes ayant été témoins des faits qu'on incrimine ne pourrait fournir à leur sujet la moindre explication, si elle était interrogée par un juge. Dans ces conditions, il n'y a même pas moyen d'ouvrir un commencement d'enquête. Le garde des sceaux ne peut donc répondre à la famille Dreyfus que par une fin de non recevoir — et c'est ce qu'il fera, n'en doutez pas.

Telle est la conception de la haute justice esterhazienne.

M. Arthur Meyer nous reproche de n'avoir pas prouvé qu'une pièce secrète avait été illégalement communiquée par le ministre aux juges, et il cherche obliquement à en tirer la conclusion que M. Sarrien se trouvera par là empêché de faire droit à la requête de Mme Dreyfus. Il faut, en vérité, quelque audace pour produire cette objection, quand on sait que si nous n'avons pas fait la preuve, c'est uniquement parce que le président Delegorgue, nous en a empêchés.

Zola a écrit son « *J'accuse* » uniquement pour être mis en demeure de prouver que la condamnation de

Dreyfus avait été obtenue par des moyens illégaux.
Billot et Méline, suant de peur devant la vérité, au
lieu de faire le procès complet que loyalement réclamait Zola, n'ont poursuivi l'écrivain que pour une
phrase seulement, laquelle, habilement découpée,
devait, dans leur pensée, empêcher la production de
la preuve. En conséquence de quoi, M. Delegorgue,
a brutalement fermé la bouche de nos témoins
par le mot qui sera sa honte dans l'histoire : « La
question ne sera pas posée. » M. Arthur Meyer a entendu cela, puisqu'il était présent à l'audience. Il a
vu M. Salles venir à la barre, et il sait, grâce à la
question de Me Labori, que nous offrions de prouver
par témoin la communication de la pièce secrète. Il
a vu M. Salles quitter l'audience sans avoir pu parler,
et il ose se plaindre que nous n'ayons pas fait la
preuve, quand il a concouru de toutes ses forces à
nous en empêcher.

M. Sarrien, prétend M. Arthur Meyer, d'après le
Petit Temps, n'a pas de preuves. Il paraît qu'il n'y a
pas au dossier de pièce par laquelle M. le général
Mercier s'accuse lui-même. C'est étonnant. Mais si
M. Sarrien veut en avoir, quand il sera à la table du
conseil des ministres, qu'il interroge M. le président
de la République en personne et il saura bientôt à
quoi s'en tenir là-dessus. Oui, M. Félix Faure lui-
même, qui a laissé MM. Méline et Billot garder au
bagne un homme qu'il sait condamné en violation de
la loi, M. Félix Faure qui savait que M. Billot mentait quand il disait que Dreyfus avait été légalement
condamné, M. Félix Faure a dit à un témoin, que
nous produirons quand il faudra, qu'on n'avait obtenu
le verdict qu'en communiquant aux juges une pièce
secrète, à l'insu de l'accusé. M. Sarrien n'a donc que
l'embarras du choix s'il veut, comme je n'en puis
douter, connaître la vérité.

Par malheur, c'est ici qu'il rencontre le farouche
Alphonse Humbert pour barrer la route à ses recherches d'évidence. Le rédacteur de l'*Éclair* a découvert

que « les faits articulés ne sont suceptibles d'aucune preuve », car, les délibérations des juges étant secrètes, « aucun d'eux ne pourrait fournir la moindre explication à ce sujet, s'il était interrogé par un juge ». Ainsi, les juges peuvent violer la loi selon leur bon plaisir. L'accusé le plus iniquement, le plus illégalement condamné, n'a pas de recours contre eux. L'arbitraire est au-dessus de la loi. C'est un ancien révolutionnaire, retour du bagne, qui nous fait cette théorie devant laquelle eût reculé Napoléon III.

Il me paraît difficile que M. Sarrien, M. Brisson, M. Bourgeois lui-même, qui avait la pensée bizarre d'aller présider une fête de l'Ecole alsacienne, pendant la discussion à la Chambre, et qui y a finalement renoncé, se rangent à l'avis de M. Humbert. Je ne puis pas leur faire l'injure de les croire insoucieux de leur renommée. S'ils étaient capables de se mettre en ligne derrière M. Arthur Meyer, et d'objecter que nous n'avons pas de preuve quand ils savent que la raison en est qu'on nous a précisément empêchés de faire cette preuve, s'ils étaient capables de dire avec M. Humbert que la loi est organisée pour couvrir le crime et pour en garantir l'impunité, que resterait-il d'eux demain ?

7 juillet 1898.

CLI

La revision inévitable.

C'est une autre partie qui se joue. Nous avons devant nous des hommes qui prétendent apporter autre chose que de vagues affirmations. M. Cavaignac n'a pas craint de produire à la tribune ces fameux documents dont la publication, nous disait-on, devait déchaîner la guerre. Il a crânement affirmé que nous étions les maîtres chez nous et que nous n'avions besoin de l'autorisation de personne pour exercer notre justice. C'est une parole que nous avons jusqu'ici vainement sollicitée de nos gouvernants.

Elle est enfin venue, et nous voici tous d'accord sur ce fait que rien ne peut nous empêcher d'appliquer librement et justement la loi française dans toute l'étendue de la République.

Seulement il arrive que, grâce à M. le ministre de la guerre, le résultat inévitable de la séance est tout justement l'opposé de ce qu'il a cru lui-même et de ce qu'a cru la Chambre. M. Cavaignac a donné lecture de pièces, déjà connues, qui établissent d'après lui la culpabilité de Dreyfus, et nos députés, s'érigeant en juges après le ministre de la guerre, ont, suivant la méthode antique, retourné le pouce en signe de condamnation suprême.

Les choses ne me paraissent pas aussi simples.

Je laisse de côté l'histoire du capitaine Lebrun-Renault qui aurait inscrit sur son carnet, au jour même de la parade, une note constatant des aveux de Dreyfus. Je n'ai pas besoin d'apprendre à M. Cavaignac que cet écrit est dénué de toute authenticité. Qu'est-ce qui prouve, en effet, que la note fut vraiment prise à la date indiquée? Qu'est-ce qui prouve que les paroles consignées sont vraiment celles que prononça Dreyfus, puisqu'elles ne lui ont pas été soumises ainsi que le veut la loi? Le code a prévu que les condamnés fussent dans le cas de faire des aveux. Il a voulu la présence d'un greffier et d'un juge d'instruction. Cela est autre chose qu'une note de hasard sur une feuille détachée du carnet d'un gendarme, surtout quand ce même soldat a dit à de nombreux témoins que jamais Dreyfus n'avait avoué. Enfin, si Dreyfus avait prononcé les paroles qu'on lui attribue, comment

aurait-il pu adresser une dernière lettre, avant son
départ, au ministre de la guerre pour proclamer son
innocence et le supplier de rechercher le vrai coupable ?

Je passe donc, et j'arrive aux documents que M. le
ministre de la guerre a soumis à la Chambre. Ces
documents, tout le monde les connaissait déjà. J'y
reviendrai encore. Pour aujourd'hui, je ne les discute
pas. Rien ne m'autorise à douter — je l'ai dit hier et
je le repète aujourd'hui — de la parfaite bonne foi
de MM. Brisson, Cavaignac et Sarrien qui ont examiné le dossier Dreyfus. C'est leur jugement que
M. Cavaignac a porté à la tribune. Je n'ai rien à dire
d'eux, sinon, comme je le répète depuis le premier
jour, qu'ils ne sont pas des juges. Si ces pièces sont
authentiques, il faut condamner Dreyfus et, ainsi que
je l'ai dit au lendemain de sa condamnation, on pourra
le fusiller sans que je proteste.

Mais avant de procéder à cette formalité, j'ai soutenu et je répète encore qu'il faut que ces documents
accusateurs lui aient été préalablement montrés et
qu'il soit mis en demeure d'y répondre. Or, c'est
justement ce qu'on n'a point fait, et c'est de quoi je me
plains depuis six mois chaque jour.

M. Sarrien, hier, confiait à un reporter du *Temps*
que la demande en revision formée par Mme Dreyfus
n'était point accompagnée de preuves, et voici que
M. Cavaignac, obligeamment, fournit justement à son
collègue de la justice un paquet de preuves comme on
n'en eut jamais de plus claires.

De quoi s'agit-il en effet? D'une demande de revision fondée sur ce que le condamné ou son défenseur
n'ont pas eu connaissance des pièces sur lesquelles les
juges ont pu former leur opinion. Le fait est-il acquis?
Voilà toute l'affaire. Jusqu'ici on ne niait pas : on
feignait de douter, on épiloguait. Aujourd'hui, par
M. Cavaignac en personne, toute la vérité se découvre.
Les documents dont le ministre a donné lecture à la
Chambre ont été soustraits — cela ne peut plus être

contesté — à la connaissance de Dreyfus et de Mᵉ Demange. Pourquoi? On serait bien embarrassé de le
dire, puisqu'on les livre aujourd'hui à la publicité la
plus grande, quand le huis clos n'exigeait que la
communication à Mᵉ Demange obligé par le devoir
professionnel au silence.

Quelque folle raison que l'on trouve pour excuser
l'ancien ministre de la guerre, il n'en reste pas moins
acquis désormais, sans contestation possible, que la
loi a été formellement violée dans le procès Dreyfus.
C'est ce que je crie à tous les coins de l'horizon
depuis le commencement de cette affaire. La preuve
s'en trouvant faite maintenant, la condamnation de
Dreyfus tombe et son procès est à recommencer.

Je disais que ni M. Brisson, ni M. Cavaignac, ni la
Chambre n'étaient juges de Dreyfus. Non. Il faut
réunir un second conseil de guerre et recommencer
le procès. Voilà tout. Cette séance où les césariens ne
vont pas manquer de dire que nous avons été confondus, assure tout simplement le succès de notre
thèse. La revision est désormais inévitable. Cela était
fatal du jour où le gouvernement, au lieu d'affirmer
seulement, entreprenait de prouver.

Quelle objection d'ailleurs, pourrait-on nous opposer?

La crainte de l'étranger, la raison d'Etat? M. Cavaignac a fait bonne justice de ces deux arguments
qui n'étaient dans la bouche des gouvernements précédents que des couvertures de mensonges. Il ne
reste donc plus qu'à appliquer la loi. Esterhazy, pour
commencer, va faire connaissance avec elle. Ce n'est
pas trop tôt. Il n'est pas au bout de sa peine, le
Uhlan.

Dreyfus suivra. S'il est prouvé qu'il a trahi, que le
châtiment s'abatte sur lui. Mais il faut d'abord le
convaincre et lui soumettre ainsi qu'à son défenseur
toutes les pièces de l'accusation, afin de recueillir ses
réponses. M. Brisson ne voudra pas que dans la
République française un homme soit condamné sur
des pièces dont il n'a été admis à discuter ni la teneur

ni l'origine. Cela ne se voit plus dans aucun pays
civilisé. Et, chez les nègres de l'Afrique eux-mêmes,
avant de couper le cou aux gens, on fait mine de leur
dire pourquoi. Si Dreyfus était nègre, on ne lui refu-
serait pas cette faveur. Il est juif, mais si M. Brisson,
qui est un philosophe de la franc-maçonnerie, veut y
regarder d'assez près, il verra que c'est un homme
tout de même.

8 juillet 1898.

CLII

L'affiche du Ministère.

Nous avons, par le vote unanime de la Chambre, une
affiche de plus sur les murs. Qu'y lisons-nous de
neuf? Rien, sinon que M. Cavaignac est partisan de
la culpabilité de Dreyfus — ce qu'il avait pris anté-
rieurement la peine de nous dire — et que M. Brisson
l'approuve.

Ces messieurs fondent leur croyance sur trois pièces
dont nous connaissions déjà les passages principaux.
Les deux premières, contemporaines du procès Dreyfus
et connues par les révélations de la presse, font mention d'un certain traître désigné par la lettre D. M. Cavaignac, pour des raisons non révélées, estime qu'il
s'agit de Dreyfus. On a remarqué, cependant, qu'il
existe en France un certain nombre de personnes
affligées de cette initiale fâcheuse. Il paraît en outre
que dans certaines ambassades on avait pris l'habi-

tude, pour parer aux indiscrétions, de désigner chaque
informateur par une lettre arbitraire qui n'était jamais
la première de son nom. Si bien que ce **D** pourrait
désigner là quiconque, sauf toute personne dont le
nom commence par un **D**. Il vaudrait de vérifier ce
point, ce qui ne serait pas difficile, puisque ce renseignement émane d'une source très proche de M. Cavaignac.

Quant au troisième document, postérieur de deux
années à la condamnation de Dreyfus, nous le connaissions depuis l'incident de Pellieux à la Cour d'assises.
Seulement M. Cavaignac nous a fait la faveur de nous
donner le texte authentique, et vraiment il suffit de le
lire pour reconnaître combien le colonel Picquart eut
raison lorsque, en réponse au général de Pellieux, il
argua la pièce de faux.

Ce qui frappe M. Cavaignac, c'est le papier iden-
tique au précédent et le crayon bleu. Cela paraît un
pur enfantillage. Les deux correspondants ont eu tout
le temps, depuis deux ans, je suppose, d'échanger leurs
impressions sur ce qu'ils devaient faire. Tout d'un
coup, voici l'un d'eux qui éprouve le besoin de s'épan-
cher, alors plus de lettre D. Le nom de Dreyfus est
en clair. Et quel charabias de nègre ! Le style a changé
tout à coup. M. Cavaignac ni M. Brisson n'ont eu la
curiosité de se demander pourquoi.

Comment l'idée ne leur est-elle pas venue qu'un traître qui aurait eu la chance de voir condamner Dreyfus
à sa place devait fatalement céder à la tentation d'étouffer les doutes qui pouvaient naître, en fournissant
postérieurement au ministre les preuves décisives qui
manquaient? Découvrir que l'auteur de ces lettres
écrivait au crayon bleu, et lui *chiper* son papier,
était d'un art élémentaire pour qui était familièrement
reçu dans la maison. Ce n'était plus rien que de fabriquer autant de documents qu'il était nécessaire, en
mettant bien en vue le nom de celui dont il s'agissait
de fixer la culpabilité. Une seule difficulté se présentait, c'était d'imiter le style parfois incorrect de

l'étranger. Là, le faussaire n'a pas su garder la mesure, il a forcé la note, et la langue de l'écrivain se
trouve soudainement changée en un patois africain qui
suffirait à attester une origine différente.

M. Cavaignac ne s'est point embarrassé de si peu
de chose, et la Chambre pas davantage. Il est plus
facile en effet de résoudre ces questions par les
« applaudissements unanimes » mentionnés aux affiches blanches. Seulement il est d'autres manières de
s'exprimer, pour l'homme, que les coups de battoir,
et le délire des battements de mains n'est pas plutôt
passé que le langage articulé reprend ses avantages.
De ce moment il faut que la claque déchante : c'est
l'heure de la raison. Voilà pourquoi les effets de
M. Cavaignac, pour les hommes de réflexion, ne sup-
porteront pas l'analyse.

D'ailleurs M. le ministre de la guerre a donné la
mesure de son peu d'esprit critique lorsqu'il nous a
raconté que les « aveux de Dreyfus » lui paraissaient
suffisants « pour asseoir d'une façon absolue sa conviction ». J'ai déjà dit hier ce qu'on pouvait penser de
l'affaire Lebrun-Renault. Mais la lecture de *l'Officiel*
m'a plus complètement édifié sur cette histoire. M. Cavaignac nous a produit une lettre du général Gonse
qui, le 6 janvier 1895, eut, pour quelque raison
inconnue, l'idée de substituer son témoignage à celui
du capitaine Lebrun-Renault lui-même. Voici la conclusion de ce document : « Le capitaine a conclu en
exprimant *l'avis* que Dreyfus faisait des **demi-aveux**,
ou des commencements d'aveux mélangés de réticences
et de mensonges. » Ainsi c'est simplement un *avis*
qu'exprime M. Lebrun-Renault, et cet *avis* est que
Dreyfus faisait des **demi-aveux**. J'ignore quelle peut
être la valeur judiciaire d'une telle expression, mais
ce que j'affirme sans crainte d'être démenti, c'est
qu'aucun esprit réfléchi « *n'asseoira d'une façon absolue sa conviction* » sur le simple *avis* qu'un homme a
pu faire des **demi-aveux**.

Et d'ailleurs il est piquant de noter que M. le géné-

ral Gonse lui-même n'a pas partagé l'enthousiasme
de son ministre pour la sorte de preuve qu'apporte
son propre écrit. Dix-huit mois plus tard, en effet,
le colonel Picquart tombait sur la piste d'Esterhazy,
qui le conduisait à supposer l'innocence de Dreyfus,
et le général Gonse, mis au courant de l'affaire par
son subordonné, lui écrivait, en septembre 1896, les
lettres que l'on sait pour l'encourager dans ses recherches. « Au point où vous en êtes de votre enquête, *il
ne s'agit pas, bien entendu, d'éviter la lumière,* mais il
faut savoir comment on doit s'y prendre pour arriver à
la manifestation de la vérité. » Voilà ce qu'écrivait le
général Gonse au colonel Picquart. S'il avait attaché
lui-même la moindre importance au document signé
de lui que brandit triomphalement aujourd'hui M. Cavaignac, aurait-il pu manquer d'écrire au colonel
Picquart : « Vous vous trompez, vous êtes dans une
fausse voie, Dreyfus a fait des aveux que j'ai moi-
même enregistrés? » Pas un mot de tout cela. Au
contraire, des encouragements à l'homme qui croit
pouvoir découvrir la preuve de l'innocence de Dreyfus.

Tel est le sentiment du général Gonse sur un écrit
signé de lui que M. Cavaignac nous révèle aujourd'hui
en déclarant qu'il lui suffit pour « asseoir d'une façon
absolue sa conviction. » Et voilà ce qui emballe l'*unanimité* de la Chambre. Et c'est pour avoir fait de
telles découvertes que socialistes, radicaux, modérés
et monarchistes confondus acclament le ministre de
la guerre en sauveur, et remplacent, en un jour de
folie, le ministère Brisson — mort avant que de naître
— par le ministère Cavaignac avec le spectre de
Brisson à l'intérieur.

9 juillet 1898.

CLIII

Le nouveau jeu.

Je cherche les différences entre le procédé de
M. Billot et celui de M. Cavaignac pour résoudre,
chacun à sa façon, l'affaire Dreyfus-Esterhazy. Tous
deux sont, j'ose le dire, des artistes d'égale valeur;
mais par son nouveau jeu, M. Cavaignac, disant et
faisant même chose que M. Billot, a donné l'illusion
d'une pièce nouvelle.

M. Billot prononçait des paroles comme celles-ci :
« C'est la quatrième fois que le ministre de la guerre
déclare à la Chambre que Dreyfus a été **légalement** et
justement condamné. » Des preuves, pas un mot, et
quand on réclamait le rapport Lebrun-Renault, M. Méline montait à la tribune pour dire qu'il n'essayerait
de rien prouver car ce serait porter atteinte à l'autorité de la chose jugée.

Ce système avait un mérite : il se tenait d'ensemble.
Il avait un vice aussi, celui de ne rien résoudre, et de
laisser toutes les questions debout. Le « légalement »
était, au su de tout le monde, un mensonge, puisqu'il
est désormais certain que Dreyfus a été jugé en violation de la loi. Le *justement* était une usurpation,
puisque ni M. Billot, ni la Chambre, n'étant juges,
n'ont qualité pour prononcer sur un jugement. A part
ces deux faiblesses, le terrain de M. Billot paraissait
solide, et je dois reconnaître que le ministre s'y main-
tint avec une énergie toute militaire.

M. Cavaignac a eu des prétentions plus hautes. Il a
voulu « mettre un terme à l'agitation du pays » causée
par l'inquiétude où nous sommes sur la légalité du
jugement rendu. Renouveler les déclarations de
M. Billot était fort inutile, puisque ce moyen n'avait
pas réussi. Et puis, M. Cavaignac, sans doute, n'aurait
point consenti à mentir. Il a donc annoncé qu'il allait
donner des preuves à l'appui de la chose jugée, et
vraiment il nous a montré les pièces sur lesquelles *il
asseoit sa conviction*. Hélas ! nous avons vu que jamais
conviction ne fut si mal assise. Mais les preuves exhi-
bées fussent-elles aussi probantes qu'elles sont faibles,
qu'importe, puisque ni le ministre ni la Chambre n'en
sont juges ? Comment M. Cavaignac a-t-il pu croire
qu'il allait « mettre un terme à l'agitation du pays »
en publiant des pièces qui toutes étaient connues depuis le procès Zola en Cour d'assises ? Le « coup de
massue » de M. Cavaignac, c'était tout justement le
« coup de massue » du général Billot par la main du
général de Pellieux devant le jury de la Seine. Par
quelle mystérieuse vertu le document argué de faux
qui n'avait pas fait cesser l'agitation du pays, il y a
cinq mois, devait-il opérer aujourd'hui ce prodige ?

Pour être juste toutefois, il faut reconnaître que ce
moyen a parfaitement réussi dans la Chambre. Mais
ce n'est pas la Chambre qu'il s'agissait de convaincre,
puisqu'elle était convaincue d'avance et qu'à aucun
moment une question de justice et de légalité n'a
passionné nos représentants. L'enthousiasme parlementaire pour Billot était d'avance une sûre garantie
de l'enthousiasme parlementaire pour Cavaignac.

Donc, le coup a réussi dans l'enceinte du Palais
Bourbon à ce point que les plus farouches radicaux,
avec les plus notables socialistes révolutionnaires, se
pâment de bonheur dans le gilet de M. Cavaignac.
Le coup a réussi, à la condition que le ministre et la
Chambre aient usurpé, comme au temps de Billot, les
pouvoirs des juges, à la condition que M. Cavaignac
ait été laissé libre d'escamoter audacieusement la

question de légalité. Car pas un député ne s'est rencontré pour poser au ministre cette simple question : Les pièces dont vous nous parlez ont-elles été soumises à l'accusé et à son défenseur ? Cette parole dite, tout croulait : voilà pourquoi personne n'a osé la dire.

Jaurès avait précédemment posé la question à M. Méline, qui répondit : Vous le saurez en Cour d'assises. En Cour d'assises il se trouva que ce même Méline avait organisé les poursuites de façon à ce que la question fût interdite. Voilà de l'Escobar. Hier, la partie était plus belle, puisque M. Cavaignac avait dit nettement son intention d'en finir. Il suffisait d'un oui ou d'un non. Un député socialiste m'avait annoncé son intention de poser la question. Il s'est tu. O faiblesse des temps !

Les journaux de l'Etat-Major exultent et avec eux, des radicaux, des socialistes, qui embrouillent les choses de leur mieux pour tâcher d'esquiver la question de légalité dont ils n'osent pas dire un mot. Mais les saletés politiques dont ils se laissent volontairement boucher les oreilles et les yeux ne sont rien pour le grand public. C'est pourquoi l'habile opération par laquelle M. Cavaignac prétendait mettre fin aux doutes sur l'affaire Dreyfus-Esterhazy produira tout justement l'effet contraire de ce qu'il a voulu.

« *Est-ce à dire que tout est fini ?* » dit *le Temps*... *En faisant sa revision personnelle du dossier, le ministre de la guerre a donné un exemple que d'autres, sous leur propre responsabilité, ont le droit d'imiter.* » Et les *Débats* : « *Ces demi-confidences, cette démonstration inachevée laissent nécessairement place au doute, à la contradiction. Elles ouvrent, elles autorisent une discussion. Ce n'est pas une manière de finir, c'est plutôt un recommencement.*

Bref, il n'y a qu'une manière de se tirer d'affaire : la revision. C'est ce que j'ai dit tout d'abord. Il n'y a pas d'autre issue pour Billot, pour Cavaignac et pour Castelin lui-même, que l'application de la loi.

P. S. — Nouvel incident. Le colonel Picquart vient

d'écrire à M. Brisson pour lui offrir de prouver, devant toute juridiction compétente, que le D. des deux premières pièces lues à la tribune par M. Cavaignac ne peut pas désigner Dreyfus, et que la pièce où le nom de Dreyfus se trouve écrit en toutes lettres a tous les caractères d'un faux. La question ne serait-elle pas aussi complètement *enterrée* qu'on le prétend d'un commun accord, à *la Lanterne* et au *Figaro ?*

10 *juillet* 1898.

CLIV

Trop parlé, rien prouvé.

Décidément, c'est le système de Billot qui était le bon : ne rien dire. Aussi longtemps que Billot nous a déclaré qu'il ne pouvait pas parler parce que s'il parlait c'était la guerre, tout le monde a frémi d'horreur et la Chambre a couvert d'applaudissements le patriotisme ministériel. En revanche, que d'injures aux « dreyfusards » qui mettaient la France à deux doigts d'une catastrophe effroyable ! Pour nous sauver de ce danger, Billot héroïquement gardait le silence. Scheurer-Kestner lui demandait la vérité. Pas un mot à Scheurer-Kestner. On le questionnait au Sénat, à la Chambre. Je ne puis rien dire : telle était sa réponse.

Et chacun songeant à la boucherie du général de Pellieux, admirait le ministre muet, et des hommes vous confiaient gravement : « Il vaut mieux qu'un innocent périsse que de livrer la France à l'ennemi. » Tel était le jugement porté par des soldats galonnés sur notre préparation militaire. Nous protestions. Nous alléguions qu'il n'était pas possible que nous courions un tel danger. Nous observions qu'un pays doit être libre de faire la justice chez lui, et que toute l'Europe ne pouvait manquer de le comprendre. On nous huait. Nous étions des mauvais patriotes, des traîtres, des vendus.

Et puis tout à coup voici la scène qui change. Le ministre de la guerre répète mot à mot ce que nous n'avions cessé depuis six mois de dire : Nous pouvons en France exercer, en toute paix de conscience, la justice de la loi française, sans crainte de l'étranger. Alors ce n'est qu'un cri. Tous ceux qui nous injuriaient admirent dans la bouche de M. Cavaignac les propos qu'ils condamnaient dans la nôtre. Et ce sont des applaudissements, et ce sont des articles, et ce sont des pâmoisons de patriotisme en délire. Farceurs !

Alors le ministre découvre publiquement ce que son prédécesseur dérobait aux regards. Et de même qu'en lisant l'acte d'accusation de Dreyfus, tout le monde a compris que le huis clos — soi-disant commandé par le patriotisme — n'était qu'un prétexte pour cacher la faiblesse des preuves alléguées, ainsi le mystère qui avait couvert jusqu'ici les pièces révélées par M. Cavaignac s'est trop bien expliqué, du jour où elles ont été connues. De danger de guerre, il n'y en avait pas trace. En revanche, le danger de la discussion était trop manifeste pour qu'on s'étonnât du secret jalousement gardé.

Enfin les documents sont connus. Connus de tous, ai-je dit ? Oui, excepté du seul homme à qui la loi impose l'obligation de les faire connaître : l'accusé, devenu le condamné. Seul, Dreyfus n'en a pas reçu communication. Seul, il les ignore. Et la Chambre de la République consacre la violation scandaleuse de la loi par ses votes unanimes, et les prétendus réformateurs radicaux et socialistes, occupés à organiser le suicide de leur parti, se mettent honteusement à la remorque de l'arbitraire. L'un fait des phrases sur la suprématie du pouvoir civil et tout aussitôt livré le code aux militaires. L'autre honnit le gouvernement du sabre, en ses articles, mais lui donne son vote à la Chambre. Un troisième sacre bon républicain M. Cavaignac, parce que ce ministre déchire de propos délibéré toutes les garanties de justice en France. Et le suffrage universel, pour tout dire, a d'avance consacré de sa haute sanction toutes ces entreprises contre le droit des citoyens.

Dans ces conditions il ne reste à ceux qui ne veulent pas prendre la file des révolutionnaires de parade, dévotement courbés sous le joug, qu'à protester d'une parole qui jamais ne se lasse. C'est ce que nous faisons. Et voilà justement que c'est un soldat qui donne à tant de prétendus citoyens le bon exemple. Le colonel Picquart écrit à M. Brisson pour lui offrir de démontrer, devant toute juridiction compétente, que le D des pièces secrètes ne peut pas s'appliquer à Dreyfus, et que le document où ce nom se trouve en toutes lettres a tous les caractères d'un faux. C'est la conséquence fatale de la discussion ouverte par M. Cavaignac.

Cependant, les journaux de l'Etat-Major là-dessus jettent feu et flammes, et couvrent le colonel Picquart d'injures. Je dois convenir qu'en offrant de faire éclater la vérité, il a mérité ces outrages. Mais, après avoir vomi l'insulte, il faut répondre, et c'est là que j'attends M. Brisson. *Le Gaulois* — l'un des plus fermes appuis de notre Cavaignac — et l'organe attitré de son Etat-Major — ô Brisson — écrit cette phrase, complaisamment reproduite par *l'Eclair* : « *Si M. Picquart n'est pas arrêté, c'est l'annulation du discours de M. Cavaignac.* »

Voilà qui est parlé, et l'on voit bien que, *regnante Brisson*, le journal du duc d'Orléans n'a pas besoin de s'embarrasser des lois pour dicter ses conseils. Qu'on

arrête donc Picquart, qu'on lui chauffe les pieds,
qu'on lui crève les yeux, qu'on lui coupe la langue,
et qu'on lui verse du plomb fondu dans les oreilles.
Nous demandons seulement si cela donnera quelque
authenticité à un faux, car c'est toute l'affaire.

De même Castelin, l'autre jour, proposait des lois
d'exception pour nous réduire au silence. Cavaignac
voulut bien répondre, pour M. Brisson, que ce n'était
pas nécessaire. En effet, il suffit de violer les lois
tout à son aise, comme a fait le général Mercier,
approuvé pour cela par toutes les autorités de la République, avec la sanction du vote unanime de la
Chambre. Tout cela est très simple, en effet, et peut
se faire, puisque vous le faites, messieurs, et qu'on
vous acclame. Il y a seulement cet ennui qu'un jour
la vérité sera connue, et qu'il en résultera, pour chacun, des conséquences.

11 juillet 1898.

CLV

La marche à la revision.

Le colonel Picquart est encore vivant. Il n'est pas
même arrêté. M. Arthur Meyer ne sera pas content du
tout, et si cette faiblesse continue, le cabinet Cavai-
gnac-Brisson va perdre un de ses plus solides appuis.
Il faut qu'on arrête Picquart. J'insiste d'autant plus
pour que cette satisfaction soit donnée au Juif de
l'Etat-Major, qu'il menace, au cas où Brisson n'obéi-

rait pas, de nous faire massacrer par les foules dont
il dispose dans l'intérêt de « la justice populaire ».
Que les dieux détournent de nous ce malheur !

Quoi qu'on décide de Picquart, il est bon que Brisson réfléchisse. Fusiller n'est pas répondre, monsieur
le président du conseil. M. Cavaignac a ouvert la discussion. Il ne peut avoir la prétention exorbitante de
la fermer du même coup. Il a produit des allégations,
des comparaisons, des interprétations. Il faut, s'il est
loyal, comme je n'en ai point douté, qu'il prête maintenant l'oreille aux allégations, aux comparaisons,
aux interprétations des autres. Sans cela son attitude
d'apparente franchise ne serait qu'une indigne hypocrisie.

Billot, même en se taisant, mentait. C'était Billot.
Le nouveau ministère a eu la prétention d'agir autrement. Soit. Nous avons écouté M. Cavaignac avec
toute l'attention qu'il mérite. Maintenant qu'il a causé,
causons.

Or, voici que le premier qui se présente pour causer est le plus qualifié de tous, l'ancien chef du bureau
des renseignements. Pour avoir, tout en respectant
ses devoirs de soldat, parlé suivant sa conscience, il
s'est vu chasser de l'armée, où l'attendait le plus
brillant avenir, et chaque jour les journaux du gouvernement Cavaignac, qui sont justement les mêmes
que ceux du gouvernement Billot, lui jettent des
pelletées d'ordures. Cela ne l'émeut pas beaucoup.
L'homme est de ceux qui malgré tout poursuivent leur
chemin.

Un jour, il voit tomber Billot et surgir Cavaignac.
Le premier n'avait qu'un argument : « J'affirme et je
refuse de démontrer. » Le second annonce qu'il va
prouver. Ce fut un grand soulagement pour tout le
monde. M. Cavaignac n'a pas prouvé, mais il a essayé
de prouver : c'est déjà quelque chose. Voyant cela, le
colonel Picquart, qui sait peut-être des choses que
le ministre ignore, se lève et informe le chef du gouvernement que le devoir professionnel a trop long-

temps arrêté certaines vérités sur ses lèvres et qu'il est prêt à démontrer que, de la meilleure foi du monde, M. le ministre de la guerre s'est trompé.

Il est certain que M. Cavaignac a commis une lourde faute en s'érigeant en juge de l'innocence ou de la culpabilité de Dreyfus et en associant la Chambre à cette monstrueuse violation du droit commun. Il n'y a qu'une seule question qui compte : Dreyfus a-t-il été jugé légalement? Pourquoi M. Cavaignac et M. Brisson se donnent-ils tant de mal pour l'esquiver? La revision dépend non de l'innocence ou de la culpabilité, dont ni M. Cavaignac, ni M. Brisson, ni la Chambre ne sont juges, mais seulement de la légalité, sur laquelle se taisent ceux-là mêmes qui, hier, nous promettaient la vérité.

Ils se taisent. Mais la question demeure. C'est le bloc en travers du chemin. On feint de ne pas le voir. On s'y casse la tête. La belle avance!

M. Brisson, qui est jurisconsulte, ne peut pas ignorer que la prétendue démonstration de M. Cavaignac, à la tribune, n'offrait aucune des garanties de contrôle en pareil cas requises. C'est que le ministre n'était pas tribunal. Alors, pourquoi prétendait-il faire fonction de magistrature? En quelques heures, il a étudié le dossier d'après les indications d'hommes comme MM. du Paty de Clam et de Boisdeffre, en qui il a toute confiance, mais qui, ayant leur opinion déjà faite, sont fatalement conduits à lui en faire une à lui-même.

Il a fait sienne leur opinion, en effet. L'informe réquisitoire, renouvelé des dépositions de l'Etat-Major à la Cour d'assises, s'offrait de lui-même à la réfutation. Nous avons revu la fameuse pièce : « Ce canaille de D. » et le document argué de faux par le colonel Picquart. La Chambre a décidé d'afficher ce fatras. Pourquoi? C'est pour que le public se fasse une opinion, à son tour, peut-être. On n'y peut arriver que par la discussion. M. Brisson le sait bien et ce n'est pas lui qui tiendra les affiches officielles pour paroles d'évangile.

Comment s'étonnerait-il donc que ceux qui peuvent fournir les éléments de cette discussion les apportent? C'est l'acte si simple du colonel Picquart. Il n'est pas seul de son avis, d'ailleurs. Sur la pièce « canaille de D... », voici ce que dit le colonel Henry à la Cour d'assises :

Jamais la pièce « canaille de D... » n'a eu de rapport avec le dossier Dreyfus. Je le répète : jamais, puisque le dossier est resté sous scellés depuis 1895 jusqu'au jour où, au mois de novembre dernier, M. le général de Pellieux a eu besoin du bordereau pour enquêter au sujet de l'affaire Esterhazy ; par conséquent, la pièce « canaille de D... » n'a aucun rapport avec l'affaire Dreyfus, je le répète.

Je répète devant ces messieurs que jamais ces deux pièces, le dossier Dreyfus et la pièce « canaille de D... », n'ont eu aucun rapport.

Le colonel Picquart, d'accord avec le colonel Henry contre M. Cavaignac, cela n'est-il pas curieux? Ce point, et beaucoup d'autres, veulent être éclaircis. Comment pourrait-on refuser d'écouter la démonstration du faux, par exemple? Il est impossible de déclarer le débat clos, au moment où l'on vient de l'ouvrir. Un homme qui a brisé sa carrière pour servir la vérité vaut qu'on l'écoute, je suppose.

Et quant à la « juridiction compétente » pour entendre le colonel Picquart, il n'y en a qu'une : celle qui est indiquée par l'article du Code relatif à la revision. Ne disais-je pas justement l'autre jour que M. Cavaignac avait rendu la revision inévitable?

12 *juillet* 1898.

CLVI

L'engrenage

Mᵉ Demange écrit fort à propos à M. Sarrien, ministre de la justice, pour l'informer officiellement qu'aucune des pièces lues par M. Cavaignac à la Chambre n'a été communiquée à Dreyfus ni à son défenseur. Il affirme une fois de plus qu'il n'a connu d'autre pièce que le bordereau, dont M. Cavaignac lui-même n'a pas osé dire un mot à la Chambre. Ainsi la conviction de M. Cavaignac, qui pourtant n'est pas difficile en fait de preuves, se fait uniquement sur des pièces dont Dreyfus n'a rien su. Pour une justice républicaine, cela laisse plutôt à désirer.

Mais ce n'est pas tout. Si M. Sarrien veut se donner la peine de faire la moindre enquête, il apprendra de façon à n'en pouvoir douter que ceux de ces documents qui sont antérieurs au procès ont été secrètement communiqués aux juges. Les témoins ne manqueront pas pour l'établir. Ceci, c'est le contraire de la justice et le contraire de la loi. Alors pourquoi M. Cavaignac, qui parlait au nom du gouvernement, a-t-il fait semblant de l'ignorer, et ne nous en a-t-il pas dit un mot, au lieu de nous entretenir de son opinion personnelle sur le fond, qui ne saurait légalement faire autorité ? Il y a là, je dois en convenir, plus d'habileté que de candeur.

C'est le mal, car il est patent que M. Cavaignac s'est proposé pour but de couvrir une illégalité en rassurant les députés sur la culpabilité de l'homme condamné en violation de la loi. Il n'en avait pas le droit, puisqu'il n'était pas juge. Il l'a fait tout de même, essayant de masquer une illégalité par une autre, aux applaudissements des représentants de la légalité. Il a réussi. Les jurisconsultes attitrés du Parlement, aux trousses des césariens, ont consenti de souffleter la loi, et *l'unanimité* de la Chambre — ce vote sera de l'histoire — a voulu faire afficher cette honte sur les murailles.

Mais voici qu'un témoin s'est levé, et les affiches ne sont pas encore posées que tout est remis en question. Où est votre victoire d'une heure, messieurs du ministère Brisson ? Le seul résultat qui demeure, c'est que, lorsque la revision viendra — car vous serez obligés de la faire — vous aurez mis tout le poids de votre autorité, tout le poids de votre gouvernement, du côté de ceux qui ont violé la loi, contre celui qui fut leur victime. Oui, vous aurez donné votre nom pour légitimer après coup ce qui ne fut d'abord qu'une erreur, et devint un crime par l'entêtement de quelques-uns à couvrir la faute d'un homme par esprit de corps.

C'est un effroyable engrenage. Le colonel du Paty de Clam, que je ne connais point, n'est pas, je suppose, un méchant homme, et l'idée ne lui est point venue de faire condamner un innocent. Je dirai même chose du général de Boisdeffre, de Billot, de Félix Faure et de Cavaignac aussi. Mais ce n'est là que des intentions, c'est-à-dire moins que rien en face du fait lui-même. Tous se sont laissé prendre à l'engrenage, et maintenant ils n'ont plus la force de se déprendre.

Et c'est votre tour, ô Brisson ! et déjà vous entraînez à votre suite l'unanimité des hommes qui sont la représentation officielle de la France. Cela vous semble décisif, peut-être. Contre la vérité, ce n'est rien. Les césariens — de qui vous avez la voix sans pouvoir la répudier, hélas ! — exigent que vous nous arrêtiez pour nous réduire au silence. Et après ? Car il y a toujours un *après*. L'engrenage n'est pas sans fin.

La chaîne casse un jour, le mensonge se déclanche, et la vérité surgit plus radieuse.

C'est parce que nous le savons que nous nous ferons tous briser plutôt que de reculer d'un pas. C'est parce que vous le savez aussi que je vous conjure de réfléchir, au bord de la suprème faute, et de reprendre, quand il est temps encore, possession de vous-même.

Le colouel Picquart offre de montrer à M. Cavaignac qu'il se trompe. Oserez-vous dire que vous ne voulez pas savoir? M. Cavaignac n'a-t-il pas fait lui-même justice de ses documents en prétendant « asseoir sa conviction absolue » sur les prétendus aveux contredits par le texte même où ils sont rapportés.

Et Me Demange maintenant produit une note de Dreyfus, ignorée de celui qui hier le condamnait à la tribune sur des informations insuffisantes. Et nous y voyons que si le malheureux — c'est Dreyfus que je désigne ainsi — a parlé d'amorçage, de documents livrés, tout en clamant son innocence, c'est que la question lui avait été posée par le colonel du Paty de Clam, de la part du ministre Mercier. Comment s'étonner alors qu'il se défendit là-dessus, quand c'est le ministre qui lui avait, par son envoyé, fait poser la question?

Voilà ce qui arrive à M. Cavaignac pour avoir voulu juger sans savoir. Quelle grandeur d'âme ne lui faudrait-il pas pour reconnaître qu'il a jugé sans droit et sans une étude complète! Faut-il donc qu'il persévère comme les autres, et qu'il entre dans la voie des violences qu'on lui ouvre? Et vous, Brisson? Et vous? Il y a vous dans cette affaire...

Songez que pour tirer la France de cette confusion affreuse de toutes les notions de justice et de droit, il suffit de faire exécuter la loi. Nous vous demandons la loi. Oserez-vous répondre par l'arbitraire?

P.-S. — Cet article était écrit lorsque j'apprends que M. Cavaignac fait exercer par M. Brisson des poursuites contre le colonel Picquart. Je n'ai rien à changer de ce que j'ai dit. C'est l'engrenage. M. Brisson est pris. Après ce nouveau cran, un autre. Ce que M. Méline n'avait pas osé faire, les radicaux, sous le bâton de M. Cavaignac, l'accomplissent. Et pourquoi ces poursuites que refusa Billot? Uniquement parce que le colonel Picquart a écrit à M. Brisson qu'il pourrait aider à la découverte de la vérité. M. Cavaignac n'admet pas qu'on le contredise, et M. Brisson est chargé par lui de nous contraindre à l'approbation quand même. Je prédis à ces messieurs qu'ils trouveront l'entreprise ardue.

13 juillet 1898.

CLVII

Le cachot et le palais

Le gouvernement radical est allé au plus pressé. Il a d'abord décoré ses amis. M. Doumer étant déjà pourvu, on va maintenant nommer quelques préfets qui se mettront, aujourd'hui comme hier et demain, au service des plus forts. Enfin l'on poursuit le colonel Picquart pour n'être pas de l'avis de M. Cavaignac. Voilà ce que M. Brisson est capable de faire pour la République.

Que le colonel Picquart soit déféré aux tribunaux par la seule raison qu'il offre de prouver que le ministre de la guerre a été induit en erreur, cela n'est pas contestable. Il est bien certain qu'on ne l'eût pas poursuivi sans sa lettre à M. Brisson. Cela suffit pour

caractériser l'odieux de la manœuvre. Les faits pour
lesquels on veut le frapper sont connus depuis six mois
et plus. Ni M. Méline ni M. Billot n'avaient eu la pensée de le faire condamner de ce chef par leurs juges
à tout faire. M. Brisson et M. Cavaignac pas davantage. Mais quand le colonel Picquart a proposé de
faire la démonstration de la vérité « devant toute juridiction compétente », ces messieurs, plutôt que de
discuter, ont décidé de mettre à l'ombre un si dangereux malfaiteur. Ainsi faisant, frappant un homme
par l'unique motif qu'il offre d'accepter la discussion
par eux ouverte, M. Brisson, M. Cavaignac et leurs
collègues ont prononcé sur eux-mêmes la sentence.

Il est désormais établi par eux-mêmes qu'ils recu-
lent devant la vérité, et qu'ils ne connaissent plus
d'autre argument que la force contre ceux qui ne se
soumettent pas à l'opinion de l'Etat-Major. Pour faire
cette besogne, en vérité, mieux valait Napoléon III
que M. Brisson. Au moins Napoléon III avait l'honnê-
teté de ne pas nous jouer la farce de la suprématie du
pouvoir civil sur le pouvoir militaire. Napoléon III se
servait des soldats pour maintenir son pouvoir.
M. Brisson se contente de les servir, fortifiant l'arbitraire d'une caste militaire au profit de la puissance
de l'Eglise. Napoléon III, faisant de l'armée française
une brillante gendarmerie, nous conduisit à Sedan.
Après une telle catastrophe, M. Brisson n'a pas
l'excuse de l'ignorance.

Les journaux de l'Etat-Major, notamment le Gaulois, que j'ai cité, exigeaient des poursuites contre le
colonel Picquart. Il fallait obéir. Et, d'ailleurs, il n'y
a pas d'autre ressource que de frapper quand on ne
ne peut pas répondre. On a même poussé l'entrain
jusqu'à faire des perquisitions illégales au domicile
du colonel en son absence. Nous n'en sommes plus à
cela près.

Seulement le grand justicier Brisson, qui va poursuivre le colonel Picquart, et qui, pour nous donner
le change, fait la frime d'arrêter Esterhazy, nous

dira-t-il pourquoi il n'ouvre aucune instruction contre
les personnages — gardiens des secrets de l'Etat —
qui n'ont pas craint de livrer à ce bandit la fameuse
pièce secrète que *l'Eclair* publia, en la faussant
d'ailleurs ?

Qu'est-ce que le procès Picquart en comparaison
de cela, je vous prie ? Il s'agit de savoir comment
nos pièces secrètes sont gardées, qui peut impunément les livrer aux journaux, les confier, pour son
avantage personnel, à un Esterhazy ?

M. de Boisdéffre devrait bien nous dire pourquoi,
lorsqu'Esterhazy se présenta muni de la pièce dont
la seule possession l'accusait, il lui en fut donné reçu,
alors que la loi voulait qu'il fût sur-le-champ arrêté.
M. de Boisdeffre devrait bien nous dire pourquoi,
lorsque le colonel Picquart proposa d'ouvrir une enquête sur ce fait, l'enquête lui fut refusée.

Maintenant, sans doute, on tient Esterhazy entre
quatre murs : on pourra causer. Nous verrons la suite
de cette comédie. Esterhazy, au moment où on l'arrêtait, s'est écrié : « Je parlerai. On saura ce que j'ai
caché jusqu'à ce jour. » C'est le texte de *l'Echo de
Paris*. Gageons qu'on apaisera la grande colère du
Uhlan, et qu'on le fera taire.

Pendant ce temps, le colonel Picquart sera condamné, comme les ministres malgaches, au moyen
d'un jugement rédigé d'avance, et Brisson couvrira de
son austérité la chose. Car Brisson est au pouvoir.
Car Brisson est chef du gouvernement de la France,
soutenu, parce qu'il sert de support à Cavaignac, par
toutes les puissances de la réaction militaire et papa-
line. Brisson est aux honneurs pour défendre les
idées de droit et de justice qu'il livre à la domination
du sabre. Et parce qu'il se fait leur ennemi, il faut
que du même coup Picquart, qui, lui, a sacrifié la
plus belle carrière à la seule vérité, et qui serait
demain général s'il avait voulu mentir à sa conscience,
soit jeté dans un cachot par ce même Brisson triomphant de s'être renié lui-même.

Il y aura des hommes en France pour préférer le
cachot de Picquart au Palais de Brisson.

14 juillet 1898.

CLVIII

Un 14 Juillet

Je ne sais pas si quelqu'un de nos ministres a donné
hier une pensée à la prise de la Bastille et à la Révolution qui en sortit. S'il reste encore un peu de philosophie dans les loges, c'était un assez beau sujet de
méditation pour M. le président du conseil. A-t-il
réfléchi que c'est la conquête de nos libertés qu'il a,
en compagnie de M. Cavaignac, militairement célé-
brée ? S'est-il demandé par quel miracle il s'en rencon-
trait le gardien, et pourquoi le descendant des Capet
se trouvait remplacé par un vulgaire tanneur endi-
manché ? Il y a des raisons de ces choses. A-t-il pour
le plus fugitif moment appliqué son esprit à les découvrir ? La question s'est-elle présentée à lui de savoir
quels devoirs étaient les siens, et s'il était en voie
d'y conformer sa conduite ou de les trahir.

Mais M. Brisson avait d'autres soucis, je suppose,
que d'assurer à ses concitoyens le maintien des
libertés dont la célébration lui a valu tant de succès
devant les assemblées populaires. Il suffit d'ouvrir
les journaux du pape et de la dictature césarienne
pour s'en convaincre. Les libertés sont passées de
mode, et ce n'est pas M. Brisson qui se propose de
les remettre en faveur.

Il célèbre le 14 juillet, sans doute parce que c'est
une des fonctions extérieures de sa charge, comme le
curé dit son *Te Deum* sans se préoccuper de savoir
quelle suite y donnera le bon Dieu. Pour cette seconde
partie du programme, pas plus que l'archevêque de
Paris il ne s'en casse la tête. L'archevêque est en règle
avec sa conscience, parce que le pape protège la République de Brisson et pour cause. Et Brisson a l'âme
franc-maçonne satisfaite parce qu'il a voulu la République et qu'il l'a, pour en faire d'ailleurs l'étiquette
d'œuvres directement contraires à celles qu'il a prê-
chées. Ce n'est pas d'un très haut exemple. Qu'importe?
La République, paraît-il, c'est que Brisson soit au pouvoir. Quant à se demander si ce pape qu'il abomine
le tient et prépare par lui, Brisson, et par les césariens d'uniforme ou de frac enrégimentés derrière
M. Cavaignac, une restauration de la puissance mortelle de l'Eglise appuyée sur le sabre, il paraît que
c'est une question secondaire, et que nous sommes
coupables de n'être point de cet avis.

Notre crime, on le sait, est de prétendre qu'aucun
homme ne peut être jugé sans que les documents qui
l'accusent lui soient d'abord soumis. Cette garantie de
justice doit remonter aux premiers temps des civilisa-
tions commençantes. Sans doute, dans les délires de
la force et de la foi qui ont ensanglanté le monde, il
y a eu des retours de barbarie où l'appareil judiciaire
n'était que le masque menteur de la cruauté déchaînée.
Interrogez Brisson là-dessus, il vous dira des choses
admirables. Il vous expliquera que c'est de l'ancien
temps et que nous sommes les gens d'aujourd'hui : des
républicains libres et fiers avec des formules sublimes
sur les murs. Demandez-lui s'il est ferme sur ces
principes qu'il vénère, suivant des rites, en des loges
de maçonnerie. « Vous m'insulteriez d'en douter ! »
répondra-t-il d'une voix vibrante.

Alors, montrez-lui que, par inadvertance, le premier de ses grands principes vient d'être outrageusement violé, et demandez-lui justice, je vous prie.

Tableau! Il ne vous entend pas. Il ne sait plus ce que
vous voulez dire. Un homme a été jugé sans avoir été
admis à discuter les charges qui l'ont fait condamner.
Vous réclamez le droit de tous les pays sortis de l'état
sauvage, vous réclamez la loi. Brisson envoie son
ministre à la tribune pour feindre misérablement de
ne pas comprendre, et pour condamner une seconde
fois l'accusé, sans aucun droit connu, sur des pièces
que tout l'univers maintenant connaît, excepté seulement celui-là qui les devrait connaître.

La raison? Les militaires se disent infaillibles, et
Brisson, qui prêche la suprématie du pouvoir civil, n'a
pas le courage de résister aux prétentions même folles
des militaires. Le condamné est un juif, et Brisson,
qui n'a pas même l'excuse d'être antisémite, ne trouve
pas en lui le courage d'affronter quelques braillards
en faisant la justice, même pour les juifs.

Et parce qu'un soldat s'est trouvé qui a honoré
l'uniforme en refusant de se faire complice de cette
ignominie, Méline et Billot l'ont dégradé d'abord, et,
comme il offrait à Brisson de lui apporter son témoignage en vue de l'établissement de la vérité, Brisson,
sous un prétexte mensonger, l'a fait jeter dans une
prison. Voilà comment cet homme austère, entre Félix
Faure et Cavaignac, tous deux complices, a fêté son
14 Juillet.

Maintenant, *l'Eclair*, journal ami de M. Brisson,
annonce que le colonel Picquart a voulu se suicider.
Puis il dément la nouvelle, en insinuant que l'encellulé
est au bord de la folie, car il a eu un *accès d'hilarité*.
Il est avéré que c'est un mensonge. Qu'est-ce que
cela fait? C'est par de tels procédés qu'on soutient le
ministère Brisson.

Et le plus beau reste à dire. Le colonel Picquart
enfermé, il demeure en liberté des gens, dont nous
nous honorons d'être, qui ne le laisseront pas *suicider*
sans rien dire. A ceux-là, Brisson leur prépare leur
compte. Lisez plutôt *le Journal* de M. Fernand Xau,
ami de tout le monde.

Et, comme corollaire, deux journaux Brissonniens annonçaient hier soir l'arrestation de M. Trarieux.

Le parquet, d'accord avec le ministre de la justice, est décidé, sans s'arrêter à des considérations d'aucune sorte, sans subir aucune influence, et par tous les moyens légaux, à rechercher, à démasquer les fauteurs des machinations qui troublent au plus haut point, de la façon la plus désastreuse, le public français, dût-il y avoir, du fait de cette intervention, des « pots cassés ».

Vendredi, demain, pourrait bien nous ménager une surprise, car l'on s'attend à ce que des personnages de marque, mêlés aux derniers événements, fassent une apparition, grosse de conséquences peut-être, chez l'un des juges d'instruction.

Le fatal engrenage ! Nous devions arriver au « complot contre la sûreté de l'Etat », comme au bon temps de l'Empire. Allons, Brisson, courage ! Le pape te bénit, et l'esprit césarien, content de toi, te protège.

16 *juillet* 1898.

CLIX

Sans convictions

Si, au moins, les gens qui font cette campagne de gouvernement contre la justice et contre la vérité avaient l'excuse de la conviction ! Nous pourrions les juger des esprits étroits, prévenus, nous pourrions les plaindre d'organiser tous les pouvoirs dont ils sont maîtres contre tout ce qui fait la raison d'être de cette république qu'ils prétendent servir : le respect du droit individuel garanti par la loi.

Mais il paraît que députés et ministres n'ont pas même cette excuse, et que leur conduite s'explique par la seule lâcheté. M. Cavaignac seul aurait tout juste la portée d'esprit qu'il faut pour être sincère dans son entreprise contre la justice et la loi. Il s'est laissé suggestionner par l'Etat-Major de la guerre, comme il se laissa suggestionner par l'Etat-Major de la marine, le jour où il préféra se faire renverser plutôt que de consentir à ce que l'expédition du Dahomey fût uniquement commandée par un *terrien*.

Il lui fallait une expédition bicéphale, avec un fantassin et un marin *égaux en pouvoir*, ce qui avait déjà donné ce beau résultat de laisser écraser une troupe française à portée des canons muets du *Sané*. Il n'importe. M. Cavaignac avait promis à ses amiraux de défendre le *bicéphalisme*, il tint parole, et se fit bravement débarquer. Cela fait plus d'honneur à son entêtement qu'à sa conception militaire.

Son cas d'aujourd'hui est tout à fait le même. Le général de Boisdeffre l'impressionne comme faisait l'amiral Gervais. C'est un chef qui reçoit une consigne. Pour les autres, le cas est différent. On ne peut pas rencontrer un député sans qu'il vous coule tout bas dans l'oreille cette confidence : « Vous savez, je suis avec vous. Mais la politique, mon cher ! On ne peut se mettre tout le moude à dos, comme ça. Il faut louvoyer. Attendez, vous verrez. » Et là-dessus notre homme va d'un cœur léger voter l'affichage du discours de Cavaignac dont il hausse les épaules.

Il n'y a pas bien longtemps, à la gare d'Avignon, un beau soir, j'eus le plaisir de rencontrer un vieux copain, socialiste à tout casser, qui me confia qu'il ne connaissait pas le premier mot de l'affaire Dreyfus-Esterhazy, mais qu'il était las de voter sans comprendre. Il voulait une conférence sur-le-champ. Mais j'avais besoin de dormir. Mon ami me demanda la permission de venir se documenter auprès de moi. Je ne l'ai plus revu qu'au *Journal Officiel*, dans la suite de M. Cavaignac.

Il y a deux jours, le directeur d'un des grands journaux de Paris m'a déclaré tenir le propos suivant d'un député radical très connu pour avoir occupé une haute fonction dans l'Etat : « Mon cher, lui dit ce politique, nous sommes 400 « dreyfusards » à la Chambre. Oui, 400. Nous votons l'affichage de Cavaignac pour *ne pas avoir l'air*. Mais nous savons à quoi nous en tenir, et quand le moment sera venu... » Il paraît que le moment sera venu quand ces messieurs n'auront plus peur des antisémites ni des césariens. Je crains que ce ne soit très long.

Mon confrère avait rencontré quelques instants auparavant le directeur d'un autre grand journal qui eut, sous l'Empire, une glorieuse histoire. Celui-ci était allé rendre visite, le matin même, à un de nos ministres les plus importants, avec qui il est apparenté. Le journaliste, qui fait une rude campagne pour la revision du procès Dreyfus, venait se plaindre à son ami de l'attitude du gouvernement. « Avez-vous pu douter de moi, un vieux républicain ! s'écria le ministre. Mais je suis *dreyfusard, dreyfusard*, vous entendez bien. Il y a des choses qu'il faut éclaircir. Après cela, vous apprendrez à me connaître. » *(Textuel)*.

Hier enfin, en compagnie d'un ami, je fus abordé devant le musée Galliera par un député du centre, camarade de chasse de M. Félix Faure. « Ah ! ça, s'écria-t-il, ils sont donc fous ! Je lis dans les journaux qu'on vient d'arrêter Trarieux ! Eh bien ! si les ministres font cette politique-là, je puis vous dire que *j'en connais au moins cinq* — **et il me les nomma** — qui sont avec vous. Ils me l'ont dit à moi, les uns après les autres. L'un m'a dit : « *Le procès Dreyfus est la plus grande infamie du siècle* (sic). » L'autre s'est vanté d'être « avec les intellectuels », etc., etc. Le député m'en aurait dit bien d'autres, si je n'avais dû prendre un fiacre, étant pressé. Je quittai donc à regret ce bon *dreyfusard*, qui fait naturellement partie de la majorité — ou plutôt de l'unanimité de

M. Cavaignac. Je ne veux pas publier pour aujour-
d'hui les noms qu'il m'a cités. Mais je m'y déciderais
d'autant plus volontiers qu'il y a un témoin.

Voilà ce qui se passe aujourd'hui. Cela ne donne
pas une très haute idée de notre gouvernement.

17 juillet 1898.

CLX

Documents.

La revision du procès Dreyfus n'est pas la première que refuse M. Brisson. Il s'était fait précédemment la main en refusant, dans les conditions
extravagantes que tous les journaux ont racontées,
la revision du procès de Pierre Vaux qui mourut au
bagne, condamné comme incendiaire, puis fut reconnu
innocent et réhabilité en grande pompe.

Le 14 novembre 1885, les enfants de Pierre Vaux
adressaient à Jules Grévy, président de la République, une nouvelle supplique pour obtenir la réhabilitation de leur père. Leur lettre se termine ainsi :

Ils vous prient très humblement, monsieur le président,
d'appeler sur eux l'attention de **M. Brisson**, ministre de
la justice, et de bien vouloir leur faire obtenir la réhabilitation de leur digne et malheureux père.

« Quelques jours après, une lettre de la présidence,
dit M. Pierre Armand Vaux, dans l'Histoire de Pierre
Vaux son père, nous annonçait que notre demande

était renvoyée au ministère de la justice avec une recommandation spéciale. »

« Les bureaux de la justice répondirent à la présidence par la lettre suivante :

MINISTÈRE DE LA JUSTICE   Paris, le 9 janvier 1886.

DIRECTION
des
AFFAIRES CRIMINELLES
ET DES GRACES

1ᵉʳ Bureau
N° 512
A. 79

Monsieur,

Par une lettre en date du 18 novembre dernier, vous m'avez communiqué une requête par laquelle les sieurs Vaux demandent la revision du procès criminel à la suite duquel leur père, le sieur Vaux Pierre, instituteur à Longepierre, a été condamné aux travaux forcés à perpétuité, et vous m'avez fait connaître que cette affaire avait été tout particulièrement recommandée à la Présidence.

En 1879, les réclamants ont adressé à ma chancellerie une pétition tendant aux mêmes fins; après un examen minutieux, elle n'a pas paru pouvoir être prise en considération.

Le sieur Vaux a été condamné le 27 juin 1852 avec sept autres complices à raison de huit crimes d'incendies commis dans la même année, dans la commune de Longepierre.

Cinq mois après sa condamnation, de nouveaux incendies éclataient dans la même commune et se poursuivaient sans interruption jusqu'au 12 avril! 1857.

Ils eurent pour auteur principal le sieur Gallemard, maire, l'un des principaux accusateurs du sieur Vaux après son arrestation.

Arrêté à son tour avec trois complices, le sieur Gallemard se suicida dans sa prison avant sa condamnation. Les autres coupables furent condamnés à mort.

Le premier soin des magistrats instructeurs fut de reviser la première information et de rechercher si la culpabilité du sieur Gallemard pouvait impliquer l'innocence des précédents condamnés. *Les résultats de cette*

enquête ne firent que confirmer **les preuves matérielles**
*qui avaient déterminé la condamnation du sieur Vaux et de
ses co-inculpés.*

Les fils du sieur Vaux persistent néanmoins à penser
que la condamnation de leur père est incompatible avec
l'arrêt qui a frappé les complices du sieur Gallemard et
ils demandent en conséquence que l'arrêt du 25 juin 1852
soit revisé.

La demande directe des parties n'étant plus recevable
par suite de l'expiration du délai fixé par l'article 444,
j'aurais seul le droit aujourd'hui de demander la revision
et je ne manquerais pas d'exercer ce droit si les arrêts
qu'on met en opposition étaient réellement inconciliables.
Mais les crimes d'incendies auxquels se rapportent ces
décisions ont été nombreux, leurs auteurs ont été multiples
et la condamnation des uns n'implique pas l'innocence des
autres.

Dans ces conditions, la nouvelle requête des sieurs Vaux
ne paraît susceptible d'aucune suite.

Recevez, etc.

Le Garde des sceaux, ministre de la justice,
Par autorisation :
*Le Conseiller d'Etat, directeur des affaires
criminelles et des grâces,*
Et. JACQUIN.

Pour tout dire, une crise ministérielle venait d'éclater et M. Brisson dut quitter le ministère quelques
jours avant la date sus-indiquée. Mais l'instruction
de l'affaire et la conclusion sont bien siennes. Il ne
peut les renier.

Ou plutôt il pourrait alléguer que ce n'est jamais
le garde des sceaux qui fait de pareilles enquêtes,
et qu'il y a là un certain directeur des grâces (ô
ironie !) qui est préposé de confiance, par tous les
ministres quelconques, à ce massacre des innocents.

C'est bien de quoi nous nous plaignons, monsieur
le président du conseil qui venez précisément de
faire condamner Dreyfus par M. Cavaignac, comme
vous avez précédemment fait condamner Pierre Vaux
depuis reconnu innocent et réhabilité... *après sa
mort.*

Justement il arrive que M. Jacquin, signataire de la pièce citée plus haut, qui aurait dû le faire casser aux gages, vient d'être élevé au grade de commandeur de la Légion d'honneur par le ministère Brisson de nos jours. Carte de remerciements pour avoir si bien travaillé.

Pierre Vaux fils apprécie comme suit le document brissonnien :

En lisant cette lettre qui n'est qu'un tissu d'inexactitudes et de mensonges, on croit rêver. Les commentaires sont inutiles; les lecteurs ont vu dans le cours de cet ouvrage que les magistrats instructeurs ont reconnu eux-mêmes l'innocence de Vaux, mais qu'il leur fut ordonné d'une manière formelle d'étouffer la vérité. L'un d'eux ne put jamais se consoler de n'avoir pu faire reviser le procès de Pierre Vaux et n'a pas voulu descendre dans la tombe sans témoigner sa sympathie aux enfants du proscrit. Nous avons entre les mains un mémoire de cet homme de bien qui commence ainsi :

« Ne pas penser comme les arrêts de justice, est-ce un crime ? Faire connaître les motifs qui soulèvent en vous la protestation du cœur et de l'intelligence, serait-ce un autre crime ? Depuis six ans, ma conscience se révolte contre mon silence, je me surprends à rougir de moi même, je souffre dans les profondeurs de mon âme, je me demande s'il est un tribunal plus haut que celui de la vérité et si je dois ensevelir à jamais des faits, des appréciations, qui devraient forcer à la réhabilitation, sinon à la grâce.

Quels que soient les jugements qui me sont réservés dans un monde où j'ai déjà conquis de si hautes haines, je suis décidé à écrire, pour me réconcilier avec moi-même et me décharger d'un tourment cruel et incessant !

Je veux parler de Pierre Vaux, condamné aux travaux forcés le 25 juin 1852.

« Cet homme de cœur, M. Feurtet, juge de paix, dit M. Pierre Vaux fils, est celui qui a fait la lumière sur les incendies de Longepierre. C'est lui qui a fait arrêter les vrais coupables et a mis fin à cette longue série de *crimes*. »

Crime, le mot y est. Quel malheur que M. Pierre Vaux fils n'ait pas osé faire la liste des *criminels* !

Enfin, après l'avènement de M. Carnot à la présidence de la République, les enfants de Pierre Vaux adressèrent au président cet appel :

Labergement-lés-Seurre,
27 janvier 1888.

Monsieur le président,

Au lendemain des élections législatives, les enfants de l'infortuné Pierre Vaux eurent l'honneur de vous prier, ainsi que vos collègues de la Côte-d'Or, de prêter votre concours aux députés de Saône-et-Loire qui ont déposé un projet de loi portant modification de l'article 444 du Code d'instruction criminelle, article inique qui empêche le gouvernement républicain de réhabiliter la mémoire d'un de ses plus généreux martyrs.

Votre prédécesseur s'était intéressé à cette cause populaire et les enfants de la plus malheureuse victime du Deux-Décembre font de nouveau appel à votre haute sollicitude, afin d'obtenir la réparation morale à laquelle ils ont droit.

PIERRE VAUX aîné.

« Quelques jours après, nous recevions, dit le signataire, l'incroyable réponse suivante, qui montre le cas que l'on fait en haut lieu des réclamations les plus douloureusement légitimes :

PRÉSIDENCE DE LA RÉPUBLIQUE

Le secrétaire particulier informe M. Vaux que sa demande adressée à M. le Président de la République dans le but d'obtenir la *grâce de son père* a été transmise au Ministre de la Justice, comme étant de sa compétence.

Paris, le 30 janvier 1888.

Ainsi on s'occupait à la présidence de *grâcier* un innocent **mort depuis quatorze ans** !

« Après celle-là, écrit M. Pierre Vaux fils, on peut tirer l'échelle ! »

Non, pas encore, monsieur le député. Car il reste encore un échelon à descendre.

N'avons-nous pas vu M. Pierre Vaux fils lui-même prendre parti contre ceux qui demandent un *jugement légal* pour Dreyfus ?

Cette fois, vous êtes au bout, ô fils de réhabilité, et, malheureusement, nous y sommes tous avec vous.

18 *juillet* 1898.

CLXI

La fuite de Zola.

Les voilà bien contents. Ils ont cuisiné leur petite justice en famille et s'en mettent par-dessus les yeux. Ah ! ce Zola, quelle canaille ! Croiriez-vous qu'il ne veut pas se laisser condamner sans se défendre ! Vit-on jamais pareille lâcheté ? Il ne s'agit que de l'empêcher de faire la preuve. Et justement ce misérable, sans consulter les convenances de l'Etat-Major, ose se servir de la loi, ou de ce qu'on lui en laisse entre les mains, pour obtenir l'autorisation de faire la preuve. Ah ! tu veux discuter, chien ? Ah ! tu veux prouver, Juif ? Nous allons t'en administrer des discussions entre compères et des condamnations sans jury.

Périvier, Ployer, Bertrand, s'étant fait des signes gravement, procédèrent à l'exécution au moyen du grand sabre de bois du jugement par défaut. Ce fut alors un grand soulagement pour l'âme d'Esterhazy, et du haut du ciel, saint Dominique fit connaître à ceux de sa rue qu'il était content de son benoît fils Henri Brisson! Que de joies! Hier, on arrêtait dans Versailles, au nom du dit Brisson, ministre de l'intérieur, les gens qui s'oubliaient jusqu'à crier : Vive la République! car ce cri les dénonçait comme des « dreyfusards » haïs de Cavaignac et flétris par l'unanimité de la Chambre. Radicaux, qui l'eût dit? Qui l'eût cru, farouches révolutionnaires?

Autrefois, il fallait emprisonner les députés pour violer les lois. Maintenant ils font placarder sur les murs leur approbation unanime de la chose. Par le progrès des temps nous reviendrons peut-être à l'état d'esprit de 1851.

Nous aurons fort à faire, si j'en juge par la mentalité d'anciens communards qui dansent la pyrrhique sur la tombe de Zola. Le cavalier seul de M. Alphonse Humbert est d'un bel accent de nature. Je le crois seulement prématuré. Zola est un cadavre récalcitrant. Depuis six mois, je suis son enterrement chaque semaine, et, après l'oraison funèbre du cimetière, je rentre dans Paris pour trouver l'enterré plus vivant que jamais. C'est ce qui m'incline à penser que M. Alphonse Humbert aura d'autres occasions de recommencer son *De profundis*.

Malgré tout le soin qu'on prend de lui cacher la vérité, le public peut-être commence à trouver qu'on abuse de sa simplicité. De quoi s'agit-il, en effet? Zola a fait son *J'accuse* pour être traduit en justice dans la pensée qu'il y ferait la preuve de l'illégalité du jugement de Dreyfus. Il avait poussé la candeur jusqu'à désigner aux juges les articles du Code sous le coup desquels il tombait, et tout ce qu'il attendait c'est l'occasion de faire éclater la vérité Or, voilà précisément ce que le gouvernement de Méline ne voulut pas, et ce que le gouvernement de Brisson ne veut pas davantage.

Quel plus bel aveu que de ne pas avoir poursuivi Zola pour l'ensemble de son écrit, et de le traduire en

Cour d'assises, jésuitiquement, pour une phrase iso-
lée du texte qui la justifie? C'est ce qu'a fait Méline, et
c'est ce que Brisson par ses juges vient de confirmer.
Qu'est-ce donc qu'a demandé Zola à Versailles, par
l'organe de Mᵉ Labori? Simplement qu'on voulût bien
recevoir *des conclusions de connexité* qui, joignant
l'affaire Dreyfus à l'affaire Esterhazy, *nous permettaient de faire la preuve.* Voilà, débarrassé du
fatras juridique, tout le fond de l'affaire.

Ces conclusions, on n'a pas voulu les recevoir.
Pourquoi? Précisément parce qu'elles nous permettent
la preuve. On les recevra bien après le tirage du jury,
car alors on pourra nous étrangler, et « passer outre
aux débats ». Mais, avant cette cérémonie, la Cour
de cassation ayant décidé que le pourvoi sur la
connexité devait être fait dans les trois jours, nous ne
pouvions nous pourvoir utilement pour le procès actuel, et, la preuve nous étant interdite, nous étions
éxécutés sans pouvoir rien dire.

On comprend donc que pour cette farce notre présence n'était pas nécessaire. Voilà pourquoi nous
avons faussé compagnie aux étrangleurs, les laissant
libres de se dire à eux-mêmes toutes les fariboles qu'il
leur plairait.

Ils n'y ont pas manqué, bonnes chattemites, et voilà
Zola condamné. Jusqu'à quand, voilà toute la question. Jusqu'au jour où il viendra, sous une autre
forme, les mettre en demeure pour la dixième fois de
l'autoriser à faire la preuve. On peut crier tant qu'on
veut qu'il fuit le débat. Les faits sont là qui suffisent
à réfuter ce mensonge.

Il a demandé des juges. Il accepte ceux qu'on lui
donnera. Mais il n'a voulu ce procès que pour faire la
preuve, et on lui refuse les moyens de faire la preuve.
Car on sait que de ce jour nos adversaires sont perdus. Car Zola, qui veut la preuve, n'épargnera aucun
moyen de la faire. Il épuisera, loin de fuir le débat,
tous les procédés que la loi laisse en ses mains pour
montrer qu'il le veut complet, probant, et que ceux

qui se sauvent comme des malfaiteurs ce sont les lâches qui se dérobent à la preuve.

Voilà ce qu'on appelle la fuite de Zola, quand il est en pleine bataille pour la justice et pour la vérité. Et les nigauds chantent que tout est fini pour le faire croire à de plus nigauds qu'eux, s'il s'en rencontre. Et tout le monde sait qu'au premier jour, en octobre, je suppose, le procès va recommencer, et que la question de la preuve sera de nouveau portée devant le jury.

Tout fini? Malheureux, souvenez-vous donc. N'avez-vous pas cru tout fini après la condamnation de Paris? Tout fini après les « coups de massue » de Billot? Tout fini après l'affichage de Cavaignac? N'avez-vous pas vu que toutes ces fins étaient toujours suivies d'éternels recommencements? N'êtes-vous pas frappés de ce fait que tous les jours le nombre de « dreyfusards » augmente, et qu'à chaque étape nouvelle nous gagnons un peu plus de terrain?

Ingrats, oubliez-vous qu'hier, à votre fête, il manquait justement votre ami, votre héros, qu'un prince d'Orléans sacra chevalier français? Esterhazy, qui médite entre quatre murs sur les retours des choses d'ici-bas. Il sait bien que tout n'est pas fini, celui-là. Je le vois plutôt déconfit, votre Bayard. C'est qu'il ne peut plus descendre sans effroi dans l'abîme de son âme, et qu'il se heurte partout à l'affreuse pensée de l'expiation qui commence.

20 juillet 1898.

FIN DU PREMIER VOLUME (1)

---

(1) Le second volume paraîtra sous ce titre : Vers la Réparation.

TABLE DES MATIÈRES

PARIS. — IMP. FERD. IMBERT, 7, RUE DES CANETTES.

www.ingramcontent.com/pod-product-compliance
Lightning Source LLC
Chambersburg PA
CBHW050543270326
41926CB00012B/1887